中國古典名著譯注叢書

孟子譯注

楊伯峻 譯注

中華書局

圖書在版編目（CIP）數據

孟子譯注/楊伯峻譯注.—北京：中華書局，1960.1
（2024.6 重印）
（中國古典名著譯注叢書）
ISBN 978-7-101-00397-0

Ⅰ.孟… Ⅱ.楊… Ⅲ.①孟子-譯文②儒家
Ⅳ.B222.5

中國版本圖書館 CIP 數據核字（2000）第 68420 號

責任印製：陳麗娜

中國古典名著譯注叢書
孟 子 譯 注
楊伯峻 譯注
＊
中 華 書 局 出 版 發 行
（北京市豐臺區太平橋西里 38 號　100073）
http://www.zhbc.com.cn
E-mail：zhbc@zhbc.com.cn
三河市博文印刷有限公司印刷
＊
880×1230 毫米 1/32・15 印張・2 插頁・376 千字
1960 年 1 月第 1 版　　2005 年 1 月第 2 版
2010 年 2 月第 3 版　　2024 年 6 月第 33 次印刷
印數：376651—380650 册　　定價：48.00 元

ISBN 978-7-101-00397-0

目　次

導　言

一

孟子名軻[①]，鄒國人[②]。關於他的父母，我們知道得很少。春秋演孔圖以及闕里志等書説他父親名激，字公宜；母親娘家姓仉（音掌），自然是些無稽之談。西漢韓嬰的韓詩外傳載有他母親"斷織"、"買東家豚肉"以及"不敢去婦"等故事，劉向的列女傳還載有他母親"三遷"和"去齊"等故事，可見他很得力於母親的教導。

孟子的生卒年月不詳，古今有各種推斷。用孟子原書來核對，我們認爲他生於周安王十七年（公元前 385 年）前後一説比較合理[③]。元程復心孟子年譜[④]等書都説他"壽八十四歲"。如果可信，卒年當在周赧王十一年（公元前 304 年）前後。當孟子出生的時候，孔子已經死了將近一百年；孔門弟子没有一位還活着。列女傳和趙岐孟子題辭都説孔子的孫子子思是他的老師。不過根據史記孔子世家，子思的父親伯魚活了五十歲，死於孔子七十歲時；那時，子思至少也有十歲左右了。子思的年壽，史記説他六十二；後人以魯繆公曾尊禮子思的事實來推算，認爲"史記所云子思年六十二者或八十二之誤"[⑤]。即使子思活到八十二歲，距孟子的出生還有十多年。可見這種説法是不可靠的。孟子外書説："子思之子曰子上，軻嘗學焉。"姑且不説外書是僞造品，就以史記所載"子上年四十七"的話來推算，也未必能做孟子的老師。孟子自己説："予未得

爲孔子徒也，予私淑諸人也。”(8・22)他所謂私淑的是什麼人，他
不曾説出，可見未必是很有名望的人，也未必是孔子的嫡系子孫。
荀子非十二子篇把子思、孟軻列爲一派，則孟子的學説一定出於子
思。史記孟荀列傳説他“受業子思之門人”，這是合理的。

　　范文瀾同志在中國通史簡編中説：“士大體分爲四類：一類是
學士，如儒、墨、道、名、法、農等專門家，著書立説，反映當時社會各
階級的思想，提出各種政治主張，在文化上有巨大貢獻。這一類人
聲名大，待遇優，如儒家大師孟子，後車數十乘，侍從數百人，往來
各國間，憑他的聲名，所到國家，國君們都得餽贈黄金，供給衣食，
聽取孟子的議論。”⑥我們從孟子原書考察，孟子第一次到齊國是在
齊威王之世。當時匡章聲名不大，而且背着“不孝”的壞名聲，可是
孟子却“與之遊，又從而禮貌之”(8・30)。孟子在齊國大概不甚得
志，連威王所餽兼金一百鎰都拒絶了(見4・3)。當威王三十年，宋
王偃稱王，而且要行仁政(見6・5)，所以孟子到了宋國。告戴不勝
多荐賢士(6・6)，答戴盈之之問(6・8)，都在這個時候。宋王偃的
爲人，史料有絶然相反的説法，戰國策記其射天笞地，史記宋世家
述其淫於酒色；而韓非子五蠹篇、淮南子人間訓都説他因行仁政而
爲楚所滅⑦。從孟子看來，宋王偃大概左右不賢人多，賢人少，所以
“一薛居州”不能使宋王偃爲善，孟子也就接受餽贈七十鎰(見4・
3)而離開了。當他留在宋國的時候，滕文公還是太子，曾去楚國，
來回一定要經過宋國的國都彭城，因而兩次和孟子相見(5・1)。
不久，孟子回到鄒國，和鄒穆公的問答(2・12)大概在這個時候。
或者由於孟子回答他的言語過於率直，引起了他的不高興，便停止
了餽贈，因而使得孟子絶糧(見應劭風俗通窮通篇)。滕定公死了，
文公“使然友之鄒問於孟子”(5・2)。至於季任使人來餽贈禮物

(12·5)是否在這個時候,就很難肯定;因爲"孟子居鄒"絕對不止這麼一次。魯平公即位⑧,將要使孟子學生樂正克爲政(12·13),孟子便到了魯國。可是因爲臧倉的破壞,孟子便有"吾之不遇魯侯天也"(2·16)的慨嘆。滕文公嗣位,孟子便來到滕國。文公"問爲國",又使"畢戰問井地"(5·3)。齊人打算修建薛邑城池,文公害怕,又曾請教孟子(2·14)。和許行的新信徒陳相的辯論(5·4)也在這個時候。滕國究竟只是個爲方不足五十里的小國,孟子很難有所作爲,當梁惠王後元十五年,便來到了梁國。這時孟子年近七十,梁惠王在位既已五十年,年紀也在七十上下,便稱呼孟子爲"叟"(1·1)。和梁惠王的問答(1·1,2,3,4,5)應該都在這一時候。第二年,惠王去世,襄王嗣位,孟子和他一相見,印象就很壞(1·6)。這時,齊威王已死,宣王嗣位,孟子便由梁來齊。"加齊之卿相"(3·1,2),"出弔於滕"(4·6)都在這幾年間。齊國伐燕在宣王五年,兩年之後,"諸侯將謀救燕"(2·11),孟子勸宣王送回俘虜,歸還重器,和燕國臣民商量立君,然後撤兵。可是宣王不聽,第二年,燕國和諸侯的軍隊併力攻齊,齊國大敗。齊宣王便説,"吾甚慚於孟子"(4·9)。孟子因此辭職,宣王想要給孟子一所房屋(4·10),孟子不肯接受。孟子離開了齊國,在晝地停留三晚(4·10,11),孟子一方面非常失望,一方面又因年歲已大,主張又不能實現,只得説道:"五百年必有王者興,其間必有名世者。由周而來七百有餘歲矣,以其數則過矣,以其時考之則可矣。夫天未欲平治天下也!"(4·13)孟子這時年已七十餘,從此便不再出遊,而和"萬章之徒序詩書,述仲尼之意,作孟子七篇"(史記孟荀列傳)了。

二

關於孟子的作者，古今有三種不同看法。

第一種看法認爲孟子是孟軻自己著的。趙岐在孟子題辭中説：“此書，孟子之所作也，故總謂之孟子。”焦循正義引元人何異孫十一經問對闡明此説云：“論語是諸弟子記諸善言而編成集，故曰論語，而不號孔子。孟子是孟軻所自作之書，如荀子，故謂之孟子。”趙岐甚至把孟軻爲什麼要著書的動機都設想出來，他在題辭中又説：“孟子亦自知遭蒼姬之訖録，值炎劉之未奮，進不得佐興唐虞雍熙之和，退不能信(同伸)三代之餘風，恥没世而無聞焉，是故垂憲言以詔後人。仲尼有云，我欲託之空言，不如載之行事之深切著明也。於是退而論集所與高第弟子公孫丑、萬章之徒難疑答問，又自撰其法度之言，著書七篇。”

後來，宋代朱熹從文章風格的一致性上來論證孟子爲孟軻自己寫成的。雖然他有時也作些調停之論，如説：“然其間有如云‘孟子道性善，言必稱堯舜’，亦恐是其徒所記；孟子必曾略加删定也。”但他主要議論仍是：“論語多門弟子所集，故言語時有長長短短不類處。孟子疑自著之書，故首尾文字一體，無些子瑕疵。不是自下手，安得如此好？”又説：“觀七篇筆勢如鎔鑄而成，非綴緝可就。”(以上引文全見朱子大全)其後元人金履祥、明人郝敬的看法都和他相同。

清代閻若璩，又從另外一個角度來推論孟子爲自著，他在孟子生卒年月考最後一段説：“論語成於門人之手，故記聖人容貌甚悉；七篇成於己手，故但記言語或出處耳。”魏源在孟子年表考中也説：

“七篇中無述孟子容貌言動，與論語爲弟子記其師長不類，當爲手著無疑。”

第二種説法則剛剛和這相反，認爲孟子是孟軻死後他的門弟子萬章、公孫丑之徒共同記述的。最初發表這種議論的是唐代韓愈（見昌黎集答張籍書）和張籍（見全唐文上韓昌黎書）。附和這種議論的有唐人林慎思（見崇文總目）和宋人蘇轍（見其所著古史孟子傳），可是他們都没有舉出佐證來。

對這種説法加以闡明的最初有宋人晁公武。他在郡齋讀書志中説：“按此書韓愈以爲弟子所會集，非軻自作。今考其書，則知愈之言非妄也。書載孟子所見諸侯皆稱謚，如齊宣王、梁惠王、梁襄王、滕定公、滕文公、魯平公是也。夫死然後有謚。軻著書時，所見諸侯不應皆死。且惠王元年至平公之卒凡七十七年，孟子見梁惠王，王目之曰叟，必已老矣，決不見平公之卒也。”

其後清人崔述在孟子事實録中對此説多列了兩條證據。他説：“孟子七篇之文，往往有可議者，如禹決汝漢排淮泗而注之江，伊尹五就湯五就桀之屬，皆於事理未合。果孟子自著，不應疏略如是。”又説：“七篇中於孟子門人多以子稱之，如樂正子、公都子、屋廬子、徐子、陳子皆然，不稱子者無幾。果孟子所自著，恐未必自稱其門人皆曰子。細玩此書，蓋孟子門人萬章、公孫丑等所追述，故二子問答之言在七篇中爲最多，而二子在書中亦皆不以子稱也。”

較崔述略早的周廣業也認爲孟子不是孟軻所著。他在孟子出處時地考中説：“此書叙次數十年之行事，綜述數十人之問答，斷非輯自一時，出自一手。其始章丑之徒追隨左右，無役不從；於孟子之言動，無不熟察而詳記之。每章冠以‘孟子曰’者，重師訓，謹授受，兼法論語也。”但是他還是認爲其中也有孟軻自己的筆墨。他又道："迨還自青齊,既難必於行道,而孟子亦欲垂教後世,取向所進說時王、傳授弟子者潤飾而删定之。"他的結論是:"至其後編次遺義,又疑樂正子及公都子、屋廬子、孟仲子之門人與爲之。何也?諸子皆孟門高弟,七篇中無斥其名,與滕更呼名之例不同,當是其徒所追改。而首篇以孟子始,以樂正子終,未必不由此也。"

第三種看法是太史公在孟荀列傳中所說的:"退而與萬章之徒序詩書,述仲尼之意,作孟子七篇。"從這幾句話,我們得到這樣的概念:孟子的著作,雖然有"萬章之徒"參加,但主要作者還是孟子自己,而且是在孟子生前便基本上完成了的。關於這一點,魏源在孟子年表考中有所體會,他說:"又公都子、屋廬子、樂正子、徐子皆不書名,而萬章、公孫丑獨名,史記謂退而與萬章之徒作七篇者,其爲二人親承口授而筆之書甚明(咸邱蒙、浩生不害、陳臻等偶見,或亦得預記述之列)。與論語成於有子、曾子門人故獨稱子者,殆同一間,此其可知者。"

以上三種説法,雖各言之成理,但符合於歷史客觀事實的,當然只有一種。我們認爲,太史公的話是可信的。他的時代較早,當日所見到的史料,所聽到的傳聞,比後人多而且確實;尤其是驗以孟子本書,考之孟子生卒,其餘兩種説法所持的理由都是不充分的。

趙岐明明説,"退而論集所與高第弟子公孫丑、萬章之徒難疑答問",則七篇之中自有弟子的記録。朱熹雖主張爲孟子一手著成的,但也不曾否認在著作過程中有弟子參加。只是説,從文體的首尾一致看來,孟子是最後的訂定者。這從他"亦恐其徒所記,孟子必曾略加删定也"一句話可以看出。所以他們兩人的看法和太史公的説法相距不遠。

　　第二種説法,認爲孟子是孟軻死後他的門弟子所記述的,便和太史公的説法出入很大。他們舉了三種理由。有一條理由是,"七篇之文,往往有可議者,果孟子自著,不應疏略如是"。這實在不值一駁。孟子即便是所謂"亞聖",也不能肯定他所説所寫的每字每句都非常正確。何況"決汝漢排淮泗而注之江"這種話,孟子不過借以説明禹治水的功績;正確的地理知識的具備與否,上古的所謂聖賢,似乎不曾給以重視。伊尹"五就湯五就桀",孟子也不過借以説明伊尹全心爲百姓服務的忠誠;而且孟子援引史事,常常主觀地加以改造,以期論證自己的觀點。稍讀孟子書就會了解這一點。這正是孟子辯論的手段哩。另一條理由是"果孟子自著,恐未必自稱其門人皆曰子"。這一點,上引魏源的話已經説得明白。孟子既是萬章、公孫丑之徒"親承口授而筆之書",那麼,稱其師爲"孟子",稱其同門爲"樂正子"、"屋廬子",何嘗不可? 周廣業以此和論語同樣看待,認爲是樂正子等的門人所編次,那是錯誤的。我們只要問,如果是樂正子之徒的門人所編次,爲什麼七篇中記樂正子諸"子"的問答反而很少,而記萬章、公孫丑之徒的問答反而很多呢?最值得注意的是諸侯皆稱謚一條。梁惠王、滕文公、魯平公都死在孟子前,固然可以稱謚;梁襄王是死在孟子後的,齊宣王也可能比孟子遲死三兩年,爲什麼也稱謚呢? 我們認爲閻若璩的解釋是説得通的。他説:"卒後書爲門人所叙定,故諸侯王皆加謚焉[9]。"

三

　　史記孟荀列傳只説"作孟子七篇";到應劭風俗通窮通篇却説,"退與萬章之徒序詩書仲尼之意,作書中外十一篇";班固的漢書藝文志也說"孟子十一篇"。趙岐孟子章句，便給這十一篇分列真偽，題辭說："又存外書四篇——性善辨、文說、孝經、爲政⑩——其文不能宏深，不與內篇相似，似非孟子本真，後世依放而託也。"因爲趙岐肯定外書是贋品，不給它作注解，以後讀孟子的人便不讀它，於是逐漸亡佚了。南宋孫奕的示兒篇說："昔嘗聞前輩有云，親見館閣中有孟子外書四篇。"南宋上距東漢末一千多年，而孟子外書完好地藏在宮禁中，這話是否靠得住，很有問題，可能是所謂"前輩"的詿語。劉昌詩蘆浦筆記說："予鄉新喻謝氏多藏古書，有性善辯一帙。"這一帙性善辯，劉昌詩似乎親自見過，但也不曉得果是趙岐所見之書否。至於現在所傳的孟子外書四篇，則是明人姚士粦所偽撰，爲清代吳騫刊行的時候，周廣業等便指出"顯屬偽託"，而丁杰在小西山房集中更已逐條駁斥它了。所以梁啟超在漢書藝文志諸子略考釋中說它是"偽中出偽"。

　　趙岐的題辭又說："孟子退自齊梁，述堯舜之道而著作焉，此大賢擬聖而作者也。"又說："論語者，五經之錧鎋，六藝之喉衿也。孟子之書則而象之。"這些話，把孟子和論語相比，似乎有些道理，也確實代表了兩漢人一般的看法。所謂似乎有些道理，我們拿它和當時別的子書一比較便知。墨子成書年代雖不敢完全肯定，但其中有若干篇是墨子的弟子所作，其成篇甚或早於孟子，應該不必懷疑，莊子生卒年月僅略後於孟子，荀子的早年和孟子的晚年相值者也有三十多年。莊子的內篇應該是莊周的手筆，荀子則基本上是荀卿的手筆。墨子、莊子內篇、荀子都是每篇各有主旨，而篇名也與主旨相應。孟子却不然，各章的篇幅雖然比論語長，但各章間的聯繫並沒有一定的邏輯關係；積章而成篇，篇名也只是撮取第一句的幾個字，並無所取義。這都是和論語相同，而和墨子、莊子、荀子相異的。所以趙岐説孟子是擬論語而作，不無道理。

　　趙岐把論語看成是“五經之錧鎋，六藝之喉衿”，孟子又是“擬聖而作”，那孟子也成爲經書的傳記了。儘管漢書藝文志把孟子放在諸子略中，視爲子書，但漢人心目中却把它看爲輔翼“經書”的“傳”。漢文帝把論語、孝經、孟子、爾雅各置博士，便叫“傳記博士”。王充論衡對作篇説：“楊墨之學不亂傳①義，則孟子之傳不造。”明明把孟子看爲傳。又如漢書劉向傳、後漢書梁冀傳、説文解字等書所引孟子都稱“傳曰”。可見把孟子和論語並列，不是趙岐“一人之私言”，而是兩漢人的公論。

　　到五代後蜀時，後蜀主孟昶命毋昭裔楷書易、書、詩、儀禮、周禮、禮記、公羊、穀梁、左傳、論語、孟子十一經刻石，宋太宗又加翻刻，這恐怕是孟子列入“經書”的開始。到南宋孝宗的時候，朱熹在禮記中取出大學、中庸兩篇，認爲是曾子和子思的作品，與論語、孟子合在一起，稱爲四書，於是孟子的地位便更加提高了。到明清兩朝，規定科舉考試中八股文的題目從四書中選取，而且要“代聖人立言”，於是當時任何讀書人便不得不把孟子讀得爛熟了。

四

　　孟子自認爲是孔子的忠實信徒，依他自己説：“乃所願，則學孔子也。”因之，他把孔子地位抬得極高，他引用孔子學生宰我、子貢、有若的話，説：“自生民以來，未有盛於孔子也。”（3·2）

　　孟子最後一章，即盡心下的第三十八章，提出了堯、舜、湯、文王、孔子。這是儒家“道統”的先聲。他把這一章安排在全書之末，我認爲是有特殊意義的。韓愈作原道更明確地説：“堯以是傳之舜，舜以是傳之禹，禹以是傳之湯，湯以是傳之文、武、周公，文、武、周公傳之孔子，孔子傳之孟軻。"孟子以接受孔子傳統自居，却不明説，只暗示説："由孔子而來至於今，百有餘歲，去聖人之世若此其未遠也，近聖人之居若此其甚也，然而無有乎爾，則亦無有乎爾。"當時和孔子出身地最近的有名望的儒者，除了孟子，更無他人。孟子説"無有乎爾"，正和"夫聖，孔子不居"（3·2）一樣，是不能明説的。孟子認爲孔子是聖人（3·2），那麽，他自然也是孔子之學的繼承者。韓愈也以承繼道統自居，也不明説，只寫道："軻之死，不得其傳焉。荀與楊也，擇焉而不精，語焉而不詳。"和孟子筆法不同，用意則一。

　　孟子雖然自以爲是孔子之學的繼承者，但因爲時代已經相距百把年，形勢也發生很大的變化，孟子對孔子學説不但有所取捨，而且有所發展。

　　首先，孟子和孔子之論"天"稍有不同。"天"的意義，一般有三四種。一是自然之天，一是義理之天，一是主宰之天，一是命運之天。孟子講"天"，除"天子"、"天下"等雙音詞外，連"天時"、"天位"、"天爵"等在内，不過八十多次。其中有自然之天，如："天油然作雲，沛然下雨。"（1·6）"天之高也。"（8·26）有義理之天，如："仰不愧於天，俯不怍於人。"（13·20）"存其心，養其性，所以事天也。"（13·1）有命運之天，如："若夫成功，則天也。"（2·14）"吾之不遇魯侯，天也。"（2·16）却没有主宰之天。在孟子中還有一種意義比較艱深的"天"，其實也是義理之天，或者意義更深遠些，如："天不言，以行與事示之而已矣。"（9·5）實質上，這種"天"，就是民意。孟子説得明白："太誓曰：'天視自我民視，天聽自我民聽。'"孟子中所謂"天吏"、"天位"、"天職"、"天禄"、"天爵"，都是這種意義；而這種意義，是在論語中所没有的。論語堯曰篇有"天禄"一詞，和孟子"弗與食天禄也"（10·3）意義有所不同。論語的"天禄"是指帝位，孟子的"天禄"是指應該給予賢者的俸禄，依它們的上下文一加比較，便可以看出其中的歧異。

孟子也講"命"，或者"天命"。孟子對這個曾經給了一個定義："莫之爲而爲者，天也；莫之致而至者，命也。"（9·6）就是説，命運是一種無形而巨大的力量，却没有主宰者或指使者。孟子甚至把天下形勢的變動，即"有道"和"無道"也歸之於"天"，即命運："天下有道，小德役大德，小賢役大賢；天下無道，小役大，弱役强。斯二者，天也。順天者存，逆天者亡。"（7·7）然而孟子絶不是宿命論者。他對命運的態度是："莫非命也，順受其正；是故知命者不立乎巖牆之下。盡其道而死者，正命也；桎梏死者，非正命也。"（13·2）在孟子看來，無論命運有多麽巨大的力量，但我還依我的"仁義"而行，不無故送死。祇要"盡"我之"道"，死也是"正命"；如果胡作亂爲，觸犯刑罰而死，便不是"正命"。

其實，大至天下形勢，小至個人前途，既有必然性，也有偶然性。而且，必然之中有偶然，偶然之中也有必然。古人對這個道理是不明白的，無以歸之，歸之于"天"，于"命"。在孔、孟中，孟子對待"天命"便有比較合理的言論。

孔子重視祭祀，孟子便不大多講祭祀。論語僅一萬二千七百字，"祭"字出現十四次；孟子有三萬五千三百七十多字，爲論語2.7倍强，"祭"字僅出現九次，"祭祀"出現二次，總共不過十一次，而且都未作主要論題。

第二，孔子講"仁"，孟子則經常"仁義"並言。孔子重視人的生命，孟子更重視人民生存的權利。孔子因爲周武王以討伐商紂而得到天下，談論音樂，認爲周武王的樂舞武"盡美矣，未盡善也"（論語譯注3·25）。孟子却不如此。齊宣王説"武王伐紂"是"臣弑其君"，孟子答説："賊仁者謂之賊，賊義者謂之殘。殘賊之人謂之一夫。聞誅一夫紂矣，未聞弑君也。"

鄒國曾和魯國發生衝突，鄒國的有關官吏死了三十三人，老百姓却一個也没有死，而且眼望着他們的上級去死而不救助。孟子對鄒穆公説："活該！誰叫你和你的臣下平日殘忍地對待老百姓哩！以眼還眼，以牙還牙。你們的老百姓今天可找着報復的機會了！"孟子不但主張"民爲貴，社稷次之，君爲輕"（14·14），還主張"貴戚之卿"可以廢掉壞君，改立好君。這種思想，是孔子仁的學説大發展，在先秦諸子中是絕無僅有的。

因之，孟子看君臣間的互相關係也比孔子有所前進。孔子只説"君使臣以禮，臣事君以忠"（論語譯注3·19），孟子却説："君之視臣如手足，則臣視君如腹心；君之視臣如犬馬，則臣視君如國人；君之視臣如土芥，則臣視君如寇讎。"（8·3）這種思想比後代某些"理學家"所謂"君要臣死，不得不死"高明而先進不知多少倍啦！

第三，孟子"道性善"（5·1）。並且説："人皆有不忍人之心。""無惻隱之心，非人也；無羞惡之心，非人也；無辭讓之心，非人也；無是非之心，非人也。"（3·6）還説："萬物皆備於我矣。"（13·4）由于這類的話，孟子便被某些人加上主觀唯心主義者的帽子。但扣帽子的人，我認爲並没有透徹了解孟子思想，扣他以主觀唯心主義的帽子是不符合他思想實際的。

我們應該了解，孟子所謂"性善"，其實際意義是人人都有爲善的可能，用孟子的話説，"乃若其情，則可以爲善矣，乃所謂善也。若夫爲不善，非才之罪也"（11·6）。

最可以注意的，一是<u>孟子</u>承認環境可以改變人的思想意識。他說："富歲，子弟多賴；凶歲，子弟多暴，非天之降才爾殊也，其所以陷溺其心者然也。"(11·7)二是他承認事物各有客觀規律，而且應該依照客觀規律辦事。他說："天下之言性也，則故而已矣。故者，以利爲本。所惡於智者，爲其鑿也。如智者若<u>禹</u>之行水也，則無惡於智矣。<u>禹</u>之行水也，行其所無事也。如智者亦行其所無事，則智亦大矣。天之高也，星辰之遠也，苟求其故，千歲之日至可坐而致也。"(8·26)相傳<u>禹</u>懂得水性，所以治水能成功。<u>孟子</u>認爲一切都有各自的客觀規律，依客觀規律辦事，便是"行其所無事"而不"鑿"。即使天高得無限，星辰遠得無涯，只要能推求其"故"(客觀規律)，就在當時以後一千年内的冬至日，也可以在房中推算出來。這種言論，難道是"主觀唯心主義者"能說得出來的嗎？

判斷一位哲學家是唯心還是唯物，依<u>馬克思列寧</u>主義，只有一個標準，就是思想意識是第一性的，還是物質是第一性的。<u>孟子</u>只講人有惻隱、羞惡、辭讓、是非之心，這四種心是仁、義、禮、智四端。端就是萌芽，也可以說是可能性。說人有某種可能性，并不等於說人有某種思想意識。<u>孟子</u>說"矢人唯恐不傷人，函人唯恐傷人"(3·7)，這是由于他們職業的關係，可見人生不一定都是"仁人"。<u>孟子</u>講性，還涉及兩件事，一曰，"食色，性也"(11·4)；一曰，"形色，天性也"(13·38)。求生存和求配偶，不但是人類的本能，也是其他動物的本能。每種動、植物，都有各種形體容貌，在當時，自然都是自然賦予的。<u>孟子</u>這些話并沒有錯。唯有性善，他作了幾處解釋，就是怕人誤解、歪曲，而某些人竟誤解、歪曲它了。

至于"萬物皆備於我"，這說的是自我修養。在這一章上，另有一章，全文如下："求則得之，捨則失之，是求有益於得也，求在我者也。求之有道，得之有命，是求無益於得也，求在外者也。”由此可見，孟子認仁義道德是“求則得之”“在我”的東西，而富貴利達是“得之有命”“在外”的東西。“萬物皆備於我”的“萬物”，是最大的快樂，是自身本有仁義道德，既不是主觀的虛幻境界，也不是超現實的精神作用。這裏談不上唯心和唯物。

最後，孟子的政治主張是保守的，有的甚至是倒退的，如要滕文公行井田制(5·3)，這是事實上行不通的，滕國也不可能執行。

孟子強調“仁義”，而在當時，七大雄國——秦、楚、齊、燕、韓、趙、魏(梁)——只講富國強兵。孟子卻說：“故善戰者服上刑，連諸侯者次之，辟草萊、任土地者次之。”不知這幾項正是當時形勢迫使各大國非這樣做不可。趙國有廉頗、趙奢、李牧，便能抵抗侵略；燕國有樂毅，便能收復全國，並深入齊國；齊國有田單，便全部收復失地。縱不侵犯別國，在各國互相窺伺、吞併下，爲了保衛自己，沒有“善戰”的大將是不行的，何況當戰國時，不但各國雄主多有統一天下的野心，即使是老百姓也苦于幾百年來大大小小的戰爭未曾停止，迫切希望天下一統呢！一部戰國策，基本上講的是合縱連橫之術。要打仗，便得多多聯合同盟國家，哪能不“連諸侯”呢？至于開墾土地，發展農業，更是當時“富國”的最重要的塗徑，商鞅爲秦孝公“爲田開阡陌封疆”(史記商君列傳)，奠定秦國富強的基礎。司馬遷述評孟軻“則見以爲迂遠而闊於事情”，一點也沒冤枉他。

【注釋】　①孟子名叫軻，這從他回答北宮錡話“然而軻也嘗聞其略也”(10·2)，便可知道。古人很重視表字。孟子的字是什麼，説法不一，東漢趙岐的孟子題辭説沒有聽到過；三國魏徐幹的中論序也説沒有傳下來；後來魏人王肅作聖證論，説他字子車；晉人傅玄作傅子説他字子輿。趙岐徐幹所不知道的，王肅傅玄怎麼知道？可見這是他們編造出來的。　②“鄒”，史記孟荀列傳作"騶"，古國名。故城在今山東鄒縣，離孔子故鄉曲阜不遠，所以孟子自已也説，"近聖人之居若此其甚也"(14·38)。　　③可參閲清周廣業孟子出處時地考、魏源古微堂外集孟子年表及宋翔鳳過庭録孟子事跡考。④據四庫總目提要，這書不是程復心所作，而是譚貞默的孟子編年略。⑤詳毛奇齡四書賸言所引王草堂復禮辨和孔繼汾闕里文獻考。　　⑥中國通史簡編修訂本第一編，人民出版社1958年版，第246頁。　　⑦韓非子、淮南子都作"徐偃王"。我們看，徐偃王就是宋王偃。這時宋已遷都彭城，所以宋王又叫徐王；正如魏遷都大梁，魏王又叫梁王一樣。　　⑧史記六國年表所列魯君年數錯誤很多，不足據。此據史記魯世家"子叔立，是爲平公。是時六國皆稱王。平公十二年，秦惠王卒"推算出來。秦惠王卒于周赧王四年，其前十二年，就是周顯王四十七年。　　⑨其實，七篇之中還有宋王没有稱謚。這宋王便是宋王偃，他不但死在孟子之後，而且他是亡國之君，當時並没有謚號可稱，所以孟子弟子並没有給他補上。　　⑩翟灝四書考異云："外書之目，自宜以'性善'爲一，'辯文'爲一，'説孝經'爲一。劉氏以親見之'性善辯'，遂以'辯'字上屬，而謂'文説'一篇，'孝經'一篇。據論衡本性篇，但云孟子作性善之篇，不綴'辯'字。疑新喻謝氏所藏性善辯，又屬後人依放而作，非外書本真也。"　　⑪這一"傳"字，據劉盼遂的論衡集解，説是"儒"字之誤。

例　言

一、我要譯注孟子的目的是：幫助一般讀者比較容易而正確地讀懂它，並給有志深入研究的人提供一些綫索。同時，有許多讀者想藉自學方式提高閱讀古書的能力，本書希望能在這方面也起一定的作用。

二、孟子章節的分合，歷代版本和各家注解本歧異不多，現在仍依舊有體例，在各篇篇名之下注明章數。自梁惠王至盡心本爲七篇，篇各分上下；爲了便於檢查，也依趙岐體例分爲十四卷。兩卷爲一篇，奇數爲上篇，如卷一爲梁惠王上；偶數爲下篇，如卷二爲梁惠王下。

三、譯文在儘可能不走失原意並保持原來風格下力求其流暢明白。但古人言辭簡略，有時不得不加些補充詞句。這些補充詞句，外加括弧〔　〕作標誌。

四、本書的注釋，包括字音詞義、語法規律、修辭方式、歷史知識、地理沿革、名物制度和風俗習慣等等。爲了幫助讀者比較深刻地理解孟子原文，我還對某些問題，作了簡要的考證。注釋依出現先後以數字爲標記。

五、字音詞義的注釋只限於生僻字、破讀和易生歧義以及晦澀費解的詞句，而且一般只在第一次出現時加注。注音用拼音字母，有時兼用直音法。

六、"譯注"之後附有詞典,使與"譯注"收相輔相成之效。譯文間有
　　用意譯法者;至其每字每詞的確實意義,一查詞典便知。而詳
　　於"注釋"者,"詞典"僅略言之;"注釋"未備者,"詞典"可補充
　　之,對讀者或者有些好處。

七、古今有關孟子的著作爲數甚多,本書譯注,則以朱熹的集注和
　　焦循的正義爲主要依據。其他有關論著,儘量搜集,選錄菁華,
　　予以介紹。仍覺不妥之處,則以我的千慮一得之見論之。但限
　　於學力,體例或有不純,蒐討或有不盡,取捨或有不妥,論斷或
　　有不是,注釋或有不全,譯文或有不順,誠懇地希望讀者指正。

卷一　梁惠王章句上[*]

凡　七　章

_*“梁惠王”在這裏是作爲孟子七篇第一篇的篇名。孟子的篇名和論語一樣，不過是摘取每篇開頭的幾個重要字眼來命名，並没有别的意義。“章句”是漢代經學家、訓詁家所常用的字眼，分析古書的章節、句讀（逗）的意思。漢書藝文志易經有“章句施、孟、梁邱各二篇”，書經有“歐陽章句三十一卷，大小夏侯章句各二十九卷”，“章句”兩字便常用作訓解古書的題名。這裏“梁惠王章句上”是後漢趙岐所著孟子章句的舊題，他把孟子七篇各分爲上下兩卷，所以這裏題爲“章句上”。

1·1　孟子見梁惠王^①。王曰：“叟^②！不遠千里而來，亦將有以利吾國乎？”

孟子對曰：“王！何必曰利？亦^③有仁義而已矣。王曰：‘何以利吾國？’大夫曰：‘何以利吾家？’士庶人曰：‘何以利吾身？’上下交征^④利而國危矣。萬乘之國，弑^⑤其君者，必千乘之家；千乘之國^⑥，弑其君者，必百乘之家^⑦。萬取千焉，千取百焉，不爲不多矣。苟爲後義而先利，不奪不饜^⑧。未有仁而遺其親者也，未有義而後其君者也。王亦曰仁義而已矣,何必曰利?"

【譯文】　孟子謁見梁惠王。惠王説:"老先生！您不辭千里長途的辛勞前來,那對我的國家會有很大利益吧?"

孟子答道:"王！您爲什麼一開口定要説到利益? 只要講仁義就行了。王假若説:'怎樣才對我的國家有利呢?'大夫也説:'怎樣才對我的封地有利呢?'那一般士子以至老百姓也都説:'怎樣才對我本人有利呢?'這樣,上上下下互相追逐私利,國家便會發生危險了。在擁有一萬輛兵車的國家裏,殺掉那一個國君的,一定是擁有一千輛兵車的大夫;在擁有一千輛兵車的國家裏,殺掉那一個國君的,一定是擁有一百輛兵車的大夫。在一萬輛兵車的國家中,大夫擁有兵車一千輛;在一千輛兵車的國家中,大夫擁有兵車一百輛;這些大夫的產業不能不説是很多的了。但是,假若輕公義,重私利,那大夫若不把國君的產業奪去,是永遠不會滿足的。從沒有講'仁'的人却遺棄他的父母的,也沒有講'義'的人却對他的君主怠慢的。王也只講仁義就行了,爲什麼定要講利益呢?"

【注釋】　①梁惠王——就是魏惠王,名罃,惠是他的諡號,於公元前370年承繼他父親魏武侯擊而即位。即位後九年,即公元前362年,由舊都安邑遷都大梁,(此從史記魏世家集解所引汲冢紀年之説,司馬遷列于惠王之三十一年,誤。清人雷學淇介菴經説卷九有考訂。大梁就是今天的開封。)所以又叫梁惠王。他在即位最初二十多年之内,在戰國諸雄中最爲強大,因之第一個自封爲王。(楚國自封爲王在春秋時,又當別論。)
②叟——老丈。　③亦——祇也。請參考詞詮卷七。　④征——趙岐注云:"征,取也。"　⑤弒——古時候以下殺上,以卑殺尊叫弒。
⑥萬乘之國,千乘之國——乘(shèng),古代的兵車一輛叫一乘。古代的國家以兵車的多少來衡量國家的大小,劉向戰國策序説戰國晚世"萬乘之

國七,千乘之國五"。韓、趙、魏(梁)、燕、齊、楚、秦七國爲萬乘,宋、衞、中山以及東周、西周則爲千乘。　⑦千乘之家,百乘之家——周禮大司馬鄭注云:"家謂食采地者之臣也。"古代的執政大夫有一定的封邑,這封邑又叫采地,擁有這種封邑的大夫叫家。有封邑當然也有兵車。公卿的封邑大,可以出兵車千乘,大夫的封邑小,可以出兵車百乘。　⑧饜——音厭(yàn),滿足。

1·2　孟子見梁惠王。王立於沼上,顧鴻鴈麋鹿,曰:"賢者亦樂此乎?"

孟子對曰:"賢者而後樂此,不賢者雖有此,不樂也。詩云:'經始靈臺,經之營之,庶民攻①之,不日②成之。經始勿亟,庶民子來③。王在靈囿,麀鹿攸伏④,麀鹿濯濯⑤,白鳥鶴鶴⑥。王在靈沼,於牣⑦魚躍。'文王以民力爲臺爲沼,而民歡樂之,謂其臺曰靈臺,謂其沼曰靈沼,樂其有麋鹿魚鼈。古之人與民偕樂,故能樂也。湯誓⑧曰:'時日害喪⑨,予及女偕亡。'民欲與之偕亡,雖有臺池鳥獸,豈能獨樂哉?"

【譯文】　孟子謁見梁惠王。王站在池塘旁邊,一面顧盼着鳥獸,一面說道:"有道德的人也高興享受這一種快樂嗎?"

孟子答道:"只有有道德的人才能够享受這一種快樂,沒有道德的人縱使有這種快樂也是無法享受的。〔這話怎麼説呢?我舉出周文王和夏桀的史事來説明吧。〕詩經的大雅靈臺篇説:'開始築靈臺,經營復經營,大家齊努力,很快便落成。王説不要急,百姓更賣力。王到鹿苑中,母鹿正安逸。母鹿光且肥,白鳥羽毛潔。王到靈沼上,滿池魚跳躍。'〔這一段詩,便足以證明〕周文王雖然用了百姓的力量來興建高臺深池，可是百姓非常高興，把那一個臺叫‘靈臺’，把那一池沼叫‘靈沼’，還高興他有許多種類的禽獸魚鼈。就因爲他肯和老百姓一同快樂，所以他能得到真正的快樂。〔至于夏桀却與此相反。百姓怨恨他，他却自比爲太陽，説道，太陽什麼時候消滅，我才什麼時候死亡。〕湯誓中便記載着老百姓的怨歌：‘太陽呀！你什麼時候消滅呢？我寧肯跟你一道死去！’作爲國家的帝王，竟使百姓怨恨到不想再活下去的程度，他縱然有高臺深池，奇禽異獸，難道能够獨自享受嗎？”

【注釋】①攻——舊注云：“攻，治也。”就是“工作”的意思。　②不日——朱熹注云：“不日，不終日也。”　③經始勿亟，庶民子來——亟，急也。“經始勿亟”四字是文王的言語，所以譯文加“王説”兩字。“子來”譯爲“更賣力”，是意譯。　④麀鹿攸伏——麀音憂（yōu），母鹿。攸，在上古的文獻裏用同“所”字。伏，趙注云：“安其所而伏，不驚動也。”⑤濯濯——肥胖而有光澤的樣子。　⑥鶴鶴——詩經寫作“翯翯”，古書中兩字相通。羽毛潔白的樣子。　⑦於牣——於舊讀“烏”，語首之詞，沒有意義。牣，音刃（rèn），滿也。史記殷本紀“充牣宮室”，子虛賦“充牣其中”，皆作“牣”。　⑧湯誓——尚書的篇名，記載着商湯伐桀時誓師之詞。　⑨時日害喪——時，指示詞，此也，相當於“這”。害，同“曷”，何也。這裏是“何時”的意思。有人把它解爲“何不”（以“害”爲“盍”），不可信，朱琦小萬卷齋文藁卷七與狄叔穎論四書質疑書有詳論，可參看。

1·3　梁惠王曰：“寡人之於國也，盡心焉耳矣。河内凶，則移其民於河東①，移其粟於河内。河東凶亦然。察鄰國之政，無如寡人之用心者。鄰國之民不加少②，寡人之民不加多，何也？”

孟子對曰:"王好戰,請③以戰喻。填然鼓之④,兵⑤刃既接,棄甲曳兵而走⑥。或百步而後止,或五十步而後止。以五十步笑百步,則何如?"

曰:"不可;直⑦不百步耳,是亦走也。"

曰:"王如知此,則無望民之多於鄰國也。

"不違農時,穀不可勝⑧食也;數罟⑨不入洿池⑩,魚鱉不可勝食也;斧斤以時入山林⑪,材木不可勝用也。穀與魚鱉不可勝食,材木不可勝用,是使民養生喪死無憾⑫也。養生喪死無憾,王道之始也。

"五畝之宅,樹之以桑,五十者可以衣⑬帛矣。雞豚狗彘之畜,無失其時⑭,七十者可以食肉矣。百畝之田,勿奪其時,數口之家可以無飢矣。謹庠序⑮之教,申⑯之以孝悌之義,頒白者不負戴於道路矣⑰。七十者衣帛食肉,黎民⑱不飢不寒,然而不王⑲者,未之有也。

"狗彘食人食而不知檢⑳,塗有餓莩㉑而不知發;人死,則曰:'非我也,歲也。'是何異於刺人而殺之,曰:'非我也,兵也。'王無㉒罪歲,斯㉓天下之民至焉。"

【譯文】 梁惠王〔對孟子〕說:"我對於國家,真是費盡心力了。河內地方如果遭了飢荒,我便把那裏的一部分百姓遷移到河東,同時還把河東的一部分糧食運到河內。假如河東遭了飢荒也是這樣辦的。我曾經考察過鄰國的政治,沒有一個國家能像我這樣替百姓打算的。可是,那些國家的百姓並不因此減少,我的百姓並不因此加多,這是什麼緣故呢?"

孟子答道:"王喜歡戰爭,那就讓我用戰爭來打個比喻吧。戰鼓聲鼕一響,槍尖刀鋒一接觸,就抛下盔甲拖着兵器向後逃跑。有的一口氣跑了一百步停住腳,有的一口氣跑了五十步停住腳。那些跑五十步的戰士竟來恥笑跑一百步的戰士,〔說他膽子太小,〕行不行?"

王說:"不行;只不過他沒有跑到一百步罷了,但這也是逃跑呀。"

孟子說:"王如果懂得這個道理,那就不要再希望你的百姓比鄰國多了。

"如果在農民耕種收穫的季節,不去〔徵兵徵工,〕妨礙生產,那糧食便會吃不盡了。如果細密的魚網不到大的池沼裏去捕魚,那魚類也會吃不完了。如果砍伐樹木有一定的時間,木材也會用不盡了。糧食和魚類吃不完,木材用不盡,這樣便使百姓對生養死葬沒有什麽不滿。百姓對於生養死葬都沒有什麽不滿,就是王道的開端。

"在五畝大的宅園中,種植桑樹,那麽,五十歲以上的人都可以穿上絲綿襖了。雞狗與豬等等家畜家家都有飼料和工夫去飼養,那麽,七十歲以上的人都可以有肉吃了。一家人百畝的耕地,不要去妨礙他們的生產,那麽,幾口人的家庭可以吃得飽飽的了。好好地辦些學校,反覆地用孝順父母敬愛兄長的大道理訓導他們,那麽,〔人人都會敬老尊賢,爲老人服務,〕鬚髮花白的人也就不會頭頂着、背負着重物件在路上行走了。七十歲以上的人有絲綿衣穿,有肉吃,一般百姓餓不着,凍不着,這樣還不能使天下歸服的,是從來不曾有過的事。

"〔現在的情況卻不如此。〕富貴人家的豬狗吃掉了百姓的糧食,卻不加以檢查和制止。道路上有餓死的人,卻不曾想到應該打開倉廩加以賑救。老百姓死了，竟然説道：'這不是我的罪過，而是年成不好的緣故。'這種説法和拿着刀子殺死了人，却説：'這不是我殺的，而是兵器殺的。'又有什麼不同呢？王假若不去歸罪於年成，〔而從政治上的根本改革着手，〕這樣，别的國家的老百姓就都會來投奔了。'"

【注釋】　①河内、河東——魏國的河東地，當今山西省夏縣一帶；河内地，即黄河北岸土地，當今河南省濟源市一帶。　②加少——就是減少的意思。　③請——表敬副詞，只是一種表示客氣之詞，没有具體意義。④鼓之——"鼓"在這裏爲不及物動詞，其下不當有賓語，這"之"字不是賓語，只是用來湊足一個音節罷了。　⑤兵——兵器，不是戰士的意思。⑥走——古代，慢慢走叫步，快快走叫趨，比趨更快，相當於跑叫做走。這裏是逃跑的意思。　⑦直——只是，不過。　⑧勝——音升(shēng)，盡也。　⑨數罟——數音朔(cù)，細也，密也。罟音古(gǔ)，魚網。古代曾經規定，網眼在四寸(古代的尺寸小，四寸只相當於今天的92公釐，不過二寸七分六釐罷了)以下的叫做密網，禁止放在湖泊内捕魚，意在保留魚種。　⑩洿池——"洿"音烏，大也。廣雅釋詁云："洿，深也。"亦通。　⑪斧斤以時入山林——"斤"是"斧"的一種。逸周書大聚解説："禹之禁，春三月，山林不登斧斤。"周禮山虞云："仲冬斬陽木，仲夏斬陰木。"禮記王制："草木零落，然後入山林。"可見古人砍伐樹木有一定的時候。　⑫憾——音汗(hàn)，恨也。不滿也。　⑬衣——(yì)，動詞，讀去聲，穿也。　⑭雞豚狗彘之畜，無失其時——淮南子主術訓説過："魚不長尺不得取，彘不期年不得食。"不准吃食小鷄小狗小豬，可能就是"無失其時"。趙岐注云："言孕字不失時也"。亦通。但譯文體會孟子本文的原意譯之。豚是小豬，但只能殺以祭祀，正如王筠在説文釋例所説的，"古人之豕，非大不食，小豕惟以致祭也"。所以這裏既言"彘"，又言"豚"。　⑮庠序——古代的地方學校叫庠序。　⑯申——一而再、再而三叫申，所以這裏用"反覆訓導"來翻譯它。　⑰頒白者不負戴於道路——“頒白”，鬢髮半白，也寫作“斑白”。禮記王制說：“道路輕任（任，行李）并，重任分，斑白不提挈。”又祭義説：“斑白者不以其任行乎道路。”就是此意。負謂背負，戴謂頂在頭上。　　⑱黎民——老百姓。

⑲王——音旺（wàng），以仁德的政治來統一天下的意思。　　⑳狗彘食人食而不知檢——這句有兩種解釋。漢書食貨志贊説：“孟子亦非‘狗彘食人之食而不知斂’。”顏師古注説：“言歲豐熟，菽粟饒多，狗彘食人之食，此時可斂之也。”漢書食貨志“檢”作“斂”，意思是收成好，穀賤傷農，國家便當平價收買，免得用以飼養狗彘。這和李悝的“平糶”，管子的“國蓄”同意。但清初閻若璩的四書釋地三續云：“古雖豐穰，未有以人食予狗彘者。‘狗彘食人食’即下章‘庖有肥肉’意，謂厚斂於民以養禽獸者耳。”閻氏之説可從。　　㉑莩——（piǎo），餓死之人。　　㉒無——同“毋”，表禁止的副詞。　　㉓斯——連詞，這就的意思。

1·4　　梁惠王曰：“寡人願安承教①。”

　　孟子對曰：“殺人以梃與刃，有以異乎？”

　　曰：“無以異也。”

　　“以刃與政，有以異乎？”②

　　曰：“無以異也。”

　　曰：“庖有肥肉，廄③有肥馬，民有飢色，野有餓莩，此率獸而食人也。獸相食，且人惡之④；爲民父母，行政，不免於率獸而食人，惡⑤在其爲民父母也？仲尼⑥曰：‘始作俑者⑦，其無後乎！’爲其象⑧人而用之也。如之何其使斯民飢而死也？”

【譯文】　梁惠王〔對孟子〕説道：“我很高興聽到您的指教。”

　　孟子答道：“用木棒打死人和用刀子殺死人，有什麽不同嗎？”

　　王説：“沒有什麽不同。”

“用刀子殺死人和用政治害死人，有什麼不同嗎？”

王説：“也没有什麼不同。”

孟子又説：“現在您的廚房裏有皮薄膘肥的肉，您的馬欄裏有健壯的馬，可是老百姓面帶飢色，野外躺着餓死的尸體，這等於是在上位的人率領着禽獸來吃人。獸類自相殘殺，人尚且厭惡它；做老百姓父母官的，主持政治，却不免於率領禽獸來吃人，那又怎麼能做老百姓的父母官呢？孔子説過：‘第一個造作木偶土偶來殉葬的人該會絶子滅孫斷絶後代吧！’〔爲什麼孔子這樣痛恨呢？〕就是因爲木偶土偶很像人形，却用來殉葬。〔用像人形的土偶木偶來殉葬，尚且不可；〕又怎麼可以使老百姓活活地餓死呢？”

【注釋】　①寡人願安承教——寡人，古代諸侯自謙之詞。安，“樂意”的意思。　　②這裏省去了“曰”字，表示孟子的話是緊接着梁惠王的話而説的。這是古人修辭體例，孟子尤其用得很多。　　③厩——音就(jiù)，馬欄。　　④且——副詞，“尚且”的意思。“且人惡之”，依今天的詞序，當作“人且惡之”。　　⑤惡——音烏(wū)，何也。這裏用作疑問副詞。　　⑥仲尼——孔子之字。　　⑦俑者——俑，音勇(yǒng)，殉葬用的土偶木偶。古代最初用活人殉葬，後來生產力漸漸提高，一個人的勞動除了供給本人的必需生活資料以外，還有剩餘可供剝削，於是人才被稍加重視，逐漸地不用來殉葬，而改用土俑和木俑。從孔子這句話來看，他是不明白這一歷史情況的。他却認爲先有俑殉，然後發展爲人殉。　　⑧象——同“像”。

1·5　梁惠王曰：“晉國①，天下莫②強焉③，叟之所知也。及寡人之身，東敗於齊，長子死焉④；西喪地於秦七百里⑤；南辱於楚⑥。寡人恥之，願比⑦死者壹⑧洒⑨之，如之何則可？”

孟子對曰：“地方百里⑩而可以王。王如施仁政於民，省刑罰，薄稅斂，深耕易耨^⑪；壯者以暇日修其孝弟忠信，入以事其父兄，出以事其長上，可使制^⑫梃以撻秦楚之堅甲利兵矣。

　　“彼奪其民時，使不得耕耨以養其父母。父母凍餓，兄弟妻子離散。彼陷溺其民，王往而征之，夫誰與王敵？故曰：‘仁者無敵。’王請勿疑！”

【譯文】　梁惠王〔對孟子〕説道：“魏國的强大，當時天下是没有别的國家能够趕得上的，這一點，您自然很清楚。但到了我這時候，東邊和齊國打一仗，殺得我大敗，連我的大孩子都犧牲了；西邊又敗給秦國，喪失河西之地七百里；南邊又被楚國搶去了八個城池。我實在認爲這是奇恥大辱，希望能够替我國所有的戰死者報仇雪恨，您説要怎樣辦才行？”

　　孟子答道：“只要有縱橫各一百里的小國就可以行仁政而使天下歸服，〔何况魏國是個大國呢？〕您假若向百姓實行仁政，減免刑罰，減輕賦税，叫百姓能够深耕細作，早除穢草；還使年輕的人在閒暇時間來講求孝順父母、敬愛兄長、爲人盡心竭力、待人忠誠守信的道德，而且運用這些道德，在家便來侍奉父兄，上朝便來尊敬上級，這樣，就是製造木棒也可以抗擊擁有堅實盔甲、鋭利刀槍的秦、楚軍隊了。

　　“〔這是爲什麽呢？〕那秦國楚國〔無時不在徵兵徵工〕，侵佔了百姓的生産時間，使他們不能够耕種來養活父母，他們的父母受凍挨餓，兄弟妻子東逃西散。秦王楚王使他們的百姓陷在痛苦的深淵中，您去討伐他，那有誰來和您抵抗呢？所以老話曾經説過：‘仁德的人是無敵於天下的。’您不要懷疑了吧！”

【注釋】　①晉國——劉寶楠愈愚録卷四云：“孟子，梁惠王自稱‘晉國’，魏人周霄亦自稱‘晉國’。此晉國即指魏國也。”劉氏此説甚確,1957 年在安徽壽縣出土的鄂君啟金節銘文“大司馬邵陽敗晉師於襄陵”,楚國也稱“魏國”爲“晉”,尤爲確證。所以這裏的“晉國”就是“魏國”。和“三晉”之“晉”義微有别。　　②莫——無指代詞,這裏指國家,所以是“没有國家”的意思。　　③焉——“於是”之意,這是兼詞,“莫强焉”是“没有國家比它(魏)再强些”的意思。　　④東敗於齊,長子死焉——指馬陵(今河南省濮城北)之役。魏伐韓,韓向齊求救,齊派田忌爲大將,孫臏爲軍師伐魏救韓。惠王也派龐涓和太子申爲將來抵禦。兩軍相持於馬陵,魏國終於中計而大敗,龐涓自殺,太子申被俘。　　⑤西喪地於秦七百里——馬陵之役後,秦國又屢次打敗魏國,迫使魏國獻出河西之地和上郡的十五個縣城。　　⑥南辱於楚——史記楚世家云:“懷王六年,楚使柱國昭陽將兵而攻魏,破之於襄陵(河南睢縣西),得八邑。”但魏世家列此事於梁襄王之十三年。考之古文竹書紀年,實爲梁惠王後元十一年之事。故朱右曾於汲冢紀年存真序論真古文之可信,有云:“惠王後元十一年,楚敗我襄陵,故惠王告孟子曰:‘南辱於楚。’如史記則惠王初無南辱之事。”⑦比——(bì),介詞,“替”、“代”、“給”的意思。　　⑧壹——副詞,“皆”、“都”、“全”的意思。　　⑨洒——音義都和“洗”字一樣,可能就是一個字的兩種寫法(説文解字把它分爲兩字,似乎不必)。　　⑩地方百里——應當這樣讀:“地,方百里。”“地方”不能連着讀,因爲不是一詞。古代面積的計算方法是“方若干里”,意思是長和寬各若干里。因此“方百里”譯文也可以寫成“一萬平方里”。　　⑪易耨——耨(nòu),鋤草也。易,副詞,蔣仁榮孟子音義考證云:“左傳昭二十九年‘易之亡也’,經義述聞云:‘易者,疾也,速也。’管子度地篇曰:‘大暑至,以疾耨殺草薉。’是其證。齊語曰:‘深耕而疾耰之以待時雨。’義亦同也。”　　⑫制——當讀如詩東山“制彼裳衣”之“制”,製作、製造之意。焦循謂讀爲“掣”,恐誤。

1·6　　孟子見梁襄王①,出,語②人曰:“望之不似人君,就

之而不見所畏焉。卒然③問曰：‘天下惡乎定？’

　　“吾對曰：‘定於一。’

　　“‘孰能一之？’

　　“對曰：‘不嗜殺人者能一之。’

　　“‘孰能與④之？’

　　“對曰：‘天下莫不與也。王知夫苗乎？七八月⑤之間旱，則苗槁矣。天油然作雲，沛然下雨，則苗浡然興之⑥矣。其如是，孰能禦之？今夫天下之人牧⑦，未有不嗜殺人者也。如有不嗜殺人者，則天下之民皆引領而望之矣。誠如是也，民歸之，由⑧水之就下，沛然誰能禦之？’”

【譯文】　孟子謁見了梁襄王，出來以後，告訴人説：“遠遠望去，不像個國君的樣子；走近他，也看不到威嚴所在。他突然問我：‘天下要怎樣才得安定？’

　　“我答道：‘天下歸於一統，就會安定。’

　　“他又問：‘誰能統一天下呢？’

　　“我又答：‘不好殺人的國君，就能統一天下。’

　　“他又問：‘那有誰來跟隨他呢？’

　　“我又答：‘天下的人没有不跟隨他的。您懂得禾苗的情況嗎？當七八月間，若是長期不下雨，禾苗自然枯槁了。假若是一陣烏雲出現，嘩啦嘩啦地落起大雨來，禾苗便又猛然茂盛地生長起來了。像這樣，那有誰能够阻擋得住呢？如今各國的君王，没有一個不好殺人的。如果有一位不好殺人的君王，那麽，天下的老百姓都會伸長着脖子期待他的解救了。真是這樣，百姓的歸附於他，跟隨着他，好像水的向下奔流一樣，那又有誰能够阻擋得住呢？’”

【注釋】　①梁襄王——梁惠王的兒子，名嗣（此從史記魏世家索隱引世本）。

②語——(yù)，告訴，對人説。　　③卒然——與"猝然"同。　　④與——
國語齊語："桓公知天下諸侯多與己也。"韋昭注云："與，從也。"
⑤七八月——這是用的周代的曆法。周曆建子，以含有冬至之月，就是夏
曆的十一月爲歲首(正月)，所以它的七八月相當于夏曆的五六月。這時
正是禾苗需要雨水的時候。　　⑥浡然興之——"浡"音勃。"浡然"，興
起貌。"興之"的"之"字不是賓語，和"填然鼓之"的"之"字相同，因爲"興"
是不及物動詞。　　⑦人牧——治理人民的人，意指國君。這"牧"字的
用法係由"牧牛"、"牧羊"的"牧"引申而來的。　　⑧由——音義完全和
"猶"字一樣。

1·7　齊宣王①問曰："齊桓、晉文②之事可得聞乎？"

孟子對曰："仲尼之徒無道桓文之事者，是以後世無傳
焉，臣未之聞也。無以③，則王乎？"

曰："德何如則可以王矣？"

曰："保④民而王，莫之能禦也。"

曰："若寡人者，可以保民乎哉？"

曰："可。"

曰："何由知吾可也？"

曰："臣聞之胡齕⑤曰，王坐於堂上，有牽牛而過堂下
者，王見之，曰：'牛何之⑥？'對曰：'將以釁鐘⑦。'王曰：
'舍⑧之！吾不忍其觳觫⑨，若無罪而就死地。'對曰：'然則
廢釁鐘與？'曰：'何可廢也？以羊易之！'——不識有諸⑩？"

曰："有之。"

曰："是心足以王矣。百姓皆以王爲愛⑪也，臣固知王
之不忍也。"

王曰："然；誠有百姓者。齊國雖褊⑫小，吾何愛一牛？即不忍其觳觫，若無罪而就死地，故以羊易之也。"

曰："王無異⑬於百姓之以王爲愛也。以小易大，彼惡知之？王若隱⑭其無罪而就死地，則牛羊何擇焉？"

王笑曰："是誠何心哉？我非愛其財而易之以羊也。宜乎百姓之謂我愛也。"

曰："無傷也，是乃仁術也，見牛未見羊也。君子之於禽獸也，見其生，不忍見其死；聞其聲，不忍食其肉。是以君子遠庖廚⑮也。"

王説⑯曰："詩云⑰：'他人有心，予忖度⑱之。'夫子之謂也。夫我乃行之，反而求之，不得吾心。夫子言之，於我心有戚戚焉。此心之所以合於王者，何也？"

曰："有復於王者曰：'吾力足以舉百鈞⑲，而不足以舉一羽；明足以察秋毫之末⑳，而不見輿薪，則王許㉑之乎？"

曰："否。"

"今㉒恩足以及禽獸，而功不至於百姓者，獨何與？然則一羽之不舉，爲不用力焉；輿薪之不見，爲不用明焉；百姓之不見保，爲不用恩焉。故王之不王，不爲也，非不能也。"

曰："不爲者與不能者之形何以異？"

曰："挾太山以超北海㉓，語人曰：'我不能。'是誠不能也。爲長者折枝㉔，語人曰：'我不能。'是不爲也，非不能也。故王之不王，非挾太山以超北海之類也；王之不王，是折枝之類也。

　　“老吾老，以及人之老；幼吾幼，以及人之幼。天下可運於掌㉕。詩云：‘刑于寡妻㉖，至于兄弟，以御于家㉗邦。’言舉斯心加諸彼而已。故推恩足以保四海，不推恩無以保妻子。古之人所以大過人者，無他焉，善推其所爲而已矣。今恩足以及禽獸，而功不至於百姓者，獨何與？

　　“權，然後知輕重；度，然後知長短。物皆然，心爲甚。王請度之！

　　“抑王興甲兵，危士臣，搆怨於諸侯，然後快於心與？”

　　王曰：“否；吾何快於是？將以求吾所大欲也。”

　　曰：“王之所大欲可得聞與？”

　　王笑而不言。

　　曰：“爲肥甘不足於口與？輕煖不足於體與？抑㉘爲采色㉙不足視於目與？聲音不足聽於耳與？便嬖㉚不足使令於前與？王之諸臣皆足以供之，而王豈爲是哉？”

　　曰：“否；吾不爲是也。”

　　曰：“然則王之所大欲可知已，欲辟㉛土地，朝㉜秦楚，莅㉝中國而撫四夷也。以若㉞所爲求若所欲，猶緣木而求魚也。”

　　王曰：“若是其甚與？”

　　曰：“殆㉟有㊱甚焉。緣木求魚，雖不得魚，無後災。以若所爲求若所欲，盡心力而爲之，後必有災。”

　　曰：“可得聞與？”

曰：“鄒㊲人與楚㊳人戰，則王以爲孰勝？”

曰：“楚人勝。”

曰：“然則小固不可以敵大，寡固不可以敵衆，弱固不可以敵强。海內之地方千里者九，齊集有其一。以一服八，何以異於鄒敵楚哉？蓋㊴亦反其本矣。

“今王發政施仁，使天下仕者皆欲立於王之朝，耕者皆欲耕於王之野，商賈皆欲藏於王之市，行旅皆欲出於王之塗，天下之欲疾其君者皆欲赴愬㊵於王。其若是，孰能禦之？”

王曰：“吾惛㊶，不能進於是矣。願夫子輔吾志，明以教我。我雖不敏，請嘗試之。”

曰：“無恒產而有恒心者，惟士爲能。若㊷民，則㊸無恒產，因無恒心。苟無恒心，放辟邪侈，無不爲已。及陷於罪，然後從而刑之，是罔㊹民也。焉有仁人在位罔民而可爲也？是故明君制民之產，必使仰足以事父母，俯足以畜妻子，樂歲終身飽，凶年免於死亡；然後驅而之善，故民之從之也輕㊺。

“今也制㊻民之產，仰不足以事父母，俯不足以畜妻子；樂歲終身苦，凶年不免於死亡。此惟救死而恐不贍㊼，奚㊽暇治禮義哉？

“王欲行之，則盍㊾反其本矣：五畝之宅，樹之以桑，五十者可以衣帛矣。雞豚狗彘之畜，無失其時，七十者可以食肉矣。百畝之田，勿奪其時，八口之家可以無飢矣。謹庠序之教，申⑩之以孝悌之義，頒白者不負戴於道路矣。老者衣帛食肉，黎民不飢不寒，然而不王者，未之有也。”

【譯文】　齊宣王問孟子道：“齊桓公、晉文公在春秋時代稱霸的事蹟，您可以講給我聽嗎？”

孟子答道：“孔子的學生們沒有談到齊桓公、晉文公的事蹟的，所以也沒有傳到後代來，我也不曾聽到過。王如果定要我說，便講講用道德的力量來統一天下的‘王’道吧！”

宣王問道：“要有怎樣的道德就能夠統一天下了呢？”

孟子說：“一切爲着使百姓的生活安定而努力，這樣去統一天下，沒有人能夠阻擋的。”

宣王說：“像我這樣的人，能夠使百姓的生活安定嗎？”

孟子說：“能夠。”

宣王說：“憑甚麼知道我能夠呢？”

孟子說：“我曾聽到胡齕告訴我一件事：王坐在大殿之上，有人牽着牛從殿下走過，王看到了，便問道：‘牽着牛往哪兒去？’那人答道：‘準備宰了祭鐘。’王便道：‘放了它吧！看它那哆嗦可憐的樣子，毫無罪過，却被送進屠場，我實在不忍。’那人便道：‘那麼，便廢除祭鐘這一儀節嗎？’王又道：‘怎麼可以廢除呢？用隻羊來代替吧！’——不曉得果真有這樣一回事嗎？”

宣王說：“有的。”

孟子說：“憑這種好心就可以統一天下了。老百姓都以爲王是吝嗇，我早就知道王是不忍。”

宣王說：“對呀，確實有這樣的百姓。齊國雖然不大，我也何至於連一頭牛都捨不得？我就是不忍看它那種哆嗦可憐的樣子，毫無罪過而被送進屠場，才用羊來代替它。”

　　孟子説:"百姓説王吝嗇,王也不必奇怪。〔羊小牛大,〕用小的代替大的,他們哪能體會到王的深意呢? 如果説可憐它毫無罪過却被送進屠場,那麽宰牛和宰羊又有什麽不同呢?"

　　宣王笑着説:"這個我真連自己也不懂是什麽心理了。我的確不是吝惜錢財才去用羊來代替牛。〔您這麽一説,〕百姓説我吝嗇真是理所當然的了。"

　　孟子説:"〔百姓這樣誤解〕没有什麽關係。王這種不忍之心正是仁愛。道理就在於:王親眼看見了那隻牛,却没有看見那隻羊。君子對於飛禽走獸,看見它們活着,便不忍心再看到它們死去;聽到它們悲鳴哀號,便不忍心再吃它們的肉。君子把廚房擺在遠離自己的場所,就是這個道理。"

　　宣王很高興地説:"有兩句詩歌:'別人存啥心,我能揣摩到。'您就是這樣的。我只是這樣做了,再問問自己,〔爲什麽要這樣做呢?〕却説不出所以然來。您老人家這麽一説,我的心便豁然明亮了。但我這種心情和王道相合,又是什麽道理呢?"

　　孟子説:"假定有一個人向王報告:'我的膂力能够舉重三千斤,却拿不起一根羽毛;我的目力能够把秋天鳥的細毛看得分明,一車子柴火擺在眼前却瞧不見。'您肯相信這種話嗎?"

　　宣王説:"不。"

　　孟子便馬上接着説:"如今王的好心好意足以使動物沾光,却不能使百姓得到好處,却是爲什麽呢? 這樣看來,一根羽毛都拿不起,只是不肯用力氣的緣故;一車子柴火都瞧不見,只是不肯用眼睛的緣故;老百姓得不到安定的生活,只是不肯施恩的緣故。所以王的不行仁德的政治來統一天下,只是不肯幹,不是不能幹。"

　　宣王説："不肯幹和不能幹在現象上有什麽不同呢？"

　　孟子説："把泰山夾在胳臂底下跳過北海，告訴人説：'這個我辦不到。'這真是不能。替老年人折取樹枝，告訴人説：'這個我辦不到。'這是不肯幹，不是不能幹。王的不行仁政不是屬於把泰山夾在胳臂底下跳過北海一類，而是屬於替老年人折取樹枝一類的。

　　"尊敬我家裏的長輩，從而推廣到尊敬别人家裏的長輩；愛護我家裏的兒女，從而推廣到愛護别人家裏的兒女。〔一切政治措施都由這一原則出發，〕要統一天下就像在手心裏轉動東西那麽容易了。詩經上説：'先給妻子做榜樣，再推廣到兄弟，再進而推廣到封邑和國家。'這就是説把這樣的好心好意擴大到其他方面去就行了。所以由近及遠地把恩惠推廣開去，便足以安定天下；不這樣，甚至連自己的妻子都保護不了。古代的聖賢之所以遠遠地超越於一般人，没有别的訣竅，只是他們善於推行他們的好行爲罷了。如今您的好心好意足以使動物沾光，百姓却得不着好處，這是爲什麽呢？

　　"秤一秤，才曉得輕重；量一量，才曉得長短。甚麽東西都如此，人的心更需要這樣。王，您考慮一下吧！

　　"難道説，動員全國軍隊，使將士冒着危險，去和别的國家結仇構怨，這樣做您心裏才痛快嗎？"

　　宣王説："不，我爲什麽定要這麽做才痛快呢？我之所以這樣做，不過是要求滿足我的最大慾望啊。"

　　孟子説："王的最大慾望是什麽呢？可以講給我聽聽嗎？"

　　宣王笑了笑，却不説話。

　　孟子便説："是爲了肥美的食物不够吃呢？是爲了輕煖的衣服

不够穿呢？是爲了豔麗的彩色不够看呢？是爲了美妙的音樂不够聽呢？還是爲了伺候的人不够您使喚呢？這些，您手下的人員都能够儘量供給，難道您真是爲了它們嗎？”

宣王說：“不，我不是爲了這些。”

孟子說：“那末，您的最大的慾望便可以知道了。您是想要擴張國土，使秦楚等國都來朝貢，自己作天下的盟主，同時安撫四周圍的落後外族。不過，以您這樣的作法想滿足您這樣的慾望，好像爬到樹上去捉魚一樣。”

宣王說：“竟然有這樣嚴重嗎？”

孟子說：“恐怕比這更嚴重呢。爬上樹去捉魚，雖然捉不到，却沒有禍害。以您這樣的作法想滿足您這樣的慾望，如果費盡心力去幹，〔不但達不到目的，〕而且一定會有禍害在後頭。”

宣王說：“〔這是什麼道理呢？〕可以講給我聽聽嗎？”

孟子說：“假定鄒國和楚國打仗，您以爲哪一國會打勝呢？”

宣王說：“楚國會勝。”

孟子說：“從這裏便可以看出：小國不可以跟大國爲敵，人口稀少的國家不可以跟人口衆多的國家爲敵，弱國不可以跟强國爲敵。現在中國土地總面積約九百萬平方里，齊國全部土地不過一百萬平方里。以九分之一的力量跟其餘的九分之八爲敵，這和鄒國跟楚國爲敵有什麼分別呢？〔這條道路是走不通的，那麼，〕爲什麼不從根本着手呢？

“現在王如果能改革政治，施行仁德，便會使天下的士大夫都想到齊國來做官，莊稼漢都想到齊國來種地，行商坐賈都想到齊國來做生意，來往的旅客也都想取道齊國，各國痛恨本國君主的人們也都想到您這裏來控訴。果然做到這樣，又有誰能抵擋得住呢?"

宣王説:"我頭腦昏亂,對您的理想不能再有進一層的體會,希望您輔佐我達到目的,明明白白地教導我。我雖然不行,也無妨試它一試。"

孟子説:"没有固定的産業收入却有一定的道德觀念和行爲準則的,只有士人才能够做到。至於一般人,如果没有一定的産業收入,便也没有一定的道德觀念和行爲準則。這樣,就會胡作非爲,違法亂紀,什麽事都幹得出來。等到他們犯了罪,然後去加以處罰,這等於陷害。哪有仁愛的人坐了朝廷却做出陷害老百姓的事的呢? 所以英明的君主規定人們的産業,一定要使他們上足以贍養父母,下足以撫養妻兒;好年成,豐衣足食;壞年成,也不致餓死。然後再去誘導他們走上善良的道路,老百姓也就很容易地聽從了。

"現在呢,規定人們的産業,上不足以贍養父母,下不足以撫養妻兒;好年成,也是艱難困苦;壞年成,只有死路一條。這樣,每個人用全力救活自己生命都怕來不及,哪有閒工夫學習禮義呢?

"王如果要施行仁政,爲什麽不從根本着手呢? 每家給他五畝土地的住宅,四圍種植着桑樹,那末,五十歲以上的人都可以有絲綿襖穿了。鷄狗與豬這類家畜,都有力量和工夫去飼養、蕃殖,那末,七十歲以上的人就都有肉可吃了。一家給他一百畝田地,並且不去妨礙他的生産,八口人的家庭便都可以吃得飽飽的了。辦好各級學校,反覆地用孝順父母、敬愛兄長的大道理來開導他們,那末,鬚髮花白的人〔便會有人代勞〕,不致頭頂着、背負着物件在路上行走了。老年人個個穿綿吃肉,一般人不凍不餓,這樣還不能使天下歸服的,那是從來没有的事。"

【注釋】 ①齊宣王——威王之子,名辟疆。據推測,孟子在見了梁襄王之後便離開魏國到了齊國，這時齊宣王即位也不過兩年。　㉒齊桓、晉文——齊桓公名小白，晉文公名重耳，在春秋時候先後稱霸，爲"五霸"之首。　㉓以——同"已"。"無以"猶言"不得已"。　㉔保——安也。　㉕齕——音核(hé)。　㉖之——動詞，往也，適也。　㉗釁鐘——釁(xìn)，王夫之孟子稗疏云："釁，祭名，血祭也。凡落成之祭曰釁。"這是古代的一種禮節儀式，當國家的一件新的重要器物以至宗廟開始使用的時候，便要宰殺一件活物來祭它。　㉘舍——同"捨"。　㉙觳觫——音斛速(hú sù)，楊慎丹鉛總錄云："言牛將就屠而體縮恐懼也。"俞樾孟子平議把下句"若"字屬此句讀。楊樹達古書句讀釋例以"吾不忍其觳觫若無罪而就死地"十三字作一句讀。皆難聽信。　⑩諸——"之乎"的合音。　⑪愛——吝嗇之意。　⑫褊——(biǎn)，小也。　⑬異——動詞，奇怪，疑怪。　⑭隱——趙岐注："痛也。"哀痛，可憐。　⑮君子遠庖廚——君子，有時指有德之人，有時指有位(官職)之人，這裏兩者都可解。遠，這裏作動詞，使動用法，使他遠離的意思。舊讀去聲。　⑯説——同"悦"，高興，喜歡。　⑰詩云——詩句見於詩經小雅巧言篇。　⑱忖度——忖(cǔn)，度音奪(duó)，揣想。　⑲鈞——三十斤爲一鈞。　⑳秋毫之末——有人説是鳥尾之細毛，有人説是禾穗上之白毛，總之是極細小的東西。　㉑許——聽信。　㉒今字前省去"曰"字，便是表示孟子的話是緊接宣王的話的。　㉓挾太山以超北海——太山即泰山，北海即渤海。墨子兼愛篇云："譬若挈泰山越河濟也。"可見此當時常用譬喻。　㉔折枝——古來有三種解釋：甲、折取樹枝，乙、彎腰行禮，丙、按摩搔癢。譯文取第一義。　㉕天下可運於掌——列子湯問篇："大王治國誠能若此，則天下可運於一握。"即此意。　㉖刑于寡妻——"詩云"以下三句見於詩經大雅思齊篇。"刑"同"型"，猶言示範。寡妻，嫡妻也。這"寡"字和尚書康誥的"寡兄"、康王之誥的"寡命"諸"寡"字同義，大也。可參考俞正燮癸巳類稿寡兄解。　㉗家——指卿大夫之有采邑者。　㉘抑——選擇連詞，相當於現代漢語的"還是"。　㉙采色——就是"彩色"。　㉚便嬖——便(pián)嬖(bì)，在王左右親近之有寵幸者。　　㉛辟——同“闢”，開闢。　　㉜朝——使動用法，使其朝覲。　　㉝莅——音利(lì)，臨也。　　㉞若——如此，後來寫作“偌”。　　㉟殆——副詞，表示不肯定。可譯爲“可能”、“大概”、“幾乎”、“或者”。　　㊱有——同“又”。　　㊲鄒——國名，就是邾國，公羊又作邾婁，國土極小。今山東鄒縣東南有邾城，當是古邾國之地。㊳楚——春秋和戰國時的大國。　　㊴蓋——同“盍”，“何不”的合音。㊵愬——同“訴”。　　㊶惛——同“昏”。　　㊷若——轉折連詞，他轉，“至于”之意。　　㊸則——假設連詞，假若。　　㊹罔——同“網”，此處用作動詞，張網羅以捕捉之意，猶言“陷害”。　　㊺輕——輕易，容易。㊻制——訂立制度。　　㊼贍——(shàn)，足够。　　㊽奚——何。㊾盍——“何不”的合音。　　㊿申——趙岐注以“申重”解“申”，是也。荀子仲尼篇云：“疾力以申重之。”楊倞注云：“申重猶再三也。”此“申”用法正與禮記檀弓“申之以子夏”同。譯文故以“反覆開導”表達之。

卷二　梁惠王章句下

凡十六章

2·1　莊暴見孟子,曰:"暴見於王①,王語暴以好樂②,暴未有以對也。"曰③:"好樂何如?"

孟子曰:"王之好樂甚,則齊國其庶幾④乎!"

他日⑤,見於王曰:"王嘗語莊子以好樂,有諸?"

王變乎色⑥,曰:"寡人非能好先王之樂也,直好世俗之樂耳。"

曰:"王之好樂甚,則齊其庶幾乎! 今之樂由古之樂也。"

曰:"可得聞與?"

曰:"獨樂樂,與人樂樂,孰樂?"

曰:"不若與人。"

曰:"與少樂樂,與衆樂樂,孰樂?"

曰:"不若與衆。"

"臣請爲王言樂。今王鼓樂於此,百姓聞王鐘鼓之聲,管籥⑦之音,舉⑧疾首蹙頞⑨而相告曰:'吾王之好鼓樂,夫何使我至於此極也? 父子不相見,兄弟妻子離散。'今王田

獵⑩於此，百姓聞王車馬之音，見羽旄⑪之美，舉疾首蹙頞
而相告曰：'吾王之好田獵，夫何使我至於此極也？父子不
相見，兄弟妻子離散。'此無他，不與民同樂也。

　　"今王鼓樂於此，百姓聞王鐘鼓之聲，管籥之音，舉欣
欣然有喜色而相告曰：'吾王庶幾無疾病與，何以能鼓樂
也?'今王田獵於此，百姓聞王車馬之音，見羽旄之美，舉欣
欣然有喜色而相告曰：'吾王庶幾無疾病與，何以能田獵
也?'此無他，與民同樂也。今王與百姓同樂，則王矣。"

【譯文】　齊國的臣子莊暴來見孟子，説道："我去朝見王，王告訴我，
　　他愛好音樂，我不知應該怎樣回答。"接着又説："愛好音樂，究竟
　　好不好？"

　　　孟子説："王如果非常愛好音樂，那齊國便會很不錯了。"

　　　過了些時，孟子謁見齊王，問道："您曾經告訴莊暴，説您愛好
　　音樂，有這回事嗎？"

　　　齊王很不好意思地説："我並不是愛好古代音樂，只是愛好一
　　般流行的樂曲罷了。"

　　　孟子説："只要您非常愛好音樂，那齊國便會很不錯了。無論
　　現在流行的音樂，或者古代音樂都是一樣的。"

　　　齊王説："這個道理可以説給我聽聽嗎？"

　　　孟子説："一個人單獨地欣賞音樂快樂，跟別人一起欣賞音樂
　　也快樂，究竟哪一種更快樂呢？"

　　　齊王説："當然跟別人一起欣賞更快樂些。"

　　　孟子説："跟少數人欣賞音樂固然快樂，跟多數人欣賞音樂也
　　快樂，究竟哪一種更快樂呢？"

　　　齊王説："當然跟多數人一起欣賞更快樂。"

　　孟子馬上接着説：“那末，就讓我向您談談欣賞音樂和娛樂的
道理吧。假使王在這兒奏樂，老百姓聽到鳴鐘擊鼓的聲音，又聽
到吹簫奏笛的聲音，却全都覺得頭痛，愁眉苦臉地互相議論：‘我
們國王這樣愛好音樂，爲什麼使我苦到這般地步呢！父子不能見
面，兄弟妻子東逃西散！’假使王在這兒打獵，老百姓聽到車馬的
聲音，看到儀仗的華麗，却全都覺得頭痛，愁眉苦臉地互相議論：
‘我們國王這樣愛好打獵，爲什麼使我苦到這般地步呢？父子不
能見面，兄弟妻子東逃西散！’〔爲什麼百姓會這樣呢？〕這沒有別
的原因，就是因爲王只圖自己快樂而不同大家一同娛樂的緣故。

　　“假使王在這兒奏樂，百姓聽到鳴鐘擊鼓的聲音，又聽到吹簫
奏笛的聲音，全都眉開眼笑地互相告訴：‘我們國王大概很健康
吧，要不這樣，怎麼能够奏樂呢？’假使王在這兒打獵，老百姓聽到
車馬的聲音，看到儀仗的華麗，全都眉開眼笑地互相告訴：‘我們
國王大概很健康吧，要不這樣，怎麼能够打獵呢？’〔爲什麼百姓會
這樣呢？〕這沒有別的原因，只是因爲王同百姓一同娛樂罷了。如
果王同百姓一同娛樂，就可以使天下歸服了。”

【注釋】　①暴見於王——“王”是齊宣王。這是由上一章和下一章所言都是
　　齊宣王的事情而推知的。“暴見於王”和“莊暴見孟子”不同。一有介詞
　　“於”字，一不用介詞。“見孟子”是“來看孟子”，“見於王”是“被王接見”。
　　②樂——歷來注釋家都把這“樂”字解爲“音樂”。但也有人主張（如宋人
　　陳善的捫蝨新語）把它解爲“快樂”，因爲下文孟子講到“田獵”，是一種娛
　　樂，也不與“音樂”相干。但我們細推全文，“鼓樂”連言，認爲原意仍是“音
　　樂”的“樂”，孟子以後又講到田獵，不過是由“獨樂”、“衆樂”而引申出來的
　　又一比方罷了。　　　③曰——一個人的話中間又加一“曰”字，表示這個
　　人説話之中有所停頓，因此加一“曰”字，表示“更端”，這是古人修辭體例，
　　説詳俞樾古書疑義舉例卷二。　　　④庶幾——“差不多”的意思，但只用

于積極方面。　　⑤他日——直譯爲“別的日子”,有時表示在這以前的日子,如第十六章的“他日君出”;這裏表示在這以後的日子,所以譯爲“過了些時”。　　⑥變乎色——直譯爲“變了臉色”,譯文譯其意。　　⑦管籥——“籥”同“龠”(yuè)。管龠,古代吹奏樂器,如今天簫笙之類的東西。⑧擧——副詞,皆,俱,全都。　　⑨疾首蹙頞——蹙(cù)。頞音遏(è),鼻莖,鼻樑。疾首蹙頞直譯爲腦袋疼痛縐着鼻樑,譯文用意譯法。⑩田獵——就是打獵。　　⑪羽旄——旗幟的意思,這裏譯爲“儀仗”。

2・2　齊宣王問曰:“文王之囿方七十里①,有諸?”

　　孟子對曰:“於傳有之。”

　　曰:“若是其大②乎?”

　　曰:“民猶以爲小也。”

　　曰:“寡人之囿方四十里,民猶以爲大,何也?”

　　曰:“文王之囿方七十里,芻蕘者往焉,雉兔者往焉,與民同之。民以爲小,不亦宜乎? 臣始至於境,問國之大禁,然後敢入。臣聞郊關之内有囿方四十里,殺其麋鹿者如殺人之罪。則是方四十里爲阱於國中。民以爲大,不亦宜乎?”

【譯文】　齊宣王〔問孟子〕道:“聽説周文王有一處狩獵場,縱橫各長七十里,真有這回事嗎?”

　　孟子答道:“在史籍上有這樣的記載。”

　　宣王説:“真有這麽大嗎?”

　　孟子説:“老百姓還覺得太小呢。”

　　宣王説:“我的狩獵場,縱橫各只四十里,老百姓還認爲太大了,這又是爲什麽呢?”

　　孟子説:“文王的狩獵場縱橫各七十里,割草打柴的去,打鳥捕獸的也去,同老百姓一同享用。老百姓認爲太小,這不很自然嗎?
〔而您的呢,與此相反。〕我剛到齊國邊界的時候,問明白了齊國最
嚴重的禁令后,才敢入境。我聽説在齊國首都的郊外,有一個狩
獵場,縱橫各四十里,誰要殺害了裏面的麋鹿,就等於犯了殺人
罪。那麽,這爲方四十里的地面,對百姓來説,是在國內佈置一個
陷阱。他們認爲太大了,不也應該嗎?"

【注釋】　①文王之囿方七十里——古代畜養草木禽獸的園林,有圍牆的叫
　　"苑",没有圍牆的叫"囿"。唐賈公彦周禮地官囿人疏云:"案孟子'文王之
　　囿七十里,芻蕘者往焉',天子之囿百里,並是田獵之處。"譯文據此,因譯
　　爲"狩獵場"。　　②若是其大——這"其"字用法同"之",但古人於這種
　　地方多用"其",極少用"之"。

2·3　齊宣王問曰:"交鄰國有道乎?"

　　孟子對曰:"有。惟仁者爲能以大事小,是故湯事葛①,
文王事昆夷②。惟智者爲能以小事大,故太王事獯鬻③,勾
踐事吳④。以大事小者,樂天者也;以小事大者,畏天者也。
樂天者保天下,畏天者保其國。詩云:'畏天之威,于時
保之。'"

　　王曰:"大哉言矣! 寡人有疾,寡人好勇。"

　　對曰:"王請無好小勇。夫撫劍疾視曰:'彼惡敢當我
哉!'此匹夫之勇,敵一人者也。王請大之!

　　"詩云:'王赫斯⑤怒,爰⑥整其旅,以遏徂莒⑦,以篤周
祜⑧,以對于天下。'此文王之勇也。文王一怒而安天下
之民。

　　"書曰⑨:'天降下民,作之君,作之師,惟曰其助上帝寵

之⑩。四方有罪無罪惟我在,天下曷敢有越厥⑪志?'一人
衡行⑫於天下,武王恥之。此武王之勇也。而武王亦一怒
而安天下之民。今王亦一怒而安天下之民,民惟恐王之不
好勇也。"

【譯文】　齊宣王問道:"和鄰國相交有什麽原則和方式嗎?"

　　孟子答道:"有的。只有仁愛的人才能夠以大國的身份來服事
小國,所以商湯服事葛伯,文王服事昆夷。只有聰明的人才能夠
以小國的身份服事大國,所以太王服事獯鬻,勾踐服事夫差。以
大國身份服事小國的,是無往而不快樂的人;以小國身份服事大
國的,是謹慎畏懼的人。無往而不快樂的人足以安定天下,謹慎
畏懼的人足以保護住自己的國家。這正如詩經周頌我將篇説的:
'害怕上帝有威靈,〔因此謹慎小心,〕所以得到安定。'"

　　宣王説:"您的話真高明呀! 不過,我有個毛病,就是喜愛勇
敢,〔恐怕不能夠服事別國。〕"

　　孟子答道:"那麽,王就不要喜愛小勇。有一種人,只是手按着
刀劍瞪着眼睛説:'他怎麽敢抵擋我呢!'這只是個人的勇,只能敵
得住一個人。希望王能夠把它擴大。

　　"詩經大雅皇矣篇説:'我王勃然一生氣,整頓軍隊往前去,阻
止侵略莒國的敵人,增強周國的威望,因以報答各國對周國的嚮
往。'這便是文王的勇。文王一生氣便使天下的百姓得到安定。

　　"書經説:'天降生一般的人,也替他們降生了君主,也替他們
降生了師傅,這些君主和師傅的唯一責任,是幫助上帝來愛護人
民。因此,四方之大,有罪者和無罪者,都由我負責。普天之下,
何人敢超越他的本分〔來胡作妄爲〕?'當時有一個紂王在世間橫
行霸道,武王便認爲這是奇恥大辱。這便是武王的勇。武王也一

生氣而使天下的人民得到安定。如今王若是也生氣而使天下人
民都得到安定，那末，天下的人民還只怕王不喜愛勇敢哩。”

【注釋】　①湯事葛——孟子滕文公章句下第五章對此事有較詳的叙述，可
參閱。　　②文王事昆夷——“昆夷”亦作“混夷”，周朝初年的西戎國名。
文王如何服事昆夷，其事已經不能詳考。　　③太王事獯鬻——“太王”
亦作“大王”，即古公亶父。“獯鬻”亦作“薰育”。獯鬻(xūn yù)即獫狁
(xiǎn yǔn)，亦即第十四章之狄人，當時的北方少數民族。本篇第十四章
所載“太王居邠，狄人侵之”的事即指此而言，可參看。　　④勾踐事
吴——事詳國語越語和吴語。越王勾踐被吴王夫差打得大敗，逃在會稽
山，卑辭厚禮向吴國求和，本人替吴王當馬前卒。後來，終于報了仇，滅了
吴國。　　⑤赫斯——猶言“赫然”，表態副詞，描寫發怒時的情貌。
⑥爰——語首之詞，無義。　　⑦以遏徂莒——遏，止也。徂，往也。莒，
國名。　　⑧以篤周祜——篤，厚也。祜，福也。直譯是“增添周室的福
祜”，譯文用意譯法。　　⑨書曰——以下爲尚書逸文，僞古文尚書採入
泰誓上篇。　　⑩其助上帝寵之——句讀應該如此。朱熹集注把下文
“四方”連接“寵之”作一句，全文讀爲“惟曰其助上帝，寵之四方”，是不對
的。　　⑪厥——用法同“其”。　　⑫衡行——就是“橫行”。古書於
“橫”字多作“衡”。

2·4　齊宣王見孟子於雪宮①。王曰：“賢者亦有此樂乎？”

孟子對曰：“有。人不得，則非其上矣。不得而非其上
者，非也；爲民上而不與民同樂者，亦非也。樂民之樂者，
民亦樂其樂；憂民之憂者，民亦憂其憂。樂以天下，憂以天
下，然而不王者，未之有也。

“昔者齊景公②問於晏子③曰：‘吾欲觀於轉附朝儛④，
遵海而南，放於琅邪⑤，吾何脩而可以比於先王觀也？’

　　"晏子對曰:'善哉問也! 天子適諸侯曰巡狩。巡狩者,巡所守也。諸侯朝於天子曰述職。述職者,述所職也。無非事者。春省耕而補不足,秋省斂而助不給。夏諺曰:"吾王不游,吾何以休? 吾王不豫⑥,吾何以助? 一游一豫,爲諸侯度。"今也不然:師行而糧食,飢者弗食,勞者弗息。睊睊胥讒⑦,民乃作慝⑧。方命⑨虐民,飲食若流。流連荒亡,爲諸侯憂⑩。從流下而忘反謂之流,從流上而忘反謂之連,從獸無厭謂之荒,樂酒無厭謂之亡。先王無流連之樂,荒亡之行。惟君所行也。'

　　"景公悅,大戒⑪於國,出舍於郊。於是始興發補不足。召大師⑫曰:'爲我作君臣相說之樂!'蓋徵招角招⑬是也。其詩曰:'畜君何尤⑭?'畜君者,好君也。"

【譯文】　齊宣王在他的別墅雪宮裏接見孟子,宣王問:"有道德的賢人也有這種快樂嗎?"

　　孟子答道:"有的。如果他們得不到這種快樂,他們就會埋怨國王了。得不着這種快樂就埋怨國王的,是不對的。可是作爲一國之主有快樂而不同他的百姓一同享受,也是不對的。以百姓的快樂爲自己的快樂的,百姓也會以國王的快樂爲自己的快樂;以百姓的憂愁爲自己的憂愁的,百姓也會以國王的憂愁爲自己的憂愁。和天下之人同憂同樂,這樣還不能使天下歸服於他的,是從來不曾有過的事。

　　"過去齊景公問晏子説:'我想到轉附朝儛兩個山上去遊遊,然後沿着海岸向南行,一直到琅邪。我該怎樣辦才能够和過去的聖賢之君的巡遊相比擬呢?'

　　晏子答道：'問得好呀！天子到諸侯的國家去叫做巡狩。巡狩就是巡視各諸侯所守的疆土的意思。諸侯去朝見天子叫做述職。述職就是報告在他職責內的工作的意思。沒有不和工作相結合的。春天裏巡視耕種情況，對貧窮農戶加以補助；秋天裏考察收穫情況，對缺糧農户加以補助。夏朝的諺語説：'我王不出來遊，我的休息向誰求？我王不出來走，我的補助哪會有？我的王遊遊走走，足以作爲諸侯的法度。'現在可不是這樣了，國王一出巡，興師動衆，到處籌糧運米，飢餓的人得不到吃食，勞苦的人得不到休息。所有人員無不切齒側目，怨聲載道，而人們就要爲非作歹了。〔這樣出巡〕違背天意，虐待百姓，大吃大喝，浪費飲食如同流水，流連忘返，荒亡無行，使諸侯都爲此而憂愁。怎樣叫做流連荒亡呢？由上游向下游的遊玩樂而忘歸叫做流，由下游向上游的遊玩樂而忘歸叫做連，無厭倦地打獵叫做荒，不知節制地喝酒叫做亡。過去的聖賢之君都沒有這種流連荒亡的行爲。〔頭一種是和工作相結合的巡行，後一種是只知自己快樂的流連荒亡，〕您從事哪一種，由您自己決定吧！'

　　"景公聽了，大爲高興。先在都城內做好準備，然後駐紮郊外，拿出錢糧，救濟貧窮的人。景公又把樂官長叫來，對他説：'給我創作一個君臣同樂的歌曲！'這個樂曲就是徵招角招，歌辭説：'這樣喜愛國君有什麼不對的呢？'"

【注釋】　①齊宣王見孟子於雪宮——雪宮是齊宣王的離宮，離宮相當於現今的別墅。這一句有兩個説法，一説是齊宣王在雪宮接見孟子，一説是齊宣王招待孟子于雪宮而自己去看他。譯文取前説。　②齊景公——春秋時齊國之君，姓姜名杵臼。　③晏子——齊國賢臣，名嬰。現在所傳的晏子春秋，雖然有依託附會，但也可以窺見晏嬰的行事與學説之一斑。　④觀於轉附朝儛——觀，遊也。轉附疑即今芝罘山（就是芝罘島），朝儛疑即今山東省榮城縣東之召石山。宋翔鳳孟子趙注補正謂朝儛爲兩水名，曲説不

可從。　　⑤琅邪——山名,在今山東省諸城市東南。　　⑥豫——義同
"遊"。晏子春秋内篇問下云:"春省耕而補不足者謂之游,秋省實而助不
給者謂之豫。"管子戒篇云:"春出原農事之不本者謂之游,秋出補人之不
足者謂之夕"。變"豫"言"夕"。　　⑦睊睊胥讒——睊睊,疊字以作表態
副詞,形容因忿恨側目而視的樣子。胥,皆也,相也。讒,毁謗也。
⑧慝——(tè),惡也。統治者暴虐人民,人民怨恨反抗,這是必然的。但在
古代的某些人看來,仍認爲不對,所以這裏用"讒"、"慝"諸字,譯文也只能
就原意翻譯。　　⑨方命——方,違反之意。命指上帝意旨。　　⑩夏
諺曰……爲諸侯憂——蕭穆敬孚類稾卷一有孟子夏諺兩節解,他認爲這
一節夏諺從"吾王不遊"一直貫到"爲諸侯憂",因爲都是韻語,而其下"從
流下而忘反謂之流"四句又是解釋,他説:"豈臣子對君之辭亦仿諺語用
韻,自言之,且自解之者耶?"又説:"蓋前解巡狩述職之説,亦是先引前人
成説,非己率爾造出也。"(方宗誠讀論孟補記説同。)譯文雖不用此説,但
仍提出以供參考。　　⑪戒——舊注云:"備也。"這不是"戒備"之意,當
讀如詩小雅大田"既種既戒,既備乃事"之"戒","準備"也。　　⑫大
師——讀爲太師,古代樂官之長。　　⑬徵招角招——徵(zhǐ),徵和角是
古代五音(宫、商、角、徵、羽)中的兩個。招同"韶"。　　⑭尤——錯誤,
過怨。

2·5 齊宣王問曰:"人皆謂我毁明堂①,毁諸?已乎②?"

孟子對曰:"夫明堂者,王者之堂也。王欲行王政,則
勿毁之矣。"

王曰:"王政可得聞與?"

對曰:"昔者文王之治岐③也,耕者九一④,仕者世禄⑤,
關市譏⑥而不征,澤梁⑦無禁,罪人不孥⑧。老而無妻曰
鰥⑨,老而無夫曰寡,老而無子曰獨,幼而無父曰孤。此四

者,天下之窮民而無告者。文王發政施仁,必先斯四者。詩云:'哿矣富人,哀此煢獨⑩。'"

王曰:"善哉言乎!"

曰:"王如善之,則何爲不行?"

王曰:"寡人有疾,寡人好貨。"

對曰:"昔者公劉⑪好貨,詩云:'乃積乃倉⑫,乃裹餱糧⑬,于橐于囊⑭。思戢用光⑮。弓矢斯張,干戈戚揚⑯,爰方啟行。'故居者有積倉,行者有裹囊⑰也,然後可以爰方啟行。王如好貨,與百姓同之,於王何有?"

王曰:"寡人有疾,寡人好色。"

對曰:"昔者太王好色,愛厥妃。詩云:'古公亶父⑱,來朝走馬,率西水滸⑲,至于岐下,爰及姜女⑳,聿來胥宇㉑。'當是時也,内無怨女,外無曠夫㉒。王如好色,與百姓同之,於王何有㉓?"

【譯文】　齊宣王問道:"别人都建議我把明堂拆毁掉,〔您説〕毁掉呢? 還是不呢?"

孟子答道:"明堂是什麼呢? 是有道德而能統一天下的王者的殿堂。您如果要實行王政,就不要把它毁掉了。"

王説:"〔怎樣去實行王政呢?〕可以講給我聽聽嗎?"

答道:"從前周文王治理岐周,對農民的稅率是九分抽一;對做官的人是給以世代承襲的俸禄;在關口和市場上,只稽查,不征稅;任何人到湖泊捕魚,不加禁止;犯罪的人,刑罰只及於他本人,不牽連到他的妻室兒女。失掉妻室的老年人叫做鰥夫,失掉丈夫的老女人叫做寡婦,没有兒女的老人叫做孤獨者,死了父親的兒童叫做孤兒。這四種人是社會上窮苦無靠的人。<u>周文王</u>實行仁政,一定最先考慮到他們。詩經小雅正月篇說:'有錢財的人是可以過得去的了,可憐那些孤單的無依無靠者吧。'"

<u>宣王</u>說:"這話說得真好呀!"

<u>孟子</u>說:"您如果認爲這話好,那爲什麼不實行呢?"

<u>宣王</u>說:"我有個毛病,我喜愛錢財,〔實行王政怕有困難。〕"

<u>孟子</u>答道:"從前<u>公劉</u>也喜愛錢財,詩經大雅的公劉篇寫道:'糧食真多,外有囤,内滿倉;還包裹着乾糧,裝滿槖,裝滿囊。人民安集,國威發揚。箭上弦,弓開張,其它武器都上場,浩浩蕩蕩向前行。'因此留在家裏的人有積穀,行軍的人有乾糧,這才能率領軍隊前進。王如果喜愛錢財,能跟百姓一道,那對於實行王政來統一天下有什麼困難呢?"

王又說:"我有個毛病,我喜愛女人,〔實行王政怕有困難。〕"

<u>孟子</u>答道:"從前<u>太王</u>也喜愛女人,非常疼愛他的妃子。詩經大雅緜篇寫道:'<u>古公亶父</u>清早便跑着馬,沿着邠地西邊漆水河岸,來到<u>岐山</u>之下。還帶領着他的妻子<u>姜</u>氏女,都來這裏視察住處。'當這個時候,没有找不着丈夫的老處女,也没有找不着妻子的單身漢。王假若喜愛女人,能跟百姓一道,那對於實行王政來統一天下有什麼困難呢?"

【注釋】　①明堂——明堂的制度,根據周禮考工記匠人以及禮記明堂位疏所引諸書,其説各不相同。有的説是爲天子朝見諸侯而設的,有的説是天子的太廟。但這裏指的明堂在<u>齊國</u>國境之内,可能是準備天子東巡狩朝見諸侯用的。　　②已——止也。但古書常常以"諸"和"已"對言,已便有否定的意味(請參考<u>楊樹達</u>積微居小學述林公羊傳諸已解)。這一"已"字也含有否定之意。　　③岐——地名,在今<u>陝西</u>岐山縣一帶。　　④耕者九一——<u>孟子</u>這話可能就是指井田制而言。每井九百畝,八家各一百

畝,叫做私田。當中一百畝,叫做公田,由八家共同耕種。井田制是<u>孟子</u>理想的土地制度,詳見<u>滕文公章句上</u>。這一制度未必能實行,但<u>孟子</u>以爲古人是實行了的。　　⑤<u>仕者世禄</u>——這應該是指當時大夫以上的官職而言。　　⑥<u>譏</u>——<u>禮記王制</u>云:"關執禁以譏。"注云:"譏,苛察也。"⑦<u>澤梁</u>——古代用以在流水中攔魚的一種裝置。　　⑧<u>孥</u>——本意是妻室兒女,這裏用作動詞。　　⑨<u>鰥</u>——(guān)。　　⑩<u>哿矣富人,哀此煢獨</u>——哿音舸(gě),又讀(kě),可也。煢音瓊(qióng),單獨之意。

⑪<u>公劉</u>——<u>后稷</u>的後代,爲周代創業的始祖。　　⑫<u>倉</u>——這裏用作動詞,以倉廩積穀也。　　⑬<u>餱糧</u>——餱音侯(hóu)。餱糧就是乾糧。

⑭<u>橐囊</u>——橐(tuó),橐和囊都是盛物之器。橐兩端有底,旁邊開口,東西盛滿以後,在中間舉起來,所盛物便在兩頭了,可以擔,也可以放在駱駝峰上,其大者還可以垂之於車。囊則無底,物件盛于其中,然後括其兩頭。囊大橐小。説詳<u>黃以周史説略卷四釋橐囊</u>。　　⑮<u>思戢用光</u>——思,語詞,無義。戢音輯(jí),這裏意義同於輯,和也,安也。光,發揚光大之意。

⑯<u>干戈戚揚</u>——都是戰具。干,據歷代注家説,是保衛自己用的擋刀箭之牌(盾),<u>楊樹達</u>則以爲是刺人之兵器,説詳<u>積微居小學述林釋干</u>。戈是古代用以鉤挽敵人並啄刺敵人的兵器。戚,斧一類的東西,鋒刃較狹。揚,大斧。這句没有動詞,因爲是詩歌,故句法與平常語言不同。　　⑰<u>裹囊</u>——有些本子作"裹糧",今從<u>阮元校勘記</u>的宋本孔本。説詳<u>焦循正義</u>所引<u>臧琳經義雜記</u>。<u>鹽鐵論鹽鐵取下篇</u>説:"<u>公劉</u>好貨,居者有積,行者有囊。"即用<u>孟子</u>此文。　　⑱<u>太王,古公亶父</u>——參見本篇第三章注③。

⑲<u>率西水滸</u>——率,循也。滸,水涯也。這句話是説沿着邠地西邊的河岸而走。水指<u>漆水</u>,説詳<u>王引之經義述聞</u>。　　⑳<u>爰及姜女</u>——爰,語首詞,無義。姜女就是<u>太姜</u>,<u>太王</u>之妃。　　㉑<u>聿來胥宇</u>——聿,語首詞,無義。胥,動詞,省視,視察也。宇,屋宇。　　㉒<u>内無怨女,外無曠夫</u>——這裏内外係指男女而言。古代以女子居内,男子居外,所以這裏"怨女"用"内"字,"曠夫"用"外"字。　　㉓<u>何有</u>——當時成語,這裏用爲"何難之有"的意思。<u>朱熹</u>注云:"何有,言不難也。"

2·6　孟子謂齊宣王曰:"王之臣有託其妻子於其友而之楚遊者,比其反也①,則②凍餒其妻子,則如之何?"

　　王曰:"棄之。"

　　曰:"士師不能治士③,則如之何?"

　　王曰:"已之。"

　　曰:"四境之内不治,則如之何?"

　　王顧左右而言他。

【譯文】　孟子對齊宣王説道:"您有一個臣子把妻室兒女付託給朋友照顧,自己遊楚國去了。等他回來的時候,他的妻室兒女却在挨餓受凍。對待這樣的朋友,應該怎樣辦呢?"

　　王説:"和他絶交。"

　　孟子説:"假若管刑罰的長官不能管理他的下級,那應該怎樣辦呢?"

　　王説:"撤掉他!"

　　孟子説:"假若一個國家裏政治搞得很不好,那又該怎樣辦呢?"

　　齊王回過頭來左右張望,把話題扯到别處去了。

【注釋】　①比其反也——比讀去聲(bì),及也,至也。"反"同"返"。②則——這個"則"字的用法,表示事情的結果不是當事者所願意而早已處於無可奈何的情況中。　③士師不能治士——士師,古代的司法官,周禮有士師,其下有"鄉士""遂士"等屬官。孟子的"不能治士"的"士"可能指"鄉士""遂士"而言,因爲據孟子"爲士師則可以殺之"(4·8),也以"士師"爲司法官也。

2·7　孟子見齊宣王,曰:"所謂故國者,非謂有喬木之謂也，有世臣之謂也。王無親臣矣，昔者所進，今日不知其亡①也。”

王曰：“吾何以識其不才而舍之？”

曰：“國君進賢，如不得已，將使卑踰尊，疏踰戚，可不慎與？左右皆曰賢，未可也；諸大夫皆曰賢，未可也；國人皆曰賢，然後察之；見賢焉，然後用之。左右皆曰不可，勿聽；諸大夫皆曰不可，勿聽；國人皆曰不可，然後察之；見不可焉，然後去之。左右皆曰可殺，勿聽；諸大夫皆曰可殺，勿聽；國人皆曰可殺，然後察之；見可殺焉，然後殺之。故曰，國人殺之也。如此，然後可以爲民父母。”

【譯文】　孟子謁見齊宣王，對他説道：“我們平日所説的‘故國’，並不是那個國家有高大樹木的意思，而是有累代功勳的老臣的意思。您現在没有親信的臣子啦。過去所進用的人到今天想不到都罷免了。”

王問：“怎樣去識別那些缺乏才能的人而不用他呢？”

孟子答道：“國君選拔賢人，如果迫不得已要用新進，就要把卑賤者提拔在尊貴者之上，把疏遠的人提拔在親近者之上，對這種事能不慎重嗎？因此，左右親近之人都説某人好，不可輕信；衆位大夫都説某人好，也不可輕信；全國的人都説某人好，然後去瞭解；發現他真有才幹，再任用他。左右親近之人都説某人不好，不要聽信；衆位大夫都説某人不好，也不要聽信；全國之人都説某人不好，然後去瞭解；發現他真不好，再罷免他。左右親近之人都説某人可殺，不要聽信；衆位大夫都説某人可殺，也不要聽信；全國之人都説某人可殺，然後去瞭解；發現他該殺，再殺他。所以説，這是全國人殺的。這樣，才可以做百姓的父母。”

【注釋】　①亡——去位，去國之意。

2·8 齊宣王問曰:"湯放桀①,武王伐紂②,有諸?"

孟子對曰:"於傳③有之。"

曰:"臣弑④其君,可乎?"

曰:"賊仁者謂之'賊',賊義者謂之'殘'。殘賊之人謂之'一夫'⑤。聞誅④一夫紂⑤矣,未聞弑君也。"

【譯文】　齊宣王問道:"商湯流放夏桀,武王討伐殷紂,真有這回事嗎?"

孟子答道:"史籍上有這樣的記載。"

宣王説:"作臣子的殺掉他的君王,這是可以的嗎?"

孟子説:"破壞仁愛的人叫做'賊',破壞道義的人叫做'殘'。這樣的人,我們就叫他作'獨夫'。我只聽説過周武王誅殺了獨夫殷紂,沒有聽説過他是以臣弑君的。"

【注釋】　①湯放桀——湯,殷商的開國之君。據古代傳説,夏桀暴虐,湯興兵討伐他,把桀流放到南巢(據舊日志書,今安徽巢縣東北五里的居巢故城有其遺跡)。　②武王伐紂——商紂王無道,周武王捧着文王的木主興兵討伐,紂王大敗,自焚而死。　③傳——去聲,傳記也。　④弑、誅——這兩個詞各含有褒貶。臣下無理地殺死君主,兒女殺死父母都用"弑"字。誅則不然。合乎正義地討殺罪犯便用"誅"字。　⑤一夫紂——即"獨夫紂"的意思。("獨夫紂"是荀子議兵篇所引泰誓語)。"獨夫"、"一夫"都是失掉了群衆,成爲孤立者的意思。

2·9 孟子見齊宣王,曰:"爲巨室①,則必使工師②求大木。工師得大木,則王喜,以爲能勝其任也。匠人斲③而小之,則王怒,以爲不勝其任矣。夫人幼而學之,壯而欲行之,王曰:'姑舍女所學而從我。'則何如?今有璞玉④於此,

雖萬鎰⑤，必使玉人彫琢之。至於治國家，則曰：'姑舍女所
學而從我。'則何以異於教玉人彫琢玉哉？"

【譯文】　孟子謁見齊宣王，說道："建築一所大房子，那一定要派工
　　師去尋找大的木料。工師得到了大木料，王就高興，認爲他能够
　　盡到他的責任。如果木工把那木料砍小了，王就會發怒，認爲擔
　　負不了他的責任。〔可見專門技術是很需要的。〕有些人，從小學
　　習一門專業，長大了便想運用實行。可是王却對他說：'把你所學
　　的暫時放下，聽從我的話吧！'這又怎麼行呢？假定王有一塊未經
　　彫琢的玉石，雖然它價值很高，也一定要請玉匠來彫琢它。可是
　　一說到治理國家，你却〔對政治家〕說：'把你所學的暫時放下，聽
　　從我的話吧！'這跟您要讓玉匠按照您的辦法彫琢玉石，又有什麼
　　兩樣呢？"

【注釋】　①巨室——古代"室"和"宮"有時意義相同，都是房屋的意思。呂
　　氏春秋驕恣篇說："齊宣王爲大室，大益百畝，堂上三百户。以齊之大，具
　　之三年而未能成。"孟子的這一段話，可以說是用眼前的實事作比喻。
　　②工師——古代官名，爲各種工匠的主管官。　　③斲——（zhuó），砍
　　削。　　④璞玉——璞（pú），璞玉，玉之在石中者。　　⑤萬鎰——"鎰"
　　也作"溢"，二十兩爲一鎰。"萬鎰"言其貴重，不是言其衆多。焦循正義依
　　趙岐注，不正確。

2·10　齊人伐燕，勝之①。宣王問曰："或謂寡人勿取，或
謂寡人取之。以萬乘之國伐萬乘之國，五旬而舉之，人力
不至於此②。不取，必有天殃③。取之，何如？"

　　孟子對曰："取之而燕民悅，則取之。古之人有行之
者，武王是也。取之而燕民不悅，則勿取。古之人有行之

者，文王是也④。以萬乘之國伐萬乘之國，簞食壺漿⑤以迎
王師，豈有他哉？避水火也。如水益深，如火益熱，亦運而
已矣⑥。”

【譯文】　齊國攻打燕國，大獲全勝。齊宣王問道：“有些人勸我不要
　　吞併燕國，也有些人勸我吞併它。〔我想：〕以一個擁有萬輛兵車
　　的大國去攻打同樣擁有萬輛兵車的大國，只用五十天便打下來
　　了，光憑人力是做不到的呀，〔一定是天意如此。〕如果我們不把它
　　吞併，上天會〔認爲我們違反了他的意旨，因而〕降下災害來。吞
　　併它，怎麼樣？”

　　　孟子答道：“如果吞併它，燕國百姓倒很高興，便吞併它。古人
　　有這樣做過的，周武王便是。如果吞併它，燕國的百姓不高興，那
　　就不要吞併它。古人有這樣做過的，周文王便是。以齊國這樣擁
　　有一萬輛兵車的大國來攻打燕國這樣擁有一萬輛兵車的大國，燕
　　國的百姓却用筐盛着乾飯，用壺盛着酒漿來歡迎您的軍隊，難道
　　會有別的意思嗎？只不過是想逃開那水深火熱的苦日子罷了。
　　如果他們的災難更加深了，那只是統治者由燕轉爲齊罷了。”

【注釋】　①齊人伐燕，勝之——事在齊宣王五年，燕王噲把燕國讓給他的相
　　國子之，可是國人不服，將軍市被、太子平進攻子之，子之反攻，又殺了市
　　被和太子平，齊宣王便派匡章趁機攻打燕國，很快取得勝利。可參閱戰國
　　策燕策齊策。　　②五旬而舉之，人力不至於此——史記燕世家描寫燕
　　國的戰況説：“士卒不戰，城門不閉，燕君噲死，齊大戰燕，子之亡。”因此齊
　　人速勝，故以爲人力不至於此。　　　③不取，必有天殃——左傳僖公三十
　　三年云：“秦違蹇叔而以貪勤民，天奉我也。奉不可失，敵不可縱。縱敵患
　　生，違天不祥，必伐秦師！”國語越語也説：“得時無怠，時不再來。天與不
　　取，反爲之災。”可見“天予不取，必有天殃”是當日早已流行的觀念。
　　④文王是也——論語泰伯篇説周文王三分天下有其二，還服事殷商。

⑤簞食壺漿——簞(dān)，古代盛飯的竹筐。食，去聲(sì)，飯。漿，用米熬成的酸汁，漢朝人叫做戴(音在，zài)漿的，古人用以代酒。　　⑥亦運而已矣——亦，祇也。運，轉也。朱熹解爲"民將轉而望救於他人"，與"亦"和"而已矣"所表示的語氣不合，恐未當。

2·11　齊人伐燕，取之。諸侯將謀救燕。宣王曰："諸侯多謀伐寡人者，何以待之？"

孟子對曰："臣聞七十里爲政於天下者，湯是也。未聞以千里畏人者也。書曰：'湯一征，自葛始①。'天下信之，東面而征，西夷怨；南面而征，北狄怨，曰：'奚爲後我？'民望之，若大旱之望雲霓②也。歸市者不止，耕者不變，誅其君而弔③其民，若時雨降。民大悅。書曰：'徯我后④，后來其蘇⑤。'今燕虐其民，王往而征之，民以爲將拯己於水火之中也，簞食壺漿以迎王師。若殺其父兄，係累⑥其子弟，毀其宗廟，遷其重器⑦，如之何其可也？天下固畏齊之强也，今又倍地而不行仁政，是動天下之兵也。王速出令，反其旄倪⑧，止其重器，謀於燕衆，置君而後去之，則猶可及止也。"

【譯文】　齊國攻打燕國，吞併了它。別的國家在計議着來救助燕國。宣王便問道："很多國家正在商議着來攻打我，要怎樣對待呢？"

孟子答道："我聽説過，有憑藉着縱橫各長七十里的國土來統一天下的，商湯就是，却没聽説過擁有縱橫各長一千里的國土而害怕別國的。尚書説過：'商湯征伐，從葛國開始。'天下人都很相信他，因此，向東方進軍，西方國家的百姓便不高興；向南方進軍，北方國家的百姓便不高興，都説道：'爲什麽把我們放到後面呢？'

人們盼望他,正好像久旱盼望烏雲和虹霓一樣。〔湯的征伐,一點也不驚擾百姓,〕做買賣的照常來往,種莊稼的照常下地。只是誅殺那些暴虐的國君來慰撫那些被殘害的百姓。他的來到,正好像天及時降下甘霖一樣,老百姓非常高興。尚書又説:‘等待我們的王,他到了,我們也就復活了!’如今燕國的君主虐待百姓,您去征伐他,那裏的百姓認爲您是要把他們從水深火熱的苦難中解救出來,因此都用筐盛着乾飯,用壺盛着酒漿來歡迎您的軍隊。而您呢,却殺掉他們的父兄,擄掠他們的子弟,毀壞他們的宗廟祠堂,搬走他們的國家寶器。這怎麼可以呢?天下各國本來就害怕齊國强大,現在齊國的土地又擴大了一倍,而且還是暴虐無道,這自然會招致各國興兵動武。您趕快發出命令,遣回老老小小的俘虜,停止搬運燕國的寶器,再和燕國的人士協商,擇立一位燕王,然後自己從燕國撤退,這樣做,要使各國停止興兵,還是來得及的。”

【注釋】 ①湯一征,自葛始——滕文公下作“湯始征,自葛載”,可見這“一”字就是開始的意義。但滕文公下没有“書曰”字樣,因此江聲尚書集注音疏認爲這些都不是尚書的文字。我們則以爲若説“天下信之”以下不是尚書之文,是可信的,因爲文氣不和尚書相似。而這六個字仍應認爲是尚書逸文。宋翔鳳孟子趙注補正云:“書序,湯征諸侯,葛伯不祀,湯始征之,作湯征。”鄭注云:“湯征亡。”此引書正是湯征之文。 ②雲霓——霓是虹霓,這裏指出於西方者。楚辭哀時命云:“虹霓紛其朝覆兮,夕淫淫而霖雨。”也是如此。日在東方時,日光射入水氣折而返照成爲出現於西方的虹,因之是下雨的先兆。玉曆通政經也説過:“虹霓旦見於西則爲雨,暮見於東則雨止。” ③弔——恤也,問也。 ④徯我后——徯(xī),等待也。后,王也。 ⑤蘇——也寫作“穌”、“甦”,更生、復活的意思。⑥係累——係同繫,累同縲,束縛、綑綁的意思。 ⑦遷其重器——重器,寶器也。戰國策燕策載樂毅報燕惠王書,其中有一句説:“故鼎反乎曆

室。"可爲齊國遷走燕國的重器（故鼎）的證明。　　⑧旄倪——"旄"同
"耄"(mào)，八九十歲的人叫做耄。倪，就是"兒"。

2·12　鄒與魯鬨①。穆公②問曰："吾有司③死者三十三
人，而民莫之死也④。誅之，則不可勝誅；不誅，則疾視其長
上之死而不救⑤，如之何則可也？"

　　孟子對曰："凶年饑歲，君之民老弱轉⑥乎溝壑，壯者散
而之四方者，幾⑦千人矣；而君之倉廩實，府庫充，有司莫以
告，是上慢而殘下也。曾子⑧曰：'戒之戒之！出乎爾者，反
乎爾者也。'夫民今而後得反之也。君無尤⑨焉！君行仁
政，斯民親其上，死其長矣。"

【譯文】　鄒國同魯國發生了衝突。鄒穆公問孟子說："這一次衝突，
　　我的官吏犧牲了三十三個，老百姓却没有一個爲他們死難的。殺
　　了他們吧，殺不了那麽多；不殺吧，他們瞪着兩眼看着長官被殺却
　　不去營救，實在可恨。〔您説，〕怎樣辦才好呢？"

　　孟子答道："當災荒年歲，您的百姓，年老體弱的棄尸於山溝荒
　　野之中，年輕力壯的便四處逃荒，這樣的人有千把了；而在您的穀
　　倉中堆滿了糧食，庫房裏裝滿了財寶，這種情形，您的有關官吏誰
　　也不來報告，這就是在上位的人不關心老百姓，並且還殘害他們。
　　曾子曾經説過：'提高警惕，提高警惕！你怎樣去對待人家，人家
　　將怎樣回報你。'現在，您的百姓可得着報復的機會了。您不要責
　　備他們吧！您如果實行仁政，您的百姓自然就會愛護他的上級，
　　情願爲他們的長官犧牲了。"

【注釋】　①鄒與魯鬨——鄒，周朝時一個小國家，左傳和穀梁寫作"邾"，現
　　今山東鄒縣東南有古邾城。鬨(hòng)，交戰。　　②穆公——當是鄒穆

公,孟子是鄒人,所以穆公問他。賈誼新書和新序都記載着鄒穆公實行仁
政的故事,有人說是由於孟子的這一對答而改過。　　③有司——意即
"有關官吏"。　　　④莫之死——即"莫死之"的倒裝。"之"指"有司"。
"莫之死"意思就是"没有人爲他們而犧牲"。　　　⑤疾視其長上之死而不
救——"疾"是主要動詞,相當于論語衞靈公第十五的"君子疾没世而名不
稱焉"和季氏第十六的"君子疾夫舍曰欲之而必爲之辭"的"疾"。"視其長
上之死而不救"一句作爲"疾"的賓語。　　　⑥轉——"棄尸"的意思,淮南
子主術訓云:"是故生無乏用,死無轉尸。"此"轉"字即"轉尸"之意。
⑦幾——讀機,近也。　　　⑧曾子——孔子弟子曾參。　　　⑨尤——動
詞,責備,歸罪之意。

2·13　滕文公①問曰:"滕,小國也,間於齊、楚。事齊乎?
事楚乎?"

　　孟子對曰:"是謀非吾所能及也。無已,則有一焉:鑿
斯池②也,築斯城也,與民守之,效③死而民弗去,則是可
爲也。"

【譯文】　滕文公問道:"滕國是一個弱小的國家,處在齊國和楚國的
　中間,是服事齊國呢,還是服事楚國呢?

　　　孟子答道:"這個問題不是我的能力所能解決的。如果您定要
　我談談,那就只有一個主意:把護城河挖深,把城牆築堅固,同百
　姓一道來保衞它,寧肯獻出生命,百姓都不離開,那就有辦法了。"

【注釋】　①滕文公——滕,周朝的一個弱小國家,始祖爲周文王之子錯叔
　繡,故城在今山東滕縣西南。文公,趙岐於滕文公爲世子章注云:"古紀世
　本録諸侯之世,滕國有考公麋,與文公之父定公相值;其子元公弘與文公
　相值。以後世避諱,改考公爲定公;以元公行文德,故謂之文公也。"
　②池——"城池"之"池",就是護城河。　　　③效——獻也,致也。

2·14　　滕文公問曰："齊人將築薛①,吾甚恐,如之何則可?"

孟子對曰："昔者大王居邠②,狄③人侵之,去之岐山④之下居焉。非擇而取之,不得已也。苟爲善,後世子孫必有王者矣。君子創業垂統,爲可繼也。若夫⑤成功,則天也。君如彼何⑥哉?強⑦爲善而已矣。"

【譯文】　滕文公問道："齊國人準備加強薛地的城池,我很害怕,您說怎麼辦才好?"

孟子答道："從前太王居於邠地,狄人來侵犯。他便避開,搬到岐山之下定居下來。這不是太王主動選擇而採取的辦法,實在是不得已呀! 要是一個君主能實行仁政,〔即使他本人沒有成功,〕他的後代子孫一定會有成爲帝王的。有德君子創立功業,傳之子孫,正是爲着一代一代地能够承繼下去。至於能不能成功呢,也還得依靠天命。您怎樣去對付齊人呢? 只有努力實行仁政罷了。"

【注釋】　①築薛——薛本爲周朝初年的一個小國家,姓任,春秋初期還獨立存在(從春秋魯隱公十一年書"滕侯、薛侯來朝"和莊公三十一年書"薛伯卒"知之),不知在什麽時候爲齊所滅。薛的故城在今山東滕縣東南四十四里之處。齊滅薛後,齊威王以之封田嬰,田嬰因此號爲靖郭君(郭是地名,近於薛,此用雷學淇竹書紀年義證之説)。田嬰將築薛,可能正在孟子從宋國到滕國的時候,所以滕文公以此相問。　　②邠——同"豳"(bīn),在今陝西旬邑縣西。　　③狄——即獯鬻,互詳本篇第三章注。④岐山——今陝西岐山縣東北六十里之箭括山,就是古時的岐山,因嶺巔有缺,山有兩岐,故以爲名。此用成蓉鏡禹貢班義述之説。　　⑤若夫——表示他轉的連詞,相當今天的"至于"。　　⑥如彼何——等于説"奈築薛之齊人何"。　　⑦強——(qiǎng),勉也。

2·15　滕文公問曰:"滕,小國也;竭力以事大國,則不得
免①焉,如之何則可?"

　　孟子對曰:"昔者大王居邠,狄人侵之。事之以皮幣②,
不得免焉;事之以犬馬,不得免焉;事之以珠玉,不得免焉。
乃屬③其耆老④而告之曰:'狄人之所欲者,吾土地也。吾
聞之也:君子不以其所以養人者害人。二三子何患乎無
君? 我將去之。'去邠,踰梁山⑤,邑⑥于岐山之下居焉。邠
人曰:'仁人也,不可失也。'從之者如歸市⑦。

　　"或曰:'世守也,非身⑧之所能爲也。效死勿去。'

　　"君請擇於斯二者。"

【譯文】　滕文公問道:"滕是個弱小的國家,盡心竭力地服事大國,
仍然難免於禍害,應該怎麼辦才行?"

　　孟子答道:"古時候太王居於邠地,狄人來侵犯他。太王用皮
裘和絲綢去孝敬他,狄人沒有停止侵犯;又用好狗名馬去孝敬他,
狄人也沒有停止侵犯;又用珍珠寶玉去孝敬他,狄人還是沒有停
止侵犯。太王便召集邠地的長老,向他們宣佈:'狄人所要的是我
們的土地。〔土地只是養人之物,〕我聽說過:有道德之人不能爲
養人之物反而使人遭到禍害。你們何必害怕沒有君主呢?〔狄人
不也可以做你們的君主嗎?〕我準備離開這兒,〔免得你們受害。〕'
於是離開邠地,越過梁山,在岐山之下重新建築一個城邑而定居
下來。邠地的百姓說:'這是一位有仁德的人呀,不可以拋棄他。'
追隨而去的好像趕市集一樣的踴躍。

　　"也有人這麼說:'這是祖宗傳下來教我們子孫代代應該保守
的基業,不是我本人所能擅自作主而把它捨棄的。寧可獻出生
命,也不要離開。'

“以上兩條道路,您可以擇取其中的任何一條。”

【注釋】　①免——免於侵犯和危險的意思。　　②皮幣——皮,毛皮製成的裘;幣,繒帛。這“皮幣”和史記平準書“乃以白鹿皮方尺,緣以藻繢,爲皮幣,直四十萬”的“皮幣”不同。　　③屬——和周禮州長“各屬其州之民而讀灋(法)”的“屬”相同,召集、集合之意。　　④耆老——耆音祁(qí),曲禮:“六十曰耆。”説文:“七十曰老。”凡一地之年老者統稱爲耆老。⑤梁山——在今陝西乾縣西北五里。太王必須越過梁山,才能逃避狄人之禍害。由邠至岐約二百五十里,梁山恰在其中途一百三十里之處。此本閻若璩四書釋地續和胡渭禹貢錐指之説。　　⑥邑——動詞,建築城邑也。　　⑦歸市——歸,趨也;市,市集。　　⑧身——本人之意,和尚書洪範“身其康强,子孫其逢吉”的“身”同一用法,而和滕文公下“彼身織屨”的“身”當副詞用者略有區別。

2·16　魯平公①將出,嬖人②臧倉者請曰:“他日君出,則必命有司所之。今乘輿③已駕矣,有司未知所之,敢④請。”

公曰:“將見孟子。”

曰:“何哉,君所爲輕身以先於匹夫者⑤? 以爲賢乎? 禮義由賢者出;而孟子之後喪踰前喪⑥。君無見焉!”

公曰:“諾⑦。”

樂正子入見,曰:“君奚爲不見孟軻也?”

曰:“或告寡人曰:‘孟子之後喪踰前喪’,是以不往見也。”

曰:“何哉,君所謂踰者? 前以士,後以大夫⑧;前以三鼎,而後以五鼎⑨與?”

曰:“否;謂棺椁衣衾⑩之美也。”

曰：“非所謂踰也，貧富不同也。”

樂正子見孟子，曰：“克⑪告於君，君爲⑫來見也。嬖人有臧倉者沮⑬君，君是以不果⑭來也。”

曰：“行，或使之；止，或尼⑮之。行止，非人所能也。吾之不遇魯侯，天也。臧氏之子焉能使予不遇哉？”

【譯文】　魯平公準備外出，他所寵幸的小臣臧倉請示道：“平日您出外，一定把要去的地方通知管事的人。現在車馬已經都預備好了，管事的人還不知道您要往哪裏去，因此來請示。”

平公說：“我要去拜訪孟子。”

臧倉說：“您不尊重自己的身份，而先去拜訪一個普通人，爲的什麼呢？您以爲孟子是賢德之人嗎？賢德之人的行爲應該合乎禮義，而孟子辦他母親的喪事大大超過他以前辦父親的喪事，〔未必是賢德之人吧。〕您不要去看他！”

平公說：“好吧。”

樂正子去見平公，問道：“您爲什麼不去看孟軻呢？”

平公說：“有人告訴我說：‘孟子辦他母親的喪事大大超過他以前辦父親的喪事’，所以不去看他了。”

樂正子說：“您所說的超過，是什麼意思呢？是辦父親的喪事用士禮，辦母親的喪事用大夫之禮嗎？是辦父親的喪事用三個鼎擺設供品，辦母親的喪事用五個鼎擺設供品嗎？”

平公說：“不；我指的是棺椁衣衾的精美。”

樂正子說：“那便不能叫‘超過’，只是前後貧富不同罷了。”

樂正子去見孟子，說道：“我同魯君講了，他打算來看您。可是有一個他所寵幸的小臣臧倉阻止了他，他因此就不來了。”

孟子說：“一個人要幹件事情，是有一種力量在支使他；就是不幹,也是有一種力量在阻止他。幹與不幹,不是單憑人力所能做到的。我不能和魯侯遇合,是由於天命。臧家那個小子,他怎麼能使我不和魯侯相遇合呢?"

【注釋】 ①魯平公——史記魯世家云:"景公二十九年卒,子叔立,是爲平公。"索隱云:"世本'叔'作'旅'。"漢書律曆志也作"旅"。　②嬖人——被寵愛之人,有時指姬妾,如左傳隱公三年的"公子州吁,嬖人之子也。"此則指被寵愛之小臣。　③乘輿——乘,舊讀去聲。賈誼新書等齊篇説:"天子車曰乘輿,諸侯車曰乘輿,乘輿等也。"他雖然説的是漢初當時的制度,但必本於先秦。由孟子此篇可以證明。　④敢——表敬副詞,無實際意義。　⑤何哉,君所爲輕身以先於匹夫者——這是一倒裝句,和下文"何哉,君所謂踰者"句型相同,"君所爲輕身以先於匹夫者"爲主語,後置;"何"以疑問詞作謂語,先置。古代疑問句和驚歎句多用此種句型。⑥後喪踰前喪——後喪指其母喪,前喪指其父喪。　⑦諾——表肯定的應對副詞。　⑧以士、以大夫——謂以士禮辦父親的喪葬,以大夫之禮辦母親的喪葬。　⑨三鼎、五鼎——鼎是古代的一種器皿,大小不一,用途也因之有所不同。周禮掌客鄭玄注云:"鼎,牲器也。"這"鼎"字即指此而言。古代祭祀用鼎來盛動物類的祭品。三鼎的內容是:"牲鼎一,魚鼎二,腊鼎三。"五鼎的內容是:"羊一,豕二,膚(切肉)三,魚四,腊五。"(見禮記郊特牲孔氏正義)桓公二年公羊傳何休注云:"禮祭,天子九鼎,諸侯七,卿大夫五,元士三也。"那麼,三鼎五鼎仍然是士禮和卿大夫禮之別。⑩棺椁衣衾——內棺曰棺,外棺曰椁(guǒ,古代士以上的人常用兩重以上的棺木)。衣衾,死者裝殮的衣被。四字連言可以代表一切裝殮之器物。孟子厚葬其母,可參讀公孫丑下第七章。　⑪克——樂正子之名,此人當是孟子的學生。　⑫爲——去聲,將也。　⑬沮——一本作"阻",止也。　⑭不果——表態副詞,詞詮云:"凡事與豫期相合者曰果,不合者曰不果。"　⑮尼——舊讀去聲,正字通云:"猶曳止之也。"

卷三 公孫丑章句上

凡 九 章

3·1　公孫丑①問曰:"夫子當路②於齊,管仲、晏子③之功,可復許④乎?"

孟子曰:"子誠齊人也,知管仲、晏子而已矣。或問乎曾西⑤曰:'吾子⑥與子路⑦孰賢?'曾西蹵然⑧曰:'吾先子⑨之所畏也。'曰:'然則吾子與管仲孰賢?'曾西艴然⑩不悅,曰:'爾何曾⑪比予於管仲? 管仲得君如彼其專也,行乎國政如彼其久也,功烈如彼其卑也;爾何曾比予於是?'"曰⑫:"管仲,曾西之所不爲也,而子爲⑬我願之乎?"

曰:"管仲以其君霸,晏子以其君顯。管仲、晏子猶不足爲與?"

曰:"以齊王,由⑭反手也。"

曰:"若是,則弟子之惑滋甚。且⑮以文王之德,百年而後崩⑯,猶未洽於天下;武王、周公⑰繼之,然後大行。今言王若易然,則文王不足法與?"

曰:"文王何可當也? 由湯至於武丁,賢聖之君六七作⑱,天下歸殷久矣,久則難變也。武丁朝諸侯,有天下,猶運之掌也。紂之去武丁未久也⑲，其故家遺俗，流風善政，猶有存者；又有微子、微仲、王子比干、箕子、膠鬲⑳——皆賢人也——相與㉑輔相㉒之，故久而後失之也。尺地，莫非其有也；一民，莫非其臣也；然而文王猶方百里起，是以難也。齊人有言曰：‘雖有智慧，不如乘勢㉓；雖有鎡基，不如待時㉔。’今時則易然也：夏后、殷、周之盛，地未有過千里㉕者也，而齊有其地矣；雞鳴狗吠相聞，而達乎四境，而齊有其民矣。地不改㉖辟矣，民不改㉖聚矣，行仁政而王，莫之能禦也。且王者之不作，未有疏於此時者也；民之憔悴於虐政，未有甚於此時者也。飢者易爲食，渴者易爲飲。孔子曰：‘德之流行，速於置郵而傳命㉗。’當今之時，萬乘之國行仁政，民之悦之，猶解倒懸也。故事半古之人，功必倍之，惟此時爲然。”

【譯文】　公孫丑問道：“您如果在齊國當權，管仲、晏子的功業可以再度興起來嗎？”

孟子説：“你真是一個齊國人，只曉得管仲、晏子。曾經有人問曾西：‘你和子路相比，誰强？’曾西不安地説道：‘他是我父親所敬畏的人，〔我哪敢和他相比？〕’那人又説：‘那麼，你和管仲相比，誰强？’曾西馬上不高興起來，説道：‘你爲什麼竟拿我跟管仲相比？管仲得到齊桓公的信賴是那樣地專一，行使國家的政權是那樣地長久，而功績却那樣地卑小。你爲什麼竟拿我跟他相比？’”停了一會兒，孟子又説：“管仲是曾西都不願跟他相比的人，你以爲我是願意學他的嗎？”

公孫丑説：“管仲輔佐桓公使他稱霸天下；晏子輔佐景公使他

名揚諸侯。管仲、晏子難道還不值得學習嗎?"

孟子説:"以齊國來統一天下,'易如反掌'。"

公孫丑説:"照您這樣講來,我便更加不懂了。像文王那樣的德行,而且活了將近一百歲,他推行的德政,還沒有周徧於天下,武王、周公繼承了他的事業,然後才大大地推行了王道,〔統一了天下。〕現在你把統一天下説得那樣容易,那麼,文王也不值得效法了嗎?"

孟子説:"文王怎麼能夠比得上呢?〔我們拿當時的歷史情況來説吧,〕從湯到武丁,賢明的君主總有六七起,天下的人歸服殷朝已經很久了,時間一久便很難變動。武丁使諸侯來朝,把天下治理好,就好像在手掌中運轉東西一樣。紂王的年代上距武丁並不甚久,當時的勳舊世家、善良習俗、先民遺風、仁惠政教還有些存在的,又有微子、微仲、王子比干、箕子、膠鬲——他們都是賢德的人——共同來輔助他,所以經歷相當長久的時間才亡了國。當時沒有一尺土地不是紂王所有,沒有一個百姓不歸紂王所管,然而文王還能憑藉縱橫一百里的小國以創立豐功偉業,所以是很困難的。齊國有句俗話:'縱有聰明,還得趁形勢;縱有鋤頭,還得待農時。'現在的時勢要推行王政,就容易了:縱在夏、商、周最興盛的年代裏,任何國家的國土也沒有超過縱橫一千里的,現在齊國却有這麼廣闊的土地了;鷄鳴狗叫的聲音,從首都一直到四方的國界綫,處處相聞,〔人煙如此稠密,〕齊國有這麼多的百姓。國土不必再開拓,百姓也不必再增加,只要實行仁政來統一天下,就沒有人能夠阻止得了。而且統一天下的賢君不出現的時間,歷史上從來沒有這樣長久過;老百姓被暴虐的政治所折磨,歷史上也從來沒有這樣厲害過。肚子飢餓的人不苟擇食物,口舌乾枯的人不苟擇飲料。孔子説過：‘德政的流行，比驛站的傳達政令還要迅速。’現在這個時候，擁有萬輛兵車的大國實行仁政，老百姓的高興，正好像被人倒掛着而給解救了一般。所以，‘事半功倍’，只有在這個時代才行。”

【注釋】　①公孫丑——孟子弟子。　　②當路——當時成語，用如動詞，猶言“當權”、“當政”。　　③管仲、晏子——管仲，齊桓公之相；晏子即晏嬰，齊景公之相。史記有管晏列傳。今日所傳管子和晏子春秋，雖然不是兩人手筆，但謹慎抉擇，亦可以考見兩人的言行和政令之一斑。　　④許——趙岐注：“許猶興也。”　　⑤曾西——唐陸德明經典釋文序録：“曾申字子西，魯人，曾參之子。”但趙岐注云：“曾西，曾子之孫。”恐誤。宋王應麟困學紀聞、清毛奇齡四書賸言、江永群經補義、閻若璩四書釋地都曾辨正之。⑥吾子——親密的對稱敬詞。　　⑦子路——孔子弟子，即仲由。⑧蹵然——蹵音蹵(cù)，朱熹集注：“不安貌。”　　⑨先子——古人用以稱其已逝世的長輩。這裏的“先子”指其父親曾參(孔子弟子，與子路爲同學，但年輩晚於子路)。若國語魯語“吾聞之先子”的“先子”，則魯敬姜稱其舅(丈夫之父)季悼子也；左傳昭公四年的“魯以先子之故”的“先子”，則宣伯泛指其先人也。後代多用以指自己已死的父親。　　⑩艴然——艴音勃(bó)；又音弗(fú)。趙岐注：“慍怒色也。”　　⑪曾——副詞，乃也，竟也。　　⑫曰——仍是孟子所説，重一“曰”字者，表示孟子説話時有停頓，即俞樾古書疑義舉例一人之辭而加“曰”字例所謂“亦有非自問自答之辭，而中間又用‘曰’字以別更端之語者”。　　⑬爲——猶謂也。説詳王引之經傳釋詞卷一。　　⑭由——同“猶”。　　⑮且——連詞，表示進一層的並列關係。此句意思承上段“管仲以其君霸，晏子以其君顯”而來，故用“且”字。　　⑯百年而後崩——史記周本紀集解引徐廣曰：“文王九十七乃崩。”可見古代傳説，文王壽命很高。　　⑰周公——姬旦，文王之子，武王之弟，輔助武王伐紂，統一天下，又輔助成王定亂，安定天下。魯國之始祖。　　⑱由湯至於武丁，賢聖之君六七作——這個“作”字意義等於今天口語的"起"字，可以把它看爲量詞。史記殷本紀，湯至武丁只有湯、太甲、大戊、祖乙、盤庚、武丁是賢聖之君，計六起。孟子説六七起，或者爲不定之辭。　　⑲紂之去武丁未久也——根據史記殷本紀，由武丁至紂（帝辛），中歷祖庚、祖甲、廩辛、庚丁、武乙、太丁、帝乙七帝（考之卜辭，可信），但尚書無逸云："自時（時，是也，此也，指祖甲）厥後，亦罔或克壽，或十年，或七八年，或五六年，或四三年。"可見廩辛、庚丁、武乙、太丁、帝乙諸帝在位日期都短。　　⑳微子、微仲、王子比干、箕子、膠鬲——微子名啟，紂的庶兄（孟子告子上則以他爲紂的叔父，此從左傳、呂氏春秋及史記）。微仲，微子之弟，名衍，亦曾見於呂氏春秋當務篇及史記宋微子世家。王子比干，紂的叔父，向紂屢次進諫，紂説："吾聞聖人心有七竅。"於是剖之以觀其心。箕子也是紂的叔父，比干被殺，"箕子懼，乃詳（同佯）狂爲奴，紂又囚之"。武王滅了商紂後，便"命召公釋箕子之囚"，"後二年……問以天道"（所引見史記殷本紀和周本紀）。膠鬲（gé），紂王之臣，曾見於國語晉語及呂氏春秋誠廉篇和貴因篇。　　㉑相與——雙音副詞，共同之意。　　㉒輔相——雙音動詞，相讀去聲。　　㉓雖有智慧，不如乘勢——"慧"、"勢"押韻，古音同在祭部。這兩句的"不如"都未直譯，直譯須作"不及"，反而不妥。　　㉔雖有鎡基，不如待時——"基"、"時"押韻，古音同在之部。"鎡基"即今之鋤頭。古書或作"兹基"、"兹其"、"鎡錤"。"時"指耕種之農時。　　㉕千里——"方千里"的省略。㉖改——更也，這裏作副詞用。　　㉗置郵而傳命——"置"和"郵"都是名詞，相當於後代的驛站傳遞，因之古代的驛站也叫"置"或者"郵"。"命"，國家的政令。

3·2　公孫丑問曰："夫子加^①齊之卿相，得行道焉，雖由此霸王，不異^②矣。如此，則動心^③否乎?"

孟子曰："否;我四十^④不動心。"

曰："若是，則夫子過孟賁^⑤遠矣。"

曰：“是不難，告子⑥先我不動心。”

曰：“不動心有道乎？”

曰：“有。北宮黝⑦之養勇也：不膚橈⑧，不目逃，思以一豪挫於人，若撻之於市朝⑨；不受⑩於褐寬博⑪，亦不受於萬乘之君；視刺萬乘之君，若刺褐夫；無嚴⑫諸侯，惡聲至，必反之。孟施舍⑬之所養勇也，曰：‘視不勝猶勝也；量敵而後進，慮勝而後會⑭，是畏三軍者也。舍豈能爲必勝哉？能無懼而已矣。’孟施舍似曾子，北宮黝似子夏⑮。夫二子之勇，未知其孰賢，然而孟施舍守約也。昔者曾子謂子襄⑯曰：‘子好勇乎？吾嘗聞大勇於夫子⑰矣：自反而不縮⑱，雖褐寬博，吾不惴焉⑲；自反而縮，雖千萬人，吾往矣。’孟施舍之守氣，又不如曾子之守約也。”

曰：“敢問夫子之不動心與告子之不動心，可得聞與？”

“告子曰：‘不得於言⑳，勿求於心㉑；不得於心，勿求於氣㉒。’不得於心，勿求於氣，可；不得於言，勿求於心，不可。夫志，氣之帥也；氣，體之充也。夫志至焉，氣次焉㉓，故曰：‘持㉔其志，無暴㉕其氣。’”

“既曰：‘志至焉，氣次焉。’又曰：‘持其志，無暴其氣’者，何也？”

曰：“志壹㉖則動氣，氣壹則動志也，今夫蹶者趨者，是氣也，而反動其心。”

“敢問夫子惡乎長？”

曰：“我知言，我善養吾浩然㉗之氣。”

“敢問何謂浩然之氣？”

曰：“難言也。其爲氣也，至大至剛，以直養而無害，則塞於天地之間。其爲氣也，配義與道；無是，餒也。是集義所生者，非義襲而取之也。行有不慊㉘於心，則餒矣。我故曰，告子未嘗知義，以其外之也㉙。必有事焉，而勿正㉚，心勿忘，勿助長也。無若宋人然：宋人有閔㉛其苗之不長而揠㉜之者，芒芒然㉝歸，謂其人㉞曰：‘今日病㉟矣！予助苗長矣！’其子趨而往視之，苗則㊱槁矣。天下之不助苗長者寡矣。以爲無益而舍之者，不耘㊲苗者也；助之長者，揠苗者也——非徒無益㊳，而又害之。”

“何謂知言？”

曰：“詖辭㊳知其所蔽㊴，淫辭知其所陷㊶，邪辭知其所離㊷，遁辭知其所窮㊸——生於其心，害於其政；發於其政，害於其事。聖人復起，必從吾言矣。”

“宰我㊹、子貢㊺善爲説辭，冉牛㊻、閔子㊼、顔淵㊽善言德行。孔子兼之，曰：‘我於辭命，則不能也。’然則夫子既聖矣乎？”

曰：“惡㊾！是何言也？昔者子貢問於孔子曰：‘夫子聖矣乎㊿？’孔子曰：‘聖則吾不能，我學不厭而教不倦也。’子貢曰：‘學不厭，智也；教不倦，仁也。仁且智，夫子既聖矣。’夫聖，孔子不居——是何言也？”

“昔者竊�密聞之：子夏、子游㉒、子張㉓皆有聖人之一體，冉牛、閔子、顔淵則具體而微，敢問所安。”

曰:"姑舍是㊺。"

曰"伯夷㊻、伊尹㊼何如?"

曰:"不同道。非其君不事,非其民不使;治則進,亂則退,伯夷也。何事非君,何使非民;治亦進,亂亦進,伊尹也。可以仕則仕,可以止則止㊽,可以久則久,可以速則速㊾,孔子也。皆古聖人也,吾未能有行焉;乃㊿所願,則學孔子也。"

"伯夷、伊尹於孔子,若是班⑥乎?"

曰:"否;自有生民以來,未有孔子也。"

曰:"然則有同與?"

曰:"有。得百里之地而君⑥之,皆能以朝諸侯,有天下;行一不義,殺一不辜,而得天下,皆不爲也。是則同。"

曰:"敢問其所以異。"

曰:"宰我、子貢、有若⑥,智足以知聖人,汙不至阿其所好⑥。宰我曰:'以予⑥觀於夫子,賢於堯、舜⑥遠矣。'子貢曰:'見其禮而知其政,聞其樂而知其德⑥,由百世之後,等⑥百世之王,莫之能違也。自生民以來,未有夫子也。'有若曰:'豈惟民哉? 麒麟之於走獸,鳳凰之於飛鳥,太山之於丘垤⑥,河海之於行潦⑥,類也。聖人之於民,亦類也。出於其類,拔乎其萃⑩,自生民以來,未有盛於孔子也。'"

【譯文】　公孫丑問道:"老師假若做了齊國的卿相,能够實現自己的主張,從此小則可以成霸業,大則可以成王業,那是不足奇怪的。如果遇到這種情况,您是不是〔有所恐懼疑惑〕而動心呢?"

　　孟子説:"不;我從四十歲以後就不再動心了。"

公孫丑説："這麽看來,老師比孟賁强多了。"

孟子説："這個不難,告子能够不動心比我還早呢。"

公孫丑説："不動心有方法麽?"

孟子説："有。北宫黝的培養勇氣:肌膚被刺,毫不顫動;眼睛被戳,都不眨一眨。他以爲受一點點挫折,就好像在稠人廣衆之中挨了鞭打一樣。既不能忍受卑賤的人的侮辱,也不能忍受大國君主的侮辱。把刺殺大國的君主看成刺殺卑賤的人一樣。對各國的君主毫不畏懼,挨了駡一定回擊。孟施舍的培養勇氣又有所不同,他説:'我對待不能戰勝的敵人,跟對待足以戰勝的敵人一樣。如果先估量敵人的力量這才前進,先考慮勝敗這才交鋒,這種人若碰到數量衆多的軍隊一定會害怕。我哪能一定打勝仗呢?不過是能够無所畏懼罷了。'——孟施舍的養勇像曾子,北宫黝的養勇像子夏。這兩個人的勇氣,我也不知道誰强誰弱,〔但從培養方法而論,〕孟施舍比較簡易可行。從前曾子對子襄説:'你喜歡勇敢嗎?我曾經從孔老師那裏聽到過關於大勇的理論:反躬自問,正義不在我,對方縱是卑賤的人,我不去恐嚇他;反躬自問,正義確在我,對方縱是千軍萬馬,我也勇往直前。——孟施舍的養勇只是保持一股無所畏懼的盛氣,〔曾子却以理的曲直爲斷,〕孟施舍自然又不如曾子這一方法的簡易可行。"

公孫丑説："我大膽地問問您:老師的不動心和告子的不動心,可以講給我聽聽嗎?"

孟子説："告子曾經講過:'假若不能在言語上得到勝利,便不必求助於思想;假若不能在思想上得到勝利,便不必求助於意氣。'〔我認爲:〕不能在思想上得到勝利,便不去求助於意氣,是對的;不能在言語上得到勝利,便不去求助於思想,是不對的。〔爲什麼呢?〕因爲思想意志是意氣感情的主帥,意氣感情是充滿體內的力量。思想意志到了哪裏,意氣感情也就在哪裏表現出來。所以我説:‘要堅定自己的思想意志,也不要濫用自己的意氣感情。’”

公孫丑説:“您既然説:‘思想意志到了哪裏,意氣感情也就在哪裏表現出來。’但是您又説:‘既要堅定自己的思想意志,同時又不要濫用自己的意氣感情。’這是什麼道理呢?”

孟子説:“〔它們之間是可以互相影響的。〕思想意志若專注於某一方面,意氣感情自必爲之轉移,〔這是一般的情況。〕意氣感情假若也專注於某一方面,也一定會影響到思想意志,不能不爲之動蕩。譬如跌倒和奔跑,這只是體氣上專注於某一方面的震動,然而也不能不影響到思想,造成心的浮動。”

公孫丑問道:“請問,老師長於哪一方面?”

孟子説:“我善於分析別人的言辭,也善於培養我的浩然之氣。”

公孫丑又問道:“請問什麼叫做浩然之氣呢?”

孟子説:“這就難以説得明白了。那一種氣,最偉大,最剛强。用正義去培養它,一點不加傷害,就會充滿上下四方,無所不在。那種氣,必須與義和道配合;缺乏它,就没有力量了。那一種氣,是由正義的經常積累所産生的,不是偶然的正義行爲所能取得的。只要做一件於心有愧的事,那種氣就會疲軟了。所以我説,告子不曾懂得義,因爲他把義看成心外之物。〔我們必須把義看成心內之物,〕一定要培養它,但不要有特定的目的;時時刻刻地記住它,但是也不能違背規律地幫助它生長。不要學宋國人那樣。宋國有一個擔心禾苗不長而去把它拔高些的人,十分疲倦地回去，對家裏人說：'今天累壞了！我幫助禾苗生長了！'他兒子趕快跑去一看，禾苗都枯槁了。其實天下不幫助禾苗生長的人是很少的。以爲培養工作沒有益處而放棄不幹的，就是種莊稼不鋤草的懶漢；違背規律地去幫助它生長的就是拔苗的人。這種助長行爲，不但沒有益處，反而會傷害它。"

公孫丑問："怎麼樣才算善於分析別人的言辭呢？"

孟子答道："不全面的言辭我知道它片面性之所在；過分的言辭我知道它失足之所在；不合正道的言辭我知道它與正道分歧之所在；躲閃的言辭我知道它理屈之所在。這四種言辭，從思想中產生出來，必然會在政治上產生危害；如果把它體現於政治設施，一定會危害及國家的各種具體工作。如果聖人再出現，也一定會承認我的話是對的。"

公孫丑說："宰我、子貢善於講話，冉牛、閔子、顏淵善於闡述道德，孔子則兼有兩長，但是他還說：'我對於辭令，太不擅長。'〔而您既善於分析別人的言辭，又善於養浩然之氣，言語道德兼而有之，〕那麼，您已經是位聖人了嗎？"

孟子說："哎！這是什麼話！從前子貢問孔子說：'老師已經是聖人了嗎？'孔子說：'聖人，我做不到；我不過學習不知滿足，教人不嫌疲勞罷了。'子貢便說：'學習不知滿足，這是智；教人不嫌疲勞，這是仁。既仁且智，老師已經是聖人了。'聖人，連孔子都不敢自居，〔你却加在我的頭上，〕這是什麼話呢！"

公孫丑說："從前我曾聽說過，子夏、子游、子張都各有孔子的一部分長處；冉牛、閔子、顏淵大體近於孔子，却不如他那樣的博大精深。請問老師：您自居於哪一種人？"

孟子說："暫且不談這個。"

公孫丑又問：“伯夷和伊尹怎麼樣？”

孟子答道：“也不相同。不是他理想的君主，他不去服事；不是他理想的百姓，他不去使喚；天下太平就出來做官，天下昏亂就退而隱居，伯夷是這樣的。任何君主都可以去服事，任何百姓可以去使喚；太平也做官，不太平也做官，伊尹是這樣的。應該做官就做官，應該辭職就辭職，應該繼續幹就繼續幹，應該馬上走就馬上走，孔子是這樣的。他們都是古代的聖人，〔可惜〕我都沒有做到；至於我所希望的，是學習孔子。”

公孫丑問：“伯夷、伊尹與孔子他們不是一樣的嗎？”

孟子答道：“不；從有人類以來沒有能比得上孔子的。”

公孫丑又問：“那麼，在這三位聖人中，有相同的地方嗎？”

孟子答道：“有。如果得着縱橫各一百里的土地，而以他們爲君王，他們都能够使諸侯來朝覲，統一天下。如果叫他們做一件不合道理的事，殺一個沒有犯罪的人，因而得到天下，他們都不會做的。這就是他們相同的地方。”

公孫丑説：“請問，他們不同的地方又在哪裏呢？”

孟子説：“宰我、子貢、有若三人，他們的聰明知識足以瞭解聖人，〔即使〕他們不好，也不致偏袒他們所愛好的人。〔我們且看他們如何稱贊孔子吧。〕宰我説：‘以我來看老師，比堯舜都强多了。’子貢説：‘看見一國的禮制，就瞭解它的政治；聽到一國的音樂，就知道它的德教。即使在百代以後去評價百代以來的君王，任何一個君王都不能違離孔子之道。從有人類以來，沒有能及他老人家的。’有若説：‘難道僅僅人類有高下的不同嗎？麒麟對於走獸，鳳凰對於飛鳥，太山對於土堆，河海對於小溪，何嘗不是同類，聖人對於百姓，亦是同類，但遠遠超出了他那一類，大大高出了他那一群。從有人類以來沒有比<u>孔子</u>還要偉大的。”

【注釋】　①加——<u>趙岐</u>注云：“加猶居也。”按：“加”和“居”古音相同，所以能夠通用。　　②異——動詞的意動用法，以爲奇異之意。　　③動心——<u>朱熹</u>集注解此句説：“任大責重如此，亦有所恐懼疑惑而動其心乎？”<u>饒魯</u>云：“集注‘恐懼疑惑’四字，雖是説心之所以動，然‘恐懼’字是爲下文‘養氣’張本，‘疑惑’字是爲下文‘知言’張本。”按此説有理，所以譯文添出“恐懼疑惑”諸字。　　④四十——四十歲也。古人於年齡，多不用量詞。　　⑤<u>孟賁</u>——古代勇士，<u>史記范睢列傳</u>集解引<u>許慎</u>曰：“<u>孟賁</u>，<u>衞</u>人。”<u>帝王世紀</u>則以爲<u>齊</u>人。故事散見<u>呂氏春秋必已篇</u>、<u>史記袁盎傳</u>索隱引<u>尸子</u>諸書。<u>史記秦本紀</u>有<u>孟説</u>，<u>朱</u>亦棟<u>孟子</u>札記以爲即<u>孟賁</u>。
⑥<u>告子</u>——<u>墨子公孟篇</u>：“二三子曰：‘<u>告子</u>言義而行甚惡，請棄之。’<u>墨子</u>曰：‘不可；<u>告子</u>言談甚辨，言仁義而不吾毀。’”可見他曾受教於<u>墨子</u>。<u>梁啓超墨子年代考</u>云：“案<u>孟子</u>本文，無以證明<u>告子</u>爲<u>孟子</u>弟子，恐直是<u>孟子</u>前輩耳。<u>墨子</u>卒下距<u>孟子</u>生不過十餘年，<u>告子</u>弱冠得見<u>墨子</u>之晚年；<u>告子</u>老宿，得見<u>孟子</u>之中年。”　　⑦<u>北宮黝</u>——黝（yǒu），其人已不可考。惟<u>淮南子主術訓</u>云：“握劍鋒以離<u>北宮</u>子<u>司馬蒯蕢</u>，不使應敵，操其觚，招其末，則庸人能以制勝。”<u>高誘</u>注云：“<u>北宮</u>子，<u>齊</u>人也，<u>孟子</u>所謂<u>北宮黝</u>也。”
⑧撓——音鬧（nào），或本作橈，却也。却，退也。　　⑨市朝——市，買賣之所；朝，朝廷。（<u>趙佑溫故録</u>謂：“朝市單言，市之朝也。”就是説等於後代的街公所，恐不可信。）但此處是偏義複詞，只有“市”義，而無“朝”義，因爲上古絶無在朝廷中鞭笞打人之事。　　⑩受——“受”下承上省略賓語，譯文加“侮辱”字。　　⑪褐寬博——褐音曷（hè），説文云：“粗衣。”<u>詩</u>七月篇“無衣無褐，何以卒歲”，<u>鄭玄</u>箋云：“人之貴者無衣，賤者無褐。”可見褐爲古代所謂賤者之服。這裏的“褐寬博”就是下文的“褐夫”，譯文都以“卑賤的人”譯之。　　⑫嚴——畏也。　　⑬<u>孟施舍</u>——已無可考。<u>趙岐</u>注云：“<u>孟</u>，姓；舍，名；施，發音也。”<u>閻若璩四書釋地</u>又續則以爲“<u>孟施</u>”爲複姓，與<u>魯</u>之<u>少施氏</u>同一例。<u>翟灝四書考異</u>則以爲古人名有二字，有時只稱其一字，“施舍”爲名，“不嫌其自稱‘舍’也”。　　⑭會——此

“會”字宜讀如詩大雅大明“會朝清明”之“會”,合兵之意,故譯爲交鋒。
⑮子夏——孔子弟子卜商。　⑯子襄——趙岐注云:“曾子弟子也。”
⑰夫子——指孔子。　⑱縮——禮記檀弓:“古者冠縮縫,今也衡縫。”
孔穎達正義云:“縮,直也。”按檀弓以“縮”“衡”對言,爲“横直”之“直”;此
則爲“曲直”之“直”,義得相通。　⑲惴——動詞使動用法,使他驚懼之
意。下“焉”字包含有“之”字之義作爲賓語。　⑳不得於言——不得,
乃不能得勝之意。這幾句都是講養勇之事,故以勝負言。舊注皆未得其
義。“不得於言”謂人家能服我之口却未能服我之心。　㉑勿求於
心——朱熹集注云:“不必反求其理於心。”勿求於心就是不要在思想上尋
找原因。　㉒不得於心,勿求於氣——“不得於心”和“反而求之,不得
吾心”(1·7)意義相同,謂不得其理於吾心。“勿求於氣”,趙岐注以“直怒
之矣”解“求於氣”,可見他把這“氣”字解爲感情意氣。下文云:“氣,體之
充也。”則又指體氣而言。大概孟子把“體氣”“意氣”看做一回事。
㉓夫志至焉,氣次焉——趙岐注云:“志爲至要之本,氣爲其次。”毛奇齡逸
講箋以“次”爲舍止,言“志之所至,氣即隨之而止”。今從之。
㉔持——吕氏春秋慎大篇高誘注:“持,守也。”荀子榮辱篇楊倞注:“持,保
也。”譯文引申爲“堅定”。　㉕暴——趙岐注:“暴,亂也。”譯文“濫用”,
只是意譯而已。　㉖壹——趙岐讀壹爲噎,解爲閉塞,恐與孟子原意不
合。朱熹云:“壹,專一也。孟子言志之所向專一,則氣固從之;然氣之所
在專一,則志亦反爲之動。如人顛躓趨走,則氣專在是而反動其心焉。”可
從,譯文本之。　㉗浩然——朱熹集注云:“浩然,盛大流行之貌。”
㉘慊——音怯(qiè),趙岐注:“慊,快也。”　㉙以其外之也——“外”,動
詞意動用法。告子“仁内義外”之説,可参讀告子上篇第四章。
㉚正——朱熹集注引公羊僖公二十六年傳“戰不正勝”,云:“正,預期也。”
按公羊傳之“正”,當依王引之經義述聞之言“正之言定也,必也”,穀梁傳
正作“戰不必勝”,尤可證。朱熹之論證既落空,則此義訓不足取矣。王夫
之孟子稗疏謂“正”讀如士昏禮“必有正焉”之“正”,“正者,徵也,的也,指
物以爲徵準使必然也”。譯文依此説。或云:毛詩終風序箋云:“正猶止

也”，“而勿正”即“而勿止”，亦通。 ㉛閔——左傳宣公十二年杜預注云：“閔，憂也。”按古書“閔”“愍”兩字常通用。說文：“愍，痛也。”“痛”也是“憂傷”之義。本篇第九章“阨窮而不憫”，字亦作“憫”。 ㉜揠——(yà)，說文云：“拔也。” ㉝芒芒然——趙岐注云：“芒芒，罷(疲)倦之貌。” ㉞其人——趙岐注云：“其人，家人也。” ㉟病——朱熹集注云：“病，疲倦也。” ㊱則——此“則”字表示事情的結果不是施事者所願意而早已處於無可奈何的情況中。 ㊲耘——說文作“䎭”，云：“除苗間穢也。”詩甫田“或耘或耔”，傳云：“耘，除草。”字又作“芸”。 ㊳非徒無益——句子承上省略了主語“揠苗”或者“助長”諸字。古人多有此語法，如下文“生於其心”上也省略了“詖辭”、“淫辭”、“邪辭”、“遁辭”諸字，故都用破折號以明之。 ㊴詖辭——詖(bì)，說文云：“古文以爲頗字。”按：所謂“古文以爲頗字”之“頗”即尚書洪範“無偏無頗”之“頗”，故朱熹集注云：“詖，偏陂也。”四書講義云：“若任其偏曲之見，說着一邊，遺却一邊，是爲詖辭。” ㊵蔽——當讀如荀子“解蔽”之“蔽”，楊倞注云：“蔽者，言不能通明，滯於一隅，如有物壅蔽之也。”可參看荀子解蔽篇。 ㊶淫辭知其所陷——尚書僞古文大禹謨：“罔淫于樂。”僞傳云：“淫，過也。”孔穎達正義云：“淫者過度之意，故爲過也。”按，孔疏此說甚是，故“久雨爲淫”(說文)，“非其所祭而祭之名曰淫祀”(禮記曲禮)。凡事當止而不止，必有所陷。故譯文以“過分”、“失足”表達其義。 ㊷邪辭知其所離——離於正則爲邪，故“邪辭知其所離”。 ㊸遁辭知其所窮——理有所窮而後其辭遁，譯文作“躲閃的言辭”。饒魯曰：“當看四箇‘所’字，如看病相似。‘詖’、‘淫’、‘邪’、‘遁’是病證，‘蔽’、‘陷’、‘離’、‘窮’是病源，‘所蔽’、‘所陷’、‘所離’、‘所窮’是病源之所在。” ㊹宰我——孔子弟子宰予。 ㊺子貢——孔子弟子端木賜。 ㊻冉牛——孔子弟子冉耕，字伯牛。 ㊼閔子——孔子弟子閔損，字子騫。 ㊽顏淵——孔子弟子顏回，字子淵。本書亦稱“顏回”，亦稱“顏子”(8·29)。 ㊾惡——歎詞，表驚訝不安。韓非子難一篇作“啞”，史記司馬相如傳難蜀父老作“烏”，聲音皆同於今日之“a”。譯文用“哎”表示。 ㊿夫子聖矣乎——論語述而篇：

“子曰：‘若聖與仁，則吾豈敢；抑爲之不厭，誨人不倦，則可謂云爾已矣。’公西華曰：‘正唯弟子不能學也。’”與孟子所引大意相同。但孟子所述與呂氏春秋尊師篇所述恐是一事而爲論語失載者，顧炎武日知錄以此段當之，恐非。　　�51竊——表自謙的表敬副詞，無義。　　�52子游——孔子弟子言偃。　　�53子張——孔子弟子顓孫師。　　�54姑舍是——姑，暫且；舍，同“捨”；是，代詞。譯文作暫時不談這個。孟子自負極大，他曾説過：“五百年必有王者興，其間必有名世者。由周而來，七百有餘歲矣。以其數則過矣；以其時考之，則可矣。夫天未欲平治天下也；如欲平治天下，當今之世，舍我其誰也?”(4·13)可見無論子夏、子張等或者閔子、顏淵等，都有不屑之意，但又不願明白説出，以至於諸“聖門弟子”有所譏評，只得避開不談。下文云：“乃所願，則學孔子也。”又是用另一方式答復此一問題了。　　�55伯夷——與其弟叔齊爲孤竹君之二子，互相讓位，終於逃去。周武王伐紂，兩人叩馬而諫。周既一統，義不食其粟，餓死於首陽山。史記採其事蹟列爲列傳之第一篇。　　�56伊尹——商湯之相，本書多載其傳説。史記殷本紀亦可參看。　　�57止——此處與“仕”對言，萬章下又作“可以處而處”，意當爲退處。趙岐注云：“止，處也。”按此“處”字宜讀爲淮南子主術訓“處人以譽尊”之“處”。高誘注（依陶方琦説）云：“處人，隱居者也。”則與後代“處士”之義同。　　�58可以久則久，可以速則速——萬章下云：“孔子之去齊，接淅而行；去魯，曰：‘遲遲吾行也，去父母國之道也。’可以速而速，可以久而久。”則所謂“久”者，指“遲遲吾行”，乃稽遲淹滯之義；所謂“速”者，指“接淅而行”，故趙岐注云：“疾行也。”“速”仍是“疾速”之義（説文云：“速，疾也。”），此處“速”下省略動詞“行”字，以副詞兼代動詞，古人多有此法。　　�59乃——他轉連詞，“至於”、“至若”之義。請參閱詞詮卷二。　　�60班——趙岐注：“齊等之貌也。”�61君——名詞作動詞用，使動用法，以爲君之意。　　�62有若——孔子弟子，魯人。　　�63智足以知聖人，汙不至阿其所好——趙岐、朱熹皆以“汙”字屬下讀，解爲“下”。“汙，不至阿其所好”，謂“假使汙下，必不阿私所好而空譽之”。此説可從。焦循正義謂：“‘汙’本作‘洿’，孟子蓋用爲

'夸'字之假借,夸者,大也。"此説恐非。　　64予——宰我之名,古人常
自稱其名以表敬意。　　65堯、舜——古代傳説中的兩位聖君,事蹟可參
史記五帝本紀。　　66見其禮而知其政,聞其樂而知其德——趙岐注云:
"見其制作之禮,知其政之可以致太平也;聽聞其雅頌之樂,而知其德之可
與文武同也。"則以爲諸"其"字是指孔子。朱熹集注云:"見人之禮則可以
知其政,聞人之樂則可以知其德。"則以爲諸"其"字是指各代各王。譯文
從朱注。　　67等——朱熹解爲"差等",是也。譯文是意譯。趙岐解爲
"等同",誤。　　68垤——音迭(dié),吕氏春秋慎小篇:"不麗於山而麗於
垤。"高誘注云:"土之小高處。"　　69行潦——潦音老(lǎo)。説文:"潦,
雨水也。"(從段玉裁説)詩大雅泂酌毛傳云:"行潦,流潦也。"鄭玄箋云:
"流潦,水之薄者也。"　　70萃——易序卦傳:"萃者,聚也。"

3·3　孟子曰:"以力假仁者霸,霸必有大國;以德行仁者
王,王不待大——湯以七十里,文王以百里①。以力服人
者,非心服也,力不贍②也;以德服人者,中心悦而誠服也,
如七十子③之服孔子也。詩云④:'自西自東,自南自北,無
思⑤不服。'此之謂也。"

【譯文】　孟子説:"仗恃實力然後假借仁義之名以號召征伐的可以
　　稱霸諸侯,稱霸一定要憑藉國力的强大;依靠道德來實行仁義的
　　可以使天下歸服,這樣做不必以强大國家爲基礎——湯就僅僅用
　　他縱橫各七十里的土地,文王也就僅僅用他縱橫各百里的土地
　　〔實行了仁政,而使人心歸服〕。仗恃實力來使人服從的,人家不
　　會心悦誠服,只是因爲他本身的實力不夠的緣故;依靠道德來使
　　人服從的,人家才會心悦順服,好像七十多位大弟子的歸服孔子
　　一樣。詩經説過:'從東從西,從南從北,無不心悦誠服。'正是這
　　個意思。"

【注釋】　①湯以七十里，文王以百里——這兩語都承上省略了主要動詞
“王”字。“文王以百里”而王，爲古代的傳說，荀子仲尼篇、史記平原君列
傳和韓詩外傳均有此説。後兩書更有“湯以七十里”而王的記載。但文王
是否僅憑爲方百里之地而以德服人呢？按之史實，恐怕未必如此。可參
閲顧炎武日知録。　　　　②贍——趙岐注云：“贍，足也。”　　　③七十
子——史記孔子世家云：“孔子以詩書禮樂教弟子，蓋三千焉；身通六藝者
七十有二人。”這“七十有二人”（仲尼弟子列傳又説“七十有七人”），通稱
爲“七十子”，史記仲尼弟子列傳也説“學者多稱七十子之徒”是也。
④詩云——所引詩在今大雅文王有聲篇。詩以“北”“服”爲韻，古音同在
之部之入聲職德部。　　　　⑤思——助詞，無義；如周南關雎的“寤寐思
服”，小雅桑扈的“旨酒思柔”的諸“思”字。

3·4　孟子曰：“仁則榮①，不仁則辱；今惡辱而居不仁②，
是猶惡濕而居下也。如惡之，莫如貴德而尊士，賢者在位，
能者在職③；國家閒暇④，及是時，明其政刑⑤。雖大國，必
畏之矣。詩云⑥：‘迨天之未陰雨，徹彼桑土⑦，綢繆⑧牖戸。
今此下民⑨，或敢侮予？’孔子曰：‘爲此詩者，其知道乎！能
治其國家，誰敢侮之？’今國家閒暇，及是時，般樂怠敖⑩，是
自求禍也。禍福無不自己求之者。詩云⑪：‘永言配命⑫，
自求多福。’太甲⑬曰：‘天作孽，猶可違⑭；自作孽，不可
活⑮。’此之謂也。”

【譯文】　孟子説：“〔諸侯卿相〕如果實行仁政，就會有榮耀；如果行
不仁之政，就會遭受屈辱。如今這些人，非常厭惡屈辱，但仍然自
處於不仁之地，這正好比一方面厭惡潮濕，一方面又自處於低窪
之地一樣。假若真的厭惡屈辱，最好是以德爲貴而尊敬士人，使
有德行的人居於相當的官位，有才能的人擔任一定的職務；國家

無內憂外患，趁這個時候修明政治法典，縱使強大的鄰國也一定會畏懼它了。詩經上説：'趁着雨没下來雲没起，桑樹根上剥些皮，門兒窗兒都得修理。下面的人們，誰敢把我欺！'孔子説：'做這一篇詩的懂得道理呀！能够治理他的國家，誰敢侮辱他?'如今國家没有内憂外患，追求享樂，怠惰遊玩，這等於自己尋求禍害。禍害或者幸福没有不是自己找來的。詩經大雅文王篇又説：'我們永遠要與天命相配，自己去尋求更多的幸福。'太甲也説過：'天降的災害還可以躲避，自作的罪孽，逃也逃不了。'正是這個意思。"

【注釋】　①仁則榮——此兩句省略了主語，從下文"莫如貴德而尊士"等句推之，蓋針對諸侯以及其卿相而言。　　　②居不仁——此"居"字和下句"居下"之"居"字相照應。"下"則可"居"，而"居不仁"者，猶言所行所爲都是不仁之事。譯文爲着要保留這一"居"字之義，故譯爲"自處於不仁之地"。　　　③賢者在位，能者在職——趙岐和朱熹都以爲"賢"和"能"，"位"和"職"都有所區別。但饒魯以爲"天下豈有無能之賢，無職之位；只是併合説，於'賢'、'能'、'位'、'職'四字尚未分曉。"譯文仍取趙朱之説。④國家閒暇——趙岐注以"無鄰國之虞"釋"閒暇"，考之國語晉語，無内亂也可謂之閒暇。　　　⑤刑——爾雅釋詁："刑，常也。"又："刑，法也。"⑥詩云——以下詩句見於詩經豳風鴟鴞篇，以"雨"、"土"、"户"、"予"爲韻，古音同在魚部。　　　⑦桑土——土音杜(dù)，韓詩即作"杜"。方言："東齊謂根曰杜。"毛傳："桑土，桑根也。"此句當指桑根之皮，因爲桑根不能作纏結之用。　　　⑧綢繆——繆音謀(móu)。綢繆，纏結之意。⑨下民——民猶人也。詩句作鴟鴞(一種形似黄雀而體甚小之鳥，不是鷂鷹)口吻，其巢在上，故稱人爲"下民"。　　　⑩般樂怠敖——般音盤(pán)，般樂爲同義複音詞。爾雅釋詁："般，樂也。"詩般鄭箋："般，樂也。"怠，怠惰。敖同遨，説文："出游也。"　　　⑪詩云——以下詩句見大雅文王篇。　　　⑫永言配命——毛傳："永，長也。""配命"，言我周朝之命與天命相配。言爲語中助詞，無義。　⑬太甲——尚書篇名，今文古文皆不傳，今日尚書中的太甲上、中、下三篇乃梅賾僞古文。　⑭違——禮記緇衣鄭玄注云：“違，猶辟（避）也。”　⑮活——禮記緇衣引作“逭”（huàn）。鄭玄注云：“逭，逃也。”則此“活”字當是“逭”之借字。

3·5　孟子曰：“尊賢使能，俊傑①在位，則天下之士②皆悅，而願立於其朝矣；市，廛③而不征，法而不廛④，則天下之商皆悅，而願藏於其市矣；關，譏而不征⑤，則天下之旅⑥皆悅，而願出於其路矣；耕者，助⑦而不稅，則天下之農皆悅，而願耕於其野矣；廛⑧，無夫里之布⑨，則天下之民皆悅，而願爲之氓⑩矣。信能行此五者，則鄰國之民仰⑪之若父母矣。率其子弟，攻其父母，自有生民以來⑫，未有能濟者也。如此，則無敵於天下。無敵於天下者，天吏⑬也。然而不王者，未之有也。”

【譯文】　孟子說：“尊重有道德的人，使用有能力的人，傑出的人物都有官位，那麼，天下的士子都會高興，願意到那個朝廷找個一官半職了；在市場，給與空地以儲藏貨物，却不徵收貨物稅；如果滯銷，依法徵購，不讓它長久積壓，那麼，天下的商人都會高興，願意把貨物存放在那市場上了；關卡，只稽查而不徵稅，那麼，天下的旅客都會高興，願意經過那裏的道路了；對耕田的人，實行井田制，只助耕公田，不再徵稅，那麼，天下的農夫都會高興，願意在那裏的田野上種莊稼了；人們居住的地方，沒有那一些額外的僱役錢和地稅，那麼，天下的百姓都會高興，願意在那裏僑居了。真正能够做到這五項，那麼，鄰近國家的老百姓都會像對待爹娘一樣地愛慕他了。〔如果鄰國之君要率領這樣的人民來攻打他，便正好比□率領他的兒女來攻打他們的父母，從有人類以來，這種事没有能够成功的。像這樣，就會天下無敵。天下無敵的人就叫做'天吏'。如此而不能統一天下的，是從來不曾有過的。"

【注釋】　①俊傑——朱熹集注云："俊傑，才德之異於衆者。"　　②士——在古代書籍中，"士"有各種各樣的定義，如白虎通爵篇云："任事之稱也。"又云："通古今辯然否謂之士。"又如國語齊語注云："講學道義者也。"漢書食貨志云："學以居位曰士。"公羊成公元年傳注云："德能居位曰士。"或者以其知識本領言，或者以其修養道德言，或者以其社會地位言，或者兩者三者兼而有之。總之，它是古代的一個階層，不比卿大夫有其"世禄"，雖大部分出身於庶人，（因此孟子梁惠王上第一章以"王"爲一層，"大夫"爲一層，而"士庶人"共爲一層）都經常爲統治階級服務，而立於"庶人"之上。③廛而不征——周禮廛人注引鄭衆云："廛謂市中之地未有肆而可居以畜藏貨物者也。孟子曰：'市廛而不征，法而不廛，則天下之商皆悦，而願藏於其市矣。'謂貨物儲藏於市中而不租稅也，故曰'廛而不征'。"　　④法而不廛——鄭衆又云："其有貨物久滯於廛而不售者，官以法爲居取之，故曰'法而不廛'。"　　⑤譏而不征——禮記王制："關，譏而不征。"鄭玄注云："譏，譏異服，識異言。"孔穎達正義云："譏謂呵察，公家但呵察非違，不稅行人之物。"　　⑥旅——就是梁惠王上的"行旅"，旅客之意。

⑦助——趙岐注云："助者井田什一，助佐公家治公田。"孟子滕文公上："惟助爲有公田。"又云："方里而井，井九百畝，其中爲公田。八家皆私百畝，同養公田。公事畢然後敢治私事。"詳見（5·3）。　　⑧廛——江永群經補義云："此廛謂民居，即周禮'上地夫廛'、'許行願受一廛'之'廛'。"⑨夫里之布——布，錢也。江永又云："夫布見周禮閭師，'凡無職者出夫布'，謂閒民爲民備力者不能赴公旬三日之役，使之出一夫力役之泉，猶後世之催役錢也。里謂里居，即孟子'收其田里'之里。里布見地官載師，'凡宅不毛者有里布'，謂有宅不種桑麻，或荒其地，或爲臺榭游觀，則使之出里布，猶後世凡地皆有地稅也。此皆民之常賦，戰國時一切取之，非備

力之閒民已有力役之征,而仍使之別出夫布;宅有種桑麻,有嬪婦布縷之
征,而仍使之別出里布,是額外之征借夫布、里布之名而橫取者,今皆除
之,則居廛者皆受惠也。"案江氏説夫布、里布之義甚是,但後段謂"戰國時
一切取之",因而孟子欲除之則非。孟子盡心下云:"孟子曰:有布縷之征、
粟米之征、力役之征。君子用其一,緩其二,用其二而民有殍,用其三而父
子離。"可見孟子本意。江氏所以爲此説者,以爲周禮是周公所作,孟子只
有同意,決無反對之理,於是不得已而爲此調停之言。殊不知周禮決非周
公之書,僅是部分地反映了春秋戰國一代中的若干實際情況的書罷了。
　⑩氓——音盲(méng)。焦循正義云:"趙注:'氓者,謂其民也。'按此,則
'氓'與'民'小別,蓋自他歸往之民則謂之氓,故字從民亡。"　　⑪仰——
這一仰字意義和詩小雅車舝"高山仰止"、孟子"民皆仰之"(4·9)的"仰"
相同,也正是"良人者所仰望而終身也"(8·33)的"仰望"之意。古人本有
單詞(動詞爲多)複義之例。如孟子有時用"平治"(4·13),有時也單用一
"平"字(8·2)。　　⑫自有生民以來——朱熹集注本無"有"字。阮元校
勘記云:"閩、監、毛三本、韓本同(無有字),孔本、考文古本'自'下有'有'
字。按石經此文漫漶,然細審之,此句是六字,當亦有'有'字也。"此從石
經。　　⑬天吏——説文云:"吏,治人者也。"和大官叫官小官叫吏的
"吏"不同。

3·6　孟子曰:"人皆有不忍人之心。先王有不忍人之心,
斯有不忍人之政矣。以不忍人之心,行不忍人之政,治天
下可運之掌上。所以謂人皆有不忍人之心者,今人乍①見
孺子將入於井,皆有怵惕惻隱②之心——非所以内交③於
孺子之父母也,非所以要④譽於鄉黨朋友也,非惡其聲而然
也。由是觀之,無惻隱之心,非人也;無羞惡之心,非人也;
無辭讓之心,非人也;無是非之心,非人也。惻隱之心,仁

之端⑤也；羞惡之心，義之端也；辭讓之心，禮之端也；是非之心，智之端也。人之有是四端也，猶其有四體也。有是四端而自謂不能者，自賊者也；謂其君不能者，賊其君者也。凡有四端於我⑥者，知皆擴而充之矣⑦，若火之始然⑧，泉之始達。苟能充之，足以保⑨四海；苟不充之，不足以事父母。”

【譯文】　孟子説：“每個人都有憐卹別人的心情。先王因爲有憐卹別人的心情，這就有憐卹別人的政治了。憑着憐卹別人的心情來實施憐卹別人的政治，治理天下可以像轉運小物件於手掌上一樣的容易。我所以説每人都有憐卹別人的心情，其道理就在於：譬如現在有人突然地看到一個小孩子要跌到井裏去了，任何人都會有驚駭同情的心情。這種心情的産生，不是爲着要來和這小孩的爹娘攀結交情，不是爲着要在鄉里朋友中間博取名譽，也不是厭惡那小孩的哭聲才如此的。從這裏看來，一個人，如果没有同情之心，簡直不是個人；如果没有羞恥之心，簡直不是個人；如果没有推讓之心，簡直不是個人；如果没有是非之心，簡直不是個人。同情之心是仁的萌芽，羞恥之心是義的萌芽，推讓之心是禮的萌芽，是非之心是智的萌芽。人的有這四種萌芽，正好比他有手足四肢一樣，〔是自然而然的。〕有這四種萌芽卻自己認爲不行的人，這是自暴自棄的人；認爲他的君主不行的人，便是暴棄他君主的人。所有具有這四種萌芽的人，如果曉得把它們擴充起來，便會像剛剛燒燃的火，〔終必不可撲滅；〕剛剛流出的泉水，〔終必匯爲江河。〕假若能够擴充，便足以安定天下；假若不擴充，〔讓它消滅，〕便連贍養爹娘都不行。”

【注釋】　①乍——朱熹集注：“乍，猶忽也。”　　②怵惕惻隱——怵音黜

(chù),説文:"怵,恐也。"惕(tì),易乾釋文引鄭玄云:"懼也。"説文:"惻,痛
也。"隱即"王若隱其無罪而就死地"(1·7)之"隱",趙岐注:"隱,痛也。"
"怵惕"皆驚懼之義,"惻隱"皆哀痛之義,都是同義複詞。　　③内交——
内同"納",朱熹集注:"内,結也。"則"内交"即結交。　　④要——讀平
聲,音邀(yāo),求也。　　⑤端——本作"耑"。説文:"耑,物初生之題
(題,猶額也,端也。)也,上象生形,下象其根也。"段玉裁注云:"古發端字
作此,今則'端'行而'耑'廢,乃多用'耑'爲'專'矣。"　　⑥我——此"我"
字作"己"字用。其例證可參考楊樹達高等國文法。　　⑦知皆擴而充之
矣——這是假設句,但無假設連詞。　　⑧然——"燃"本字。説文:"然,
燒也。"　　⑨保——這和"保民而王"(1·7)的"保"字同義,定也。

3·7　孟子曰:"矢人豈不仁於函人①哉?矢人唯恐不傷
人,函人唯恐傷人。巫②匠③亦然。故術不可不慎也④。孔
子曰:'里仁爲美。擇不處仁,焉得智⑤?'夫仁,天之尊爵
也,人之安宅也。莫之禦而不仁,是不智也。不仁、不智,
無禮、無義,人役也。人役而恥爲役,由⑥弓人而恥爲弓,矢
人而恥爲矢也。如恥之,莫如爲仁。仁者如射:射者正己
而後發;發而不中,不怨勝己者,反求諸己而已矣。"

【譯文】　孟子説:"造箭的人難道比造甲的人本性要殘忍些嗎?〔如
果不是如此,爲什麽〕造箭的人生怕他的箭不能傷害人,而造甲的
人却生怕他的甲不能抵禦刀箭呢?做巫的和做木匠的也如此,
〔巫唯恐自己的法術不靈,病人不得痊愈;木匠唯恐病人好了,棺
材銷不出去。〕可見得一個人選擇謀生之術不可以不謹慎。孔子
説:'與仁共處是好的。由自己選擇,却不與仁共處,怎樣能説是
聰明?'仁是天最尊貴的爵位,是人最安逸的住宅。没有人來阻
擋你,你却不仁,這是愚蠢。不仁、不智,無禮、無義,這種人只能

做別人的僕役。本應該是僕役，却自以爲恥，正好比造弓的人以造弓爲恥，造箭的人以造箭爲恥一般。如果真以爲恥，不如好好地去行仁。行仁的人好比賽箭的人一樣：射箭的人先端正自己的姿態而後放箭；如果没有射中，不埋怨那些勝過自己的人，反躬自問罷了。"

【注釋】　①函人——周禮考工記："燕無函。"鄭玄注："函，鎧也。"（武億釋甲云："漢名甲爲鎧。"）又函人云："函人爲甲。"　　②巫——古人治病亦用巫，故論語有"巫醫"之稱，又相傳古者巫彭初作醫。　　③匠——説文："匠，木工也。"　　④故術不可不慎也——當孟子之時，有習合縱連橫之説的人，有習爭戰之事的人，其行跡似乎都是幸災樂禍者之所爲。孟子此言擇術不可不慎，可能是以小喻大，有所爲而説的。　　⑤焉得智——引語見論語里仁篇。　　⑥由——同"猶"。

3·8　孟子曰："子路，人告之以有過，則喜。禹聞善言①，則拜。大舜有②大焉，善與人同③，捨己從人，樂取於人以爲善。自耕稼、陶、漁④以至爲帝，無非取於人者。取諸人以爲善，是與⑤人爲善者也。故君子莫大乎與人爲善。"

【譯文】　孟子説："子路，別人把他的錯誤指點給他，他便高興。禹聽到了善言，他就給人敬禮。偉大的舜更是了不得，他對於行善，没有別人和自己的區分，抛棄自己的不是，接受人家的是，非常快樂地吸取別人的優點來自己行善。從他種莊稼、做瓦器、做漁夫一直到做天子，没有一處優點不是從別人那裏吸取來的。吸取別人的優點來自己行善，這就是偕同別人一道行善。所以君子最高的德行就是偕同別人一道行善。"

【注釋】　①禹聞善言——禹，古代歷史傳説中夏朝開創的天子，也是中國第一位治理洪水的偉大人物。尚書皋陶謨："禹拜昌言。"史記夏本紀"昌言"

改作“美言”,亦即孟子的“善言”。　　②有——同“又”。　　③善與人同——猶言善與人通。譯文用意譯法。　　④耕稼陶漁——史記五帝本紀云:“舜耕歷山,歷山之人皆讓畔;漁雷澤,雷澤之人皆讓居;陶河濱,河濱器皆不苦窳。一年所居成聚,二年成邑,三年成都。”　　⑤與人爲善——與,偕同之意。朱熹集注云:“與,猶許也,助也。取彼之善而爲之於我,則彼益勸於爲善矣,是我助其爲善也。”亦通。

3·9　　孟子曰:“伯夷,非其君,不事;非其友,不友。不立於惡人之朝①,不與惡人言;立於惡人之朝,與惡人言,如以朝衣朝冠坐於塗炭。推惡惡之心,思與鄉人立,其冠不正,望望然②去之,若將浼焉③。是故諸侯雖有善其辭命而至者,不受也。不受也者,是亦不屑就已。柳下惠④不羞汙君,不卑小官;進不隱賢⑤,必以其道;遺佚⑥而不怨,阨窮而不憫⑦。故曰:‘爾爲爾,我爲我,雖袒裼裸裎⑧於我側,爾焉能浼我哉?’故由由然⑨與之偕而不自失焉,援而止之而止。援而止之而止者,是亦不屑去已。”孟子曰:“伯夷隘,柳下惠不恭。隘與不恭,君子不由⑩也。”

【譯文】　孟子説:“伯夷,不是他理想的君主,不去侍奉;不是他理想的朋友,不去交結。不站在壞人的朝廷裏,不同壞人説話;站在壞人的朝廷裏,同壞人説話,好比穿戴着禮服禮帽坐在泥路或者炭灰之上。把這種厭惡壞人壞事的心情推廣起來,他便這樣想,同鄉下佬一塊站着,如果那人帽子沒有戴正,便將不高興地走開,好像自己會沾染骯髒似的。所以當時的各國君主雖然有好言好語來招致他的,他也是不接受的。他之所以不接受,就是因爲自己不屑於去接近。柳下惠却不以爲侍奉壞君爲可恥,不以自己官職小爲卑下；入朝做官，不隱藏自己的才能，但一定按照他的原則辦事；自己被遺棄，也不怨恨；自己窮困，也不憂愁。所以他說：'你是你，我是我，你縱然在我旁邊赤身露體，怎麼能沾污我呢？'所以無論什麼人他都高興地同他一道，並且一點不失常態。牽住他，叫他留住，他就留住。叫他留住就留住，也就是因爲他用不着離開的緣故。"孟子又說："伯夷器量太小，柳下惠不太嚴肅。器量太小和不太嚴肅，君子是不這樣做的。"

【注釋】　①不立於惡人之朝——意思是不仕於惡人之朝，譯文仍只就字面意義譯出。　　②望望然——怨望之貌。　　③浼——音每(měi)。說文："汙也。"　　④柳下惠——淮南子說林訓高誘注云："柳下惠，魯大夫展無駭之子，名獲，字禽（按：一云字季，孔穎達左傳正義云：'季'是五十歲之字，'禽'是二十歲之字）。家有大柳，樹惠德，因號柳下惠。"文選陶徵士誄注引鄭玄論語注云："柳下惠，魯大夫展禽，食采柳下，謚曰惠。"據列女傳賢明篇，"惠"之爲謚，由其妻所倡議而門人從之者。其言行散見於左傳、國語、國策及先秦諸子書。　　⑤進不隱賢——韓非子難三云："故群公公正而無私，不隱賢，不進不肖。"則"不隱賢"爲見賢人而不隱蔽之意。但趙注以爲"進不隱己之賢才，必欲行其道也"，此說甚是。　　⑥遺佚——"佚"與"逸"通，謂不被用。　　⑦憫——朱熹集注云："憫，憂也。"⑧袒裼裸裎——裼音錫(xī)。祖，說文作"但"，云："但，袒也。"爾雅釋訓、詩毛傳皆云："袒裼，肉袒也。"（肉袒者，肉外見而無衣也。）裎音程(chéng)。朱熹集注云："裸裎，露身也。"　　⑨由由然——韓詩外傳引孟子萬章下"由由然不忍去也"作"愉愉然不去也"，可見由由然爲高興之貌。⑩由——廣雅釋詁："由，行也。"

卷四　公孫丑章句下

凡十四章

朱熹集注云:"自第二章以下記孟子出處行實爲詳。"

4·1　孟子曰:"天時不如地利,地利不如人和①。三里之城,七里之郭②,環③而攻之而不勝。夫環而攻之,必有得天時者矣④;然而不勝者,是天時不如地利也。城非不高也,池⑤非不深也,兵革⑥非不堅利也,米粟非不多也;委⑦而去之,是地利不如人和也。故曰:域⑧民不以封疆之界,固國不以山谿之險,威天下不以兵革之利。得道⑨者多助,失道者寡助。寡助之至,親戚畔之⑩;多助之至,天下順之。以天下之所順,攻親戚之所畔;故君子有不戰⑪,戰必勝矣。"

【譯文】　孟子説:"天時不及地利,地利不及人和。譬如有一座小城,每邊長僅三里,它的外郭也僅七里。敵人圍攻它,而不能取勝。在長期圍攻中,一定有合乎天時的戰機,却不能取勝,這就是説得天時的不及佔地利的。〔又譬如,另一守城者,〕城牆不是不高,護城河不是不深,兵器和甲胄不是不鋭利和堅固,糧食不是不多;〔然而敵人一來〕,便棄城逃走,這就是説佔地利的不及得人和的。所以我説,限制人民不必用國家的疆界,保護國家不必靠山川的險阻,威行天下不必憑兵器的銳利。行仁政的幫助他的人就多,不行仁政的幫助他的人就少。幫助的人少到極點時,連親戚都反對他;幫助他的人多到極點時,全天下都順從他。拿全天下順從的力量來攻打親戚都反對的人,那麼,仁君聖主或者不用戰爭,若用戰爭,是必然勝利的了。"

【注釋】　①天時、地利、人和——荀子王霸篇云:"農夫朴力而寡能,則上不失天時,下不失地利,中得人和而百事不廢。"可見"天時、地利、人和"是當時成語,而内容各有所指。荀子所謂"天時",顯然是指"農時";所謂"地利",顯然是指"地力";所謂"人和",顯然是指分工。孟子這裏的"天時",可能是指陰晴寒暑之宜於攻戰與否,而歷代注解家以陰陽五行家的"時日干支五行王相孤虛"來解釋,恐怕不是孟子本意。孟子的"地利",自是指高城深池山川險阻;所謂"人和",自是指人心所向内部團結。此皆容易明白。　　②三里之城,七里之郭——戰國策齊策言"三里之城,五里之郭",又言"五里之城,七里之郭",都是指即墨,而言其城郭之小。郭是外城,城是内城。内城三里,外城應只五里,不能七里。晉書段灼傳兩次言"三里之城,五里之郭",原文顯係根據孟子,可見孟子本應作"五里之郭"。此言七里,譯文仍從之。　　③環——朱熹集注:"環,圍也。"　　④必有得天時者矣——朱熹集注云:"言四面圍攻,曠日持久,必有值天時之善者。"　　⑤池——城壕也。集韻云:"壕,城下池。"　　⑥兵革——兵,武器,指戈矛刀箭等而言;革,皮革,指甲胄。古代甲胄,有以皮革爲之者,也有以銅鐵爲之者。　　⑦委——朱熹集注:"委,棄也。"　　⑧域——朱熹集注:"域,界限也。"　　⑨得道——意指得治國之道,即指行仁政。⑩親戚畔之——古代"親戚"一詞有三種不同的意義。(1)列子湯問篇:"楚之南有炎人之國,其親戚死,刳其肉而棄,然後埋其骨,迺成爲孝子。"此"親戚"顯係僅指父母而言。(2)史記五帝本紀:"堯二女不敢以貴驕,事舜親戚,甚有婦道。"正義云:"親戚謂父瞽叟、後母、弟象、妹顆手等也。"(3)禮記曲禮上:"兄弟親戚稱其慈也。"正義云:"親指族内,戚指族外。"孟子所謂“親戚”，當是第二義或者第三義。（案：史記之“親戚”疑同于列子，張守節正義可能有誤。）“畔”同“叛”。　　⑪有不戰——此“有”字可以讀爲“有無”之“有”，亦可讀爲“或”，古書“有”與“或”經常通用，譯文係用“或”字之義。

4·2　孟子將朝王，王使人來曰：“寡人如①就見者也，有寒疾，不可以風。朝，將視朝②，不識可使寡人得見乎？”

對曰：“不幸而有疾，不能造朝。”

明日，出弔於東郭氏③。公孫丑曰：“昔者④辭以病，今日弔，或者⑤不可乎？”

曰：“昔者疾，今日愈，如之何不弔？”

王使人問疾，醫來。

孟仲子⑥對曰：“昔者有王命，有采薪之憂⑦，不能造朝。今病小愈，趨造於朝，我不識能至否乎？”

使數人要⑧於路，曰：“請必無歸，而造於朝！”

不得已而之景丑氏⑨宿焉。

景子曰：“內則父子，外則君臣，人之大倫也。父子主恩，君臣主敬。丑見王之敬子也，未見所以敬王也。”

曰：“惡！是何言也！齊人無以仁義與王言者，豈以仁義爲不美也？其心曰，‘是何足與言仁義也’云爾，則不敬莫大乎是。我非堯舜之道，不敢以陳於王前，故齊人莫如我敬王也。”

景子曰：“否；非此之謂也。禮曰：‘父召，無諾⑩；君命召，不俟駕⑪。’固將朝也，聞王命而遂不果⑫，宜⑬與夫禮若不相似然。”

　　曰：“豈謂是與？曾子曰：‘晉楚之富，不可及也；彼以
其富，我以吾仁；彼以其爵，我以吾義⑭，吾何慊⑮乎哉？’夫
豈不義而曾子言之？是或一道也。天下有達尊三：爵一，
齒一，德一。朝廷莫如爵，鄉黨莫如齒，輔世長民莫如德。
惡得有其一以慢其二哉？故將大有爲之君，必有所不召之
臣；欲有謀焉，則就之。其尊德樂道，不如是，不足與有爲
也。故湯之於伊尹，學焉而後臣之，故不勞而王；桓公之於
管仲，學焉而後臣之，故不勞而霸。今天下地醜⑯德齊，莫
能相尚，無他，好臣其所教，而不好臣其所受教。湯之於伊
尹，桓公之於管仲，則不敢召。管仲且猶不可召，而況不爲
管仲者乎？”

【譯文】　孟子準備去朝見齊王，恰巧王派了個人來，説道：“我本應
　　該來看你，但是感冒了，不能吹風。如果你肯來朝，我便也臨朝辦
　　公，不曉得能够使我看到你嗎？”

　　孟子答道：“不幸得很，我也有病，不能到朝廷裏去。”

　　第二天，孟子要到東郭大夫家裏去弔喪。公孫丑説：“昨天託
　　辭有病謝絕王的召見，今天又去弔喪，大概不可以吧？”

　　孟子説：“昨天生了病，今天好了，爲什麽不去弔喪呢？”

　　齊王打發人來問病，並且有醫生同來。

　　孟仲子應付説：“昨天王有命令來，他得着小病，不能奉命上朝
　　廷去。今天剛好了一點，已經上朝廷裏去了，但是我不曉得能够
　　到達不。”

　　接着孟仲子派了好幾個人分别在孟子歸家的路上攔截孟子，

說道:"您無論如何不要回家,一定要趕快上朝廷去!"

孟子沒有辦法,只得躲到景丑的家歇宿。

景丑說:"在家庭裏有父子,在家庭外有君臣,這是人與人間最重要的關係。父子之間以慈愛爲主,君臣之間以恭敬爲主。我只看見王對你很尊敬,却没有看見你對王是怎樣恭敬的。"

孟子說:"哎!這是什麽話!在齊國人中,没有一個拿仁義的道理向王進言的,他們難道以爲仁義不好嗎?〔不是的。〕他們的心裏是這樣想的:'這個王哪能够得上和他談仁義呢?'他們對王就是這樣的。這才是最大的不恭敬呢。我呢,不是堯舜之道不敢拿來向王陳述,所以在齊國人中没有一個趕得上我這樣對王恭敬的。"

景丑說:"不,我所說的不是指這個。禮經上說過:'父親召唤,"唯"一聲就起身,不說"諾";君主召唤,不等待車馬駕好就先走。'你呢,本來準備朝見王,一聽到王的召見,反而不去了,似乎和禮經所說有點不相合吧。"

孟子說:"原來你說的是這個呀!曾子說過:'晉國和楚國的財富,是我們趕不上的。但是,他有他的財富,我有我的仁;他有他的爵位,我有我的義,我爲什麽覺得比他少了什麽呢?'這些話如果没有道理,曾子難道肯說嗎?大概是有點道理的。天下公認爲尊貴的東西有三樣:爵位是一個,年齡是一個,道德是一個。在朝廷中,先論爵位;在鄉里中,先論年齡;至於輔助君主統治百姓自然以道德爲最上。他哪能憑着爵位來輕視我的年齡和道德呢?所以大有作爲的君主一定有他的不能召唤的臣子;若有什麽事要商量,就親自到臣那裏去。尊尚道德和樂行仁政,如果不這樣,便不足和他有所作爲。因此,商湯對於伊尹,先向伊尹學習,然後以他爲臣,於是乎不大費力氣而統一了天下;桓公對於管仲,也是先向他學習,然後以他爲臣,於是乎不大費力氣而稱霸於諸侯。現在,各個大國,土地的大小是同一樣的,行爲作風也不相上下,彼此之間誰也不能駕凌在誰之上,沒有別的緣故,正是因爲他們只喜歡以聽從他的話的人爲臣,却不喜歡以能够教導他的人爲臣。商湯對於伊尹,桓公對於管仲,就不敢召喚。管仲還不可以召喚,何況連管仲都不願做的人呢?”

【注釋】　①如——助動詞,宜也,當也。見詞詮。　　②朝,將視朝——趙岐注云:“儻可來朝,欲力疾臨視朝,因得見孟子也。”是以第一“朝”字仍讀爲“朝見”之“朝”,爲一逗。譯文取此讀法。朱熹集注以第一“朝”字讀爲“朝暮”之“朝”,爲“將視朝”之時間詞,亦通。　　③東郭氏——史記平準書索隱引風俗通云:“東郭牙,齊大夫。”則齊有東郭氏爲大夫之家。④昔者——古人以自説話者之時以前之時間,不論時距之久暫長短都謂之“曩”或者“昔”,此“昔者”則指“昨日”。　　⑤或者——表示傳疑的副詞。　　⑥孟仲子——趙岐注云:“孟仲子,孟子之從昆弟,學於孟子者也。”未詳所出。詩毛氏傳曾兩次徵引孟仲子之説,經典釋文序錄也説孟仲子曾經傳詩,但恐怕是一人。　　⑦采薪之憂——采,“採”本字。禮記曲禮下:“君使士射,不能,則辭以疾,言曰:‘某有負薪之憂。’”可見“采薪之憂”或者“負薪之憂”都是疾病之代辭,爲當時交際上的習慣語。⑧要——平聲,音邀(yāo),遮攔之意。　　⑨景丑氏——其人已不可考。漢書藝文志有景子三篇,列儒家,翟灝四書考異以爲似即此人所著。⑩父召無諾——趙岐注云:“禮,父召無諾,無諾而不至也。”意謂可以諾,但必至,此解恐非。禮記曲禮云:“父召無諾,先生召無諾,唯而起。”玉藻亦云:“父命呼,唯而不諾。”曲禮注云:“應辭唯恭於諾。”孟子之意當如此。⑪君命召,不俟駕——論語鄉黨云:“君命召,不俟駕行矣。”荀子大略篇亦云:“諸侯召其臣,臣不俟駕,顛倒衣裳而走,禮也。詩曰:‘顛之倒之,自公召之。’天子召諸侯,諸侯輦輿就馬(注云:輦謂人挽車,言不暇待馬至,故輦輿就馬也),禮也。” 　　⑫不果——事之合於預期者曰果,否則曰不果;一般用作副詞,但其下動詞常承上文省略。 　　⑬宜——王念孫云:“宜猶殆也。”說見王引之經傳釋詞。 　　⑭彼以其富四句——四句的主要動詞似都有所省略,譯文是用意譯法。與呂氏春秋期賢篇引魏文侯之言:“且吾聞段干木未嘗肯以己易寡人也,吾安敢驕之? 段干木光(即“廣”字)乎德,寡人光乎地;段干木富乎義,寡人富乎財。”立場雖相反,意思則相同。 　　⑮慊——趙岐注云:“慊,少也。”此處爲動詞意動用法,以爲少之意。 　　⑯醜——方言云:“醜,同也,東齊曰醜。”

4·3 陳臻①問曰:“前日於齊,王餽兼金②一百③,而不受;於宋,餽七十鎰而受;於薛④,餽五十鎰而受。前日之不受是,則今日之受非也;今日之受是,則前日之不受非也。夫子必居一於此矣。”

孟子曰:“皆是也。當在宋也,予將有遠行,行者必以贐⑤;辭曰:‘餽贐。’予何爲不受? 當在薛也,予有戒心⑥;辭曰:‘聞戒,故爲兵餽之。’予何爲不受? 若於齊,則未有處⑦也。無處而餽之,是貨⑧之也。焉有君子而可以貨取乎?”

【譯文】 陳臻問道:“過去在齊國,齊王送您上等金一百鎰,您不接受;後來在宋國,宋君送您七十鎰,您受了;在薛,薛君送您五十鎰,您也受了。如果過去的不接受是正確的,那今天的接受便錯了;如果今天的接受是正確的,那過去的不接受便錯了。二者之中,老師一定有一個錯誤。”

孟子說:“都是正確的。當在宋國的時候,我準備遠行,對遠行的人一定要送些盤費,因此他說:‘送上一點盤費吧。’我爲什麼不受？當在薛的時候，我聽説路上有危險，須要戒備，因此他説：'聽説你須要戒備，送點錢給您買兵器吧。'我爲什麼不受？至於在齊國，就沒有什麼理由。沒有什麼理由却要送我一些錢，這等於用金錢收買我。哪裏有君子可以拿錢收買的呢？"

【注釋】　①陳臻——趙岐注云："孟子弟子。"　　②兼金——趙岐注云："兼金，好金也。其價兼倍於常者，故謂之兼金。"案：古時所謂"金"，不是今日的"黃金"，一般實際上是銅。王夫之孟子稗疏謂："兼者雜也，雜青金（鉛）赤金（銅）白金（錫）可以鑄泉布器用者也。"恐不可信。　　③一百——趙岐注云："一百，百鎰也。古者以一鎰爲一金。鎰，二十兩也。"　④薛——春秋時的薛國此時已亡於齊，故周廣業孟子出處時地考云："孟子所在之薛，乃齊靖郭君田嬰封邑，非春秋之薛也。"故城在今山東滕縣東南四十四里。　　⑤餽——音盡（jìn），趙岐注云："送行者贈賄之禮也，時人謂之餽。"案字本作"賮"，説文："賮，會禮也。"則各種財禮皆得稱"賮"，或作"進"，漢書高帝紀"蕭何爲主吏，主進"是也。劉逵注三都賦引蒼頡篇云："餽，財貨也。"則又漢書陳遵傳之"數負進"之"進"。　　⑥戒心——趙岐注云："有戒備不虞之心也。時有惡人欲害孟子，孟子戒備。"　　⑦未有處——趙岐注云："我在齊無事，於義未有所處。"是沒有理由接受禮物的意思。　　⑧貨——動詞，賄略之意。

4·4　孟子之平陸①，謂其大夫②曰："子之持戟之士③，一日而三失伍④，則去之⑤否乎？"

曰："不待三。"

"然則子之失伍也亦多矣。凶年饑歲，子之民，老羸轉於溝壑，壯者散而之四方者，幾千人矣。"

曰："此非距心之所得爲也。"

曰："今有受人之牛羊而爲之牧之者，則必爲之求牧⑥

與芻矣。求牧與芻而不得，則反諸其人乎？抑亦立而視其
死與？"

曰："此則距心之罪也。"

他日，見於王曰："王之爲都⑦者，臣知五人焉。知其罪
者，惟孔距心。"爲王誦⑧之。

王曰："此則寡人之罪也。"

【譯文】　孟子到了平陸，對當地的長官孔距心説："如果你的戰士，
一天三次失職，你開除他嗎？"

答道："不必等待三次，我就開除他了。"

孟子説："那麽，你自己失職的地方也很多了。災荒年成，你的
百姓，年老體弱抛尸露骨於山溝中的，年輕力壯逃亡於四方的，已
將近千人了。"

答道："這個事情不是我的力量所能做到的。"

孟子説："譬如現在有一個人，接受別人的牛羊而替人牧放，那
一定要替牛羊尋找牧場和草料了。如果牧場和草料都找不到，還
是就把它退還原主呢？還是就站在那裏看着它一個個死去呢？"

答道："這個就是我的罪過了。"

過了些時，孟子朝見了齊王，説道："王的地方長官，我認識了
五位。明白自己的罪過的，只有孔距心一個人。"于是把過去的問
答復述了一遍。

王説："這個也是我的罪過呢！"

【注釋】　①平陸——齊國邊境邑名，故城當在今山東汶上縣北。　　②大
夫——戰國時的邑宰亦稱大夫，故趙岐注云："大夫，治邑大夫也。"相當今
日的縣長。　　③持戟之士——戟(jǐ)，古代兵器的一種。古代常稱戰士
爲"持戟"，如戰國策秦策："楚地持戟百萬。"史記高祖紀："持戟百萬。"這

"持戟之士"也應是戰士之義。閻若璩四書釋地以爲"蓋爲大夫守衞者,非指戰士",恐未必然。　　④失伍——趙岐注云:"失其行伍。"釋地則引明郝敬云:"伍,班次也。失伍,不在班也。"譯文用意譯法。　　⑤去之——郝敬云:"去之,罷去也。"　　⑥牧——趙岐注云:"牧,牧地。"

⑦都——左傳莊公二十八年云:"凡邑,有宗廟先君之主曰都,無曰邑。"閻若璩四書釋地續云:"都與邑雖有大小,君所居、民所聚,有宗廟及無之別,其實古多通稱。如'商邑翼翼,四方之極'、'即伐于崇,作邑于豐',此都稱邑之明徵也。'趙良曰,君何不歸十五都'、'孟子曰,王之爲都者',此邑稱都之明徵也。"　　⑧誦——背誦復述之意。

4·5　孟子謂蚳鼃①曰:"子之辭靈丘②而請士師,似也,爲其可以言也。今既數月矣,未可以言與?"

蚳鼃諫於王而不用,致爲臣而去③。

齊人曰:"所以爲蚳鼃則善矣;所以自爲,則吾不知也。"

公都子④以告。

曰:"吾聞之也:有官守者,不得其職則去;有言責者,不得其言則去。我無官守,我無言責也,則吾進退,豈不綽綽然有餘裕哉?"

【譯文】　孟子對蚳鼃説:"你辭去靈丘縣長,却要做治獄官,似乎很有道理,因爲可以向王進言。現在,你作了治獄官已經幾個月了,還不能向王進言嗎?"

蚳鼃向王進諫,王不聽,因之辭職而去。

齊國有人便説:"孟子替蚳鼃考慮的主意是不錯的了,但是他怎樣替自己考慮呢,那我還不知道。"

公都子把這話告訴孟子。

孟子説:"我聽説過:有固定職務的,如果無法盡其職責,就可以不幹;有進言的責任的,如果言不聽,計不從,也就可以不幹。我既没有固定的職務,又没有進言的責任,那我的行動,難道不是寬舒得有無限的迴旋餘地嗎?"

【注釋】 ①蚳鼃——趙岐注云:"齊大夫。"蚳音遲(chí),鼃即今蛙字。

②靈丘——齊國邊境邑名。江永群經補義以爲在今山東的聊城,又有人以爲在今滕州市附近,都無實據。　③諫於王而不用,致爲臣而去——禮記曲禮下云:"爲人臣之禮不顯諫。三諫而不聽,則逃之。"公羊傳莊公二十四年云:"三諫不從,遂去之。"故趙岐注云:"三諫不用,致仕而去。"

④公都子——趙岐注云:"孟子弟子也。"

4·6 孟子爲卿於齊,出弔於滕①,王使蓋大夫王驩②爲輔行③。王驩朝暮見,反齊滕之路,未嘗與之言行事也。

公孫丑曰:"齊卿之位,不爲小矣;齊滕之路,不爲近矣,反之而未嘗與言行事,何也?"

曰:"夫④既或治之,予何言哉?"

【譯文】 孟子在齊國作卿,奉使到滕國去弔喪,齊王還派蓋邑的縣長王驩作爲副使同行。王驩同孟子兩人成天在一起,來回於齊滕兩國的旅途,孟子却不曾同他一道談過公事。

公孫丑問道:"齊國卿的官位,不算小了;齊滕間的距離,不算近了;但來回一趟,却不曾和王驩談過公事,這是爲什麽呢?"

孟子答道:"他既然一個人獨斷獨行了,我還説什麽呢?"

【注釋】 ①出弔於滕——季本孟子事蹟圖譜云:"其與王驩使滕,爲文公之喪也。非大國之君,無使貴卿及介往弔之禮,此固重文公之賢而隆其數,亦孟子欲親往弔以盡存没始終之大禮也。"　②蓋大夫王驩——蓋

(gě)，齊國邑名，故城在山東沂水縣西北八十里。和"兄戴蓋禄萬鍾"(6·
10)的"蓋"當是一邑，閻若璩四書釋地云："以半爲王朝之下邑，王驩治之；
以半爲卿族之私邑，陳氏世有之。"周柄中孟子辨正云："左傳凡大夫加邑
號者，皆治邑之大夫。王驩爲蓋大夫，猶距心爲平陸大夫。"王驩事又見孟
子離婁下第二十七章。　　③輔行——朱熹集注云："輔行，副使也。"
④夫——彼也。

4·7　孟子自齊葬於魯①，反於齊，止於嬴②。

充虞③請曰："前日不知虞之不肖④，使虞敦匠事⑤。
嚴⑥，虞不敢請。今願竊有請也：木若以⑦美然。"

曰："古者棺椁無度⑧，中古⑨棺七寸，椁稱之。自天子
達於庶人，非直爲觀美也，然後盡於人心。不得⑩，不可以
爲悦；無財，不可以爲悦。得之爲⑪有財，古之人皆用之，吾
何爲獨不然？且比⑫化者⑬無使土親膚，於人心獨無恔⑭
乎？吾聞之也：君子不以天下儉其親。"

【譯文】　孟子從齊國到魯國埋葬母親，又回到齊國，到了嬴縣，停留
　　下來。

充虞請問道："承您看得起我，使我監理棺椁的製造工作，當時
大家都忙碌，我雖有疑問，不敢請教。今日才來請教：棺木似乎太
好了。"

孟子答道："上古對於棺椁的尺寸，没有一定規矩；到了中古，
才規定棺厚七寸，椁的厚度以相稱爲準。從天子一直到老百姓，
講究棺椁，不僅是爲着美觀，而是要這樣，才算盡了孝子之心。爲
法制所限，不能用上等木料，當然不稱心；能用上等木料，没有財
力，也還是不稱心。又有用上等木料的地位，財力又能買得起，古

人都如此做了，我爲什麼不這樣呢？而且，爲了不使死者的尸體和泥土相挨，對孝子説來，難道就足以稱心了嗎？我聽説過：在任何情況下，都不應當在父母身上去省錢。”

【注釋】　①自齊葬於魯——趙岐注云：“孟子仕於齊，喪母，歸葬於魯。”案：據列女傳“孟子處齊有憂色，擁楹而歎，孟母見之”云云，則孟子仕齊，孟母同往。趙岐之説誠爲可信。　　②嬴——故城在今萊蕪市西北四十里北。　　③充虞——趙岐注云：“孟子弟子。”　　④不知虞之不肖——此客氣語，故譯文亦以今日常用語達之。　　⑤敦匠事——孔廣森經學卮言云：“敦，治也。”匠指木工。趙岐以“匠”字絶句，“事”字屬下讀，亦通。　　⑥嚴——焦循正義云：“嚴爲急；急者，謂不暇也。”　　⑦以——太也。　　⑧古者棺椁無度——趙岐注云：“言古者棺椁薄厚無尺寸之度。”　　⑨中古——趙岐注云：“中古謂周公制禮以來。”孔廣森經學卮言云：“中古尚指周公以前，周公制禮，則自天子至於庶人皆有等。”　　⑩不得——舊注皆以不得“謂法制所不當得”，譯文所本。　　⑪爲——王念孫讀書雜志云：“孟子‘得之爲有財’，言‘得之與有財’也。”　　⑫比——去聲，爲也。　　⑬化者——淮南子精神訓高誘注云：“化，猶死也。”　　⑭恔——音效（xiào），趙岐注云：“快也。”

4·8　沈同①以其私問曰：“燕可伐與②？”

孟子曰：“可；子噲不得與人燕，子之不得受燕於子噲。有仕③於此，而子悦之，不告於王而私與之吾子之禄爵；夫士也，亦無王命而私受之於子，則可乎？——何以異於是？”

齊人伐燕。

或問曰：“勸齊伐燕，有諸？”

曰：“未也；沈同問‘燕可伐與’，吾應之曰：‘可。’彼然而伐之也。彼如曰：‘孰可以伐之？’則將應之曰：‘爲天吏，則可以伐之。’今有殺人者，或問之曰：‘人可殺與？’則將應之曰：‘可。’彼如曰：‘孰可以殺之？’則將應之曰：‘爲士師，則可以殺之。’今以燕伐燕，何爲勸之哉？”

【譯文】　沈同用個人身份問孟子説：“燕國可以討伐嗎？”

孟子答道：“可以；燕王子噲不能够〔任自己的意思〕把燕國交給別人，他的相國子之也不能够〔就這樣〕從子噲那裏接受燕國。譬如有這麽一個人，你很喜歡他，便不向王請示而自作主張地把你的俸禄官位都讓給他；他呢，也没有國王的任命便從你那裏接受了俸禄官位，這樣可以嗎？——子噲子之私相授受的事和這個例子又有什麽分別呢？”

齊國果然去討伐燕國。

有人問孟子説：“齊國討伐燕國，你曾經勸説過，有這回事嗎？”

孟子答道：“没有；沈同曾經用他個人身份問我，説：‘燕國可以討伐嗎？’我答應説，‘可以。’他們就這樣地去打燕國了。他假若再問：‘誰可以去討伐他呢？’那我便會説，‘只有天吏才可以去討伐。’譬如這裏有一個殺人犯，有人問道：‘這犯人該殺嗎？’那我會説：‘該殺。’假若他再問：‘誰可以殺他呢？’那我就會回答：‘只有治獄官才可以去殺他。’如今用一個同燕國一樣暴虐的齊國去討伐燕國，我爲什麽去勸他呢？”

【注釋】　①沈同——趙岐注云：“沈同，齊大臣。”焦循正義云：“沈同無考。”　②燕可伐與——參閲梁惠王下第十、第十一兩章以及下第九章之經文並注釋。　③仕——“士”、“仕”古字多通用，此“仕”字當讀爲“士”。

4·9　燕人畔①。王曰：“吾甚慙於孟子②。”

陳賈③曰:"王無患焉。王自以爲與周公孰仁且智?"

王曰:"惡! 是何言也!"

曰:"周公使管叔監殷④,管叔以殷畔⑤;知而使之,是不仁也;不知而使之,是不智也。仁智,周公未之盡也,而況於王乎? 賈請見而解之。"

見孟子,問曰:"周公何人也?"

曰:"古聖人也。"

曰:"使管叔監殷,管叔以殷畔也,有諸?"

曰:"然。"

曰:"周公知其將畔而使之與?"

曰:"不知也。"

"然則聖人且有過與?"

曰:"周公,弟也;管叔,兄也。周公之過,不亦宜乎? 且古之君子⑥,過則改之;今之君子,過則順之。古之君子,其過也,如日月之食⑦,民皆見之;及其更也,民皆仰之⑧。今之君子,豈徒順之,又從爲之辭。"

【譯文】 燕國人群起反抗齊國。齊王説:"我對於孟子感到非常慚愧。"

陳賈説:"王不要難過。在仁和智的方面,王和周公比較,您自己説,誰强一些?"

齊王説:"哎! 這是什麽話! 〔我哪敢同周公相比?〕"

陳賈説:"周公使管叔監督殷國,管叔却率領殷遺民來造反;這一結果,如果周公早已預見到了,却仍然使管叔去監督,那是他的不仁;如果周公未曾預見到,便是他的不智。仁和智,周公都没有完全做到,何況您呢? 我願意去看看孟子向他解釋解釋。"

於是陳賈來見孟子,問道:"周公是怎樣的人?"

答道:"古代的聖人。"

陳賈說:"他使管叔監督殷國,管叔却率領殷遺民造反,有這回事嗎?"

答道:"有的。"

問道:"周公是早預見到管叔會造反,却偏要使他去的嗎?"

答道:"周公是不曾預見到的。"

陳賈說:"這樣說來,聖人也會有過錯嗎?"

答道:"周公是弟弟,管叔是哥哥,〔難道弟弟能疑心哥哥會造反嗎?〕周公這種錯誤,難道不也是合乎情理的嗎? 而且,古代的君子,有了過錯,隨即改正;今天的君子,有了過錯,竟將錯就錯。古代的君子,他的過錯,好像日蝕月蝕一般,老百姓個個都看得到;當他改正的時候,個個都抬頭望着。今天的君子,不僅僅將錯就錯,並且還編造一番假道理來爲錯誤辯護。"

【注釋】　①燕人畔——齊破燕,燕王噲死,子之亡。趙國便召燕公子職於韓,派樂池送入燕,立爲燕王,就是燕昭王。齊宣王原意在吞併燕國,而諸侯和燕國人合謀另立燕王,反抗齊國,從齊王言之,說這是"背叛"。
②吾甚慙於孟子——慙,今作"慚"。說文:"慙,媿也。"孟子曾經勸王"速出令,反其旄倪,止其重器,謀於燕衆,置君而後去之"(2·11),而齊宣王不聽,結果遭到燕國反抗。　③陳賈——趙岐注云:"齊大夫也。"戰國策秦策有一姚賈,與李斯同時,而高誘以爲即此陳賈,不可信。　④周公使管叔監殷——史記管蔡世家以管叔爲兄,周公爲弟,與孟子下文同。但列女傳母儀篇則以周公爲兄,管叔爲弟,與孟子下文趙岐注相同。毛奇齡四書賸言主後說。又史記魯世家云:"已殺紂,周公把大鉞,召公把小鉞,以夾武王,釁社,告紂之罪於天及殷民,釋箕子之囚,封封子武庚祿父,

使管叔、蔡叔傅之，以續殷祀。"管蔡世家亦云："武王已克殷紂，平天下，封
功臣昆弟，於是封叔鮮於管，封叔度於蔡，二人相紂子武庚祿父，治殷遺
民。"　　⑤管叔以殷畔——史記管蔡世家云："武王既崩，成王少，周公旦
專王室，管叔、蔡叔疑周公爲之不利於成王，乃挾武庚以作亂。周公旦承
成王命伐誅武庚，殺管叔，而放蔡叔，遷之。"　　⑥君子——這裏的"君
子"，和"君子創業垂統"(2·14)的"君子"意義相近，不僅指在位者，甚至
是指在高位者而言。　　⑦日月之食——日蝕月蝕的"蝕"字，古書多作
"食"字。　　⑧仰之——仰，抬頭望也。此指日月蝕復明而言，而臣民對
君王的更改錯誤，也正如盼望日月復明一般，故也可以説"仰之"。

4·10 孟子致爲臣而歸①。王就見孟子，曰："前日願見而
不可得，得侍同朝，甚喜②；今又棄寡人而歸，不識可以繼此
而得見乎？"

對曰："不敢請耳，固所願也。"

他日，王謂時子③曰："我欲中國④而授孟子室，養弟子
以萬鍾⑤，使諸大夫國人皆有所矜式。子盍爲我言之！"

時子因陳子而以告孟子，陳子以時子之言告孟子⑥。

孟子曰："然⑦；夫時子惡知其不可也？如使予欲富，辭
十萬⑧而受萬，是爲欲富乎？季孫⑨曰：'異哉子叔疑⑨！使
己爲政，不用，則亦已矣，又使其子弟爲卿。人亦孰不欲富
貴？而獨於富貴之中有私龍斷⑩焉。'古之爲市也，以其所
有易其所無者，有司者治之耳。有賤丈夫⑪焉，必求龍斷而
登之，以左右望，而罔市利。人皆以爲賤，故從而征之。征
商自此賤丈夫始矣。"

【譯文】　孟子辭去齊國的官職準備回鄉，齊王到孟子家中相見，説

道："過去希望看到您，却不可能；後來能够同在一起，我很高興；現在您又將抛棄我而回去了，不知道我們以後還可以相見嗎？"

答道："這個，我只是不敢請求罷了，本來是很希望的。"

過了一些時，齊王對時子說："我想在臨淄城中給孟子一幢房屋，用萬鍾之粟來養活他的門徒，使我國的官吏和人民都有所效法。你何不替我向孟子談談！"

時子便託陳子把這話轉告孟子，陳子也就把時子的話告訴了孟子。

孟子說："嗯，那時子哪曉得這事情做不得呢？假若我是貪圖財富，辭去十萬鍾的俸祿却來接受這一萬鍾的賜予，這難道是貪圖財富嗎？季孫說過：'子叔疑真奇怪！自己要做官，別人不用，也就罷了，却又使自己兒子兄弟來做卿大夫。誰不想做官發財，但是他却在做官發財之中有一種壟斷行爲。'〔怎樣叫做'壟斷'呢？〕古代的買賣，以有易無，這種事情，相關的部門管理它罷了。却有一個卑鄙漢子，一定要找一個獨立的高地登上去，左邊望望，右邊望望，恨不得把所有買賣的好處由他一網打盡。別人都覺得這人卑鄙，因此抽他的稅。向商人抽稅便從此開始了。"

【注釋】　①孟子致爲臣而歸——"歸"指回返家鄉，和下文"棄寡人而歸"的"歸"同義。"致爲臣"，趙岐解爲"辭齊卿"，古書常有"致祿"（國語魯語）"致政"（晉語，禮記王制等）"致仕"（公羊宣公元年傳）的語詞，這些"致"字都是"歸還"之意，故國語注云："致，歸也。"　②得侍同朝甚喜——歷來讀"得侍"爲句，"同朝甚喜"爲句，此讀實誤。孔廣森經學卮言云："'得侍同朝'者謙詞，言與孟子得爲君臣而同朝也。'甚喜'，王自言甚喜也。俗讀'得侍'絕句者謬。"　③時子——趙岐注云："齊臣也。"　④中國——"中"爲介詞，"國"讀如"徧國中無與立談者"（8·33）之"國"，謂"臨淄城"。"中國"猶言在國都之中。　⑤萬鍾——根據左傳昭公三年晏豐“齊舊四量：豆、區、釜、鍾，四升爲豆，各自其四以登於釜，釜十則鍾”的話，則區爲一斗六升，釜爲六斗四升，鍾爲六石四斗。萬鍾則爲六萬四千石。但古代一升，僅合今日 0.1937 升，則六萬四千石猶不足今日之一萬三千石。宋翔鳳孟子趙注補正云：“王謂時子，養弟子以萬鍾，言致卿禄一歲之粟，若後世致仕食俸之法也。”　　⑥時子因陳子句——趙岐注云：“陳子，孟子弟子陳臻。”顧炎武日知録云：“‘時子因陳子而以告孟子，陳子以時子之言告孟子’，此不須重見而意已明。”　　⑦然——王引之經傳釋詞云：“禮記檀弓：‘有子曰：然，然則夫子有爲言之也。’論語陽貨篇：‘然，有是言也。’孟子公孫丑篇曰：‘然，夫時子惡知其不可也。’此三‘然’字，但爲應詞而不訓爲是。”　　⑧十萬——孟子所謂十萬，當係成數，以見其多，不必作確數看。閻若璩謂係指孟子在齊國多年俸禄的總數而言，可參考其所著孟子生卒年月考。　　⑨季孫、子叔疑——朱熹集注云：“不知何時人。”周廣業孟子出處地時考以春秋昭公二十九年之“叔詣”當子叔疑，亦純是揣測之詞。趙岐之注則誤以兩人爲孟子弟子。　　⑩龍斷——龍同“壠”，龍斷本是名詞，岡壠之斷而高者，列子湯問篇：“自此冀之南漢之陰無隴斷焉”，則作“隴斷”。又可借用作動詞，網羅市利之意。⑪丈夫——穀梁傳文公十二年云：“男子二十而冠，冠而列丈夫。”則“丈夫”爲成年男子之通稱。

4·11　孟子去齊①，宿於晝②。有欲爲王留行者③，坐而言④。不應，隱几⑤而臥。

客不悦曰：“弟子齊宿⑥而後敢言，夫子臥而不聽，請勿復敢見矣。”

曰：“坐④！我明語子。昔者魯繆公無人乎子思之側，則不能安子思⑦；泄柳、申詳無人乎繆公之側，則不能安其身⑧。子爲長者⑨慮，而不及子思；子絶長者乎？長者絶子乎?"

【譯文】　孟子離開齊國,在晝縣過夜。有一位想替齊王把孟子挽留住的人恭敬地坐着同孟子説話,孟子却不加理會,伏在靠几上睡起來。

　　那人很不高興,説道:"我在準備會您的頭一天便整潔身心,今天同您説話,您却裝睡覺,不聽我的,以後再也不敢同您相見了。"〔説着,起身要走。〕

　　孟子説:"坐下來! 我明白地告訴你。過去,〔魯繆公怎樣對待賢人呢?〕他如果没有人在子思身邊,就不能够使子思安心;如果泄柳、申詳没有人在魯繆公身邊,也就不能使自己安心。你替我這個老頭考慮,連子思怎樣被魯繆公對待都想不到,〔不去勸説齊王改變態度,却用空話留我,〕這樣,是你跟我決絶呢,還是我跟你決絶呢?"

【注釋】　①孟子去齊——閻若璩孟子生卒年月考云:"繫致爲臣章於燕畔王憮之後,蓋君臣之隙既開,有不可以復合者矣,故孟子決然請去。"
　　②晝——趙岐注云:"齊西南近邑也。"案"晝"在臨淄之西南,爲孟子自齊返鄒必經之道;"畫"(音獲)在臨淄之西北三十里,爲燕破齊時軍隊所經之地。一南一北,兩地不同,有人混而一之,誤。　　③有欲爲王留行者——閻若璩四書釋地又續云:"當日爲王留行者,豈有不通姓名之理;爲其人可略,作七篇時,遂從而略之。"　　④坐而言——趙岐注云:"客危坐而言。"以"危坐"釋"坐"。蓋古人之坐不用椅凳,閻若璩釋地又續云:"兩膝着地,伸腰及股而勢危者爲跪;兩膝着地,以尻(俗云屁股)着蹠(足踵)而少安者爲坐。趙氏於'坐而言'曰'危坐',於'坐! 我明語子'單曰'坐',蓋'危坐'者,客跪而言留孟子之言,迨不聽,然後變色而起,孟子於是命之以安坐以聽我語。此兩'坐'字殊不同。"　　⑤隱几——隱,説文作"䜌",云:"有所依據也。"(依王筠句讀)但古書都以"隱"字爲之。"几",説文云:

"居几也。""居几"就是"坐几",爲老年人坐時所倚靠的。古時無高几。
⑥齊宿——齊同"齋"。先一日齋戒,便叫"齊宿"。　⑦昔者魯繆公句——繆同"穆"。魯繆公,名顯,在位三十三年。子思,孔子之孫,名伋。朱熹注此句云:"繆公尊禮子思,常使人候伺道達誠意於其側,乃能安而留之也。"　⑧泄柳申詳句——泄柳即告子下第六章之子柳,魯繆公時賢人。申詳,據禮記檀弓鄭注,爲孔子學生子張之子,子游之壻。朱熹注此句云:"繆公尊之不如子思,然二子義不苟容,非有賢者在其君之左右維持調護之,則亦不能安其身矣。"　⑨長者——趙岐注云:"孟子年老,故自稱長者。"

4·12 　孟子去齊。尹士①語人曰:"不識王之不可以爲湯武,則是不明也;識其不可,然且至,則是干澤②也。千里而見王,不遇故去,三宿而後出晝,是何濡滯也?士則兹不悦③。"

高子④以告。

曰:"夫尹士惡知予哉?千里而見王,是予所欲也;不遇故去,豈予所欲哉?予不得已也。予三宿而出晝,於予心猶以爲速,王庶幾⑤改之!王如改諸,則必反予。夫出晝,而王不予追也,予然後浩然⑥有歸志。予雖然,豈舍王哉!王由⑦足用⑧爲善;王如用予,則豈徒齊民安,天下之民舉安。王庶幾改之!予日望之!予豈若是⑨小丈夫然哉?諫於其君而不受,則怒,悻悻然⑩見⑪於其面,去則窮日之力而後宿哉?"

尹士聞之,曰:"士誠小人也。"

【譯文】孟子離開了齊國,尹士對別人説:"不曉得齊王不能够做商湯、周武，那便是孟子的糊塗；曉得他不行，然而還要來，那便是孟子的貪求富貴。老遠地跑來，不相融洽而走，在晝縣歇了三夜才離開，爲什麽這樣慢騰騰的呢？我對這種情況很不高興。”

高子便把這話告訴給孟子。

孟子説：“那尹士哪能瞭解我呢？老遠地來和齊王相見，這是我的希望；不相融洽而走，難道也是我所希望的嗎？只是我的不得已罷了。我在晝縣歇宿了三夜再離開，在我心裏還以爲太快了，〔我這麽想：〕王也許會改變態度的；王假若改變態度，那一定會把我召回。我離開晝縣，王還沒有追回我，我才無所留戀地有回鄉的念頭。縱是這樣，我難道肯抛棄齊王嗎？齊王〔雖然不能做商湯、周武，〕也還可以好好地幹一番；齊王假若用我，何止齊國的百姓得到太平，天下的百姓都可以得到太平。王也許會改變態度的！我天天盼望着呀！我難道像這樣的小氣人一樣嗎？向王進勸諫之言，王不接受，便大發脾氣，滿臉不高興；一旦離開，非得走到精疲力竭不肯住腳嗎？”

尹士聽到了這話以後，説：“我真是個小人。”

【注釋】　①尹士——趙岐注云：“齊人也。”　②干澤——趙岐注云：“干，求也；澤，禄也。”　③兹不悦——兹，此也。這句爲倒裝句，“兹不悦”即“不悦此”。　④高子——趙岐注云：“高子亦齊人，孟子弟子。”　⑤庶幾——表示希冀的副詞。　⑥浩然——朱熹集注云：“如水之流不可止也。”　⑦由——同“猶”。　⑧足用——猶“足以”。　⑨是——這，這樣的。王引之經傳釋詞云：“是猶夫也”，則解爲“那”、“那樣的”，恐不確。　⑩悻悻然——趙岐注引論語之“硜硜然小人哉”作“悻悻然小人哉”，以解此“悻悻然”，則“悻悻然”爲器量狹小者之貌。“悻”與“硜”古音同在耕部，聲紐亦近，故可通。鄭玄注論語云：“硜硜，小人之貌也。”　⑪見——同“現”。

4·13 孟子去齊，充虞路問曰：“夫子若有不豫色然。前日虞聞諸夫子曰：‘君子不怨天，不尤人①。’”

曰：“彼一時，此一時也②。五百年必有王者興，其間必有名世③者。由周而來，七百有餘歲矣④。以其數，則過矣；以其時考之，則可矣。夫天未欲平治天下也；如欲平治天下，當今之世，舍我其誰也？吾何爲不豫哉？”

【譯文】　孟子離開齊國，在路上，充虞問道：“您似乎有不快樂的樣子。但是，從前我聽您説過：‘君子不抱怨天，不責怪人。’〔今天又爲什麼如此呢？〕”

孟子説：“那又是一個時候，現在又是一個時候，〔情況不同啦。從歷史上看來，〕每過五百年一定有位聖君興起，而且還會有命世之才從其中出來。從周武王以來，到現在已經七百多年了。論年數，超過了五百；論時勢，現在正該是聖君賢臣出來的時候了。天不想使天下太平罷了；如果想使天下太平，在今日的社會裏，除開我，還有誰呢？我爲什麼不快樂呢？”

【注釋】　①不怨天，不尤人——實是孔子的話，見論語憲問篇，孟子不過向他的學生轉述而已。　　②彼一時，此一時也——焦循正義云：“近通解以‘彼一時’爲充虞所聞君子不怨天不尤人之時，時爲暇豫之時，則論爲經常之論也。‘此一時’爲今孟子去齊之時，爲行藏治亂關係之時也，則憂天憫人之意不得不形諸顏色也。”　　③名世者——“名世”疑即後代之“命世”，“名”與“命”古本通用，焦循正義已言之。孟子所謂“其間必有名世者”，恐係指輔助“王者”之臣而言。孟子一匹夫，無所憑藉，自不敢自居於“王者”，但爲周公則未嘗不可。三國志魏志武帝紀云：“天下將亂，非命世之才不能濟也。”孟子所謂“名世者”疑即此意。　　④七百有餘歲矣——江永群經補義云：“孟子去齊，在燕人畔之後，蓋當周赧王三年己酉。”江氏因而考訂，“自武王乙卯至赧王，實得七百三十九年”。惟據朱右曾汲冢紀年存真的考校,則又少十六年,實得七百二十三年。

4·14 孟子去齊,居休①。公孫丑問曰:"仕而不受禄,古之道乎?"

曰:"非也;於崇②,吾得見王,退而有去志,不欲變③,故不受也。繼而有師命④,不可以請。久於齊,非我志也。"

【譯文】 孟子離開齊國,居於休地。公孫丑問道:"做官却不受俸禄,合乎古道嗎?"

孟子説:"不;在崇,我看到了齊王,回來便有離開的意思,不想改變,所以不接受俸禄。不久,齊國有戰事,不可以申請離開。長久地留在齊國,不是我的心願。"

【注釋】 ①休——閻若璩四書釋地云:"故城在今滕縣北十五里,距孟子家約百里。" ②崇——地名,今不可考。 ③不欲變——趙岐注云:"志欲去矣,不欲即去,若爲詭變,見非泰甚。"以"詭變"釋"變",意思是以爲孟子之欲走而不馬上走者,乃是不想作詭異之行,被別人責罵得太甚。此説恐非。朱熹集注云:"變,謂變其去志。"是也。 ④師命——師旅之命。

卷五　滕文公章句上

凡　五　章

5·1　滕文公爲世子①，將之楚，過宋②而見孟子。孟子道性善，言必稱堯舜。

世子自楚反，復見孟子。孟子曰："世子疑吾言乎？夫道一而已矣。成覸③謂齊景公曰：'彼，丈夫也；我，丈夫也；吾何畏彼哉？'顏淵曰：'舜，何人也？予，何人也？有爲者亦若是。'公明儀④曰：'文王，我師也；周公豈欺我哉？'今滕，絶長補短⑤，將五十里也，猶可以爲善國。書曰：'若藥不瞑眩，厥疾不瘳⑥。'"

【譯文】　滕文公當他作太子的時候，要到楚國去，經過宋國，會見了孟子。孟子開口不離堯舜，同他講了人性本是善良的道理。

太子從楚國回來，又來看孟子。孟子説："太子懷疑我的話嗎？天下的真理就這麼一個。成覸對齊景公説：'他是個男子漢，我也是個男子漢，我爲什麼怕他呢？'顏淵説：'舜是什麼樣的人，我也是什麼樣的人，有作爲的人也會像他那樣。'公明儀説：'文王是我的老師，周公也是應該信賴的。'現在的滕國，假若把土地截長補短，拼成正方形，每邊之長也將近五十里，還可以治理成一個好國家。書經上説過：'如果藥物不能使人吃得頭暈腦轉，那種病是不會痊愈的。'"

【注釋】①世子——即"太子","世"和"太",古音相同,古書常通用。公羊
傳莊公三十二年云:"君存稱世子。"何休注云:"明當世父位爲君。"
②過宋——過,舊讀平聲。是時宋已由舊都商丘遷都彭城(今徐州市),而
滕在徐州之北一百九十里之地,滕文公適楚,必定南行而經宋,來回都如
此。閻若璩四書釋地以爲滕文公過宋是故意見孟子而繞道,蓋不知宋
已遷都之事也。　　③成覸——覸(jiàn)。成覸,又作"成覵"(説文見
部)、"成荆"(淮南子齊俗訓)、"成慶"(戰國策趙策、漢書廣川王傳)。齊之
勇臣。王夫之孟子稗疏云:"其言'吾何畏彼'者,以角力言耳,孟子借引以
喻人之自強。"　　④公明儀——曾見於禮記檀弓與祭義,鄭玄祭義注云:
"公明儀,曾子弟子。"　　⑤絶長補短——墨子非命篇云:"古者湯封於
亳,絶長繼短,地方百里。"戰國策楚策:"今楚國雖小,絶長續短,猶以數千
里。"可見"絶長補短"爲當時計算土地面積時之常用語。　　⑥書曰
句——"若藥不瞑眩,厥疾不瘳"句又見國語楚語引武丁之書,梅氏取以爲
僞古文説命上篇。趙岐注云:"瞑眩,藥攻人疾,先使瞑眩憒亂,乃得瘳愈
也。"瞑音麪(mián);眩音衒(xuàn);瘳音抽(chōu)。

5·2　滕定公①薨,世子謂然友②曰:"昔者孟子嘗與我言
於宋,於心終不忘。今也不幸至於大故③,吾欲使子問於孟
子,然後行事。"

　　然友之鄒④問於孟子。

　　孟子曰:"不亦善乎! 親喪,固所自盡也⑤。曾子曰:
'生,事之以禮;死,葬之以禮,祭之以禮,可謂孝矣⑥。'諸侯
之禮,吾未之學也;雖然,吾嘗聞之矣。三年之喪⑦,齊疏之
服⑧,飦粥之食⑨,自天子達於庶人,三代共之。"

　　然友反命,定爲三年之喪。父兄百官皆不欲,曰:"吾

宗國⑩魯先君莫之行，吾先君亦莫之行也，至於子之身而反之，不可。且志⑪曰：‘喪祭從先祖。’曰：‘吾有所受之也⑫。’”

謂然友曰：“吾他日未嘗學問，好馳馬試劍。今也父兄百官不我足也，恐其⑬不能盡於大事，子爲我問孟子！”

然友復之鄒問孟子。

孟子曰：“然；不可以他求者也。孔子曰：‘君薨，聽於冢宰⑭，歠⑮粥，面深墨⑯，即位而哭，百官有司⑰莫敢不哀，先之也。’上有好者，下必有甚焉者矣。君子之德，風也；小人之德，草也。草尚之風，必偃⑱。是在世子。”

然友反命。

世子曰：“然；是誠在我。”

五月居廬⑲，未有命戒。百官族人可，謂曰知⑳。及至葬，四方來觀之，顏色之戚，哭泣之哀，弔者大悅。

【譯文】　滕定公死了，太子對他的師傅然友説：“過去在宋國，孟子給我談了許多，我心裏一直不曾忘記。今日不幸得很，遭了父喪，我想請你到孟子那裏問問，然後再辦喪事。”

然友便到鄒國，去問孟子。

孟子説：“好得很呀！父母的喪事，本應該自動地盡心竭力的。曾子説過：‘當他們在世的時候，依禮去奉侍；他們去世了，依禮去埋葬，依禮去祭祀，這可以説是盡孝了。’諸侯的禮節，我雖然不曾學習過，但也聽説過。實行三年的喪禮，穿着粗布緝邊的孝服，吃着稀粥，從天子一直到老百姓，夏、商、周三代都是這樣的。”

然友回國復命，太子便決定行三年的喪禮。滕國的父老官吏都不願意，説道：“我們的宗國魯國的歷代君主沒有實行過，我們歷代的祖先也沒有實行過,到你這一代便改變了祖先的做法,這是不應該的。而且志說過:‘喪禮祭禮一律依從祖宗的規矩。’道理就在於我們是從這一傳統繼承下來的。”

太子便對然友說:“我過去不曾搞過學問,只喜歡跑馬舞劍。今日,我要實行三年之喪,父老們官吏們都對我不滿,恐怕這一喪禮不能够使我盡心竭力,你再替我去問問孟子罷!”

然友又到鄒國去問孟子。

孟子說:“嗯!這是不能够求於別人的。孔子說過:‘君主死了,太子把一切政務交給首相,喝着粥,面色深黑,就臨孝子之位便哭,大小官吏沒有人敢不悲哀,因爲太子親身帶頭的緣故。’在上位的有什麼愛好,在下面的人一定愛好得更屬害。君子的德好像風,小人的德好像草,風向哪邊吹,草就向哪邊倒。這一件事情完全決定於太子。”

然友向太子回報。

太子說:“對;這應當決定於我。”

於是太子居於喪廬中五月,不曾頒佈過任何命令和禁令。官吏們同族們都很贊成,認爲知禮。等待舉行葬禮的時候,四方的人都來觀禮,太子容色的悲慘,哭泣的哀痛,使來弔喪的人都非常滿意。

【注釋】　①滕定公——文公之父,參見(2·13)注①。　　②然友——趙岐注云:“世子之傅也。”　　③大故——趙岐注云:“謂大喪也。”按“大故”爲古代常用詞,譯爲今語則是“重大的事故”,其所指依所言的內容而有不同。論語微子篇:“故舊無大故,則不棄也。”此“大故”謂“惡逆之事”;周禮春官大宗伯“國有大故”的“大故”,則謂“凶災”。　　④之鄒——史記正義云:“今鄒縣去徐州滕縣四十餘里,蓋往反不過大半日,故可問而後行事。”　　⑤親喪固所自盡也——論語子張篇:“曾子曰:“吾聞諸夫子:人未有自致者也,必也親喪乎'!"此孟子所本。"自致"即"自盡",朱熹集注云:"致,盡其極也。蓋人之真情所不能自已者。" ⑥曾子曰諸句——論語爲政篇:"孟懿子問孝。子曰:'無違。'樊遲御,子告之曰:'孟孫問孝於我,我對曰,無違。'樊遲曰:'何謂也?'子曰:'生,事之以禮;死,葬之以禮,祭之以禮。'"孟子以爲是曾子語,或者另有所本。大戴禮記曾子本孝篇也曾載曾子數言,文雖不同,意則相近。 ⑦三年之喪——據儒家傳說,上古便曾行三年之喪(子女對於父母,臣對於君,都守孝三年),但據下文"吾宗國魯先君莫之行,吾先君亦莫之行也"的話,以及左傳的若干關于喪事的記載,儒家此語很可懷疑。毛奇齡四書賸言則以爲此是商制,亦只是臆測之詞。 ⑧齊疏之服——齊音資(zī)。儀禮喪服云:"疏衰裳齊。"疏,猶粗也;凡服上曰衰,下曰裳;齊,緝(衣服縫邊)也。"疏衰裳齊"意思就是用粗布做成的喪服上衣和下裳,縫衣邊(斬衰則不縫衣邊)。

⑨飦粥之食——飦同"饘",音旃(zhān)。禮記檀弓孔穎達疏云:"厚曰饘,稀曰粥。" ⑩宗國——周朝重宗法,魯、滕諸國的始封祖都是周文王的兒子,而周公封魯,於行輩爲較長[參見(4·9)注④],因之其餘姬姓諸國都以魯爲宗國。毛奇齡經問論此甚詳,可參看。 ⑪志——趙岐注云:"志,記也。周禮,小史掌邦國之志。"焦循正義云:"小史所掌之志,記世系昭穆之事,容有'喪祭從先祖'云云,故趙氏引以爲證,實不知爲何書也。"王夫之孟子稗疏以"且志"爲"古書名,雜編古今雅俗共稱之成說以彙記之。"恐是臆説。 ⑫曰:吾有所受之也——趙岐注云:"曰喪祭之事,各從其先祖之法,言我轉有所承受之,不可於己身獨改更也。一説吾有所受之,世子言我受之於孟子也。"後一説不可信。 ⑬其——此"其"字固可以看作世子自指之詞,古人本有藉第三人稱代詞以自指之例。趙岐注以爲指父兄百官,亦通。 ⑭孔子曰云云——論語憲問篇:"子張曰:'書云,高宗諒陰,三年不言。何謂也?'子曰:'何必高宗? 古之人皆然。君薨,百官總己以聽於冢宰三年。'"集解引孔氏云:"冢宰,天官卿,佐王治者也。三年喪畢,然後王自聽政也。" ⑮歠——歠音啜(chuò),説文:"飲也。" ⑯深墨——趙岐注云:"深,甚也;墨,黑也。" ⑰百官

有司——譯文以"官"譯"百官"，以"吏"譯"有司"。　　⑱君子之德數句——論語顔淵篇："子曰：子欲善而民善矣。君子之德風，小人之德草；草上之風，必偃。""上"與"尚"同，古多通用。趙岐注云："尚，加也。""草尚之風"謂草加之以風。譯文用意譯法。　　⑲五月居廬——左傳隱公元年云："天子七月而葬，同軌畢至；諸侯五月，同盟至；大夫三月，同位至；士踰月，外姻至。"則諸侯五月乃葬，未葬前，孝子必居凶廬。凶廬也叫"梁闇"，用土磚砌成，不用柱，不用楣，不用修飾，以草爲屏。甚至在守孝的時期内都居於此。　　⑳百官族人可，謂曰知——朱熹集注云："可謂曰知，疑有闕誤。"可見他也不甚瞭解，趙岐注也没説明白，暫且以我們的意思譯出。

5·3　滕文公問爲國。

孟子曰："民事不可緩也。詩云①：'晝爾于茅②，宵爾索綯③；亟其乘屋④，其始播百穀。'民之爲道也，有恒產者有恒心，無恒產者無恒心。苟無恒心，放辟邪侈，無不爲已。及陷乎罪，然後從而刑之，是罔民也。焉有仁人在位罔民而可爲也？是故賢君必恭儉禮下，取於民有制。陽虎⑤曰：'爲富不仁矣，爲仁不富矣。'

"夏后氏五十而貢，殷人七十而助，周人百畝⑥而徹，其實皆什一也。徹者，徹⑦也；助者，藉⑧也。龍子⑨曰：'治地莫善於助，莫不善於貢。'貢者，挍⑩數歲之中以爲常。樂歲，粒⑪米狼戾⑫，多取之而不爲虐，則寡取之；凶年，糞其田而不足，則必取盈焉。爲民父母，使民盻盻然⑬，將終歲勤動，不得以養其父母，又稱⑭貸而益之，使老稚轉乎溝壑，惡在其爲民父母也？夫世禄，滕固行之矣。詩云：'雨我公田,遂及我私⑮。'惟助爲有公田。由此觀之,雖周亦助也。

"設爲庠序學校⑯以教之。庠者,養也;校者,教也;序者,射也⑰。夏曰校,殷曰序,周曰庠;學則三代共之,皆所以明人倫也。人倫明於上,小民親於下。有王者起,必來取法,是爲王者師也⑱。

"詩云:'周雖舊邦,其命惟新⑲。'文王之謂也。子力行之,亦以新子之國!"

使畢戰⑳問井地㉑。

孟子曰:"子之君將行仁政,選擇而使子,子必勉之!夫仁政,必自經界㉒始。經界不正,井地不鈞㉓,穀祿㉔不平,是故暴君汙吏必慢其經界。經界既正,分田制祿可坐而定也。

"夫滕,壤地褊小,將爲㉕君子焉,將爲㉕野人焉。無君子,莫治野人;無野人,莫養君子。請野九一而助,國中什一使自賦。卿以下必有圭田㉖,圭田五十畝;餘夫二十五畝㉗。死徙無出鄉,鄉田同井,出入相友,守望相助,疾病相扶持,則百姓親睦。方里而井,井九百畝,其中爲公田。八家皆私百畝,同養公田;公事畢,然後敢治私事,所以別野人也。此其大略也;若夫潤澤之,則在君與子矣。"

【譯文】 滕文公問孟子治理國家的事情。

孟子説:"關心人民是最爲急迫的任務。詩經上説:'白天割取茅草,晚上絞成繩索,趕緊修繕房屋,到時播種五穀。'人民有一個基本情況:有一定的產業收入的人才有一定的道德觀念和行爲準則,沒有一定的產業收入的人便不會有一定的道德觀念和行爲準則。假若没有一定的道德觀念和行爲準則，就會胡作非爲違法亂紀，什麼事都幹得出來。等到他們犯了罪，然後去加以處罰，這等於陷害。哪有仁愛的人坐了朝廷却做出陷害老百姓的事情的呢？所以賢明之君一定認真辦事，節省用度，有禮貌地對待臣下，尤其是徵收賦税要有一定的制度。陽虎曾經説過：‘要發財致富便不能仁愛，要仁愛便不能發財致富。’

　　“〔古代的税收制度大致如此：〕夏代每家五十畝地而行‘貢’法，商朝每家七十畝地而行‘助’法，周朝每家一百畝地而行‘徹’法。〔三種税制雖然不同，〕税率其實都是十分抽一。‘徹’是‘通’的意思，〔因爲那是在不同情況的通盤計算下貫徹十分之一的税率；〕‘助’是借助的意思，〔因爲要借助於人民的勞力來耕種公有土地。〕古代一位賢者龍子説過：‘田税最好是助法，最不好是貢法。’貢法是比較若干年的收成得一個定數。〔不分豐收和災荒，都按這一定數來徵收。〕豐收年成，到處是穀物，多徵收一點也不算苛暴，却並不多收；災荒年成，每家的收穫量甚至還不够第二年肥田的用費，也非收滿那一定數不可。一國的君主號稱百姓的父母，却使百姓整年地辛苦勞動，而結果是連養活爹娘都不能够，還得借高利貸來湊足納税數字，終於一家的老小抛尸露骨於山溝之中，那麼作爲百姓父母的作用又在哪兒呢？做大官的人都有一定的田租收入，子孫相傳，這一辦法，滕國早就實行了，〔爲什麼百姓都不能有一定的田地收入呢？〕周朝的一篇詩上説：‘雨先下到公田裏，然後再落到私田！’只有助法才有公有田，從這點看來，就是周朝，也是實行助法的。

　　“〔人民的生活有着落了，〕便要興辦‘庠’、‘序’、‘學’、‘校’來教育他們。‘庠’是教養的意思，‘校’是教導的意思，‘序’是陳列

的意思,〔陳列實物以便實施實物教育〕。〔地方學校,〕夏代叫
'校',商代叫'序',周代叫'庠';至於大學,三代都叫'學'。那目
的都是闡明並教導人民以人與人間的各種必然關係以及相關的
各種行爲準則。人與人的關係以及行爲準則,諸侯卿大夫士都明
白了,小百姓自然會親密地團結在一起。如果有聖王興起,一定
會來學習傚效,這樣便做了聖王的老師了。

　　"詩經上又說:'岐周雖然是一個古老的國家,國運却充滿着新
氣象。'這是贊美文王的詩句。你努力實行吧,也來使你的國家氣
象一新!"

　　滕文公使畢戰向孟子問井田制。

　　孟子説:"你的君準備實行仁政,選擇你來問我,你一定要好好
幹! 實行仁政,一定要從劃分整理田界開始。田界劃分得不正
確,井田的大小就不均勻,作爲俸禄的田租收入也就不會公平合
理,所以暴虐的君王以及貪官汙吏一定要打亂正確的田間限界。
田間限界正確了,分配人民以田地,制定官吏的俸禄,都可以毫不
費力地作出決定了。

　　"滕國的土地狹小,却也得有官吏和勞動人民。沒有官吏,便沒
有人管理勞動人民;沒有勞動人民,也沒有人養活官吏。我建議:
郊野用九分抽一的助法,城市用十分抽一的貢法。公卿以下的官
吏一定有供祭祀的圭田,每家五十畝;如果他家還有剩餘的勞動
力,便每一勞動力再給二十五畝。無論埋葬或者搬家,都不離開
本鄉本土。共一井田的各家,平日出入,互相友愛;防禦盜賊,互
相幫助;一有疾病,互相照顧,那末百姓之間便親愛和睦了。辦法
是:每一方里的土地爲一個井田,每一井田有九百畝,當中一百畝
是公有田,以外八百畝分給八家作私有田。這八家共同來耕種公

有田。先把公有田耕種完畢，再來料理私人的事務，這就是區別官吏與勞動人民的辦法。這不過是一個大概，至於怎樣去修飾調度，那就在於你的君和你本人了。”

【注釋】①詩云——阮元校勘記云：“閩本‘云’誤‘曰’，監、毛本承其誤。”焦循正義本亦誤作“詩曰”。又下文詩句在詩經豳風七月篇。　②于茅——于，往也；茅，作動詞用，取茅之意。　③索綯——索，動詞，以兩三股摩而交之，總爲一繩，此種動作謂之索，亦謂之絞。綯，名詞，繩索也。④亟其乘屋——詩鄭箋云：“亟，急；乘，治也。”　⑤陽虎——魯國正卿季氏的總管，一度挾持季氏，專魯國國政，失敗而出亡。其人與孔子同時，字貨。　⑥五十、七十、百畝——這只是孟子假託古史以闡述自己的理想，古史自然不如此，清代有些學者信以爲真，紛紛出來作解釋，如顧炎武日知錄以爲“特丈尺之不同，而田未嘗易也”，來彌縫其闕，殊可不必。⑦徹——論語顏淵篇“盍徹乎”鄭玄注云：“周法什一而稅謂之徹；徹，通也。爲天下之通法也。”譯文取此義，不用趙岐注“徹猶人徹取物也”之義。⑧藉——趙岐注云：“藉者，借也；猶人相借力助之也。”　⑨龍子——趙岐注云：“古賢人也。”尚書大傳甫刑篇有“子龍子”，亦見於孔叢子論書篇，朱亦棟孟子札記云：“疑即此人也。”　⑩挍——或作“校”，古書上“挍”“校”兩字經常被混亂。　⑪粒——尚書皋陶謨：“烝民乃粒。”詩周頌：“立(鄭箋云：‘立當作粒’)我烝民。”這兩“粒”字都是動詞，穀食也。而這裏作名詞，亦謂穀米，因與“米”字結合爲一雙音詞。趙岐注云：“粒米，粟米之粒也。”把“粒”看爲量詞，恐不確。　⑫狼戾——雙聲區別詞，趙岐注云：“猶狼藉也。饒多狼藉(縱橫之意)棄捐於地。”　⑬盼盼然——趙岐注云：“勤苦不休息之貌。”盼音系(xì)。　⑭稱——趙岐注云：“舉也。”　⑮雨我公田二句——雨，讀去聲。詩句見詩經小雅大田篇。⑯庠、序、校——諸詞亦見於儀禮、周禮、禮記、左傳諸書，都用作鄉里學校的名稱，故譯文加上“地方學校”諸字。　⑰庠者，養也；序者，射也——王念孫廣雅疏證云：“‘庠’訓爲‘養’，‘序’訓爲‘射’，皆是教導之名。”

⑱爲王者師——朱熹集注云:"滕國褊小,雖行仁政,未必能興王業;然爲王者師,則雖不有天下,而其澤亦足以及天下矣。"　　⑲周雖舊邦二句——見詩經大雅文王篇。　　⑳畢戰——趙岐注云:"滕臣也。"

㉑井地——即井田。　　㉒經界——趙岐注云:"經亦界也。"則"經界"爲同義複詞。　　㉓鈞——"鈞""均"古字通用。　　㉔穀禄——亦爲同義複詞,古人俸禄用穀,所以穀有禄義。　　㉕爲——趙岐注云:"爲,有也。"　　㉖圭田——趙岐注云:"圭,絜(潔)也。"禮記王制"夫圭田無征"孔穎達正義云:"圭,潔也。士以潔白而升,則與以圭田,使供祭祀;若以不潔白而黜,則收其田里,故士無田則不祭。有田以表其潔,無田以罰其不潔也。"或謂零星不井者曰圭田;亦有謂圭即畦字,五十畝曰畦。今從趙岐説。　　㉗餘夫二十五畝——此句承上圭田而言,恐不能和周禮遂人"餘夫亦如之"的"餘夫"(一般農民家的餘夫)一例看待。

5・4　有爲神農之言①者許行②,自楚之滕,踵③門而告文公曰:"遠方之人聞君行仁政,願受一廛而爲氓④。"

文公與之處。

其徒數十人,皆衣褐⑤,捆屨⑥,織席以爲食。

陳良⑦之徒陳相與其弟辛負耒耜而自宋之滕,曰:"聞君行聖人之政,是亦聖人也,願爲聖人氓。"

陳相見許行而大悦,盡棄其學而學焉。

陳相見孟子,道許行之言曰:"滕君則誠賢君也;雖然,未聞道也。賢者與民並耕而食,饔飧⑧而治。今也滕有倉廩府庫,則是厲⑨民而以自養也,惡得賢?"

孟子曰:"許子必種粟而後食乎?"

曰:"然。"

"許子必織布而後衣乎？"

曰："否；許子衣褐。"

"許子冠乎？"

曰："冠。"

曰："奚冠？"

曰："冠素。"

曰："自織之與？"

曰："否；以粟易之。"

曰："許子奚爲不自織？"

曰："害於耕。"

曰："許子以釜甑⑩爨，以鐵⑪耕乎？"

曰："然。"

"自爲之與？"

曰："否；以粟易之。"

"以粟易械器者，不爲厲陶冶；陶冶亦以其械器易粟者，豈爲厲農夫哉？且許子何不爲陶冶，舍⑫皆取諸其宮⑬中而用之？何爲紛紛然與百工交易？何許子之不憚煩？"

曰："百工之事固不可耕且爲也。"

"然則治天下獨可耕且爲與？有大人⑭之事，有小人之事。且一人之身，而百工之所爲備，如必自爲而後用之，是率天下而路⑮也。故曰，或勞心，或勞力；勞心者治人，勞力者治於人；治於人者食人，治人者食於人，天下之通義也。

"當堯之時，天下猶未平，洪水橫流，氾濫於天下，草木暢茂，禽獸繁殖，五穀不登，禽獸偪⑯人，獸蹄鳥跡之道交於中國。堯獨憂之，舉舜而敷⑰治焉。舜使益掌火，益烈山澤而焚之，禽獸逃匿。禹疏九河⑱，瀹濟⑲漯⑳而注諸海，決汝漢，排淮泗而注之江㉑，然後中國可得而食也。當是時也，禹八年於外，三過其門而不入，雖欲耕，得乎？

"后稷㉒教民稼穡，樹藝五穀㉓；五穀熟而民人育。人之有道也㉔，飽食、煖衣、逸居而無教㉕，則近於禽獸。聖人有㉖憂之，使契㉗爲司徒，教以人倫——父子有親，君臣有義，夫婦有別，長幼有叙，朋友有信。放勳㉘曰㉙：'勞之來之㉚，匡之直之，輔之翼之，使自得之，又從而振德之。'聖人之憂民如此，而暇耕乎？

"堯以不得舜爲己憂，舜以不得禹皋陶㉛爲己憂。夫以百畝之不易㉜爲己憂者，農夫也。分人以財謂之惠，教人以善謂之忠，爲天下得人者謂之仁。是故以天下與人易，爲天下得人難。孔子曰：'大哉堯之爲君！惟天爲大，惟堯則之，蕩蕩乎民無能名焉！君哉舜也！巍巍乎有天下而不與焉㉝！'堯舜之治天下，豈無所用其心哉？亦㉞不用於耕耳。

"吾聞用夏變夷者，未聞變於夷者也。陳良，楚産也，悅周公、仲尼之道，北學於中國。北方之學者，未能或之先也。彼所謂豪傑之士也。子之兄弟事之數十年，師死而遂倍㉟之！昔者孔子没，三年之外，門人治任㊱將歸，入揖於子貢，相嚮而哭，皆失聲，然後歸。子貢反，築室於場，獨居三年，然後歸。他日，子夏、子張、子游以有若似聖人，欲以所事孔子事之，强曾子。曾子曰：'不可；江漢以濯之，秋陽㊲以暴㊳之，皜皜㊴乎不可尚已。'今也南蠻鴂㊵舌之人，非先王之道，子倍子之師而學之，亦異於曾子矣。吾聞出於幽谷遷於喬木者，未聞下喬木而入於幽谷者。魯頌曰：'戎狄是膺，荆舒是懲㊶。'周公方且膺之，子是之學，亦爲不善變矣。"

"從許子之道，則市賈㊷不貳，國中無僞；雖使五尺之童㊸適市，莫之或欺。布帛長短同，則賈相若；麻縷絲絮輕重同，則賈相若；五穀多寡同，則賈相若；屨大小同，則賈相若。"

曰："夫物之不齊，物之情也；或相倍蓰㊹，或相什百㊺，或相千萬。子比㊻而同之，是亂天下也。巨屨小屨㊼同賈，人豈爲之哉？從許子之道，相率而爲僞者也，惡能治國家？"

【譯文】　有一位研究神農氏的學說的人叫許行的，從楚國到了滕國，親自謁見滕文公，告訴他説："我這個由遠方來的人聽説您實行仁政，希望得到一個住所，做您的百姓。"

文公給了他房屋。

他的門徒幾十個，都穿着粗麻織成的衣服，以打草鞋織席子爲生活。

陳良的門徒陳相和他弟弟陳辛背着農具，從宋國到了滕國，也對文公説："聽説您實行聖人的政治，那麼，您也是聖人了。我願意做聖人的百姓。"

陳相見了許行，非常高興，完全拋棄以前的學説而向許行學習。

陳相來看孟子，轉述許行的話，説道："滕君確實是個賢明的君主，雖然如此，但是也還不真懂得道理。賢人要和人民一道耕種，才吃；自己做飯，而且也要替百姓辦事。如今滕國有儲穀米的倉廩，存財物的府庫，這是損害別人來奉養自己，又怎能叫做賢明呢？"

孟子説："許子一定自己種莊稼才吃飯嗎？"

陳良説："對。"

"許子一定自己織布才穿衣嗎？"

"不！許子只穿粗麻織成的衣服。"

"許子戴帽子嗎？"

答道："戴。"

孟子問："戴什麽帽子？"

答道："戴白綢帽子。"

孟子問："自己織的嗎？"

答道："不，用穀米換來的。"

孟子問："許子爲什麽不自己織呢？"

答道："因爲妨礙莊稼活。"

孟子問："許子也用鍋甑做飯，用鐵器耕田嗎？"

答道："對。"

"自己做的嗎？"

答道："不，用穀米換來的。"

"農夫用穀米換取鍋甑和農具，不能説是損害了瓦匠鐵匠，那麽，瓦匠鐵匠用鍋甑和農具來換取穀米，難道説是損害了農夫嗎？而且許子爲什麽不親自燒窰冶鐵，做成各種器械，什麽東西都儲備在家中隨時取用？爲什麼許子要這樣那樣一件件地和各種工匠做買賣？爲什麼許子這樣不怕麻煩？"

陳相答道："各種工匠的工作本來不是一方面耕種一方面能同時幹得了的。"

"那麼，難道管理國家就能一方面耕種一方面又能同時幹得了嗎？〔可見必須分工。〕有官吏的工作，有小民的工作。只要是一個人，各種工匠的成品對他都是不可缺少的，如果一件件東西都要自己製造出來才去用它，這是率領天下的人疲於奔命。所以我說，有的人勞動腦力，有的人勞動體力；腦力勞動者統治人，體力勞動者被人統治；被統治者養活別人，統治者靠人養活，這是通行天下的共同原則。

"當堯的時候，天下還不安定，大水爲災，四處泛濫，草木密密麻麻地生長，鳥獸成群地繁殖，穀物却没有收成；飛鳥野獸危害人類，到處都是它們的脚跡。堯一個人爲此憂慮，把舜選拔出來總領治理工作。舜命令伯益掌管火政，益便將山野沼澤地帶的草木用烈火燒毀，使鳥獸逃跑隱藏。禹又疏濬九河，治理濟水漯水，引流入海，挖掘汝水漢水，疏通淮水泗水，引導流入長江，中國才可以耕種。在這個時候，禹八年在外，三次經過自己的家門前都不進去，縱是想親自種地，可能嗎？

"后稷教導百姓種莊稼，栽培穀物。穀物成熟了，便可以養育百姓。人之所以爲人，吃飽了，穿暖了，住得安逸了，如果没有教育，也和禽獸差不多。聖人又爲此憂慮，便使契做司徒的官，主管教育。用關於人與人的關係的大道理以及行爲準則來教養人民——父子之間有骨肉之親，君臣之間有禮義之道，夫妻之間摯愛而有内外之别，老少之間有尊卑之序，朋友之間有誠信之德。

堯説道:'督促他們,糾正他們,幫助他們,使他們各得其所,然後加以提携和教誨。'聖人的爲百姓考慮如此周到而煩苦,還有閒暇耕種嗎?

"堯把得不着舜這樣的人作爲自己的憂慮,舜把得不着禹和皋陶這樣的人作爲自己的憂慮。把自己的田地耕種得不好作爲憂慮的,那是農夫。把錢財分給別人的叫做惠,把好的道理教給別人的叫做忠,替天下人民找到出色人才的便叫做仁。〔在我看來,〕把天下讓給別人比較容易,替天下找到出色人才却困難些。所以孔子説:'堯的做天子真是偉大! 只有天最偉大,也只有堯能够效法天。堯的聖德廣闊無邊呀,竟使人民找不到恰當的詞語來贊美他! 舜也是了不得的天子! 那麽使人敬服地坐了天下,自己却不享受它,佔有它!'堯舜的治理天下,難道不用心思嗎? 只是不用在莊稼上罷了。

"我只聽説過用中國的一切來改變落後國家的,没有聽説過用落後國家的一切來改變中國的。陳良本是楚國的土著,却喜愛周公孔子的學説,由南而北到中國來學習,北方的讀書人還没有人能够超過他的,他真是所謂豪傑之士啊! 你們兄弟向他學習了幾十年,他一死,竟完全背叛他! 從前,孔子死了,〔他的門徒都給他守孝三年,〕三年之後,各人收拾行李準備回去,走進子貢住處作揖告別,相對而哭,都泣不成聲,這才回去。子貢又回到墓地重新築屋,獨自住了三年,然後回去。過了些時,子夏、子張、子游認爲有若有點像孔子,便想要用尊敬孔子之禮來尊敬他,勉强曾子同意。曾子説:'不行;譬如曾經用江漢之水洗濯過,曾經在夏日的太陽裏曝晒過,真是潔白得無以復加了。〔誰能再比得孔子呢?〕'如今許行這南方蠻子,説話怪腔怪調,也來指責我們祖先聖王之道,你們却背叛你們的老師去向他學,那和曾子的態度便相反了。
〔譬如鳥〕,我只聽説過飛出深暗山溝遷往高大樹木的,没有聽説
過離開高大樹木飛進深暗山溝的。魯頌説過:'攻擊戎狄,痛懲荆
舒。'〔楚國這樣的國家,〕周公還要攻擊它,你却向他學,這簡直是
越變越壞了。"

陳相説:"如果聽從許子的學説,那就會做到市場上的物價一
致,人人没有欺假。縱令打發小孩子去市場,也没有人來欺騙他。
布匹絲綢的長短一樣,價錢便一樣;麻綫絲綿的輕重一樣,價錢便
一樣;穀米的多少一樣,價錢也一樣;鞋的大小一樣,價錢也
一樣。"

孟子説:"各種東西的品種質量不一致,這是自然的。〔它們的
價格,〕有的相差一倍五倍,有的相差十倍百倍,有的相差千倍萬
倍;你要〔不分精粗優劣,〕完全使它們一致,只是擾亂天下罷了。
好鞋和壞鞋一樣價錢,人難道肯幹嗎? 聽從許子的學説,是率領
大家走向虛僞,哪能够治理國家呢?"

【注釋】　①神農之言——神農,上古傳説中的人物,尚書大傳、白虎通號篇
　　等書以伏羲、神農、燧人爲三皇。春秋戰國諸子,多託古代所謂聖主以自
　　重,孟子則"言必稱堯舜",因之當時重農學派也託之於神農。漢書藝文志
　　農家有神農二十篇,班固自注云:"六國時,諸子疾時怠於農業,道耕農事,
　　託之神農。"師古注云:"劉向別録云:疑李悝及商君所説。"其遺説可窺者,
　　如吕氏春秋愛類篇:"神農之教曰:'士有當年而不耕者,則天下或受其飢
　　矣;女有當年而不績者,則天下或受其寒矣。'故身親耕,妻親績,所以見致
　　民利也。"亦與許行之説相合。　　②許行——不見於他書。吕氏春秋當
　　染篇有"禽滑釐學於墨子,許犯學於禽滑釐"之語,某氏云:"禽滑釐,梁氏
　　人表考謂即禽滑釐,今按許犯即許行也。春秋時晉有狐突,字伯行;齊有
　　陳逆,字子行。晉語韋昭注:'犯,逆也。'小爾雅廣言:'犯,突也。'古人名

‘突’、‘逆’字‘行’，知許行蓋名‘犯’字‘行’矣。”但此説亦不甚可信，“許犯”與“許行”，一名一字，固可相應，亦不能謂墨家之許犯即農家之許行，某氏勉納許行於墨家，殊屬牽强。且禽滑釐如果是禽滑釐，則其人死年未必能在墨子卒年以後。假定墨子卒於周安王十年，即紀元前三九二年，許行即爲其晩年之最小弟子，年亦當在二十左右，則此時與孟子相見（假定爲周顯王四十八年，紀元前三二一年），則已年逾九十矣，安能僕僕道路自楚之滕耶？某氏亦自知其不可，便謂禽滑釐未必是禽滑釐，又自陷於進退兩難之局矣。　　　③踵——趙岐注云：“至也。”　　　④氓——段玉裁説文注云：“自他歸往之民則謂之氓，故字從民亡。”此一義也。國策秦策：“不憂民氓。”淮南子修務訓：“以寬民氓。”高誘注皆云：“野民曰氓。”趙岐注亦云：“氓，野人之稱。”（此即周禮遂人“六遂之民謂之甿”，“以田里安甿”，“以土宜教甿稼穡”之“甿”）。此又一義也。恐以第一義爲較確。

⑤褐——趙岐於“許子衣褐”注云：“以毳爲之，若今馬衣者也；或曰，褐，枲衣也；一曰，粗布衣也。”則褐有三義，一爲用細獸毛做的衣，像漢朝的所謂馬衣（短褂；後代馬褂一詞來源是否本此，待考）；二爲以未績之麻所製成的短衣；三爲粗布衣。但據陳相對孟子的答語（“否；許子衣褐”），似乎褐不必織而後成，則此處宜取第一或者第二義。　　　⑥捆屨——捆音閫（kǔn），經典釋文引許叔重曰：“捆，織也。”依高誘淮南子注與趙岐孟子此注：“捆，叩㨌（敲打之意）也。”編草鞋或者麻鞋和編絲組都要一面編織，一面敲打使緊，因之都可以叫“捆”。今日還有把編織草鞋毛衣叫作“打草鞋”“打毛衣”的，所以玉篇也云：“捆，織也，纂組也。”　　　⑦陳良——梁啟超先秦政治思想史以爲即韓非子顯學篇的“仲良氏之儒”。　　　⑧饔飧——饔音雍（yōng），飧音孫（sūn）。趙岐注、朱熹集注並云：“饔飧，熟食也；朝曰饔，夕曰飧。”此“饔飧”作動詞用，意謂自炊爨也。　　　⑨厲——論語“則以爲厲己也”。王肅注云：“厲，病也。”　　　⑩釜甑——釜，金屬器；甑，古人以泥土爲之，故字從瓦。　　　⑪鐵——此指農具，古人有以器物的質料代其器物之名的修辭條例，如公孫丑下以“木”代“棺”（木若以美然），可參閱楊樹達古書疑義舉例續補。　　　⑫舍——何物也，後代作

“奢”，緩言之爲“什麽”、“甚麽”。　　⑬宫——爾雅釋宫釋文：“古者貴賤同稱宫，秦漢以來惟王者所居稱宫焉。”　　⑭大人——也同“君子”相似，有時指有德者，有時指有位者；此處則指有位者。　　⑮路——宋翔鳳孟子趙注補正云：“管子戒篇，‘舉齊國之幣握路家五十室’，王引之曰：‘握當爲振。路讀爲露，露家，困窮之家也。’方言：‘露，敗也。’莊子漁父曰：‘田荒室露。’管子四時篇：‘國家乃路。’‘路’亦同‘露’，亦訓敗也。孟子‘率天下而路’，趙注謂‘嬴困之路’，義與管子同。”　　⑯偪——古逼字。

⑰敷——徧也（詩賚“敷時繹思”傳），故舜典“敷奏以言”，史記五帝紀譯作“徧告以言”。　　⑱九河——尚書禹貢：“九河既道。”毛詩般正義引鄭玄云：“河水自上，至此流盛，而地平無岸，故能分爲九以衰其勢，壅塞故通利之也。九河之名：徒駭、太史、馬頰、覆釜、胡蘇、簡、絜、鈎盤、鬲津。”

⑲濟——水名。按濟水出自今河南濟源縣西王屋山，其故道本過黄河而南，東流至山東，與黄河平行入海。今則下游爲黄河所佔，惟河北發源處尚存。　　⑳漯——此處不讀(luò)，而讀(tà)（古讀入聲）。古漯水當出今山東朝城縣境。自宋代黄河決口於商胡，朝城絶流，舊跡遂爾湮没。

㉑決汝漢排淮泗而注之江——此句古今争論最多，原因就在於除漢水外（源出陝西之嶓冢山，經老河口，正支東流至漢陽入于長江），汝與淮泗都不入江。鄒漢勛、蕭穆等人爲此均有詳細考證，我們以爲孟子不過申述禹治水之功，未必字字實在，所以不必拘泥。　　㉒后稷——相傳名棄，爲周朝的始祖，帝堯時爲農師。詩經大雅生民即是歌詠其事的樂章。

㉓五穀——趙岐注云：“稻、黍、稷、麥、菽也。”稻，今之水稻；黍，今黄米之黏者，可以釀酒；稷，今之小米；麥，今之小麥；菽，豆類之總名。　　㉔人之有道也——句意和“民之爲道也”(5·3)相同，則“有”猶“爲”也。

㉕飽食句——舊以“飽食煖衣”爲一讀，“逸居而無教”爲一讀，實誤。崔述論語餘説云：“‘飽食煖衣逸居而無教’九字一句，謂衣食居三者俱全而惟無教也，與中庸‘去讒、遠色、賤貨而貴德’文意正同。”　　㉖有——同“又”。　　㉗契——音謝(xiè)，本作“偰”，相傳爲殷代的祖先。　　㉘放勳——放舊讀上聲，放勳，帝堯之名。　　㉙日——臧琳經義雜記引孫奭

孟子音義並按趙岐注語，謂此“曰”字乃“日”字之誤，是也。惟字誤已久，譯文仍用“曰”字。　　㉚勞之來之——王念孫廣雅疏證云：“說文：‘勑，勞勑也。’爾雅：‘勞、來，勤也。’大雅下武篇：‘昭茲來許。’鄭箋：‘勞、來，皆謂勤也。’史記周紀：‘日夜勞來，定我西土。’墨子尚賢篇：‘垂其股肱之力，而不相勞來。’皆謂勤也。”王棻柔橋文鈔勞之來之解謂“來”當作“勑”，實即“敕”字。與下文“直”、“翼”、“得”、“德”叶韻。案此言實誤。下文“匡”“直”同義，“輔”“翼”同義，則“勞”“來”不當分爲二義。即以韻而論，“來”與“直”“翼”諸字亦平入相通，何必改字而後叶哉？　　㉛皋陶——音高姚（gāoyáo），又作“咎繇”，書舜典云：“皋陶，汝作士。”爲虞舜時之司法官。㉜易——詩甫田毛傳：“易，治也。”　　㉝孔子曰等句——論語泰伯：“子曰，巍巍乎舜禹之有天下也，而不與焉？”“與”即“參與”之“與”，這裏含有“私有”、“享受”之意。又：“子曰，大哉堯之爲君也！巍巍乎唯天爲大，唯堯則之。蕩蕩乎民無能名焉。巍巍乎其有成功也！煥乎其有文章！”　　㉞亦——副詞，祇也，特也，但也。參見詞詮。　　㉟倍——同“背”。㊱任——詩大雅生民“是任是負”，鄭玄以“抱”釋“任”，國語齊語注亦云：“任，抱也。”而趙岐此注云：“任，擔也。”焦循正義云：“郊特牲注云：‘孕，任子也。’孕懷抱在前，則‘任’之爲‘抱’，其本義也。因而擔於肩者，載於車者（淮南子高誘注云：‘任，載也。’），通謂之任，散言之則通也。”　　㊲秋陽——陽，太陽也。周正建子，周之七、八月乃今日農曆之五、六月，故周之所謂秋陽，實爲今夏日之太陽。　　㊳暴——“曝”本字。　　㊴皜皜——趙岐注云：“甚白也。”但“江漢以濯”三句，毛奇齡四書索解、焦循正義均以爲“江漢以濯之，以江漢比夫子也；秋陽以暴之，以秋陽比夫子也；皜皜乎不可上，以天比夫子也。同一水，池沼可濯也，不能及江漢之濯也；同一火，燔燎可暴也，不能及秋陽之暴也；乃以江漢擬之猶未足也，以秋陽擬之猶未盡也，其如天之不可上矣”。此又一解，故云“皜皜謂孔子盛德如天之元氣皓旰”。但譯文仍從趙義。　　㊵鴃——亦作“鳩”、“鵙”，音抉（jué），即伯勞鳥。　　㊶戎狄是膺兩句——詩見魯頌閟宮。膺，擊也。　　㊷賈——同“價”。　　㊸五尺之童——古人尺短，五尺不過今日之三尺半。

㊹蓰——音徙（xǐ），五倍。　㊺百——或作"伯"，同。　㊻比——舊
讀去聲，朱熹集注云："次也。"　㊼巨屨小屨——趙岐注云："巨，粗屨
也；小，細屨也。"

5·5　墨者夷之①因徐辟②而求見孟子。孟子曰："吾固願
見，今吾尚病，病愈，我且往見，夷子不來③！"

他日，又求見孟子。孟子曰："吾今則可以見矣。不
直，則道不見④；我且直之。吾聞夷子墨者，墨之治喪也，以
薄爲其道也⑤；夷子思以易天下，豈以爲非是而不貴也；然
而夷子葬其親厚，則是以所賤事親也。"

徐子以告夷子。

夷子曰："儒者之道，古之人若保赤子⑥，此言何謂也？
之則以爲愛無差等，施由親始⑦。"

徐子以告孟子。

孟子曰："夫夷子信以爲人之親其兄之子爲若親其鄰
之赤子乎？彼有取爾也。赤子匍匐將入井，非赤子之罪
也。且天之生物也，使之一本，而夷子二本故也⑧。蓋上世
嘗有不葬其親者，其親死，則舉而委之於壑。他日過之，狐
狸食之，蠅蚋姑嘬之⑨。其顙有泚⑩，睨而不視。夫泚也，
非爲人泚，中心達於面目，蓋歸反虆梩⑪而掩之。掩之誠是
也，則孝子仁人之掩其親，亦必有道矣。"

徐子以告夷子。夷子憮然爲間⑫曰："命之⑬矣。"

【譯文】　墨家信徒夷之藉着徐辟的關係要求看孟子。孟子説："我
本來願意接見，不過我現在病着，病好了，我打算去看他，他不

必來！”

　　過了一些時候，又要求來看孟子。孟子説：“現在可以相見了。不過，不説直話，真理表現不出，我姑且説説直話吧。我聽説夷子是墨家信徒，墨家辦理喪葬，以節儉爲合理，夷子也想用薄葬來改革天下，自然是認爲不薄葬是不足貴的；但是他自己埋葬他的父母却相當豐厚，那便是拿他所輕賤所否定的東西對待他的父母親了。”

　　徐子把這話告訴了夷子。

　　夷子説：“儒家的學説認爲，古代的君王愛護百姓好像愛護嬰兒一般，這句話是什麽意思呢？我以爲他的意思是，人對人的愛並没有親疏厚薄的區别，只是實行起來從父母親開始罷了。〔那麽，墨家的兼愛之説很有道理，而我的厚葬父母，也就有理由了。〕”

　　徐子又把這話告訴了孟子。

　　孟子説：“夷子真正以爲人們愛他的姪兒，和愛他鄰人的嬰兒是一樣的嗎？夷子不過抓住了這一點：嬰兒在地上爬行，快要跌到井裏去了，這自然不是嬰兒自己的罪過。〔這時候，不管是誰的孩子，無論誰看見了，都會去救的，夷子以爲這就是愛無次等，其實，這是人的惻隱之心。〕況且天生萬物，只有一個根源，〔就人來説，只有父母，所以儒家主張“老吾老以及人之老”，〕夷子却説有兩個根源，〔因此認爲我的父母和人的父母，没有分别，主張愛無差等。〕道理就在這裏。大概上古曾經有不埋葬父母的人，父母死了，抬了他拋棄在山溝中。過了一些時候，經過那裏，狐狸在吃着他，蒼蠅蚊子在咀咂着他，那個人不禁額頭上流着悔恨的汗，斜着眼睛望望，不敢正視。這一種流汗，不是流給别人看的，實是由於衷心的悔恨而在面貌上表達出來的，大概他也回家去取了鋤頭畚箕再把尸體埋葬了。埋葬尸體誠然是對的，那麼，孝子仁人埋葬他的父母，自然有他的道理了。”

徐子把這話告訴了夷子。夷子很爲悵惘地停了一會，說道：“我懂得了。”

【注釋】　①墨者夷之——墨者，就是信奉墨子學說的人；夷之已無可考。　②徐辟——趙岐注云：“孟子弟子也。”　③夷子不來——趙岐注云：“是日夷子聞孟子病，故不來。”焦循正義云：“趙氏以‘夷子不來’是記其實事，近時通解謂亦孟子言，謂我病愈往見夷子，夷子不必來。王氏引之經傳釋詞云：‘不，毋也，勿也。’”　④見——同“現”。　⑤墨之治喪句——墨家主張薄葬，墨子有薄葬篇。　⑥古之人若保赤子——尚書康誥：“若保赤子，惟民其康乂。”　⑦施由親始——論語爲政篇“施於有政”集解云：“包曰，施，行也。”案“施”亦當訓行，焦循正義以爲‘‘恩’、‘施’、‘愛’三字義通，‘施由親始’即‘愛由親始’”，恐非。　⑧一本二本——原義不明確，譯文姑仍舊解足其意。　⑨蠅蚋姑嘬之——蚋(ruì)，蚊類昆蟲；一解以“蚋姑”連讀，謂爲螻蛄，即俗名土狗的昆蟲。實則“姑”應讀爲“盬”，咀也(見阮元釋且)。嘬(chuài)，趙岐注云：“攢共食之也。”　⑩泚——音此(cǐ)，趙岐注云：“汗出泚泚然也。”周禮考工記鄭注引作“疵”，焦循正義云：“其顙有疵，謂頭額病，猶云疾首也。”亦通。　⑪虆梩——音纍釐(léi lí)，虆，盛土之籠；梩，可以臿地剗土者，相當於今日的鍬或者鍤。　⑫憮然爲間——憮音武(wǔ)，朱熹集注云：“憮然，茫然自失之貌。爲間者，有頃之間也。”　⑬命之——朱熹集注云：“命，猶教也，言孟子已教我矣。”則“之”雖爲第三人稱代詞，實則夷之用以自指。

卷六　滕文公章句下

凡 十 章

6·1　陳代①曰：“不見諸侯，宜若小然；今一見之，大則以王，小則以霸。且志曰：‘枉尺而直尋。’宜若可爲也。”

孟子曰：“昔齊景公田，招虞人以旌②，不至，將殺之。志士不忘在溝壑，勇士不忘喪其元。孔子奚取焉？取非其招不往也。如不待其招而往，何哉？且夫枉尺而直尋者，以利言也。如以利，則枉尋直尺而利，亦可爲與？昔者趙簡子③使王良④與嬖奚⑤乘，終日而不獲一禽。嬖奚反命曰：‘天下之賤工也。’或以告王良。良曰：‘請復之。’强而後可，一朝而獲十禽。嬖奚反命曰：‘天下之良工也。’簡子曰：‘我使掌與女乘。’謂王良。良不可，曰：‘吾爲之範我馳驅⑥，終日不獲一；爲之詭遇⑦，一朝而獲十。詩云：“不失其馳，舍矢如破⑧。”我不貫⑨與小人乘，請辭。’御者且羞與射者比⑩；比而得禽獸，雖若丘陵，弗爲也。如枉道而從彼，何也？且子過矣：枉己者，未有能直人者也。”

【譯文】　陳代說：“不去謁見諸侯，似乎只是拘泥於小節吧；如今一去謁見諸侯，大呢，可以實行仁政，統一天下；小呢，可以改革局面,稱霸中國。而且志上説:'所屈折的譬如只有一尺,而所伸直的却有八尺了',好像可以幹一幹。"

孟子説:"從前齊景公田獵,用有羽毛裝飾的旌旗來召喚獵場管理員,管理員不去,景公便準備殺他。〔可是他並不因此而畏懼,曾經得到孔子的稱讚。〕因爲有志之士〔堅守節操,〕不怕〔死無葬身之地,〕棄尸山溝;勇敢的人〔見義而爲,〕不怕喪失腦袋。孔子對於這一獵場管理員取他哪一點呢?就是取他不是自己所應該接受的召喚之禮,他硬是不去。假定我竟不等待諸侯的招致便去,那又是怎樣的呢?而且你説所屈折的只有一尺,所伸直的却有八尺,這完全是從利的觀點來考慮的。如果專從利益來考慮,那麼,所屈折的有八尺,所伸直的却只一尺,也有利益,也可以幹幹麼?從前,趙簡子命令王良替他的寵幸小臣叫奚的駕車去打獵,整天打不着一隻獸。奚向簡子回報説:'王良是個拙劣的駕車人。'有人便把這話告訴了王良。王良説:'希望再來一次。'奚被勉強之後才肯,一個早晨便打中十隻獸。便又回報説:'王良是個高明的駕車人呀。'趙簡子説:'那麼,我就叫他專門替你駕車。'便同王良説,王良不肯,説道:'我給他依規矩奔馳,整天打不着一隻;我給他違背規矩駕車,一個早晨便打中了十隻。可是詩經説過,"按照規矩而奔馳,箭一放出便破的。"我不習慣於替小人來駕車,這差事我不能擔任。'駕車人尚且以同壞的射手合作爲可恥,這種合作得到禽獸縱是堆集如山,也不肯幹。假定我們先屈辱自己的志向和主張而追隨諸侯,那又是爲什麼呢?而且你錯了,自己不正直的人從來沒有能够使别人正直的。"

【注釋】　①陳代——趙岐注云:"孟子弟子也。"　　②招虞人以旌——旌,音精(jīng)。説文云:"游車載旌,析羽注旄首,所以精進士卒也。"左傳昭公二十年云:"齊侯田于沛,招虞人以弓,不進,公使執之。辭曰:'昔我先君之田也,旌以招大夫,弓以招士,皮冠以招虞人。臣不見皮冠,故不敢進。'乃舍之。仲尼曰:'守道不如守官,君子韙之。'"案左傳所載與孟子所言雖有所不同,但大體一致。古代君王有所召喚,一定有相當的事物以見信。旌是召喚大夫用的,弓是召喚士用的,若是召喚虞人(守苑囿之吏),只能用皮冠。　③趙簡子——晉國正卿趙鞅。　④王良——左傳哀公二年云:"郵無恤御簡子。"杜預注云:"郵無恤,王良也。"王良爲春秋末年的善御者,先秦兩漢古籍多稱之。　⑤嬖奚——嬖音閉(bì),即梁惠王下的"嬖人",愛幸小人也;奚是其名。　⑥範我馳驅——"範"作動詞用,謂納我馳驅於軌範之中,根據穀梁傳昭公八年所載,駕御田獵的車,塵土飛揚不能出於軌道,馬蹄應該發見相應,快慢合拍。　⑦詭遇——根據白氏六帖執御篇所引的孟子舊注,以"譎"訓"詭",謂不依法駕御爲"詭遇"。案此説甚是。　⑧詩云等句——詩句見小雅車攻篇。王引之經傳釋詞云:"如破,而破也。"　⑨貫——爾雅釋詁:"習也。"就是今日的"慣"字。　⑩比——舊讀去聲,漢書劉歆傳:"比意同力。"顔師古注云:"比,合也。"案當與"子比而同之"(5·4)的"比"爲一義。

6·2 景春①曰:"公孫衍②、張儀③豈不誠大丈夫哉? 一怒而諸侯懼,安居而天下熄④。"

孟子曰:"是焉得爲大丈夫乎? 子未學禮乎? 丈夫之冠也,父命之⑤;女子之嫁也,母命之⑥,往送之門⑦,戒之曰:'往之女家,必敬必戒,無違夫子!'以順爲正者,妾婦之道也。居天下之廣居,立天下之正位,行天下之大道⑧;得志,與民由之;不得志,獨行其道。富貴不能淫,貧賤不能移,威武不能屈,此之謂大丈夫。"

【譯文】 景春説:"公孫衍和張儀難道不是真正的大丈夫嗎? 一發脾氣,諸侯便都害怕;安靜下來,天下便太平無戰事。"

　　孟子説:"這個怎能叫做大丈夫呢? 你没有學過禮嗎? 男子舉行加冠禮的時候,父親給以訓導;女子出嫁的時候,母親給以訓導,送她到門口,告誡她説:'到了你家裏,一定要恭敬,一定要警惕,不要違背丈夫。'以順從爲最大原則的,這是婦女之道。〔至於男子,〕應住在天下最寬廣的住宅——仁——裏,站在天下最正確的位置——禮——上,走着天下最光明大路——義;得志的時候,偕同百姓循着大道前進;不得志的時候,也獨自堅持自己的原則。富貴不能亂我之心,貧賤不能變我之志,威武不能屈我之節,這樣才叫做大丈夫。"

【注釋】 ①景春——趙岐注云:"孟子時人,爲從横之術者。"周廣業孟子古注考云:"漢藝文志兵陰陽家有景子十三篇,疑即此人。" ②公孫衍——即魏人犀首,當時著名的説客,在秦爲大良造的官,又曾佩五國相印,史記卷七十有傳。 ③張儀——魏人,游説六國連横去服從秦國的大政客,史記卷七十有傳。公孫衍、張儀爲同時人,景春説此話時,正是他們得意之時。景春所以不曾説到蘇秦的緣故,可能因爲此時蘇秦已死(周廣業孟子出處時地考之説)。 ④熄——趙岐注云:"安居不用辭説,則天下兵革熄也。"故譯文以"太平無戰事"譯"熄"字。 ⑤丈夫之冠也,父命之——古時男子到了二十歲,便叫做成年人,行加冠禮。但根據儀禮士冠禮,行加冠禮的時候,祝辭都由"賓",不由"父",與孟子所言不同,因之後來有種種解釋。一説,"父不自命,而以其命之意出於賓"。則"賓命"即是"父命"。一説,"命"不必口令,以行與事示之而已(詁經精舍文集四集孫瑛丈夫之冠也父命之説)。一説,孟子當時本有父命的禮儀,不必事事與儀禮相合。 ⑥女子之嫁也,母命之等句——孟子此言也與儀禮士昏禮所載略有不同。 ⑦往送之門——劉寶楠愈愚録以爲"往"字當作一讀,我們以爲不必。 ⑧廣居、正位、大道——朱熹集注云:"廣居,仁也;正位,禮也;大道,義也。"按之論語"立於禮"、孟子"居仁由義"(13·33)、"仁,人之安宅也"(3·7又7·10)、"義,人路也"(11·11)諸語,集注所釋,最能探得孟子本旨。

6·3　周霄^①問曰:"古之君子仕乎?"

　　孟子曰:"仕。傳曰:'孔子三月無君,則皇皇^②如也,出疆必載質^③。'公明儀曰:'古之人三月無君,則弔。'"

　　"三月無君則弔,不以急乎?"

　　曰:"士之失位也,猶諸侯之失國家也。禮曰^④:'諸侯耕助^⑤,以供粢盛^⑥;夫人蠶繅^⑦,以爲衣服^⑧。犧牲不成^⑨,粢盛不絜,衣服不備,不敢以祭。惟士無田,則亦不祭。'牲殺、器皿、衣服不備,不敢以祭,則不敢以宴,亦不足弔乎?"

　　"出疆必載質,何也?"

　　曰:"士之仕也,猶農夫之耕也;農夫豈爲出疆舍其耒耜哉?"

　　曰:"晉國^⑩亦仕國也,未嘗聞仕如此其急。仕如此其急也,君子之難仕,何也?"

　　曰:"丈夫生而願爲之有室,女子生而願爲之有家;父母之心,人皆有之。不待父母之命、媒妁^⑪之言,鑽穴隙相窺,踰牆相從,則父母國人皆賤之。古之人未嘗不欲仕也,又惡不由其道。不由其道而往者,與鑽穴隙之類也^⑫。"

【譯文】　周霄問道:"古代的君子做官嗎?"

　　孟子答道:"做官。傳記上說:'孔子要是三個月沒有君主任用他,就非常焦急,離開一個國家,一定帶着準備和別國君主初次相見的禮物。'公明儀也說過:'古代的人三個月沒有君主任用,就要去安慰他,給以同情。'"

　　周霄便問："三個月没有找到君主便去安慰他,不也太急了些嗎?"

　　孟子答道："士的失掉了官位,正好像諸侯的失掉了國家。禮上説過:'諸侯親自參加耕種,就是用來供給祭品;夫人親自養蠶繅絲,就是用來供給祭服。牛羊不肥壯,穀物不潔淨,祭服不具備,不敢用來祭祀。士若没有〔供給祭祀的〕田地,那也不能祭祀。'牛羊、祭具、祭服不具備,不敢用來祭祀,也就不能舉行宴會,那不也應該去安慰他嗎?"

　　周霄又問："離開國界一定帶着見面的禮物,又是什麼道理呢?"

　　孟子答道："士的做官,就好像農民的耕田;農民難道因爲離開國界便捨棄他的農具嗎?"

　　周霄説："魏国也是一個有官可做的國家,我却不曾聽説過找官位是這樣的急迫的。找官位既這樣的急迫,君子却不輕易做官,又是什麼道理呢?"

　　孟子説："男孩子一生下來,父母便希望給他找妻室;女孩子一生下來,父母便希望給他找婆家。爹娘這樣的心情,個個都有。但是,若是不等待爹娘開口,不經過媒人介紹,自己便鑽洞扒門縫來互相窺望,爬過牆去私會,那麼,爹娘和社會人士都會輕視他。古代的人不是不想做官,但是又討厭不經合乎禮義的道路來找官做。不經合乎禮義的道路的,正和男女的鑽洞扒門縫是一樣的。"

【注釋】　①周霄——趙岐注云:"魏人也。"按此人又見於戰國策魏策,考其年代,當在梁惠王與襄王之時。　　②皇皇——禮記檀弓鄭注云:"皇皇,憂悼在心之貌也。"楚辭王逸注云:"皇皇,惶遽貌。"　　③質——同"贄"、"摯"(zhì)。古代初相見,一定用一定的禮物來表示誠意,這禮品便叫"贄",這禮品,士人一般用雉。　　④禮曰等句——禮記祭統云:"天子親耕於南郊，以共（供）齊（粢）盛；王后蠶於北郊，以共純服。諸侯耕於東郊，亦以共齊盛；夫人蠶於北郊，以共冕服。”穀梁傳桓公十四年云：“天子親耕，以共粢盛；王后親蠶，以供祭服。”又成公十七年云：“宮室不設，不可以祭；車馬器械不備，不可以祭；有司一人不備其職，不可以祭。”禮記曲禮云：“無田祿者不設祭器。”又王制云：“大夫士宗廟之祭，有田則祭，無田則薦。”都和孟子所説略同。自然孟子所引不是這些書（這些書都著述在孟子以後），但他所引的話的起訖，實在無由確定，焦循孟子正義以爲“犧牲不成”以下非引文，恐誤；今暫定“牲殺”以下爲孟子伸述之言。　　　⑤耕助——此二字爲連綿動詞，和下文“蠶繅”相對成文。“助”即“藉”（説文作“耤”，云：“帝耤千畝也。”經傳多作“藉”。）滕文公上已云：“助者，藉也。”故知孟子此處實假“助”爲“藉”。古者天子有藉田千畝，諸侯百畝，於每年孟春，率三公九卿諸侯大夫躬耕。天子三推，三公五推，卿、諸侯、大夫九推（見吕氏春秋孟春紀）。則天子他們之耕田，不過做做樣子罷了，其實仍須假借人民的力量以爲之，所以這田便叫“藉田”，而耕種這種“藉田”也叫“藉”。國語周語上：“宣王即位，不籍千畝。”盧植曰：“藉，耕也。”左傳昭公十八年云：“郕人藉稻。”正義引服虔注云：“藉，耕種於藉田也。”正是此“助”字之義。趙注未瞭，前人注解以及字書亦皆未及，故詳言之。

⑥粢盛——粢音咨（zī）；盛音成（chéng）。“粢”字説文作“齏”，重文作“粢”，古書或又作“齊”。六穀（黍、稷、稻、粱、麥、苽）之可以盛於器皿中的叫“粢”（詩甫田毛傳云：“器實曰齊。”）已經盛於器皿中的叫“盛”（毛傳云：“在器曰盛。”）。　　　⑦夫人蠶繅——此“夫人”專指諸侯之正妻。繅音騷（sāo），抽繭出絲。　　　⑧衣服——專指祭祀穿用的衣服。　　　⑨犧牲不成——祭祀所殺的牛羊豬等都叫“犧牲”，也叫“牲殺”。王夫之孟子稗疏云：“畜牧曰牲，漁獵曰殺。大夫用麛，士用兔，皆漁獵所獲，所謂殺也。”釋名釋言語云：“成，盛也。”趙岐注云：“不成，不實肥腯也。”　　　⑩晉國——詳（1・5）注①。　　　⑪媒妁——説文：“媒，謀也，謀合二姓。”又云：“妁，酌也，斟酌二姓也。”　　　⑫與鑽穴隙之類也——這句不合語法，孔廣森經學巵言以爲“與”讀爲“歟”，當屬上句，作表停頓的語氣詞用。但孟子全書

不見相同的句例,故難以相信。焦循正義以爲"之類"的"之"字是衍文,本作"與鑽穴隙類也";俞樾孟子平議則謂"與"當讀爲"如",亦俱無確證。我們只能存疑。

6·4 彭更①問曰:"後車數十乘,從者數百人,以傳食②於諸侯,不以泰乎?"

孟子曰:"非其道,則一簞食不可受於人;如其道,則舜受堯之天下,不以爲泰——子以爲泰乎?"

曰:"否;士無事而食,不可也。"

曰:"子不通功易事,以羨③補不足,則農有餘粟,女有餘布;子如通之,則梓匠輪輿④皆得食於子。於此有人焉,入則孝,出則悌,守先王之道,以待⑤後之學者,而不得食於子;子何尊梓匠輪輿而輕爲仁義者哉?"

曰:"梓匠輪輿,其志將以求食也;君子之爲道也,其志亦將以求食與?"

曰:"子何以其志爲哉? 其有功於子,可食而食之矣。且子食志乎? 食功乎?"

曰:"食志。"

曰:"有人於此,毀瓦畫墁⑥,其志將以求食也,則子食之乎?"

曰:"否。"

曰:"然則子非食志也,食功也。"

【譯文】 彭更問道:"跟隨的車輛幾十,跟隨的人幾百,由這一國吃到那一國,〔您這樣做,〕不也太過分了嗎?"

孟子答道:"如果不合理,就一筐飯也不可以接受;如果合理,舜接受了堯的天下,都不以爲過分——你以爲過分了嗎?"

彭更説:"不是這樣説,〔我以爲〕讀書人不工作,吃白飯,是不可以的。"

孟子説:"你如果不互通各人的成果,交換各行業的產品,用多餘的來彌補不够的,就會使農民有多餘的米,〔別人得不着吃;〕婦女有多餘的布,〔別人得不着穿;〕如果能互通有無,那麽,木匠車工都能够從你那裏得着吃的。假定這裏有個人,在家孝順父母,出外尊敬長輩;嚴守着古代聖王的禮法道義,用來培養後代的學者,却不能從你這裏得着吃的;那麽,你爲什麽尊貴木匠車工,却輕視仁義之士呢?"

彭更説:"木匠車工,他們的動機本是謀飯吃;君子的研究學術,推行王道,那動機也是弄到吃的嗎?"

孟子説:"你爲什麽要論動機呢? 他們對你有功績,可以給以吃的,便給以吃的了。而且,你還是論動機而給以吃的呢? 還是論功績而給以吃的呢?"

彭更説:"論動機。"

孟子説:"這裏有個匠人,把屋瓦打碎,在新刷的牆壁上亂畫,他的動機也是爲着弄到吃的,你給他吃的嗎?"

彭更説:"不。"

孟子説:"那麽,你不是論動機,是論功績的了。"

【注釋】 ①彭更——趙岐注云:"孟子弟子。" ②傳食——傳,舊讀去聲,傳食猶言轉食。 ③羨——趙岐注云:"餘也。" ④梓匠輪輿——周禮考工記有梓人、匠人,爲木工,有輪人(製車輪)、輿人(製車箱),爲製車之工。 ⑤待——焦循正義説:趙岐大概是讀"待"爲"持",謂扶持後之學者。 ⑥墁——(màn),本義爲粉刷牆壁的工具,這裏似乎指新粉刷的牆壁而言。朱熹集注云：“墁，牆壁之飾也。”可能亦是此意。

6·5　萬章①問曰：“宋，小國也；今將行王政，齊楚惡而伐之②，則如之何？”

　　孟子曰：“湯居亳③，與葛④爲鄰，葛伯放⑤而不祀。湯使人問之曰：‘何爲不祀？’曰：‘無以供犧牲也。’湯使遺之牛羊。葛伯食之，又不以祀。湯又使人問之曰：‘何爲不祀？’曰：‘無以供粢盛也。’湯使亳衆往爲之耕，老弱饋食。葛伯率其民，要其有酒食黍稻者奪之，不授者殺之。有童子以黍肉餉，殺而奪之。書曰：‘葛伯仇餉⑥。’此之謂也。爲其殺是童子而征之，四海之内皆曰：‘非富天下也，爲匹夫匹婦復讎也。’‘湯始征，自葛載⑦’，十一征而無敵於天下。東面而征，西夷怨；南面而征，北狄怨，曰：‘奚爲後我？’民之望之，若大旱之望雨也。歸市者弗止，芸者不變，誅其君，弔其民，如時雨降。民大悦。書曰：‘徯我后，后來其無罰！’‘有攸⑧不惟⑨臣，東征，綏厥士女，篚厥玄黄⑩，紹我周王見休⑪，惟臣附于大邑周⑫。’其君子實玄黄于篚以迎其君子，其小人簞食壺漿以迎其小人；救民於水火之中，取其殘而已矣。太誓⑬曰：‘我武惟揚，侵于⑭之疆，則取于⑭殘，殺伐用張，于湯有光。’不行王政云爾；苟行王政，四海之内皆舉首而望之，欲以爲君；齊楚雖大，何畏焉？”

【譯文】　萬章問道：“宋是個小國家，如今想實行仁政，齊楚兩個大國却因此討厭，而出兵攻擊它，怎麽辦呢？”

　　孟子道：“湯居住在亳地，同葛國爲鄰國，葛伯放肆得很，不守禮法，不祭祀鬼神。湯着人去問：‘爲什麽不祭祀？’答道：‘没有牛羊做祭品。’湯便給他以牛羊。葛伯把牛羊吃了，却不用來祭祀。湯又着人去問：‘爲什麽不祭祀？’答道：‘没有穀米做祭物。’湯便着亳地百姓去替他們耕種，老弱的人給耕田的人去送飯。葛伯却帶領着他的百姓攔住那些拿着酒菜好飯的送飯者進行搶奪，不肯交出來的便殺掉他。有一個小孩去送飯和肉，葛伯竟把他殺掉了，搶去他的飯和肉。書上説：‘葛伯仇視送飯者’，正是這個意思。湯就爲着這一小孩的被殺來討伐葛伯，天下的人都説：‘湯不是貪圖天下的財富，是爲老百姓報仇。’湯的作戰，便從葛國開始，出征十一次，没有能抗拒他的。向東方出征，西方的人便不高興；向南方出征，北方的人便不高興，説道：‘爲什麽不先打我們這裏？’老百姓的盼望他，正和大乾旱年歲盼望雨水一樣。〔作戰的時候，〕做買賣的不曾停止過，鋤地的不曾躲避過，殺掉那暴虐的君主，安慰那可憐的百姓，這也和及時的雨水落下來一樣，老百姓非常高興。書也説過：‘等待我的王！王來了我們便不再受罪了！’又説：‘攸國不服，周王便東行討伐，來安定那些男男女女，他們也把黑色和黄色的絹好了的綢帛放在筐子裏，請求介紹和周王相見，得到光榮，作大周國的臣民。’這説明了周朝初年東征攸國的情况，官員們把那黑色和黄色的束帛裝滿筐子來迎接官員，老百姓便用竹筐盛飯，用壺盛酒漿來迎接士兵，可見得周王的出師只是把老百姓從水火之中拯救出來，而殺掉那殘暴的君主罷了。泰誓上説：‘我們的威武要發揚，攻到邢國的疆土上，殺掉那殘暴的君王，還有一些該死的都得砍光，這樣的功績比湯還輝煌。’不實行仁政便罷了；如果實行王政，天下的人都抬起頭盼望着，要擁護他來做君王；齊國楚國縱是强大，怕什麽呢？”

【注釋】　①萬章——趙岐萬章章句云：“萬姓，章名，孟子弟子也。”案此人當是孟子高足弟子，一則問難最多，一則史記孟子列傳説孟子“退而與萬章之徒作孟子七篇”。　②今將行王政，齊楚惡而伐之——根據戰國策宋策、史記宋世家，宋王偃的行爲同於桀紂，終於爲齊、魏、楚三國所滅。而孟子説他行王政，有人説這是宋王偃早年之事，而“晚節不終”（周廣業孟子出處時地考），而全祖望焦循則懷疑國策史記的記載，認爲是當時齊楚諸國誣陷之言。　③亳——音泊（bó），自來説湯都者紛歧無定説，而以漢書地理志注臣瓚説爲可信，蓋在今商丘北，漢時之薄縣，説詳王國維觀堂集林説亳。　④葛——古國名，嬴姓，故城在今河南寧陵縣北十五里。　⑤放——放縱、放肆之意。　⑥葛伯仇餉——趙岐注云：“尚書逸篇文。”案梅賾採入僞古文仲虺之誥。管同因寄軒文集云：“吾意尚書止云‘葛伯仇餉’，所謂‘仇餉’者不知何事，至後世或乃言其本末如此。事有無不可知，孟子但以天理人情爲斷。”　⑦湯始征，自葛載——此六字恐仍是尚書之文，互詳梁惠王下十一章注①。毛詩傳云：“載，始也。”⑧有攸——舊注把“攸”字當“所”字解，恐誤。根據甲文和晚商金文都有攸國之名，故譯文作攸國。　⑨惟——爲也，用法和尚書益稷“萬邦黎獻，共惟帝臣”的“惟”相同。　⑩篚厥玄黃——“篚”音匪（fěi），這裏作動詞用，謂把物件裝在筐篚之中。玄黃，本爲束帛之色，即以指代幣帛，用法和尚書禹貢的“玄纁”相同。　⑪休——美也。　⑫大邑周——甲文中有“大邑商”“天邑商”之辭，金文中亦有“大邑周”之辭，不僅別人尊之如此稱呼，自稱亦如此也（“大邑”即“天邑”，尚書多士亦有“天邑商”之文）。自“有攸”以下至此仍是古尚書之文，今已亡逸，梅賾由此採入僞武成篇。　⑬太誓——即泰誓，其文早已亡逸，馬融所見的“後得”的泰誓也是僞作，今天梅賾僞古文的泰誓更是贋品了。此數句經他採入泰誓中篇。　⑭于——這兩個“于”字都是國名，陳夢家尚書通論云：“于即是邘。案通鑑前編，‘紂十有八祀，西伯伐邘’，注引徐廣曰：‘大傳作于。’‘于’疑即卜辭之盂方伯。”

6·6 孟子謂戴不勝①曰：“子欲子之王之善與？我明告

子。有楚大夫於此，欲其子之齊語也，則使齊人傳諸？使楚人傳諸？"

曰："使齊人傳之。"

曰："一齊人傳之，衆楚人咻^②之，雖日撻而求其齊也，不可得矣；引而置之莊嶽^③之間數年，雖日撻而求其楚，亦不可得矣。子謂薛居州，善士也，使之居於王所。在於王所者，長幼卑尊皆薛居州也，王誰與爲不善？ 在王所者，長幼卑尊皆非薛居州也，王誰與爲善？ 一薛居州，獨^④如宋王何？"

【譯文】　孟子封戴不勝説："你想你的君王學好嗎？我明白告訴你。這裏有位楚國的官員，希望他的兒子會説齊國話，那麽，找齊國人來教呢？還是找楚國人來教呢？"

答道："找齊國人來教。"

孟子説："一個齊國人教他，却有許多楚國人在打擾，縱使每天鞭打他，逼他説齊國話，也是做不到的；假若帶領他在臨淄莊街嶽里的鬧市，住上幾年，縱使每天鞭打他逼他説楚國話，也是做不到的。你説薛居州是個好人，要他住在王宮中。如果在王宮中的年齡大的小的，地位低的高的，都是好人，那王同誰幹出壞事來呢？如果在王宮中的，年齡大的小的、地位低的高的，都不是好人，那王又同誰幹出好事來呢？一個薛居州能把宋王怎麽樣呢？"

【注釋】　①戴不勝——趙岐注云："宋臣。"趙佑四書温故録以爲即戴盈之（第八章），一名一字，無確據。　②咻——音休（xiū），趙岐注云："讙也。"焦循正義云："讙即今之喧譁字也。"　③莊嶽——顧炎武日知録云：莊是街名，嶽是里名。左傳襄公二十八年："得慶氏之木於莊。"杜預注以"六軌之道"（大街）釋"莊"。又"反陳於嶽"。杜注云："嶽，里名。"

④獨——王引之經傳釋詞云：“獨猶將也。”一作單獨解。

6·7　公孫丑問曰：“不見諸侯何義？”

孟子曰：“古者不爲臣不見。段干木①踰垣而辟之，泄柳閉門而不納②，是皆已甚；迫，斯可以見矣。陽貨欲見孔子③而惡無禮，大夫④有賜於士，不得受於其家，則往拜其門。陽貨矙⑤孔子之亡也，而饋孔子蒸豚；孔子亦矙其亡也，而往拜之。當是時，陽貨先，豈得不見？曾子曰：‘脅肩諂笑⑥，病于夏畦⑦。’子路曰：‘未同而言，觀其色赧赧然，非由之所知也⑧。’由是觀之，則君子之所養，可知已矣。”

【譯文】　公孫丑問道：“不主動地去謁見諸侯，是什麽道理？”

孟子説：“在古代，〔一個人〕如果不是諸侯的臣屬，便不去謁見。〔從前魏文侯去看段干木，〕段干木却跳過牆躲開了；〔魯穆公去看泄柳，〕泄柳關着大門不加接待，這都做得過分；如果逼着要見，也就可以相見。陽貨想要孔子來看他，又不願自己失禮，〔遂行召喚。有這一條禮節，〕大夫對士有所賞賜，當時士如果不在家，不能親自接受拜謝，便得再親自去大夫家裏答謝。因此陽貨探聽到孔子外出的時候，給他送去一個蒸小猪；孔子也探聽到陽貨不在家，才去答謝。在這個時候，陽貨若是〔不要花招，〕先去看孔子，孔子哪會不去看他？曾子説：‘竦起兩肩，做着討好的笑臉，這比夏天在菜地裏工作還要累。’子路説：‘分明不願意同這個人來談，却勉强和他説話，臉上又表現出慚愧的顏色，這種人，我是不贊成的。’從這裏看來，君子怎樣來培養自己的品德節操，就可以知道了。”

【注釋】　①段干木——姓段，名干木（此從臧庸拜經日記説，與史記集解以爲“段干”複姓者異），魏文侯時賢者，其故事又散見於史記魏世家、呂氏春秋期賢篇、舉難篇等。高士傳云：“段干木少貧賤，心志不遂，乃師事卜子夏與田子方。李克、翟璜、吳起等居於魏，皆爲將，惟干木守道不仕。”
②納——一作“內”，同。　③陽貨欲見孔子——事又見論語陽貨篇。“見”舊讀去聲，爲使動用法，陽貨欲使孔子來見之意。　④大夫——陽貨雖然不是魯國之卿，但爲正卿季氏之宰（總管），所以也得稱“大夫”；而其時孔子在野，故稱“士”。　⑤瞷——同“矙”（kàn），窺伺也。
⑥脅肩諂笑——脅肩即竦體，故意爲恭敬之狀；諂笑，强爲媚悦之顔。
⑦夏畦——夏，夏天；畦（xī），灌園，澆水。　⑧非由之所知——朱熹集注云：“甚惡之之辭也。”

6·8　戴盈之①曰：“什一，去關市之征，今茲②未能，請輕之，以待來年，然後已，何如？”

孟子曰：“今有人日攘③其鄰之雞者，或告之曰：‘是非君子之道。’曰：‘請損之，月攘一雞，以待來年，然後已。’——如知其非義，斯速已矣，何待來年？”

【譯文】　戴盈之説：“税率十分抽一，免除關卡和商品的賦税，今年還辦不到，預備先減輕一些，等到明年，然後完全實行，怎麽樣？”

孟子説：“現在有一個人每天偷鄰人一隻雞，有人告訴他説：‘這不是正派人的行爲。’他便説：‘預備減少一些，先每一個月偷一隻，等到明年，然後完全不偷。’——如果曉得這種行爲不合道理，便趕快停止算了，爲什麽要等到明年呢？”

【注釋】　①戴盈之——趙岐注云：“宋大夫。”　②茲——呂氏春秋任地篇：“今茲美禾，來茲美麥。”高誘注云：“茲，年也。”　③攘——音攘（ráng），尚書吕刑鄭玄注云：“有因而盜曰攘。”淮南子氾論訓“其父攘羊”。高誘注亦云：“凡六畜自來而取之曰攘。”則“攘”和“盜”（偷）似有所不同。

但"日攘一雞"之"攘"則不便如此解釋,因不見得每天都有鄰人之雞"自來"而可以"有因"而取之也。禮記禮器鄭玄注、穀梁傳成公五年釋文都云:"攘,盜竊也。"譯文仍取此義。

6·9　公都子①曰:"外人皆稱夫子好辯,敢問何也?"

孟子曰:"予豈好辯哉? 予不得已也。天下之生久矣,一治一亂。當堯之時,水逆行,氾濫於中國,蛇龍居之,民無所定;下者爲巢,上者爲營窟②。書曰:'洚水警余③。'洚水者,洪水也。使禹治之。禹掘地而注之海,驅蛇龍而放之菹④;水由地中行,江、淮、河、漢是也。險阻既遠,鳥獸之害人者消,然後人得平土而居之。

"堯舜既没,聖人之道衰,暴君代作⑤,壞宫室以爲汙池,民無所安息;棄田以爲園囿,使民不得衣食。邪説暴行又作,園囿、汙池、沛澤多而禽獸至。及紂之身,天下又大亂。周公相武王誅紂,伐奄三年討其君⑥,驅飛廉於海隅而戮之⑦,滅國者五十,驅虎、豹、犀、象而遠之,天下大悦。書曰:'丕顯哉,文王謨! 丕承哉,武王烈! 佑啟我後人,咸以正無缺⑧。'

"世衰道微,邪説暴行有⑨作,臣弑其君者有之,子弑其父者有之。孔子懼,作春秋。春秋,天子之事也;是故孔子曰:'知我者其惟春秋乎! 罪我者其惟春秋乎!'

"聖王不作,諸侯放恣,處士⑩橫議,楊朱⑪、墨翟⑫之言盈天下。天下之言不歸楊,則歸墨。楊氏爲我,是無君也;墨氏兼愛,是無父也。無父無君,是禽獸也。公明儀曰:

'庖有肥肉，廐有肥馬；民有飢色，野有餓莩，此率獸而食人也。'楊墨之道不息，孔子之道不著，是邪說誣民，充塞仁義也。仁義充塞，則率獸食人，人將相食。吾爲此懼，閑[13]先聖之道，距楊墨，放淫辭，邪說者不得作。作於其心，害於其事；作於其事，害於其政。聖人復起，不易吾言矣。

　　"昔者禹抑洪水而天下平，周公兼夷狄、驅猛獸而百姓寧，孔子成春秋而亂臣賊子懼。詩云：'戎狄是膺，荊舒是懲，則莫我敢承[14]。'無父無君，是周公所膺也。我亦欲正人心，息邪說，距詖行，放淫辭，以承三聖者；豈好辯哉？予不得已也。能言距楊墨者，聖人之徒也。"

【譯文】　公都子説："別人都説您喜歡辯論，請問，爲什麽呢？"

　　孟子説："我難道喜歡辯論嗎？我是不能不辯論呀。人類社會產生很久了，太平一時，又亂一時。當唐堯的時候，大水橫流，到處泛濫，大地上成爲蛇和龍的居處，人們無處安身；低地的人在樹上搭巢，高地的人便打相連的洞穴。尚書説：'洚水警誡我們。'洚水是什麽呢？就是洪水。命令禹來治理。禹疏通河道，使水都流到大海裏，把蛇和龍趕到草澤裏，水順着河牀流動，長江、淮河、黃河、漢水便是這樣。危險既已消除，害人的鳥獸也沒有了，人才能够在平原居住。

　　"堯舜死了以後，聖人之道逐漸衰落，殘暴君主不斷出現，他們毀壞民宅來做深池，使百姓無地安身；破壞農田來做園林，使百姓不能得到衣服和食物；荒謬的學説、殘暴的行爲隨之興起，園林、深池、草澤多了起來，禽獸也就來了。到商紂的時候，天下又大亂。周公輔助武王，把紂王殺了，又討伐奄國，三年之後又把奄君殺掉了，並把飛廉趕到海邊，也加以殺戮，被滅的國家一共五十個，把老虎、豹子、犀牛、大象趕到遠方，天下的百姓非常高興。尚書説過：'文王的謀略多麽光明！武王的功烈多麽偉大！幫助我們，啓發我們，直到後代，使大家都正確而没有缺點。'

"太平之世和仁義之道又逐漸衰微，荒謬的學説、殘暴的行爲又起來了，有臣子殺死君王的，也有兒子殺死父親的。孔子深爲憂慮，著作了春秋一部歷史書。著作歷史，〔有所贊揚和指謫，〕這本來是天子的職權，〔孔子不得已而做了。〕所以孔子説：'了解我的，怕就在於春秋這部著作吧！責駡我的，也怕就在於春秋這部著作吧！'

"〔自那以後〕聖王也不再出現，諸侯無所忌憚，一般士人也亂發議論，楊朱、墨翟的學説充滿天下，於是所有的主張不屬於楊朱派，便屬於墨翟派。楊派主張個人第一，這便否定對君上的盡忠，就是目無君上；墨派主張天下同仁，不分親疏，這便將否定對父親的盡孝，就是目無父母。目無君上，目無父母，那就成了禽獸了。公明儀説過：'厨房裏有肥肉，馬廏裏有肥馬，但是，老百姓臉上有飢色，野外躺着餓死的尸體，這就是率領着禽獸來吃人。'楊朱、墨翟的學説不消滅，孔子的學説就無法發揚，這便是荒謬的學説欺騙了百姓，而阻塞了仁義的道路。仁義的道路被阻塞，也就等於率領禽獸來吃人，人與人也將互相殘殺。我因而深爲憂慮，便出來捍衞古代聖人的學説，反對楊墨的學説，駁斥錯誤的言論，使發表荒謬議論的人不能抬頭。那種荒謬的學説，從心裏産生出來，便會危害工作；危害了工作，也就危害了政治。即使聖人再度興起，也會同意我這番話的。

"從前大禹制服了洪水，天下才得着太平；周公兼併了夷狄，趕跑了猛獸，百姓才得着安寧；孔子著作了春秋，叛亂的臣子、不孝的兒子才有所害怕。詩説過，'攻擊戎狄，痛懲荆舒，就没有人敢於抗拒我。'像楊墨這樣目無君上目無父母的人,正是周公所要懲罰的。我也要端正人心,消滅邪説,反對偏激的行爲,駁斥荒唐的言論來繼承大禹、周公、孔子三位聖人的事業,難道是喜歡辯論嗎? 我是不能不辯論的呀。能够以言論來反對楊墨的,也就是聖人的門徒了。"

【注釋】　①公都子——趙岐注云:"孟子弟子也。"　②營窟——説文云:"營,帀居也。"段注云:"帀居謂圍繞而居。"焦循正義云:"此營窟當是相連爲窟穴。"　③書曰,洚水警余——趙岐注云:"尚書逸篇也。""洚"和"洪"古音相同。　④菹——(jù),澤生草曰菹。　⑤代作——焦循正義云:"説文,代,更也。代作謂更代而作,非一君也。"　⑥周公相武王諸句——崔述論語餘説云:"'周公相武王誅紂'一句,'伐奄三年討其君'一句;'伐奄'乃成王事,不得上承'相武王'言之。"朱琦小萬卷齋文稿説同。　⑦驅飛廉於海隅而戮之——史記秦本紀云:"蜚廉('蜚'與'飛'古字相通)生惡來。惡來有力,蜚廉善走,父子俱以材力事殷紂。周武王之伐紂,並殺惡來。是時蜚廉爲紂石北方,還,無所報,爲壇霍太山,而報得石棺,銘曰:'帝令處父(處父,蜚廉別號),不與殷亂,賜爾石棺以華氏。'死遂葬於霍太山。"所言與孟子有異。　⑧書曰丕顯哉數句——趙岐注云:"尚書逸篇也。"案梅賾竊以入僞古文君牙篇。"承"是繼承之意,譯文用意譯法。丕,大也。　⑨有——同"又"。　⑩處士——漢書異姓諸侯王表"處士橫議"注云:"師古曰:處士謂不官於朝而居家者也。"⑪楊朱——其人其事又略見於莊子及淮南子諸書。　⑫墨翟——魯人,或云宋人,生年當在周敬王之末年,其時或者孔子猶未死,但至遲難出孔子卒後之十年內;享年可能在八十以上,死當在孟子出生前十年左右,當周安王十年左右。其學説備見于墨子一書。　⑬閑——説文:"閑,闌也。從門中有木。"段玉裁注云:"引申爲防閑。"穀梁桓二年傳范寧注云:"閑謂扞禦。"故譯爲"捍衛"。趙岐注云:"閑,習也。"恐非。
⑭承——抵禦之意。

6·10　匡章①曰："陳仲子②豈不誠廉士哉？居於陵③，三
日不食，耳無聞，目無見也。井上有李，螬食實者過半矣④，
匍匐往，將食⑤之，三咽，然後耳有聞，目有見。"

孟子曰："於齊國之士，吾必以仲子爲巨擘⑥焉。雖然，
仲子惡能廉？充仲子之操，則蚓而後可者也。夫蚓，上食
槁壤，下飲黃泉⑦。仲子所居之室，伯夷之所築與？抑亦盜
跖⑧之所築與？所食之粟，伯夷之所樹與？抑亦盜跖之所
樹與？是未可知也。"

曰："是何傷哉？彼身織屨，妻辟纑⑨，以易之也。"

曰："仲子，齊之世家也；兄戴，蓋⑩禄萬鍾；以兄之禄爲
不義之禄而不食也，以兄之室爲不義之室而不居也，辟⑪兄
離母，處於於陵。他日歸，則有饋其兄生鵝⑫者，己頻顣⑬
曰：'惡用是鶂鶂⑭者爲哉？'他日，其母殺是鵝也，與之食
之。其兄自外至，曰：'是鶂鶂之肉也。'出而哇之。以母則
不食，以妻則食之；以兄之室則弗居，以於陵則居之，是尚
爲能充其類也乎？若仲子者，蚓而後充其操者也。"

【譯文】匡章説："陳仲子難道不真是一個廉潔的人嗎？住在於陵
地方，三天没有吃東西，耳朵没有了聽覺，眼睛没有了視覺。井上
有個李子，金龜子已經吃掉了大半，他爬過去，拿來吃，吞了三口，
耳朵才有了聽覺，眼睛才有了視覺。"

孟子説："在齊國人士中間，我一定把仲子看作大拇指。但是，
他怎能叫做廉潔？要推廣仲子的所作所爲，那只有把人變成蚯蚓
之後才能辦到。蚯蚓，在地面上便吃乾土，在地面下便喝泉水。
〔真是廉潔之至，無求於人。仲子還不能和它比。爲什麽呢？〕他

所住的房屋，是像伯夷那樣廉潔的人所建築的呢？還是像盜跖那樣的强盜所建築的呢？他所吃的穀米，是像伯夷那樣廉潔的人所種植的呢？還是像盜跖那樣的强盜種植的呢？這個還是不知道的。”

匡章説："那有什麼關係呢？他親自編草鞋，他妻子績麻練麻，交換來的，〔這就行了。〕"

孟子説："仲子是齊國的宗族大家，享有世代相傳的禄田。他哥哥陳戴，從蓋邑收入的俸禄便有幾萬石之多。他却以他哥哥的俸禄爲不義之物，不去吃它；以他哥哥的房屋爲不義之産，不去住他。避開哥哥，離開母親，住在於陵地方。有一天回到家裏，恰巧有一個人送給了他哥哥一隻活鵝，他皺着眉頭説：'要這種呃呃叫的東西做甚麼呢？'過了些時，他母親殺了這隻鵝，給他吃了。恰巧他哥哥從外面回來，便説：'這就是那呃呃叫的東西的肉呀。'他便跑出門去，嘔了出來。母親的食物不吃，却吃妻子的；哥哥的房屋不住，却住在於陵，這還能算是推廣廉潔之義到了頂點嗎？像仲子這樣的行爲，如果要推廣到頂點，只有把人變成蚯蚓之後才能辦到。"

【注釋】　①匡章——齊人，曾爲齊威王將，率兵禦秦，大敗之。宣王時，又曾將五都之兵以取燕。其言行散見於戰國策齊策燕策及呂氏春秋不屈、愛類諸篇。其年歲大致和孟子相當，兩人當是朋友，呂氏春秋不屈篇高誘注云："匡章，孟子弟子也。"恐不可信。　②陳仲子——即荀子不苟篇、韓非子外儲説右的"田仲"，荀子非十二篇的"陳仲"，亦作"於陵仲子"。淮南子氾論訓云："季襄、陳仲子立節抗行，不入洿君之朝，不食亂世之食，遂餓而死。"高誘注云："陳仲子，齊人，孟子弟子。"餓死以及孟子弟子之説恐都不可信。　③於陵——於音烏(wū)。閻若璩四書釋地續引顧野王輿地志和唐張説石泉驛詩題自注，説於陵在今山東長山縣南，和臨淄相距近二百里。　④井上有李,螬食實者過半矣——井上之“李”,爲李樹,還是李實,很難肯定。文選張景陽雜詩注引孟子章句作“井上有李實”,姑從之。螬爲蠐螬,金龜子的幼蟲,但以果樹爲食物者實爲金龜子,故譯文以金龜子譯之。　⑤將食——荀子成相篇“吏謹將之無鈹滑”楊倞注云:“將,持也。”管同云:“將,取也。書微子曰:‘將食無災。’文選注二十七引孟子作‘將而食之’,語意可見。”以“取”訓“將”,亦通。　⑥巨擘——趙岐注云:“大指也。”漢人又叫爲“大擘”,見鄭玄儀禮士喪禮注。　⑦黄泉——左傳隱公元年云:“不及黄泉,無相見也。”杜預注云:“地中之泉,故曰黄泉。”　⑧盗跖——春秋時有名大盗,柳下惠的兄弟。　⑨辟纑——趙岐注云:“緝績其麻曰辟,練其麻曰纑(lú)。”　⑩蓋——(gě),地名,爲陳戴采邑。公孫丑下有“蓋大夫王驩”,閻若璩四書釋地云:“以半爲王朝之下邑,王驩治之;以半爲卿族之私邑,陳氏世有之。”此説甚是。元李治敬齋古今黈讀“兄戴蓋”爲句,云“戴蓋”是“乘軒”,恐不可信。　⑪辟——同“避”。　⑫鶃——今作“鵝”。　⑬頻顣——朱熹集注云:“頻與顰同,顣與蹙同。”則以“頻”爲顰眉,“顣”爲緊縮眉鼻,表示不高興。　⑭鶂鶂——朱熹集注云:“鵝聲也。”

卷七　離婁章句上

凡二十八章

7·1　孟子曰："離婁①之明、公輸子②之巧,不以規矩,不能成方圓;師曠③之聰,不以六律④,不能正五音⑤;堯舜之道,不以仁政,不能平治天下。今有仁心仁聞⑥而民不被其澤、不可法於後世者,不行先王之道也。故曰,徒善不足以爲政,徒法不能以自行。詩云:'不愆不忘,率由舊章⑦。'遵先王之法而過者,未之有也。聖人既竭目力焉,繼之以規矩準繩,以爲方員平直,不可勝用也;既竭耳力焉,繼之以六律正五音,不可勝用也;既竭心思焉,繼之以不忍人之政,而仁覆天下矣。故曰,爲高必因丘陵,爲下必因川澤;爲政不因先王之道,可謂智乎? 是以惟仁者宜在高位。不仁而在高位,是播其惡於衆也。上無道揆⑧也,下無法守也,朝不信道,工不信度⑨,君子犯義,小人犯刑,國之所存者幸也。故曰,城郭不完⑩,兵甲不多,非國之災也;田野不辟⑪,貨財不聚,非國之害也。上無禮,下無學,賊民興,喪無日矣。詩曰:'天之方蹶,無然泄泄⑫。'泄泄猶沓沓也。事君無義,進退無禮,言則非⑬先王之道者,猶沓沓也。故曰，責難於君謂之恭，陳善閉邪⑭謂之敬，吾君不能謂之賊。”

【譯文】　孟子說：“就是有離婁的目力，公輸般的技巧，如果不用圓規和曲尺，也不能正確地畫出方形和圓形；就是有師曠審音的耳力，如果不用六律，便不能校正五音；就是有堯舜之道，如果不行仁政，也不能管理好天下。現在有些諸侯，雖有仁愛的心腸和仁愛的聲譽，但老百姓却受不到他的恩澤，他的政治也不能成爲後代的模範的，就是因爲不去實行前代聖王之道的緣故。所以說，光有好心，不足以治理政治；光有好法，好法自己也動作不起來；〔好心和好法必須配合而行。〕詩經說過：‘不要偏差，不要遺忘，一切都依循傳統的規章。’依循前代聖王的法度而犯錯誤的，是從來沒有過的事。聖人既已用盡了目力，又用圓規、曲尺、水準器、繩墨，來造作方的、圓的、平的、直的東西，那些東西便用之不盡了；聖人既已用盡了耳力，又用六律來校正五音，各種音階也就運用無窮了；聖人既已用盡了腦力，又實行仁政，那麼，仁德便遍蓋於天下了。所以說，築高臺一定要憑藉山陵，挖深池一定要憑藉沼澤；如果管理政治不憑藉前代聖王之道，能說是聰明嗎？因此，只有仁人應該處於統治地位。不仁的人而處於統治地位，就會把他的罪惡傳播給群衆。在上的沒有道德軌範，在下的沒有法律制度，朝廷不相信道義，工匠不相信尺度，官吏觸犯義理，百姓觸犯刑法，國家還能生存的，那真太僥倖了。所以說，城牆不堅固，軍備不充足，不是國家的災難；田野沒開闢，經濟不富裕，不是國家的禍害；如果在上的人沒有禮義，在下的人沒有教育，違法亂紀的人都起來了，國家的滅亡也就快了。詩經上說：‘上天正在動，不要這樣多言’多言即囉嗦。事君不義，進退無禮，說話便詆毀前代聖人之道,這樣就是‘喋喋多言’。所以説,用仁政來要求君主才叫做‘恭’;向君主講説仁義,堵塞異端,這才叫‘敬’;如果認爲君主不能爲善,這便是‘賊’。”

【注釋】　①離婁——莊子作“離朱”,相傳爲黄帝時人,目力極强,能於百步之外望見秋毫之末。　②公輸子——名般(“般”一作“班”),魯國人,因之又叫“魯班”。大概生於魯定公或者哀公之時,年歳小於孔子,而長於墨子。爲中國古代的巧匠,曾爲楚惠王製作雲梯,欲用之攻打宋國,墨子止之。其人其事散見於禮記檀弓、戰國策、墨子諸書。　③師曠——晉平公的太師(樂官之長),爲中國古代極有名的音樂家。其事散見於左傳、禮記、國語及周秦諸子。　④六律——指陽律六而言,它是太蔟、姑洗、蕤賓、夷則、無射、黄鍾。相傳黄帝時伶倫截竹爲筒,以筒之長短分別聲音之清濁高下,樂器之音即依以爲準則。分陰陽各六,陽爲律,陰爲吕,合稱十二律。　⑤五音——中國音階之名,即宫、商、角、徵、羽。宫相當於 do,商相當於 re,角相當於 mi,徵相當於 sol,羽相當於 la。　⑥聞——去聲,聲譽也。　⑦不愆兩句——詩經大雅假樂篇。鄭玄箋云:“愆,過;率,循也。成王之令德,不過誤,不遺失,循用舊典之文章。”　⑧揆——爾雅釋言:“揆,度也。”　⑨度——此“度”字恐非法度之“度”,似宜讀爲韓非子“寧信度,毋自信也”之“度”,指尺碼而言。　⑩完——周禮考工記輪人云:“輪人爲輪,斬三材必以其時。三材既具,巧者和之。轂也者,以爲利轉也;輻也者,以爲直指也;牙也者,以爲固抱也。輪敝,三材不失職,謂之完。”這“完”字有堅牢之義。孟子此“完”字之義當同於此。　⑪辟——同“闢”。　⑫天之方蹶兩句——見詩經大雅板篇。毛傳云:“蹶,動也。”泄泄,説文作“呭呭”,又作“詍詍”,皆云:“多言也。”　⑬非——及物動詞,意動用法,“以爲不是”之意。朱熹集注云:“非,詆毁也。”　⑭閑邪——趙岐朱熹都解爲閑君之邪心,譯文不從。

7·2　孟子曰:“規矩,方員之至①也;聖人,人倫之至①也。

欲爲君,盡君道;欲爲臣,盡臣道。二者皆法堯舜而已矣。不以舜之所以事堯事君,不敬其君者也;不以堯之所以治民治民,賊其民者也。孔子曰:'道二,仁與不仁而已矣。'暴其民甚②,則身弑國亡;不甚②,則身危國削,名之曰'幽''厲'③,雖孝子慈孫,百世不能改也。詩云:'殷鑒不遠,在夏后之世④。'此之謂也。"

【譯文】 孟子説:"圓規和曲尺是方圓的標準,聖人是做人的標準。作爲君主,就要盡君主之道;作爲臣子,就要盡臣子之道。兩種,只要都取法堯和舜便行了。不用舜服事堯的態度和方法來服事君主,便是對他君主的不恭敬;不用堯治理百姓的態度和方法來治理百姓,便是對百姓的殘害。孔子説:'治理國家的方法有兩種,行仁政和不行仁政罷了。'暴虐百姓太厲害,本身就會被殺,國家會被滅亡;不太厲害,本身也會危險,國力會被削弱,死了的謚號叫做'幽',叫做'厲',縱使他有孝子順孫,經歷一百代也是更改不了的。詩經説過:'殷商有一面離它不遠的鏡子,就是前一代的夏朝。'説的正是這個意思。"

【注釋】 ①至——荀子議兵篇云:"所以不受命於主有三:可殺而不可使處不完,可殺而不可使擊不勝,可殺而不可使欺百姓,夫是謂之三至。"楊倞注云:"至爲一守而不變。"孟子此"至"字意義固與"極"同,但與荀子此"至"字之意義也不相違,所以譯文以"標準"譯出。 ②暴其民甚數語——焦循正義從趙佑温故録之説作如此句讀:"暴其民,甚,則身弑國亡;不甚,則身危國削。"譯文便當如此:"暴虐百姓,重則本身被殺,國家被滅亡;輕則本身危險,國家削弱。""甚"和"不甚"不是指"暴"的程度,而是指後果的輕重,此説亦通。 ③幽厲——周朝有幽王和厲王。逸周書謚法解云:"壅遏不通曰幽,動祭亂常曰幽。殺戮無辜曰厲。"可見"幽""厲"都是惡謚。幽王寵愛褒姒,用佞巧之臣虢石父,乃爲申侯及犬戎所

殺;厲王暴虐,又殺謗者,終被國人所逐。厲王爲幽王之祖,在前,孟子説
爲"幽厲",只是取以爲譬罷了。　　④殷鑒兩句——見詩經大雅蕩篇。
古代的鏡子是用銅鑄的,叫做"鑑"。

7·3　孟子曰:"三代之得天下也以仁,其失天下也以不
仁。國之所以廢興存亡者亦然。天子不仁,不保四海;諸
侯不仁,不保社稷;卿大夫不仁,不保宗廟①;士庶人不仁,
不保四體。今惡死亡而樂不仁,是猶惡醉而强②酒。"

【譯文】　孟子説:"夏、商、周三代的獲得天下是由於仁,他們的喪失
　　天下是由於不仁。國家的興起和衰敗、生存和滅亡也是這個道
　　理。天子如果不仁,便不能保持他的天下;諸侯如果不仁,便不能
　　保持他的國家;卿大夫如果不仁,便不能保持他的祖廟;士人和老
　　百姓如果不仁,便不能保全自己的身體。現在有些人害怕死亡,
　　却樂於不仁,這好比害怕醉却偏要喝酒一樣。"

【注釋】　①宗廟——卿大夫有采邑然後有宗廟,所以這宗廟實指采邑而言。
　　②强——勉强,讀上聲。

7·4　孟子曰:"愛人不親,反其仁;治人不治,反其智①;禮
人不答,反其敬——行有不得者皆反求諸己,其身正而天
下歸之。詩云:'永言配命,自求多福。'"

【譯文】　孟子説:"我愛別人,可是別人不親近我,那得反問自己,自
　　己的仁愛還不够嗎? 我管理別人,可是没管好,那得反問自己,自
　　己的智慧和知識還不够嗎? 我有禮貌地對待別人,可是得不到相
　　應的回答,那得反問自己,自己的恭敬還不够嗎? 任何行爲如果
　　没得到預期的效果都要反躬自責,自己的確端正了,天下的人自

會歸向他。詩經說過:'與天意相配的周朝萬歲呀! 幸福都得自
己尋求。'"

【注釋】　①穀梁僖二十二年傳也有這種話,云:"治人而不治,則反其知。"古
代"知""智"兩字不分,孟子原文恐亦作"知"。智慧的強弱本與知識的廣
狹有關,故譯文加"知識"二字。

7·5　孟子曰:"人有恒言,皆曰:'天下國家。'天下之本在
國,國之本在家①,家之本在身。"

【譯文】　孟子說:"大家有句口頭話,都這麼說:'天下國家。'可見天
下的基礎是國,國的基礎是家,而家的基礎則是個人。"

【注釋】　①國之本在家——從大學"治國"、"齊家"的解釋看來,這一"家"字
是一般的意義,未必是"大夫曰家"的"家"。

7·6　孟子曰:"爲政不難,不得罪於巨室①。巨室之所慕,
一國慕之;一國之所慕,天下慕之;故沛然德教溢乎四海。"

【譯文】　孟子說:"搞政治並不難,只要不得罪那些有影響的賢明的
卿大夫就行了。因爲他們所敬慕的,一國的人都會敬慕;一國人
所敬慕的,天下的人都會敬慕,因此德教就可以浩浩蕩蕩地洋溢
於天下。"

【注釋】　①巨室——趙岐注云:"巨室,大家也,謂賢卿大夫之家。"

7·7　孟子曰:"天下有道,小德役大德①,小賢役大賢;天
下無道,小役大,弱役強。斯二者,天也。順天者存,逆天
者亡。齊景公曰:'既不能令,又不受命,是絕物也。'涕出
而女於吳②。今也小國師大國而恥受命焉,是猶弟子而恥

受命於先師也。如恥之，莫若師<u>文王</u>。師<u>文王</u>，大國五年，小國七年，必爲政於天下矣。詩云③：‘<u>商</u>之孫子，其麗④不億⑤。上帝既命，侯⑥于<u>周</u>服。侯服于<u>周</u>，天命靡常。<u>殷</u>士膚⑦敏，祼⑧將⑨于<u>京</u>⑩。’<u>孔子</u>曰：‘仁不可爲衆也⑪。夫國君好仁，天下無敵。’今也欲無敵於天下而不以仁，是猶執熱而不以濯也。詩云：‘誰能執熱，逝不以濯⑫？’”

【譯文】　<u>孟子</u>説：“政治清明的時候，道德不高的人爲道德高的人所役使，不太賢能的人爲非常賢能的人所役使；政治黑暗的時候，力量小的爲力量大的所役使，弱的爲强的所役使。這兩種情況，都是由天決定的。順從天的生存，違背天的滅亡。<u>齊景公</u>曾經説過：‘既然不能命令別人，又不接受別人的命令，這是絶路一條。’因此流着眼淚把女兒嫁到<u>吳</u>國去。如今弱小國家以强大國家爲師，却以接受命令爲恥，這好比學生以接受老師的命令爲恥一樣。如果真以爲恥，最好以<u>文王</u>爲師。以<u>文王</u>爲師，强大國家只需要五年，較小國家也只需要七年，一定可以得到天下的政治權力。<u>詩經</u>説過：‘<u>商</u>代的子孫，數目何止十萬。上帝既已授命于<u>文王</u>，他們便都爲<u>周</u>朝的臣下。他們都爲<u>周</u>朝的臣下，可見天意没有一定。<u>殷</u>代的臣子也都漂亮聰明，執行灌酒的禮節助祭於<u>周京</u>。’<u>孔子</u>也説過：‘仁德的力量，是不能拿人多人少來計算的。君主如果愛好仁，天下就不會有敵手。’如今一些諸侯想要天下没有敵手，却又不行仁政，這好比苦熱的人不肯洗澡一樣。<u>詩經</u>説過：‘誰能不以炎熱爲苦，却不去沐浴？’”

【注釋】　①小德役大德——即“小德役於大德”之意，“於”字省略。下三句同。　　②涕出而女於<u>吳</u>——女，去聲，嫁的意思。<u>説苑</u>權謀篇云：“<u>齊景公</u>以其子妻<u>闔廬</u>，送諸郊，泣曰：‘余死不汝見矣。’<u>高夢子</u>曰：‘<u>齊</u>負海而縣山,縱不能全收天下,誰干我? 君愛則勿行。'公曰:'余有齊國之固,不能以令諸侯,又不能聽,是生亂也。寡人聞之,不能令,則莫若從。'遂遣之。"

③詩云——詩見大雅文王篇。　④麗——毛傳云:"數也。"

⑤億——朱駿聲説文通訓定聲云:"楚語注'十萬曰億',此古數也;今人乃以萬萬爲億。"　⑥侯——語詞,無義。　⑦膚——毛傳云:"膚,美也。"　⑧裸——亦作"灌",古代祭祀中的一種儀節,把鬱鬯之酒倒在地上以迎接鬼神。　⑨將——朱熹集注云:"助也。"　⑩京——周朝都會鎬京。遺址屬今陝西西安市。　⑪仁不可爲衆也——此句只能以意會,不便於逐字譯出。詩文王毛傳也説過:"盛德不可爲衆也。"鄭玄箋則説:"言衆之不如德也。"譯文本此。趙岐和朱熹似俱未得其解。　⑫誰能執熱,逝不以濯——見詩經大雅桑柔篇。逝,語詞,無義。段玉裁經韻樓集詩執熱解云:"尋詩意,執熱猶觸熱苦熱,濯謂浴也。濯訓滌,沐以濯髮,浴以濯身,洗以濯足,皆得云濯。此詩謂誰能苦熱而不澡浴以潔其體,以求涼快者乎? 鄭箋、孟子趙注朱注、左傳杜注皆云'濯其手',轉使義晦,由泥於'執'字耳。"

7·8 孟子曰:"不仁者可與言哉? 安其危而利其菑,樂其所以亡者。不仁而可與言,則何亡國敗家之有? 有孺子歌曰:'滄浪①之水清兮,可以濯我纓②;滄浪之水濁兮,可以濯我足。'孔子曰:'小子聽之! 清斯濯纓,濁斯濯足矣。自取之也。'夫人必自侮,然後人侮之;家必自毀,而後人毀之;國必自伐,而後人伐之。太甲曰:'天作孽,猶可違;自作孽,不可活③。'此之謂也。"

【譯文】　孟子説:"不仁的人難道可以同他商議嗎? 他們眼見別人的危險,無動於中;利用別人的災難來取利;把荒淫暴虐這些足以導致亡國敗家的事情當作快樂來追求。不仁的人如果還可以同

他商議,那怎麼會發生亡國敗家的事情呢? 從前有個小孩歌唱
道:'滄浪的水清呀,可以洗我的帽纓;滄浪的水濁呀,可以洗我的
兩腳.'孔子説:'學生們聽着! 水清就洗帽纓,水濁就洗腳,這都
是由水本身決定的.'所以人必先有自取侮辱的行爲,別人才侮辱
他;家必先有自取毁壞的因素,別人才毁壞他;國必先有自取討伐
的原因,別人才討伐它。尚書太甲篇説過:'天給造作的罪孽還可
以逃開;自己造作的罪孽,逃也逃不了.'正是這個意思。"

【注釋】　①滄浪——盧文弨鍾山札記云:"倉浪,青色;在竹曰蒼筤,在水曰
滄浪。"按盧説是也。前人有以滄浪爲水名者(或云,漢水之支流;或云即
漢水),又有以爲地名者(在湖北均縣北),恐都不可靠。朱琦小萬卷齋文
稿有滄浪非地名辨。　　②纓——係帽的絲帶。　　③太甲曰數句——
請參(3・4)注⑬—⑮。

7・9　　孟子曰:"桀紂之失天下也,失其民也;失其民者,失
其心也。得天下有道:得其民,斯得天下矣;得其民有道:
得其心,斯得民矣;得其心有道:所欲與之聚之①,所惡勿
施,爾也②。民之歸仁也,猶水之就下、獸之走壙③也。故
爲淵敺④魚者,獺也;爲叢敺爵⑤者,鸇也;爲湯武敺民者,
桀與紂也。今天下之君有好仁者,則諸侯皆爲之敺矣。雖
欲無王,不可得已。今之欲王者,猶七年之病求三年之艾⑥
也。苟爲不畜,終身不得。苟不志於仁,終身憂辱,以陷於
死亡。詩云:'其何能淑,載胥及溺⑦.'此之謂也。"

【譯文】　孟子説:"桀和紂的喪失天下,是由於失去了百姓的支持;
他們的失去百姓的支持,是由於失去了民心。獲得天下有方法:
獲得了百姓的支持,便獲得天下了;獲得百姓的支持有方法:獲得

了民心，便獲得百姓的支持了；獲得民心也有方法：他們所希望的，替他們聚積起來；他們所厭惡的，不要加在他們頭上，如此罷了。百姓向仁德仁政歸附，正好比水的向下流、獸的向曠野奔走一樣。所以替深池把魚趕來的是水獺，替森林把鳥雀趕來的是鷂鷹，替商湯、周武把百姓趕來的是夏桀和殷紂。現在的諸侯如果有好仁的人，那其他諸侯都會替他把百姓趕來了。縱使不想統一天下，也是做不到的。但是今天這些希望統一天下的人，譬如害了七年的病要用三年的陳艾來醫治，如果平常不積蓄，終身都得不到。如果無意於仁政，終身都會受憂受辱，以至于死亡。詩經說過：‘那如何能辦得好，不過相率落水滅頂罷了。’也正是這個意思。”

【注釋】　①與之聚之——“與”字可以看爲動詞，則“與之”與“聚之”並列，當譯爲“給與他們並爲他們聚積”。但王引之經傳釋詞云：“家大人曰，‘與’，猶‘爲’也，‘爲’字讀去聲，‘所欲與之聚之’，言所欲則爲民聚之也。”把“與”字看爲介詞，較好。譯文從此説。　②爾也——趙佑温故録云：“讀‘爾也’自爲句。”則爾，如此；也，用法同“耳”。　③走壙——走，舊讀去聲。壙同“曠”，曠野也。　④敺——同“驅”。　⑤爵——同“雀”。　⑥三年之艾——趙岐注云：“艾可以爲灸人病，乾久益善，故以爲喻。”　⑦其何能淑兩句——見詩經大雅桑柔篇。鄭玄箋云：“淑，善；胥，相；及，與也。”

7·10　孟子曰：“自暴①者，不可與有言②也；自棄者，不可與有爲②也。言非③禮義，謂之自暴也；吾身不能居仁由義，謂之自棄也。仁，人之安宅也；義，人之正路也。曠安宅而弗居，舍正路而不由，哀哉！”

【譯文】　孟子説：“自己殘害自己的人，不能和他談出有價值的言

語；自己拋棄自己的人，不能和他做出有價值的事業。出言破壞
禮義，這便叫做自己殘害自己；自己認爲不能以仁居心，不能由義
而行，這便叫做自己拋棄自己。仁是人類最安適的住宅；義是人
類最正確的道路。把最安適的住宅空着不去住，把最正確的道路
捨棄不去走，可悲得很呀！"

【注釋】　①暴——<u>朱熹集注</u>云："暴，猶害也。"　　②有言、有爲——均應看
做固定詞組。"有爲"常見於<u>孟子</u>，亦作"有行"，如<u>萬章上</u>，"知<u>穆公</u>之可與
有行也而相之"(9·9)。"有爲"、"有行"是"有所作爲"之意，則"有言"應
是"有善言"之意。　　　③非——此處作及物動詞，實是動詞的意動用法，
"以爲不是"之意，<u>朱熹集注</u>云："非猶毀也。"

7·11　孟子曰："道在邇①而求諸遠，事在易而求諸難：人人親其親、長其長，而天下平。"

【譯文】　<u>孟子</u>説："道在近處却往遠處求，事情本容易却往難處
做——只要各人親愛自己的雙親，尊敬自己的長輩，天下就太平了。"

【注釋】　①邇——邇，近也。<u>朱熹集注</u>本作"爾"，<u>校勘記</u>云："考文古本‘邇’
作‘爾’。"

7·12　孟子曰："居下位而不獲於上①，民不可得而治也。獲於上有道，不信於友，弗獲於上矣。信於友有道，事親弗悅，弗信於友矣。悅親有道，反身不誠，不悅於親矣。誠身有道，不明乎善，不誠其身矣。是故誠者，天之道也；思誠者，人之道也。至誠而不動者，未之有也；不誠，未有能動者也。"

【譯文】　<u>孟子</u>説："職位卑下，又得不到上級的信任，是不能够把百

姓治理好的。要得到上級的信任有方法,〔首先要得到朋友的信任,〕若是得不到朋友信任,也就得不到上級的信任了。要使朋友相信有方法,〔首先要得到父母的歡心,〕若是侍奉父母而不能使父母高興,朋友也就不相信了。要使父母高興有方法,〔首先要誠心誠意,〕若是反躬自問,心意不誠,也就不能使父母高興了。要使自己誠心誠意也有方法,〔首先要明白什麽是善,〕若是不明白什麽是善,也就不能使自己誠心誠意了。所以誠是自然的規律;追求誠是做人的規律。極端誠心而不能使別人感動的,是天下不曾有過的事;不誠心沒有能感動別人的。"

【注釋】　①獲於上——禮記中庸也有這幾句,鄭玄注云:"獲,得也。"按孟子有時亦用"得"字,如"不得乎親不可以爲人"(7·28),"不得於君則熱中"(9·1)。朱熹集注云:"'獲於上',得其上之信任也。"

7·13　　孟子曰:"伯夷辟紂,居北海之濱①,聞文王作,興②曰:'盍歸乎來③! 吾聞西伯④善養老者。'太公辟紂⑤,居東海之濱⑥,聞文王作,興②曰:'盍歸乎來! 吾聞西伯善養老者。'二老者,天下之大老也,而歸之,是天下之父歸之也。天下之父歸之,其子焉往? 諸侯有行文王之政者,七年之內⑦,必爲政於天下矣。"

【譯文】　孟子説:"伯夷避開紂王,住在北海海邊,聽説文王興起來了,便説:'何不到西伯那裏去呢! 我聽説他是善於養老的人。'姜太公避開紂王,住在東海海邊,聽説文王興起來了,便説:'何不到西伯那裏去呢! 我聽説他是善於養老的人。伯夷和太公兩位老人,是天下最有聲望的老人,都歸於西伯,這等於天下的父親歸於西伯了。天下的父親都去了,他們兒子還有哪裏可去呢? 如果諸侯中間有實行文王的政治的，頂多七年，就一定能掌握天下的政權了。”

【注釋】　①北海之濱——閻若璩四書釋地續云：“伯夷，孤竹國之世子也。前漢遼西郡令支縣有孤竹城。括地志，孤竹古城在盧龍縣南十二里。余謂今永平府治，河入海從右碣石，正古之北海，在今昌黎縣西北，亦是當日避紂處，去其國都不遠。通志以居北海爲濰縣者誤。”　　　②作興——朱熹集注以“作”字絕句，“興”字屬下讀。趙岐注則以“作興”爲一詞。今從朱熹，説詳楊樹達古書句讀釋例例 102。此“興”字即“若夫豪傑之士，雖無文王猶興”(13·10)之“興”。譯文略其義。　　　③來——王引之經傳釋詞云：“來，語末助詞也。孟子‘盍歸乎來’，莊子人間世篇‘嘗以語我來’，又‘子其有以語我來’，‘來’字皆語助。”　　　④西伯——即周文王。⑤太公辟紂——史記齊世家云：“太公望呂尚者，東海上人。蓋嘗窮困，年老矣，以魚釣奸周西伯。或曰，太公博聞，嘗事紂。紂無道，去之。游説諸侯無所遇，而卒西歸周西伯。或曰，呂尚處士，隱海濱。周西伯拘羑里，散宜生、閎夭素知而招呂尚。呂尚亦曰：‘吾聞西伯賢，又善養老，盍往焉。’”焦循正義云：“史記列三説，是當以孟子爲斷。”　　　⑥東海之濱——閻若璩四書釋地續云：“後漢琅邪國海曲縣，劉昭引博物記注云：太公呂望所出，今有東呂鄉。又釣於棘津，其浦尚存。又於清河國廣川縣棘津城，辨其當在琅邪海曲，此城殊非。余謂海曲故城，通典稱在莒縣東，則當日太公辟紂居東海之濱即是其家。漢崔瑗、晉盧無忌立齊太公碑以爲汲縣人者，誤。”　　　⑦七年之内——第七章云：“師文王，大國五年，小國七年，必爲政於天下矣。”則此一“七年”是就小國言之，大國則不待此數矣。

7·14　孟子曰：“求也爲季氏宰，無能改於其德，而賦粟倍他日。孔子曰：‘求非我徒也，小子鳴鼓而攻之可也①。’由此觀之，君不行仁政而富之，皆棄於孔子者也，況於爲之强戰？爭地以戰，殺人盈野；爭城以戰，殺人盈城，此所謂率

土地而食人肉，罪不容於死。故善戰者服上刑②，連諸侯③
者次之，辟草萊、任土地④者次之。"

【譯文】　孟子説："冉求做季康子的總管，不能改變他的行爲，反而
　　把田賦增加了一倍。孔子説：'冉求不是我的學生，你們大張旗鼓
　　地攻擊他都可以。'從這裏看來，君主不實行仁政，反而去幫助他
　　聚斂財富的人，都是被孔子所唾棄的，何況替那不仁的君主努力
　　作戰的人呢？〔這些人〕爲爭奪土地而戰，殺死的人遍野；爲爭奪
　　城池而戰，殺死的人滿城，這就是帶領土地來吃人肉，死刑都不足
　　以贖出他們的罪過。所以好戰的人應該受最重的刑罰，從事合縱
　　連横的人該受次一等的刑罰，〔爲了增加賦税使百姓〕開墾草莽盡
　　地力的人該受再次一等的刑罰。"

【注釋】　①求也爲季氏宰諸句——論語先進篇云："季氏富於周公。而求也
　　爲之聚斂而附益之。子曰：'非吾徒也，小子鳴鼓而攻之可也。'"哀公十一
　　年左傳云："季氏欲以田賦，使冉有訪諸仲尼，曰：'丘不識也。'三發，卒曰：
　　'子爲國老，待子而行，若之何子之不言也？'仲尼不對，而私於冉有曰：'君
　　子之行也，度於禮，施取其厚，事舉其中，斂從其薄。如是，則以丘亦足矣。
　　若不度於禮，而貪冒無厭，則雖以田賦，將又不足。且子季孫，若欲行而
　　法，則周公之典在；若欲苟而行，又何訪焉？'弗聽。"焦循正義云："季孫斯
　　以哀公三年卒，康子即位。用田賦，時正康子爲政。"冉求，字子有。
　　②服上刑——尚書吕刑"五罰不服"傳云："不服，不應罰也。"則"服"爲"應
　　罰"之義。趙岐注云："上刑，重刑也。"　　③連諸侯——朱熹集注云："連
　　結諸侯，如蘇秦、張儀之類。"　　④辟草萊任土地——朱熹集注云："辟，
　　開墾也。任土地謂分土授民，使任耕稼之責，如李悝盡地力、商鞅開阡陌
　　之類也。"開墾荒地這是好事，何以孟子反對呢？大概他認爲諸侯之所以
　　如此做，不是爲人民，而是爲私利。或者他認爲當時人民之窮困，不是由
　　於地力未盡，而是由於剥削太重，戰爭太多。王夫之孟子稗疏不得此解，
　　便以爲這兩句是指按田畝科税而言，實誤。

7·15 孟子曰:"存①乎人者,莫良於眸子②。眸子不能掩其惡。胸中正,則眸子瞭③焉;胸中不正,則眸子眊④焉。聽其言也,觀其眸子,人焉廋⑤哉?"

【譯文】 孟子説:"觀察一個人,再没比觀察他的眼睛更好了。因爲眼睛不能遮蓋一個人的醜惡。心正,眼睛就明亮;心不正,眼睛就昏暗。聽一個人説話的時候,注意觀察他的眼睛,這人的善惡又能往哪裏隱藏呢?"

【注釋】 ①存——爾雅釋詁云:"存,察也。" ②眸子——眸音牟(móu),朱熹集注云:"眸子,目瞳子也。" ③瞭——音了(liǎo),明也。 ④眊——音耄(mào),趙岐注云:"眊者,蒙蒙目不明之貌。" ⑤廋——音搜(sōu),趙岐注云:"匿也。"

7·16 孟子曰:"恭者不侮人,儉者不奪人。侮奪人之君,惟恐不順焉,惡得爲恭儉? 恭儉豈可以聲音笑貌爲哉?"

【譯文】 孟子説:"恭敬别人的人不會侮辱别人,自己節儉的人不會掠奪别人。有些諸侯,一味侮辱别人,掠奪别人,只怕别人不順從自己,那如何能做到恭敬和節儉? 恭敬和節儉這兩種品德難道是可以光憑好聽的聲音和笑臉做得出來的嗎?"

7·17 淳于髠①曰:"男女授受不親,禮與?"

孟子曰:"禮也。"

曰:"嫂溺,則援之以手乎?"

曰:"嫂溺不援,是豺狼也。男女授受不親,禮也;嫂溺,援之以手者,權②也。"

曰:"今天下溺矣,夫子之不援,何也?"

曰:"天下溺,援之以道;嫂溺,援之以手——子欲手援天下乎?"

【譯文】　淳于髡問:"男女之間,不親手遞接東西,這是禮制嗎?"

孟子答道:"是禮制。"

髡説:"那麽,假若嫂嫂掉在水裏,用手去拉她嗎?"

孟子説:"嫂嫂掉在水裏,不去拉她,這簡直是豺狼。男女之間不親手遞接,這是正常的禮制;嫂嫂掉在水裏,用手去拉她,這是變通的辦法。"

髡説:"現在天下的人都掉在水裏了,您不去救援,又是什麼緣故呢?"

孟子説:"天下的人都掉在水裏了,要用'道'去救援;嫂嫂掉在水裏了,用手去救援——你難道要我用手去救援天下的人嗎?"

【注釋】　①淳于髡——姓淳于,名髡,齊國人,曾仕於齊威王、齊宣王和梁惠王之朝,事蹟散見戰國策齊策、史記孟荀列傳、滑稽列傳諸書。

②權——公羊傳桓公十一年云:"權者,反於經然後有善者也。"權,變通之意。

7·18　公孫丑曰:"君子之不教子,何也?"

孟子曰:"勢不行也。教者必以正;以正不行,繼之以怒。繼之以怒,則反夷①矣。'夫子教我以正,夫子未出於正也。'則是父子相夷也。父子相夷,則惡矣。古者易子而教之,父子之間不責善。責善則離,離則不祥②莫大焉。"

【譯文】　公孫丑問:"君子不親自教育兒子,爲什麼呢?"

孟子答道:"由於情勢行不通。教育一定要用正理正道,用正理正道而無效,跟着來的就是忿怒。一忿怒,那反而傷感情了。

〔兒子會這麼説，〕‘您拿正理正道教我，您的所作所爲却不出於正理正道。’那就是父子間互相傷感情了。父子間互相傷感情，便很不好。古時候互相交換兒子來教育，使父子間不因求好而相責備。求其好而相責備，就會使父子間發生隔閡，父子間一有隔閡，那是最爲不好的事。”

【注釋】　①夷——易序卦傳云：“夷者，傷也。”　　②祥——説文：“祥，福也。”爾雅釋詁云：“祥，善也。”古人多以“不善”解“不祥”，如祭義，“忌日不用，非不祥也”，其中亦有“福”義。

7·19　孟子曰：“事，孰爲大？事親爲大；守，孰爲大？守身爲大。不失其身而能事其親者，吾聞之矣；失其身而能事其親者，吾未之聞也。孰不爲事？事親，事之本也；孰不爲守？守身，守之本也。曾子養曾晳①，必有酒肉；將徹，必請所與；問有餘，必曰：‘有。’曾晳死，曾元②養曾子，必有酒肉；將徹，不請所與；問有餘，曰：‘亡矣。’——將以復進也③。此所謂養口體者也。若曾子，則可謂養志也。事親若曾子者，可也。”

【譯文】　孟子説：“侍奉誰最重要？侍奉父母最重要。守護什麼最重要？守護自己〔不使陷於不義〕最重要。自己的品質節操無所失，又能侍奉父母的，我聽説過；自己的品質節操已經陷於不義了，却能够侍奉父母的，我没有聽説過。侍奉的事都應該做，但是，侍奉父母是根本；守護的事都應該做，但是，守護自己的品質節操是根本。從前曾子奉養他的父親曾晳，每餐一定都有酒有肉；撤除的時候，一定要問，剩下的給誰；曾晳若問還有剩餘嗎，一定答道：‘有。’曾晳死了，曾元養曾子，也一定有酒有肉；撤除的時

候,便不問剩下的給誰了;曾子若問還有剩餘嗎,便說:'没有了。'
意思是留下預備以後進用。這個叫做口體之養。至於曾子的對
父親,才可以叫做順從親意之養。侍奉父母做到像曾子那樣就可
以了。"

【注釋】　①曾晳——名點,也是孔子學生。　　②曾元——曾子(曾參)之
子,禮記檀弓曾載其人。　　③將以復進也——趙岐注云:"曾元曰無,欲
以復進曾子也。"譯文本此。

7·20　　孟子曰:"人不足與適^①也,政不足閒^②也;唯大人
爲能格君心之非。君仁,莫不仁;君義,莫不義;君正,莫不
正。一正君而國定矣。"

【譯文】　孟子説:"那些當政的小人不值得去譴責,他們的政治也不
值得去非議;只有大人才能够糾正君主的不正確思想。君主仁,
没有人不仁;君主義,没有人不義;君主正,没有人不正。一把君
主端正了,國家也就安定了。"

【注釋】　①人不足與適——適同"謫"(zhé)。趙岐注云:"時皆小人居位,不
足過責也。"譯文本此。　　②閒——去聲,非也。一本作"政不足與閒
也"。

7·21　　孟子曰:"有不虞^①之譽,有求全之毁。"

【譯文】　孟子説:"有意料不到的贊揚,也有過於苛求的詆毁。"

【注釋】　①虞——詩大雅抑:"用戒不虞",毛傳:"不虞,非度也。"則"虞"有
"料想"之義。方言云:"虞,望也。"亦可通。

7·22　　孟子曰:"人之易^①其言也,無責耳矣^②。"

【譯文】　孟子説:"人把什麽話都輕易地説出口,那便不足責備了。"

【注釋】　①易——去聲,輕易也。　　②無責耳矣——俞樾孟子平議云:
"無責耳矣,乃言其不足責也。孔子稱君子'欲訥於言',又曰,'仁者其言
也訒',若輕易其言,則無以入德矣,故以不足責絶之也。"案趙岐及朱熹解
此句都不好,惟此説尚差强人意,姑從之。

7·23　孟子曰:"人之患在好爲人師。"

【譯文】　孟子説:"人的毛病在於喜歡做别人的老師。"

7·24　樂正子從於子敖①之齊。

　　　　樂正子見孟子。孟子曰:"子亦來見我乎?"

　　　　曰:"先生何爲出此言也?"

　　　　曰:"子來幾日矣?"

　　　　曰:"昔者②。"

　　　　曰:"昔者,則我出此言也,不亦宜乎?"

　　　　曰:"舍館③未定。"

　　　　曰:"子聞之也,舍館定,然後求見長者乎?"

　　　　曰:"克有罪。"

【譯文】　樂正子跟隨着王子敖到了齊國。

　　　　樂正子去見孟子。孟子問:"你也來看我嗎?"

　　　　樂正子答道:"老師爲什麼説這樣的話呢?"

　　　　孟子問:"你來了幾天了?"

　　　　答道:"昨天。"

　　　　孟子説:"昨天,那麼,我説這樣的話不也應該嗎?"

　　　　樂正子説:"住所没有找好。"

　　　　孟子説:"你聽説過,要住所找好了才來求見長輩嗎?"

樂正子說：“我錯了。”

【注釋】　①子敖——爲王驩之字，見(8·27)。　　②昔者——昨天。
③舍館——說文：“館，客舍也。”

7·25　孟子謂樂正子曰：“子之從於子敖來，徒餔啜^①也。我不意子學古之道而以餔啜也。”

【譯文】　孟子對樂正子說：“你跟隨着王子敖來，只是爲着飲食罷了。我没想到你學習古人的大道，竟然是爲着飲食。”

【注釋】　①餔啜——餔音逋((bū)，朱熹集注云：“食也。”啜音歠(chuò)，又音綴(zhuì)，朱熹集注云：“飲也。”

7·26　孟子曰：“不孝有三^①，無後爲大。舜不告而娶，爲無後也，君子以爲猶告也。”

【譯文】　孟子說：“不孝順父母的事有三種，其中以没有子孫爲最大。舜不先稟告父母就娶妻，爲的是怕没有子孫，〔因爲先稟告，妻就會娶不成，〕因此君子認爲他雖没有稟告，實際上同稟告了一樣。”

【注釋】　①不孝有三——趙岐注云：“於禮有不孝者三者，謂阿意曲從，陷親不義，一不孝也；家貧親老，不爲禄仕，二不孝也；不娶無子，絶先祖祀，三不孝也。”

7·27　孟子曰：“仁之實，事親是也；義之實，從兄是也；智之實，知斯二者弗去是也；禮之實，節文斯二者是也；樂之實，樂斯二者，樂則生矣；生則惡可已也，惡可已，則不知足之蹈之手之舞之。”

【譯文】　孟子説:"仁的主要内容是侍奉父母;義的主要内容是順從
兄長;智的主要内容是明白這兩者的道理而堅持下去;禮的主要
内容是對這兩者既能合宜地加以調節,又能適當地加以修飾;樂
的主要内容是從這兩者中得到快樂,快樂就會發生了;快樂一發
生就無法休止,無法休止就會不知不覺地手舞足蹈起來了。"

7·28　孟子曰:"天下大悦而將歸己,視天下悦而歸己,猶
草芥也,惟舜爲然。不得乎親,不可以爲人;不順乎親,不
可以爲子。舜盡事親之道而瞽瞍[1]底豫[2],瞽瞍底豫而天
下化,瞽瞍底豫而天下之爲父子者定,此之謂大孝。"

【譯文】　孟子説:"天下的人都很悦服自己,而且將歸附自己,把這
一切看成草芥一樣,只有舜是如此的。不能得到父母的歡心,不
可以做人;不能順從父母的旨意,不能做兒子。舜竭盡一切心力
來侍奉父母,結果他父親瞽瞍變得高興了;瞽瞍高興了,天下的風
俗因此轉移;瞽瞍高興了,天下的父子的倫常也由此確定了,這便
叫做大孝。"

【注釋】　[1]瞽瞍——舜的父親,其事可以參閱本書(9·2)、(9·4)。
　[2]底豫——底音指(dǐ),閩本監本毛本作底,阮元校勘記云:"案音義'之爾
切',是用'厎'字。"爾雅:"厎,致也;豫,樂也。"

卷八　離婁章句下

凡三十三章（按邵武士人僞託孫奭疏本題爲三十二章，不數"人有不爲也"一章，實誤。）

8·1 孟子曰："舜生於諸馮①，遷於負夏①，卒於鳴條①，東夷之人也。文王生於岐周②，卒於畢郢③，西夷之人也。地之相去也，千有餘里；世之相後也，千有餘歲。得志行乎中國，若合符節④，先聖後聖，其揆一也。"

【譯文】　孟子説："舜出生在諸馮，遷居到負夏，死在鳴條，則是東方人。文王生在岐周，死在畢郢，則是西方人。兩地相隔一千多里，時代相距一千多年，得意時在中國的所作所爲，幾乎一模一樣，古代的聖人和後代的聖人，他們的道路是相同的。"

【注釋】　①諸馮、負夏、鳴條——舜是傳説中的人物，此三處地名更無法確指。依孟子文意，當在東方，則鳴條未必是書序所謂"遂與桀戰於鳴條之野"的"鳴條"。諸馮，傳説在今山東菏澤市南五十里。　②岐周——周爲周代國名，岐即今之岐山（在陝西岐山縣東北）。　③畢郢——畢郢即呂氏春秋具備篇"武王嘗窮於畢程矣"之"畢程"。劉台拱經傳小記釋畢郢云："畢者，程之大地名；程者，畢中之小號也。"程在今陝西咸陽市東二十一里。　④符節——符和節都是古代表示印信之物，原料有玉、角、銅、竹之不同，形狀也有虎、龍、人之別，隨用途而異。一般是可剖爲兩半，各執其一，相合無差，以代印信。

8·2　子產①聽鄭國之政，以其乘輿②濟人於溱洧③。孟子曰：“惠④而不知爲政。歲十一月⑤，徒杠成；十二月，輿梁⑥成，民未病涉也。君子平其政，行辟⑦人可也，焉得人人而濟之？故爲政者，每人而悅之，日亦不足矣。”

【譯文】　子產主持鄭國的政治，用所乘的車輛幫助別人渡過溱水和洧水。孟子議論這事道：“這只是小恩小惠，他並不懂得政治。如果十一月修成走人的橋，十二月修成走車的橋，百姓就不會再爲渡河發愁了。君子只要把政治搞好，他一出外，鳴鑼開道都可以，哪裏能夠一個一個地幫助別人渡河呢？如果搞政治的人，一個一個地去討人歡心，時間也就會太不够用了。”

【注釋】　①子產——春秋時鄭國的賢相公孫僑之字。左傳、國語以及先秦子書多載其言行。　②乘輿——輿本是車箱，此處以代車子。乘，仍讀平聲。“乘輿”猶言所乘之車。　③溱洧——溱，說文作“潧”，水名，發源於河南密縣東北聖水峪，東南會洧水爲雙洎河，東流入賈魯河。洧（wèi），亦水名，源出河南登封縣東陽城山，東流經密縣與溱水會合。　④惠——惠，恩惠也。孔子評論子產，曾屢以“惠”字許之。論語公冶長云：“子謂子產，其養民也惠。”又憲問云：“或問子產。子曰：‘惠人也。’”左傳昭公二十年亦云：“及子產卒，仲尼聞之，出涕，曰：‘古之遺愛也。’”可見孟子之下此字蓋有所本。　⑤歲十一月——阮元校勘記云：“周禮之例，凡夏正（建寅）皆曰歲，凡曰歲終，曰正歲，曰歲十二月，皆謂夏時也。凡言正月之吉，不曰歲，謂周正（建子）也。說詳戴震文集。則孟子此言歲十一月、十二月，皆謂夏正。”按孟子一書立言體例未必同於周禮，若夏曆十一月徒杠始成，將嫌太晚，如以爲周正，當今九月十月（夏曆）則近於情理。　⑥徒杠成，十二月輿梁——杠音剛（gāng），段玉裁說文注“橋”字云：“凡獨木者曰杠，駢木者曰橋，大而爲陂陀者曰橋。”又“梁”字下注云：“梁之字用木跨水，則今之橋也。孟子，‘十一月輿梁成’，國語引夏令曰，

‘九月除道，十月成梁’；大雅，‘造舟爲梁’，皆今之橋制。見於經傳者言梁不言橋也。”　　⑦辟——同“闢”。古代上層人物出外，前有執鞭者開道，猶如後代的鳴鑼開道。

8·3 孟子告齊宣王曰：“君之①視臣如手足，則臣視君如腹心；君之視臣如犬馬，則臣視君如國人；君之視臣如土芥，則臣視君如寇讎。”

王曰：“禮，爲舊君有服②，何如斯可爲服矣？”

曰：“諫行言聽，膏澤下於民；有故而去，則君使人導之出疆，又先③於其所往；去三年不反，然後收其田里。此之謂三有禮焉。如此，則爲之服矣。今也爲臣，諫則不行，言則不聽；膏澤不下於民；有故而去，則君搏執之，又極④之於其所往；去之日，遂收其田里。此之謂寇讎。寇讎，何服之有？”

【譯文】　孟子告訴齊宣王說：“君主把臣下看待爲自己的手腳，那臣下就會把君主看待爲自己的腹心；君主把臣下看待爲狗馬，那臣下就會把君主看待爲一般人；君主把臣下看待爲泥土草芥，那臣下就會把君主看待爲仇敵。”

王說：“禮制規定，已經離職的臣下對過去的君主還得服一定的孝服，君主怎樣對待臣下，臣下才會爲他服孝呢？”

孟子說：“諫，他接受照辦了；建議，他聽從了；政治上的恩惠下達到老百姓；有什麼事故不得不離開，那君主一定打發人引導他離開國境，並且先派人到他要去的那一地方作一番佈置；離開了三年還不回來，才收回他的土地房屋。這個叫做三有禮。這樣做，臣下就會爲他服孝了。如今做臣下，勸諫，不被接受；建議，不

被聽從;政治上的恩惠到不了百姓;有什麼事故不得不離開,那君
還把他綑綁起來;他去到一個地方,還想方設法使他窮困萬分;離
開那一天,就收回他的土地房屋。這個叫做仇敵。對仇敵樣的舊
君,臣下還服什麼孝呢?”

【注釋】　①之——之,此處用以表示該句爲主從複合句之從句。又王引之
經傳釋詞云:“之,猶‘若’也。”恐非。　②禮,爲舊君有服——今儀禮喪
服篇亦有大夫爲舊君服齊衰三月之文。　③先——禮記檀弓:“昔者夫
子失魯司寇,將之荆,蓋先之以子夏,又申之以冉有,以斯知不欲速貧也。”
這一“先”字義同於檀弓,使人先去佈置之意。　④極——説文:“窮,極
也。”論語堯曰篇“四海困窮”包咸注云:“困,極也。”則“極”有“困窮”之義。
這“極”字是使動用法。

8・4　孟子曰:“無罪而殺士,則大夫可以去;無罪而戮民,
則士可以徙。”

【譯文】　孟子説:“士人沒有罪,被殺掉,那麼大夫便可以離開;百姓
　沒有罪,被人殺戮,那麼,士人便可以搬走。”

8・5　孟子曰:“君仁,莫不仁;君義,莫不義。”

【譯文】　孟子説:“君主若仁,便没有人不仁;君主若義,便没有人
　不義。”

8・6　孟子曰:“非禮之禮,非義之義,大人弗爲。”

【譯文】　孟子説:“似是而非的禮,似是而非的義,有德行的人是不
　幹的。”

8・7　孟子曰:“中也養不中,才也養不才①,故人樂有賢父

兄也。如中也棄不中,才也棄不才,則賢不肖之相去,其間
不能以寸②。"

【譯文】　孟子説:"道德品質很好的人來教育薰陶那道德品質不好
　　的人;有才能的人來教育薰陶那没有才能的人,所以每人都喜歡
　　有個好父兄。如果道德品質很好的人,不去教育薰陶那些道德品
　　質不好的人,有才能的人,不去教育薰陶那些没有才能的人,那
　　麽,那所謂好,所謂不好,他們中間的距離也相近得不能用分寸來
　　計量了。"

【注釋】　①中也養不中,才也養不才——朱熹集注云:"無過不及之謂中,足
　　以有爲之謂才;養,謂涵育薰陶,俟其自化也。"　　②其間不能以寸——
　　此句省略了動詞,本爲"不能以寸量"之意。

8·8　孟子曰:"人有不爲也,而後可以有爲。"

【譯文】　孟子説:"人要有所不爲,才能有所爲。"

8·9　孟子曰:"言人之不善,當如後患何?"

【譯文】　孟子説:"宣揚别人的不好,後患來了,該怎麽辦呢?"

8·10　孟子曰:"仲尼不爲已甚者。"

【譯文】　孟子説:"孔子是做什麽事都不過火的人。"

8·11　孟子曰:"大人者,言不必信,行不必果,惟義所在。"

【譯文】　孟子説:"有德行的人,説話不一定句句守信,行爲不一定
　　貫徹始終,與義同在,依義而行。"

8·12　孟子曰:"大人者,不失其赤子之心①者也。"

【譯文】　孟子説:"有德行的人便是能保持那種嬰兒的天真純樸的心的人。"

　【注釋】　①不失其赤子之心——趙岐注云:"大人謂君,國君視民當如赤子,不失其民心之謂也。一説曰,赤子,嬰兒也。少小之心,專一未變化,人能不失其赤子時心,則爲貞正大人也。"按"大人"未必專指"國君"而言,因之前一説未必可信。

8·13　孟子曰:"養生者不足以當大事,惟送死可以當大事。"

【譯文】　孟子説:"養活父母不算什麽大事情,只有給他們送終才算得上一件大事情。"

8·14　孟子曰:"君子深造之以道,欲其自得之也。自得之,則居之安;居之安,則資①之深;資之深,則取之左右逢其原,故君子欲其自得之也。"

【譯文】　孟子説:"君子依循正確的方法來得到高深的造詣,就是要求他自覺地有所得。自覺地有所得,就能牢固地掌握它而不動搖;牢固地掌握它而不動搖,就能積蓄很深;積蓄很深,便能取之不盡,左右逢源,所以君子要自覺地有所得。"

　【注釋】　①資——説文云:"資,貨也。"段玉裁注云:"資者積也。旱則資舟,水則資車,夏則資皮,冬則資絺綌,皆居積之謂。"

8·15　孟子曰:"博學而詳説之,將以反説約也。"

【譯文】　孟子説:"廣博地學習,詳細地解説,〔是要在融會貫通以後，回到簡略地述説大義的地步去哩。”

8·16　孟子曰：“以善①服人者，未有能服人者也；以善養人，然後能服天下。天下不心服而王者，未之有也。”

【譯文】　孟子説：“拿善來使人服輸，没有能够使人服輸的；拿善來薰陶教養人，這才能使天下的人都歸服。天下的人不心服却能統一天下的，是從來没有過的事。”

【注釋】　①善——孟子本意自然是指仁義禮智諸端而言，但以不具體譯出爲妥。如譯爲“真理”，亦未嘗不可。

8·17　孟子曰：“言無實不祥。不祥之實，蔽賢者當之。”

【譯文】　孟子説：“説話而無内容，無作用，是不好的。這種不好的結果，將由妨礙賢者進用的人來承當它。”

8·18　徐子①曰：“仲尼亟稱於水，曰：‘水哉，水哉②！’何取於水也？”

　　孟子曰：“源泉混混③，不舍晝夜，盈科④而後進，放乎四海。有本者如是，是之取爾⑤。苟爲無本，七八月之間雨集⑥，溝澮皆盈；其涸也，可立而待也。故聲聞⑦過情，君子恥之。”

【譯文】　徐子説：“孔子幾次稱讚水，説：‘水呀，水呀！’他所取於水的是什麽呢？”

　　孟子説：“有本源的泉水滚滚地往下流，晝夜不停，把窪下之處注滿，又繼續向前奔流，一直流到海洋去。有本源的便像這樣，孔子取他這一點罷了。假若没有本源，一到七、八月間，雨水衆多，大小溝渠都滿了；但是一會兒也就乾枯了。所以名譽超過實際的，君子引爲恥辱。”

【注釋】　①徐子——趙岐注云：“徐辟也。”參見(5‧5)。

②仲尼亟稱於水等句——亟，去聲，數也。徐子説孔子屢次稱贊水，且引“水哉，水哉”之文，現在已經文籍無徵。論語唯子罕篇載有這樣一段：“子在川上，曰：‘逝者如斯夫！不舍晝夜。’”　③混混——説文：“混，豐流也。”段玉裁注云：“盛滿之流也。孟子曰，‘源泉混混’，古音讀如袞，俗字作滾。”　④科——趙岐注云：“坎也。”　⑤是之取爾——即“取是爾”之倒裝句，“爾”同“耳”。　⑥七八月之間雨集——周正七、八月當夏正五、六月，孟子此用周正。禮記月令：“季夏之月，水潦盛昌，大雨時行。”今華北平原猶如此。　⑦聲聞——聞，去聲，名譽也。

8‧19　孟子曰：“人之所以異於禽獸者幾希，庶民去之，君子存之。舜明於庶物，察於人倫，由仁義行，非行仁義也。”

【譯文】　孟子説：“人和禽獸不同的地方只那麼一點點，一般百姓丟棄它，君子保存了它。舜懂得事物的道理，了解人類的常情，於是從仁義之路而行，不是把仁義作爲工具、手段來使用的呢。”

8‧20　孟子曰：“禹惡旨酒而好善言。湯執中，立賢無方①。文王視民如傷，望道而②未之見。武王不泄邇，不忘遠③。周公思兼三王，以施四事；其有不合者，仰而思之，夜以繼日；幸而得之，坐以待旦。”

【譯文】　孟子説：“禹不喜歡美酒，却喜歡有價值的話。湯堅持中正之道，舉拔賢人却不拘泥於一定的常規。文王看待百姓好像他們受了傷害一樣，〔只加撫慰，不加侵擾；〕追求真理又似乎未曾見到一樣，〔毫不自滿，努力不懈。〕武王不輕侮在朝廷中的近臣，不遺

忘散在四方的遠臣。周公想要兼學夏、商、周三代的君王，來實踐
禹、湯、文王、武王所行的勛業；如果有不合於當日情況的，抬着頭
考慮，白天想不好，夜裏接着想；僥倖地想通了，便坐着等待天亮
〔馬上付諸實行〕。”

【注釋】　①無方——禮記檀弓“左右就養無方”，内則“博學無方”，鄭玄注並
云：“方，常也。”焦循正義云：“惟賢則立，而無常法，乃申上‘執中’之有
權。”　　②而——朱熹集注云：“而讀爲如。”　　　③不泄邇不忘遠——趙
岐注云：“泄，狎；邇，近也。不泄狎近賢，不遺忘遠善；近謂朝臣，遠謂諸
侯也。”

8·21　孟子曰：“王者之迹①熄而詩亡，詩亡然後春秋作。
晉之乘，楚之檮杌，魯之春秋②，一也：其事則齊桓、晉文，其
文則史。孔子曰：‘其義則丘竊取之矣。’”

【譯文】　孟子説：“聖王採詩的事情廢止了，詩也就没有了；詩没有
了，孔子便創作了春秋。〔各國都有叫做‘春秋’的史書，〕晉國的
又叫做乘，楚國的又叫做檮杌，魯國的仍叫做春秋，都是一樣的：
所記載的事情不過如齊桓公、晉文公之類，所用的筆法不過一般
史書的筆法。〔至於孔子的春秋就不然，〕他説：‘詩三百篇上寓褒
善貶惡的大義，我在春秋上便借用了。’”

【注釋】　①迹——説文解字辵部云：“辶，古之遒人，以木鐸記詩言。”朱駿聲
説文通訓定聲云：“孟子王者之迹熄而詩亡，‘迹’即‘辶’之誤。”程樹德説
文稽古篇曰：“此論甚確。考左傳引夏書曰：‘遒人以木鐸徇於路。’杜注：
‘遒人，行人之官也。木鐸，木舌金鈴。徇於路，求歌謡之言。’僞胤征本
此。王制：‘命太師陳詩以觀民風。’公羊何注：‘五穀畢入，民皆居宅，從十
月盡正月止，男女相從而歌，饑者歌其食，勞者歌其事。男年六十女年五
十無子者，官衣食之，使之民間求詩，鄉移於邑，邑移於國，國以聞於天子，

故王者不出户牖，盡知天下。'"　　②乘、檮杌、春秋——春秋本爲各國史書的通名，所以墨子有"吾見百國春秋"，"著在燕之春秋"、"著在宋之春秋"等語。晉又別名乘，楚又別名檮杌。這魯之春秋，乃魯國當日的史書，如果孔子真修了春秋，當是他的原始資料之一，和上文的春秋不同。

8·22　孟子曰："君子之澤五世而斬，小人之澤①五世而斬。予未得爲孔子徒也，予私淑②諸人也。"

【譯文】　孟子説："君子的流風餘韻五代以後便斷絶了，小人的流風餘韻，五代以後也斷絶了。我没有能够做孔子的門徒，我是私下向人學習來的。"

【注釋】　①君子之澤，小人之澤——趙岐注以"大德大凶"解"君子小人"，則當以"影響"兩字譯"澤"字。焦循正義云："近時通解以君子爲聖賢在位者，小人爲聖賢不在位者。"譯文取此義。澤，朱熹集注云："猶言流風餘韻也。"　　②淑——借爲"叔"，説文："叔，取也。"

8·23　孟子曰："可以取，可以無取，取傷廉；可以與，可以無與，與傷惠①；可以死，可以無死，死傷勇①。"

【譯文】　孟子説："可以拿，可以不拿，拿了對廉潔有損害，〔還是不拿；〕可以施與，可以不施與，施與了對恩惠有損害，〔還是不施與；〕可以死，可以不死，死了對勇敢有損害，〔還是不死。〕"

【注釋】　①傷惠，傷勇——一般人以爲可以與，可以無與，則宜與；可以死，可以無死，則宜死。孟子却不然，認爲與則傷惠，死則傷勇。毛奇齡聖門釋非録引元儒金履祥之言曰："此必戰國之世，豪俠之習勝，多輕施結客，若四豪之類；刺客輕生，若荆聶之類，故孟子爲當時戒耳。"

8·24　逢蒙①學射於羿②，盡羿之道，思天下惟羿爲愈己，於是殺羿。孟子曰："是亦羿有罪焉。"

公明儀曰："宜若無罪焉。"

曰："薄乎云爾，惡得無罪？鄭人使子濯孺子侵衞，衞使庾公之斯追之。子濯孺子曰：'今日我疾作，不可以執弓，吾死矣夫！'問其僕曰：'追我者誰也？'其僕曰：'庾公之斯也。'曰：'吾生矣。'其僕曰：'庾公之斯，衞之善射者也；夫子曰吾生，何謂也？'曰：'庾公之斯學射於尹公之他，尹公之他學射於我。夫尹公之他，端人也，其取友必端矣。'庾公之斯至，曰：'夫子何爲不執弓？'曰：'今日我疾作，不可以執弓。'曰：'小人學射於尹公之他，尹公之他學射於夫子。我不忍以夫子之道反害夫子。雖然，今日之事，君事也，我不敢廢。'抽矢，扣輪，去其金，發乘矢而後反。"

【譯文】　古時候，逢蒙跟羿學射箭，完全獲得了羿的技巧，他便想，天下的人只有羿比自己强，因此便把羿殺死了。孟子説："這裏也有羿的罪過。"

公明儀説："好像没有什麽罪過吧。"

孟子説："罪過不大罷了，怎能説一點也没有呢？鄭國曾經使子濯孺子侵犯衞國，衞國便使庾公之斯來追擊他。子濯孺子説：'今天我的病發作了，拿不了弓，我活不成了。'問駕車的人道：'追我的是誰呀？'駕車的人答道：'庾公之斯。'他便説：'我死不了啦。'駕車的人説：'庾公之斯是衞國有名的射手，您反而説死不了啦，這是什麽道理呢？'答道：'庾公之斯跟尹公之他學射，尹公之他又跟我學射。尹公之他是個正派人，他所選擇的朋友學生一定也正派。'庾公之斯追上了，問道：'老師爲什麽不拿弓？'子濯孺子

説：‘今天我的病發作了，拿不了弓。’庚公之斯便説：‘我跟尹公之
他學射，尹公之他又跟您學射。我不忍心拿您的技巧反過頭來傷
害您。但是，今天的事情是國家的公事，我又不敢完全廢棄。’於
是抽出箭，向車輪敲了幾下，把箭頭搞掉，發射四箭然後就回
去了。”

【注釋】　①逢蒙——逢音蓬（péng），又音龐。逢蒙，莊子作“蓬蒙”，呂氏春
　　秋作“蠭蒙”，荀子史記作“蠭門”，漢書作“逢門”。左傳襄公四年但言羿
　　“將歸自田，家衆殺而亨之”。則逢蒙既爲羿的學生，又爲他的家衆。後來
　　叛變，幫助寒浞殺羿。　　　②羿——夏代諸侯有窮國之君。左傳襄公四
　　年曾引此事。

8·25　　孟子曰：“西子①蒙不潔，則人皆掩鼻而過之；雖有
惡②人，齊戒沐浴，則可以祀上帝。”

【譯文】　孟子説：“如果西施身上沾染了骯髒，別人走過的時候，也
　　會捂着鼻子；縱是面貌醜陋的人，如果他齋戒沐浴，也就可以祭祀
　　上帝。”

【注釋】　①西子——趙岐注云：“西子，古之好女西施也。”其所以説“古之好
　　女”，而不説“越國好女”者，大概因爲西施之名，早已見於管子小稱篇的緣
　　故。莊子齊物論“厲與西施”釋文引司馬彪云：“夏姬也。”周柄中孟子辨正
　　云：“似乎古有此美人，而後世相因，借以相美，如善射者皆稱羿之類。”
　　②惡——呂氏春秋去尤篇高誘注云：“惡，醜也。”

8·26　　孟子曰：“天下之言性也，則故而已矣。故者以利①
爲本。所惡於智者，爲其鑿也。如智者若禹之行水也，則
無惡於智矣。禹之行水也，行其所無事也。如智者亦行其
所無事，則智亦大矣。天之高也，星辰之遠也，苟求其故，

千歲之日至②，可坐而致也。”

【譯文】　孟子説：“天下的討論人性，只要能推求其所以然便行了。推求其所以然，基礎在於順其自然之理。我們厭惡使用聰明，就是因爲聰明容易陷於穿鑿附會。假若聰明人像禹的使水運行一樣，就不必對聰明有所厭惡了。禹的使水運行，就是行其所無事，〔順其自然，因勢利導。〕假設聰明人也能行其所無事，〔不違反其所以然而努力實行，〕那聰明也就不小了。天極高，星辰極遠，只要能推求其所以然，以後一千年的冬至，都可以坐着推算出來。”

【注釋】　①利——朱熹集注云：“利猶順也。”　　②日至——孟子兩言“日至”，“至於日至之時皆熟矣”(11·7)則謂夏至，這個“日至”，當指冬至，因爲周正以冬至之月爲元月。

8·27　公行子有子之喪①，右師②往弔。入門，有進而與右師言者，有就右師之位而與右師言者。孟子不與右師言，右師不悦曰：“諸君子皆與驩言，孟子獨不與驩言，是簡驩也。”

孟子聞之，曰：“禮，朝廷不歷③位而相與言，不踰階而相揖也。我欲行禮，子敖以我爲簡，不亦異乎？”

【譯文】　公行子死了兒子，右師去弔唁。他一進門，便有人走向前同他説話；〔他坐定了，〕又有人走近他的席位同他説話。孟子不同他説話，他不高興，説道：“各位大夫都同我説話，只有孟子不同我説話，這是對我的簡慢。”

孟子知道了，便説：“按照禮節，在朝廷中，不跨過位次來交談，也不越過石階來作揖。我依禮而行，子敖却以爲我簡慢了他，不也可怪嗎？”

【注釋】　①公行子有子之喪——趙岐注云：“齊大夫也。”根據儀禮，父爲長子斬衰三年，公行子死了兒子，齊國諸大臣都去作弔，所以有很多人便説這是他的長子死了。　　②右師——官名，其人即“蓋大夫王驩”（4·6），字子敖。　　③歷——“歷位”之“歷”同於“歷階”之“歷”，都是跨越之意。

8·28　孟子曰：“君子所以異於人者，以其存心也。君子以仁存心，以禮存心。仁者愛人，有禮者敬人。愛人者，人恒愛之；敬人者，人恒敬之。有人於此，其待我以橫逆①，則君子必自反也：我必不仁也，必無禮也，此物奚宜至哉？其自反而仁矣，自反而有禮矣，其橫逆由是也，君子必自反也，我必不忠。自反而忠矣，其橫逆由是也，君子曰：‘此亦妄人也已矣。如此，則與禽獸奚擇②哉？於禽獸又何難③焉？’是故君子有終身之憂，無一朝之患也。乃若所憂則有之：舜，人也；我，亦人也。舜爲法於天下，可傳於後世，我由未免爲鄉人也，是則可憂也。憂之如何？如舜而已矣。若夫君子所患則亡矣。非仁無爲也，非禮無行也。如有一朝之患，則君子不患矣。”

【譯文】　孟子説：“君子同一般人不同的地方，就在於居心不同。君子居心於仁，居心於禮。仁人愛別人，有禮的人恭敬別人。愛別人的人，別人經常愛他；恭敬別人的人，別人經常恭敬他。假定這裏有個人，他對我橫蠻無理，那君子一定反躬自問，我一定不仁，一定無禮，不然，這種態度怎麼會來呢？反躬自問以後，我實在仁，實在有禮，那人的橫蠻無理却仍然不改，君子一定又反躬自問，我一定不忠。反躬自問以後，我實在忠心耿耿的，那種橫蠻無理仍然一樣，君子就會説：‘這個人不過是個狂人罷了，既這麼樣，

那同禽獸有什麼區別呢？對於禽獸又責備什麼呢？'所以君子有
長期的憂慮,却没有突發的痛苦。這樣的憂慮是有的:舜是人,我
也是人。舜呢,爲天下人的模範,名聲傳於後代,我呢,仍然不免
是一個普通人。這個才是值得憂愁的事。憂愁了又怎樣辦呢？
盡力向舜學習罷了。至於君子别的痛苦那就没有了。不是仁愛
的事不幹,不是合於禮節的事不做。即使一旦有意外飛來的禍
害,君子也不以爲痛苦了。"

【注釋】　①横逆——横,去聲。朱熹集注云:"横逆,謂强暴不順理也。"
　②擇——朱熹集注云:"奚擇,何異也。"以"異"釋"擇",甚是。按"擇"有區
別之義,如"則牛羊何擇焉"(1·7);今日猶有"擇别"之辭。　　③難——
"責難"之意。蔣仁榮孟子音義考證謂"何難","何患"也,亦通。

8·29　禹、稷當平世,三過其門而不入①,孔子賢之。顏子
當亂世,居於陋巷,一簞食,一瓢飲,人不堪其憂,顏子不改
其樂,孔子賢之②。孟子曰:"禹、稷、顏回同道。禹思天下
有溺者,由己溺之也;稷思天下有飢者,由己飢之也,是以
如是其急也。禹、稷、顏子易地則皆然。今有同室之人鬭
者,救之,雖被髮纓冠③而救之,可也;鄉鄰有鬭者,被髮纓
冠而往救之,則惑也;雖閉户可也④。"

【譯文】　禹、稷處於政治清明的時代,三次經過自己家門都不進去,
　孔子稱贊他們。顏子處於政治昏亂的時代,住在狹窄的巷子裏,
　一筐飯,一瓢水,别人都受不了那種苦生活,他却自得其樂,孔子
　也稱贊他。孟子説:"禹、稷和顏回〔處世的態度雖有所不同,〕道
　理却一樣。禹以爲天下的人有遭淹没的,好像自己使他淹没了一
　樣;稷以爲天下的人有挨餓的,好像自己使他挨餓一樣,所以他們

拯救百姓才這樣急迫。禹、稷和顏子如果互相交換地位,顏子也
會三過家門不進去,禹、稷也會自得其樂。假定有同屋的人互相
鬭毆,我去救他,縱是披着頭髮頂着帽子,連帽帶子也不結去救他
都可以。〔禹、稷的行爲正好比這樣。〕如果本地方的鄰人在鬭毆,
也披着頭髮不結好帽帶子去救,那就是糊塗了,縱使把門關着都
可以的。〔顏回的行爲正好比這樣。〕"

【注釋】 ①禹稷當平世,三過其門而不入——楊樹達漢語文言修辭學私名
連及例云:"三過不入,本禹事而亦稱稷。" ②顏子當亂世等句——論
語雍也篇:"子曰:賢哉,回也! 一簞食,一瓢飲,在陋巷,人不堪其憂,回也
不改其樂,賢哉,回也!" ③被髮纓冠 ——朱熹集注云:"不暇束髮,而
結纓往救,言急也,以喻禹、稷。"被同"披"。纓本義是"冠系"(帽上帶子,
自上而下繫在頸上的),此作動詞用。 ④閉戶可也——朱熹注云:"喻
顏子也。"

8·30 公都子曰:"匡章,通國皆稱不孝焉,夫子與之游,又從而禮貌之,敢問何也?"

孟子曰:"世俗所謂不孝者五:惰其四支,不顧父母之
養,一不孝也;博奕好飲酒,不顧父母之養,二不孝也;好貨
財,私妻子,不顧父母之養,三不孝也;從①耳目之欲,以爲
父母戮②,四不孝也;好勇鬭很③,以危父母,五不孝也。章
子有一於是乎? 夫章子,子父責善而不相遇也④。責善,朋
友之道也;父子責善,賊恩之大者。夫章子,豈不欲有夫妻
子母之屬哉? 爲得罪於父,不得近,出妻屏⑤子,終身不養
焉。其設心以爲不若是,是則罪之大者,是則章子而已矣。"

【譯文】 公都子説:"匡章,全國都説他不孝,您却同他來往,而且相

當敬重他，請問這該怎麼説呢？"

　　孟子説："一般人所謂不孝的事情有五件：四肢懶惰，不管父母的生活，一不孝；好下棋喝酒，不管父母的生活，二不孝；好錢財，偏愛妻室兒女，不管父母的生活，三不孝；放縱耳目的慾望，使父母因此受恥辱，四不孝；逞勇敢好鬪毆，危及父母，五不孝。章子在這五項之中有一項嗎？章子不過是父子中間以善相責而把關係弄壞了罷了。以善相責，這是朋友相處之道；父子之間以善相責，是最傷害感情的事。章子難道不想有夫妻母子的團聚嗎？就因爲得罪了父親，不能和他親近，因此把自己妻室也趕出去，把自己兒子也趕到遠方，終身不要他們侍奉。他這樣設想，不如此，那罪過更大了，這個就是章子的爲人呢。"

【注釋】　①從——同縱。　　　②戮——朱熹集注云："戮，羞辱也。"按朱熹此義甚確。左傳文公六年："夷之蒐，賈季戮臾駢。臾駢之人欲盡殺賈氏以報焉。臾駢曰，不可"云云，此"戮"亦羞辱之義，不可解爲殺戮者。　③很——今作"狠"，"很"爲本字。　　　④夫章子，子父責善而不相遇也——戰國策齊策載齊威王之言云："章子之母啟得罪其父，其父殺之，而埋馬棧之下。吾使章子將也，勉之曰：'夫子之强，全兵而還，必更葬將軍之母。'對曰：'臣非不能更葬先妾也，臣之母啟得罪臣之父，臣之父未教而死。夫不得父之教而更葬母，是欺死父也。故不敢。'夫爲人子而不欺死父，豈爲人臣欺生君哉？"全祖望經史問答因云："然則所云責善，蓋必勸其父以弗爲已甚，而父不聽，遂不得近，此自是人倫大變。"　　　⑤屏——上聲，音丙（bǐng）。禮記曲禮鄭注云："退也。"又王制鄭注云："猶放去也。"

8·31　曾子居武城①，有越寇②。或曰："寇至，盍去諸？"曰："無寓人於我室，毀傷其薪木。"寇退，則曰："修我牆屋，我將反。"寇退，曾子反。左右曰："待先生如此其忠且敬也，寇至，則先去以爲民望；寇退，則反，殆於③不可。"沈猶行④曰："是非汝所知也。昔沈猶有負芻之禍⑤，從先生者七十人，未有與焉。"

子思⑥居於衞，有齊寇。或曰："寇至，盍去諸？"子思曰："如伋去，君誰與守？"

孟子曰："曾子、子思同道。曾子，師也，父兄也；子思，臣也，微也。曾子、子思易地則皆然。"

【譯文】　曾子在武城居住，越國軍隊來侵犯。有人便説："敵寇要來了，何不離開一下呢？"曾子説："〔好吧。但是〕不要使別人借住在我這裏，破壞那些樹木。"敵人退了，曾子説："把我的牆屋修理修理吧，我要回來了。"敵人退了，曾子也回來了。他旁邊的人説："武城的官員們對待您是這樣地忠誠恭敬，敵人來了，便早早地走開，給百姓做了個壞榜樣；敵人退了，馬上回來，恐怕不可以吧。"沈猶行説："這個不是你們所曉得的。從前先生住在我那裏，有個名叫負芻的作亂，跟隨先生的七十個人也都早早走開了。"

子思住在衞國，齊國軍隊來侵犯。有人説："敵人來了，何不走開呢？"子思説："假若我也走開了，君主同誰來守城呢？"

孟子説："曾子、子思兩人所走的道路是相同的。曾子當時是老師，是前輩；子思當時是臣子，是小官。曾子、子思如果對換地位，他們的行爲也會是這樣的。"

【注釋】　①武城——地名，故城在今山東費縣西南九十里。　②有越寇——根據漢書地理志，越王勾踐二十五年曾經都於琅琊，築有館臺。春秋時的琅琊，就在今天山東的諸城市東南一百五十里之地。根據左傳哀公二十一年以後吳魯、越魯關係史的記載，費縣東南一帶之地，是和越滅吳後的疆界犬牙相錯的，因之越寇之來去甚易。　③殆於不可——這種句法和禮記檀弓下“謂爲俑者不仁，殆於用人乎哉”的“殆於用人”相同，殆，近也。　　④沈猶行——趙岐注云：“曾子弟子也。”按姓沈猶，名行。翟灝四書考異云：“荀子儒效篇，仲尼將爲司寇，沈猶氏不敢朝飲其羊。沈猶，蓋魯之著氏也。”　　⑤負芻之禍——趙岐注云：“時有作亂者曰負芻，來攻沈猶氏。”是以“負芻”爲人名，譯文從此説。但朱熹集注云：“時有負芻者作亂。”則以“負芻”爲背草的人。故録之以供參考。　　⑥子思——史記孔子世家云：“孔子生鯉，字伯魚。伯魚年五十，先孔子死。伯魚生伋，字子思，年六十二，嘗困於宋。子思作中庸。”

8·32 儲子①曰：“王使人瞷②夫子，果有以異於人乎？”

孟子曰：“何以異於人哉？堯舜與人同耳。”

【譯文】　儲子説：“王打發人來窺探您，您真有跟別人不同的地方嗎？”

孟子説：“有什麼跟別人不同的地方呢？堯舜也同一般人一樣呢。”

【注釋】　①儲子——趙岐注云：“齊人也。”戰國策燕策云：“將軍市被、太子平謀，將攻子之。儲子謂齊閔宣王因而仆之，破燕必矣。”當即此人。當時或爲齊相，又見(12·5)。　　②瞷——(jiàn)，或本作“瞯”，窺也。

8·33 齊人有一妻一妾而處室者，其良人①出，則必饜酒肉而後反。其妻問所與飲食者，則盡富貴也。其妻告其妾曰：“良人出，則必饜酒肉而後反；問其與飲食者，盡富貴也，而未嘗有顯者來，吾將瞷良人之所之也。”

蚤起，施②從良人之所之，徧國中無與立談者。卒之東郭墦間，之祭者③，乞其餘；不足，又顧而之他——此其爲饜足之道也。

其妻歸,告其妾,曰:"良人者,所仰望而終身也,今若此——"與其妾訕其良人,而相④泣於中庭⑤,而良人未之知也,施施⑥從外來,驕其妻妾。

由君子觀之,則人之所以求富貴利達者,其妻妾不羞也,而不相泣者,幾希矣⑦。

【譯文】 齊國有一個人,家裏有一妻一妾。那丈夫每次外出,一定吃得飽飽地,喝得醉醺醺地回家。他妻子問他一道吃喝的是些什麼人,據他説來,全都是一些有錢有勢的人物。他妻子便告訴他的妾説:"丈夫外出,總是吃飽喝醉而後回來;問他同些什麼人吃喝,他説全都是些有錢有勢的人物,但是,我從來沒見過有什麼顯貴人物到我們家裏來,我準備偷偷地看看他究竟到了些什麼地方。"

第二天一清早起來,她便尾隨在他丈夫後面行走,走遍城中,沒有一個人站住同她丈夫説話的。最後一直走到東郊外的墓地,他又走近祭掃墳墓的人那裏,討些殘菜剩飯;不夠,又東張西望地跑到別處去乞討了——這便是他吃飽喝醉的辦法。

他妻子回到家裏,便把這情況告訴他的妾,並且説:"丈夫,是我們仰望而終身倚靠的人,現在他竟是這樣的——"於是她兩人便共同在庭中咒駡着,哭泣着,而丈夫還不知道,高高興興地從外面回來,向他兩個女人擺威風。

由君子看來,有些人所用的乞求升官發財的方法,能不使他妻妾引為羞恥而共同哭泣的,实在太少了。

【注釋】 ①良人——儀禮士昏禮:"媵御良席在東。"鄭玄注云:"婦人稱夫曰良。"按六朝仍存此稱,樂府詩集讀曲歌"白門前,烏帽白帽來。白帽郎,是儂良,不知烏帽郎是誰"可證。王念孫廣雅疏證云:"'良'與'郎'聲之侈弅耳,猶古者婦稱夫曰'良',而今謂之'郎'也。" ②施——音迆(yǐ),又音易(yì),錢大昕潛研堂答問云:"施,古斜字。" ③卒之東郭墦閒,之祭者——何焯義門讀書記云:"宋元刊本以'卒之東郭墦閒'句,'之祭者乞其餘'句,'不足'句,'又顧而之他'句。上文'瞷良人之所之',此'卒之'字,'之祭者'字,'之他'字,緊相貫注。"今從此讀。又可以作一句讀,大意相同。 ④相——疑此"相"字意同"相與",共同之意。 ⑤中庭——猶言"庭中"。 ⑥施施——趙岐注云:"猶扁扁,喜悅之貌。" ⑦則人之所以求富貴利達者,其妻妾不羞也,而不相泣者,幾希矣——這句話的主語是"人之所以求富貴利達其妻妾不羞而不相泣者",謂語是"幾希";主語中的"者"、"也"兩字,不過因主語太長,助其停頓罷了。

卷九　萬章章句上

9・1　萬章問曰:"舜往于田①,號泣于旻天②,何爲其號泣也?"

孟子曰:"怨慕也③。"

萬章曰:"'父母愛之,喜而不忘;父母惡之,勞而不怨④。'然則舜怨乎?"

曰:"長息問於公明高⑤曰:'舜往于田,則吾既得聞命矣;號泣于旻天,于父母,則吾不知也。'公明高曰:'是非爾所知也。'夫公明高以孝子之心,爲不若是恝⑥,我竭力耕田,共⑦爲子職而已矣,父母之不我愛,於我何哉⑧?帝使其子九男二女⑨,百官⑩牛羊倉廩備,以事舜於畎畝之中,天下之士多就之者,帝將胥⑪天下而遷之焉。爲不順⑫於父母,如窮人無所歸。天下之士悦之,人之所欲也,而不足以解憂;好色,人之所欲,妻帝之二女,而不足以解憂;富,人之所欲,富有天下,而不足以解憂;貴,人之所欲,貴爲天子,而不足以解憂。人悦之、好色、富貴,無足以解憂者,惟順於父母可以解憂。人少,則慕父母;知好色,則慕少艾⑬;

有妻子,則慕妻子;仕則慕君,不得於君則熱中。大孝終身慕父母。五十而慕⑭者,予於大舜見之矣。”

【譯文】 萬章問道:“舜到田地裏去,向着天一面訴苦,一面哭泣,爲什麼要這樣呢?”

孟子答道:“由於對父母一方面怨恨,一方面懷戀的原故。”

萬章説:“〔曾子説過:〕‘父母喜愛他,雖然高興,却不因此而懈怠;父母厭惡他,雖然憂愁,却不因此而怨恨。’那麼,舜怨恨父母嗎?”

孟子説:“從前長息曾經問過公明高,他説:‘舜到田裏去,我是已經懂得的了;他向天訴苦哭泣,這樣來對待父母,我却還不懂得那是爲什麼。’公明高説:‘這不是你所能懂得的。’公明高的意思,以爲孝子的心理是不能像這樣地滿不在乎的:我盡力耕田,好好地盡我做兒子的職責罷了;父母不喜愛我,叫我有什麼辦法呢?帝堯打發他的孩子九男二女跟百官一起帶着牛羊、糧食等等東西到田野中去爲舜服務;天下的士人也有很多到舜那裏去,堯也把整個天下讓給了舜。舜却只因爲没有得着父母的歡心,便好像鰥寡孤獨的人找不着依靠一般。天下的士人喜愛他,是誰都願意的,却不足以消除憂愁;美麗的姑娘,是誰都愛好的,他娶了堯的兩個女兒,却不足以消除憂愁;財富,是誰都希望獲得的,富而至於佔有天下,却不足以消除憂愁;尊貴,是誰都希望獲得的,尊貴而至於做了君主,却不足以消除憂愁。大家都喜愛他、美麗的姑娘、財富和尊貴都不足以消除憂愁,只有得着父母的歡心才可以消除憂愁。人在幼小的時候,就懷戀父母;懂得喜歡女子,便想念年輕而漂亮的人;有了妻子,便迷戀妻室;做了官,便討好君主,得不着君主的歡心,便内心焦急得發熱;只有最孝順的人才終身懷戀父母。到了五十歲的年紀還懷戀父母的，我在偉大的舜身上見到了。”

【注釋】　①舜往于田——相傳舜曾耕於歷山，“往于田”就是去做莊稼活。②號泣于旻天——焦循正義云：“顏氏家訓風操篇云：‘禮以哭，有言者爲號。’此云號泣，則是且言且泣。”旻，音珉（mín）。説文日部：“旻，秋天也。虞書説，仁閔覆下則稱旻天。”　③慕——此“慕”字即下文“大孝終身慕父母”之“慕”，對父母的依戀古人常單用一“慕”字，如禮記檀弓上云：“其往也如慕，其反也如疑。”鄭玄注云：“慕謂小兒隨父母啼呼。”　④父母愛之等句——禮記祭義云：“曾子曰：‘父母愛之，喜而弗忘；父母惡之，懼而無怨。’”大戴禮記曾子大孝篇也有此語，可見萬章這話係引用自曾子，因之孟子推測公明高的心理作答，公明高爲曾了弟子，則係以曾子解釋曾子也。此“忘”字當讀如左傳隱公七年“鄭伯盟，歃如忘”之“忘”，杜注云：“志不在於歃血也。”故譯文以“懈怠”譯之。“勞”，淮南子精神訓高誘注云：“憂也。”　⑤長息、公明高——趙岐注云：“長息，公明高弟子；公明高，曾子弟子。”洪頤煊經義叢鈔云：“春秋家公羊高，亦即孟子所謂公明高也。”或又謂此公明高與説苑修文篇之公孟子高爲一人。　⑥㤞——音介（jiè），又音夏（jiá），説文引作“忦”，云：“忽也。”趙岐注云：“㤞，無愁之貌。”　⑦共——當讀爲“恭”。　⑧於我何哉——趙岐注云：“於我之身獨有何罪哉，自求責於己而悲感焉。”朱熹集注亦同此意，實誤。若如此説，“爲不若是㤞”便無着落了。焦循正義云：“一説此申言上‘㤞’字，若㤞然無愁，則以我既竭力耕田共子職矣，尚有何罪而父母不我愛哉？孝子必不若是也。”此説近之。但以“尚有何罪”釋“何哉”仍嫌未得，“於我何哉”者，意謂對我有什麼關係呢。此古人常語，與論語之“於我何有哉”意相近。　⑨九男二女——堯以二女妻舜事見於尚書堯典；列女傳母儀篇謂二女長名娥皇，次名女英。使九男事舜，趙岐注以爲逸書所載。　⑩百官——或云，與論語子張篇“百官之富”的“百官”意義同，指宮室而言，不是官吏之意。“官”的本義指宮室屋宇，見何紹基東洲草堂文鈔跋漢潘乾校官碑和楊樹達積微居小學金石論叢釋官兩文，亦通。但譯文仍從舊解。

⑪胥——爾雅釋詁云：“胥，皆也。”引伸之便有“盡”義。“胥天下”猶言“盡天下”也。　　⑫順——日本竹添進一郎左傳會箋釋襄公八年“唯子產不順”云：“順亦悦也。孟子不順於父母即不悦於父母也。”按此説雖可通，仍嫌佐證不足，姑錄之以備參考。　　⑬少艾——亦作“幼艾”，戰國策，魏牟謂趙王曰：“王不以予工，乃與幼艾。”楚辭九歌云：“竦長劍兮擁幼艾。”“少艾”、“幼艾”皆謂年輕美貌之人。　　⑭五十而慕——趙岐注云：“書曰：舜生三十徵庸，二十（今本作“三十”或“五十”者皆誤）在位，在位時尚慕，故言五十也。”

9·2　萬章問曰：“詩云，‘娶妻如之何？必告父母①’。信斯言也，宜莫如舜。舜之不告而娶，何也？”

孟子曰：“告則不得娶。男女居室，人之大倫也。如告，則廢人之大倫，以懟②父母，是以不告也。”

萬章曰：“舜之不告而娶，則吾既得聞命矣；帝之妻舜而不告，何也？”

曰：“帝亦知告焉則不得妻也。”

萬章曰：“父母使舜完廩，捐階③，瞽瞍焚廩。使浚井，出④，從而揜⑤之。象⑥曰：‘謨蓋都君咸我績⑦，牛羊父母，倉廩父母，干戈朕，琴朕，弤⑧朕，二嫂使治朕棲⑨。’象往入舜宮，舜在牀琴。象曰：‘鬱陶⑩思君爾。’忸怩⑪。舜曰：‘惟⑫茲臣庶，汝其于⑬予治。’不識舜不知象之將殺己與？”

曰：“奚而⑭不知也？象憂亦憂，象喜亦喜。”

曰：“然則舜偽喜者與？”

曰：“否；昔者有饋生魚於鄭子產，子產使校人⑮畜之池。校人烹之，反命曰：‘始舍之，圉圉⑯焉；少則洋洋⑰焉；

攸然⑱而逝。’子產曰：‘得其所哉！得其所哉！’校人出，曰：
‘孰謂子產智？予既烹而食之，曰，得其所哉，得其所哉。’
故君子可欺以其方，難罔以非其道。彼以愛兄之道來，故
誠信而喜之，奚偽焉？”

【譯文】　萬章問道：“詩經説過，‘娶妻該怎麽辦？一定要事先報告
　　父母’。相信這句話的，應該没有人趕得上舜。但是，舜却事先不
　　向父母報告，娶了妻子，又是什麽道理呢？”

　　孟子答道：“報告便娶不成。男女結婚，是人與人之間的必然
　　關係。如果舜事先報告了，那麽，這一必然關係在舜身上便會被
　　廢棄了，結果便將怨恨父母，所以他便不報告了。”

　　萬章説：“舜不報告父母而娶妻，那我懂得這道理了；堯給舜以
　　妻子，也不向舜的父母説一聲，又是什麽道理呢？”

　　孟子説：“堯也知道，假若事先一加説明，便會嫁娶不成了。”

　　萬章問道：“舜的父母打發舜去修繕穀倉，等舜上了屋頂，便抽
　　去梯子，他父親瞽瞍還放火焚燒那穀倉。〔幸而舜設法逃下來
　　了。〕於是又打發舜去淘井，〔他不知道舜從旁邊的洞穴〕出來了，
　　便用土填塞井眼。舜的兄弟象説：‘謀害舜都是我的功勞，牛羊分
　　給父母，倉廩分給父母，干戈歸我，琴歸我，弤弓歸我，兩位嫂嫂要
　　她們替我鋪牀叠被。’象便向舜的住房走去，舜却坐在牀邊彈琴，
　　象説：‘哎呀！我好想念您呀！’但神情之間是很不好意思的。舜
　　説：‘我想念着這些臣下和百姓，你替我管理管理吧！’我不曉得舜
　　不知象要殺他嗎？”

　　孟子答道：“爲什麽不知道呢？象憂愁，他也憂愁；象高興，他
　　也高興。”

　　萬章説：“那麽，舜的高興是假裝的嗎？”

　　孟子説："不；從前有一個人送條活魚給鄭國的子產，子產使主管池塘的人畜養起來，那人却煮着吃了，回報説：'剛放在池塘裏，它還要死不活的；一會兒，搖擺着尾巴活動起來了，突然間遠遠地不知去向。'子產説：'它得到了好地方呀！得到了好地方呀！'那人出來了，説道：'誰説子產聰明，我已經把那條魚煮着吃了，他還説：得到了好地方呀，得到了好地方呀！'所以對於君子，可以用合乎人情的方法來欺騙他，不能用違反道理的詭詐欺罔他。象既然假裝着敬愛兄長的樣子來，舜因此真誠地相信而高興起來，爲什麼是假裝的呢？"

【注釋】　①詩云等句——詩見齊風南山篇，舜時自然無此詩句，萬章説"信斯言也，宜莫如舜"，不過以爲舜時當時也有此禮而已。　　②斁——音隊(duì)，又音墜(zhuì)，怨也。　　　③階——禮記喪大記云："虞人設階。"鄭玄注云："階，所乘以升屋者。"又説文云："梯，木階也。"則"階"與"梯"有時有區别，有時亦得通用。　　④出——趙岐注云："使舜浚井，舜入而即出，瞽瞍不知其已出，從而蓋其井。"以"出"爲"舜出"。另一説，從上下文義看，"出"當是瞽瞍等出；與下文"從而揜之"的"從而"相應。　⑤揜——今通作"掩"。但按之説文，"揜"、"掩"是兩字，云："揜，覆也。""掩，斂也。"　　⑥象——舜同父異母弟。　　　⑦謨蓋都君咸我績——蓋，"害"之假借字。阮元釋蓋云："吕刑，'鰥寡無蓋'，'蓋'即'害'字之借，言堯時鰥寡無害也。孟子'謀蓋都君'，此兼井廩言之，蓋亦當訓爲'害'也。若專以'謀蓋'爲蓋井，而不兼焚廩，則'咸我績''咸'字，無所著矣。""都君"指舜。"一年而所居成聚，二年成邑，三年成都"(見史記五帝本紀)，故有"都君"之稱。　　　⑧弤——音邸(dǐ)。趙岐注云："彫弓也。天子曰彫弓。堯禪舜天下，故賜之彫弓也。"焦循正義云："乃此時堯不當有禪舜之意，以弤爲天子之弓，於義未協。趙佑温故録云：'弤或别一弓之名，舜所常用，亦如五弦之琴爲舜自作者耳。'按廣韻引坤蒼云：'弤，舜弓名。'"　　⑨棲——趙岐注云："牀也。"　　　⑩鬱陶——楚辭九辯云："豈

不鬱陶而思君兮”，則“鬱陶”爲思念之貌。　　⑪忸怩——音紐尼（niǔ
ní）。説文新附：“忸怩，慙也。”　　⑫惟——説文：“惟，凡思也。”段玉裁注
云：“凡思，謂浮泛之思。”　　⑬于——王引之經傳釋詞云：“于，爲也；爲，
助也。”　　⑭奚而——猶言“奚爲”。　　⑮校人——趙岐注云：“主池沼
小吏也。”　　⑯圉圉——（yǔ）。趙岐注云：“魚在水羸劣之貌。”　　⑰洋
洋——趙岐注云：“舒緩摇尾之貌。”　　⑱攸然——趙岐注云：“迅走趨水
深處也。”

9·3　萬章問曰：“象日以殺舜爲事，立爲天子則放之，
何也？”

孟子曰：“封之也；或曰，放焉。”

萬章曰：“舜流共工于幽州①，放驩兜于崇山②，殺三苗
于三危⑧，殛鯀于羽山④，四罪而天下咸服，誅不仁也。象
至不仁，封之有庳⑤。有庳之人奚罪焉？仁人固如是
乎——在他人則誅之，在弟則封之？”

曰：“仁人之於弟也，不藏怒焉，不宿怨焉，親愛之而已
矣。親之，欲其貴也；愛之，欲其富也。封之有庳，富貴之
也。身爲天子，弟爲匹夫，可謂親愛之乎？”

“敢問或曰放者，何謂也？”

曰：“象不得有爲於其國，天子使吏治其國而納其貢稅
焉，故謂之放。豈得暴彼民哉？雖然，欲常常而見之，故源
源而來，‘不及貢，以政接于有庳⑥’。此之謂也。”

【譯文】　萬章問道：“象每天把謀殺舜的事情作爲他的工作，等舜做
　　了天子，卻僅僅流放他，這是什麼道理呢？”

孟子答道：“其實是舜封象爲諸侯，不過有人説是流放他

罷了。”

萬章説：“舜把共工流放到幽州，把驩兜發配到崇山，把三苗之君驅逐到三危，把鯀充軍到羽山，懲處了這四個大罪犯，天下便都歸服了，就因爲討伐了不仁的人的緣故。象是最不仁的人，却以有庳之國來封他。有庳國的百姓又有什麼罪過呢？對別人，就加以懲處；對弟弟，就封以國土，難道仁人的作法竟是這樣的嗎？”

孟子説：“仁人對於弟弟，有所忿怒，不藏於心中；有所怨恨，不留在胸内，只是親他愛他罷了。親他，便要使他貴；愛他，便要使他富。把有庳國土封給他，正是使他又富又貴。本人做了天子，弟弟却是一個老百姓，可以説是親愛嗎？”

萬章説：“我請問，爲什麼有人説是流放呢？”

孟子説：“象不能在他國土上爲所欲爲，天子派遣了官吏來給他治理國家，繳納貢税，所以有人説是流放。象難道能够暴虐地對待他的百姓嗎？〔自然不能。〕縱是如此，舜還是想常常看到象，象也不斷地來和舜相見。〔古書上説：〕‘不必等到規定的朝貢的時候，平常也假借政治上的需要來相接待。’就是這個意思。”

【注釋】　①流共工于幽州——此下至“四罪而天下咸服”並見於今尚書舜典。史記集解引鄭云：“共工，水官名。”尚書孔穎達正義又引鄭云：“其人名氏未聞，先祖居此官，故以官爲氏也。”史記集解引馬融云：“幽州，北裔（邊遠之地）。”正義引括地志云：“故龔城在檀州燕樂縣界，故老傳云，舜流共工幽州居此城。”則當在今日密雲縣東北。　②放驩兜于崇山——驩兜，堯舜時大臣。崇山，史記集解引馬云：“南裔也。”孫星衍尚書今古文注疏云：“御覽四十九引盛宏之荆州記曰，書云，放驩兜于崇山，崇山在澄陽縣南七十五里。”　③殺三苗于三危——舜典“殺”作“竄”，故很多訓詁家都以爲這“殺”字不作殺戮解，而是“竄”的假借字。三苗，國名；三危，西裔（俱馬融説）。後漢書西羌傳注云：“三危山在今沙州敦煌縣東南，山有三峰，曰三危也。"（按三危之山何在，古今異説紛紜，其實堯舜之歷史既屬傳説，則其人其地皆不必過於實指，因之本文注解亦只略舉一説以備一格而已。）　　④殛鯀于羽山——"殛"或"極"，因之這"殛"字有兩解，一作流放解，與上文"流"、"放"、"竄"字義一律。一作誅殺解。羽山，據漢書地理志，當在今江蘇贛榆縣界。據太平寰宇記則以爲在今山東蓬萊縣東南三十里。鯀，大禹之父。　　⑤有庳——庳（bì），自水經注引王隱之説，謂"應陽縣本泉陵之北部，東五里有鼻墟，象所封也。山下有象廟"以來，都以爲庳在今湖南道縣北。但舜都蒲阪，象封道縣，陸路有太行山之阻，水程有洞庭波之隔，相距三千里，何能"常常而見""源源而來"耶？故閻若璩四書釋地續深以爲疑。　　⑥不及貢，以政接于有庳——這兩句疑是尚書逸文，所以孟子斷以"此之謂也"。

9·4　咸丘蒙①問曰："語云：'盛德之士，君不得而臣，父不得而子。'舜南面而立，堯帥諸侯北面而朝之，瞽瞍亦北面而朝之。舜見瞽瞍，其容有蹙②。孔子曰：'於斯時也，天下殆哉，岌岌乎③！'不識此語誠然乎哉？"

孟子曰："否；此非君子之言，齊東野人之語也。堯老而舜攝也。堯典④曰：'二十有八載⑤，放勳⑥乃徂落⑦，百姓⑧如喪考妣⑨，三年，四海遏密八音⑩。'孔子曰：'天無二日，民無二王⑪。'舜既爲天子矣，又帥天下諸侯以爲堯三年喪，是二天子矣。"

咸丘蒙曰："舜之不臣堯，則吾既得聞命矣。詩云：'普天之下，莫非王土；率土之濱，莫非王臣⑫。'而舜既爲天子矣，敢問瞽瞍之非臣，如何？"

曰："是詩也，非是之謂也；勞於王事而不得養父母也。

曰：‘此莫非王事，我獨賢勞⑬也。’故說詩者，不以文⑭害辭⑮，不以辭害志。以意逆⑯志，是爲得之。如以辭而已矣，雲漢之詩曰：‘周餘黎民，靡有孑遺⑰。’信斯言也，是周無遺民也。孝子之至，莫大乎尊親；尊親之至，莫大乎以天下養。爲天子父，尊之至也；以天下養，養之至也。詩曰：‘永言孝思，孝思維則⑱。’此之謂也。書曰：‘祗載見瞽瞍，夔夔齊栗，瞽瞍亦允若⑲。’是爲父不得而子也⑳？”

【譯文】　咸丘蒙問道：“俗話說：‘道德最高的人，君主不能夠以他爲臣，父親不能夠以他爲子。’舜〔便是這種人，〕做了天子，堯便帥領諸侯向北面去朝他，他父親瞽瞍也向北面去朝他。舜看見了瞽瞍，容貌侷促不安。孔子說道：‘在這個時候，天下岌岌乎危險得很呀！’不曉得這話真是如此的嗎？”

孟子答道，“不；這不是君子的言語，而是齊東野人的話。〔堯活着的時候，舜未嘗做天子，不過〕堯當老年時，叫舜代理天子之職罷了。堯典上說過：‘二十八年以後，堯死了，群臣好像死了父母一樣，服喪三年，老百姓也停止一切音樂。’孔子說過：‘天上沒有兩個太陽，人間沒有兩個天子。’假若舜真在堯死以前做了天子，同時又帥領天下的諸侯爲堯服喪三年，這便是同時有兩個天子了。”

咸丘蒙說：“舜不以堯爲臣，我已經領受你的教誨了。詩經又說過：‘徧天下沒有一塊不是天子的土地；環繞土地的四周，沒有一人不是天子的臣民。’如果舜既做了天子，請問瞽瞍卻不是臣民，又是什麼道理呢？”

孟子說：“北山這首詩，不是你所說的那意思，而是說作者本人勤勞國事以致不能夠奉養父母。他說：‘這些事沒有一件不是天

子之事呀，爲什麼獨我一人勞苦呢？'所以解説詩的人，不要拘於
文字而誤解詞句，也不要拘於詞句而誤解原意。用自己切身的體
會去推測作者的本意，這就對了。假如拘於詞句，那雲漢的詩説
過：'周朝剩餘的百姓，没有一個存留。'相信了這一句話，是周朝
没有存留一個人了。孝子孝的極點，没有超過尊敬他的雙親的；
尊敬雙親的極點，没有超過拿天下來奉養父母的。瞽瞍做了天子
的父親，可説是尊貴到極點了；舜以天下來奉養他，可説是奉養的
頂點了。詩經又説過：'永遠地講究孝道，孝道便是天下的法則。'
正是這個意思。書經又説過：'舜恭敬小心地來見瞽瞍，態度謹慎
恐懼，瞽瞍也因之真正順理而行了。'這難道是'父親不能够以他
爲子'嗎？"

【注釋】　①咸丘蒙——咸丘本是地名（原在魯國），此以地名爲姓氏。趙岐
注云："咸丘蒙，孟子弟子。"　　②有蹙——"有"爲詞頭，無義。蹙(cù)，
不安貌。　　③天下殆哉岌岌乎——此爲"天下岌岌乎殆哉"之倒裝。古
人常以"岌"作狀語，表示危殆。管子小問篇云："危哉君之國岌乎！"又墨
子非儒篇云："孔丘與其門弟子閒坐，曰，夫舜見瞽瞍蹴然，此時天下坂
乎！"韓非子忠孝篇云："舜見瞽瞍，其容造焉。孔子曰，當是時也，危哉天
下岌岌！有道者，父固不得而子，君固不得而臣也。"　　④堯典曰——以
下數句實爲今尚書舜典文。按今堯典舜典本是一篇，謂之堯典。至齊明
帝建武年間，吳興姚方興於大航頭得所謂孔氏傳古文，始分堯典爲二，以
"慎徽五典"至末謂之"舜典"，而加"粤若稽古帝舜"二十八字於其中，實則
與古不合。　　⑤二十有八載——有，讀爲又，古人常於十數與零數之間
用"有"字。二十有八載，史記堯本紀云："堯立七十年得舜，二十年而老，
令舜攝行天子之政，薦之於天，堯辟位，凡二十八年而崩。"則此"二十有八
載"，謂舜攝政之後的二十八年也。又可與下章"舜相堯二十有八載"互
證。　　⑥放勳——亦作"放助"，堯之稱號。　　⑦徂落——爾雅釋詁：
"徂落，死也。"　　⑧百姓——閻若璩四書釋地又續云："'百姓'義二，有

指‘百官’言者,書‘百姓’與‘黎明’對,禮大傳‘百姓’與‘庶民’對是也。有指小民言者,‘百姓不親,五品不遜’是也。四書中‘百姓’凡二十五見,惟‘百姓如喪考妣’指‘百官’,蓋有爵土者爲天子服斬衰三年,禮也。”王夫之説同。　　　⑨考妣——父母。郭沫若云:“周彝器中父之嚴(死後其靈不滅曰嚴,亦曰鬼)曰考,其配曰母;父以上曰祖,其配曰妣。堯典有‘如喪考妣’之語,乃僞託也。(金文叢考傳統思想考,又甲骨文字研究釋祖妣。)

⑩四海遏密八音——四海指民間言(本江聲尚書集注音疏説)。爾雅釋詁云:“遏,止也。”“密”,説文作“謐”云:“謐,靜語也;一曰,無聲也。”八音,指八種質料(金、石、絲、竹、匏、土、革、木)所作的樂器而言。　　⑪孔子曰以下諸句——禮記曾子問篇及坊記都引有孔子此語,也都作“天無二日,士無二王”。　　⑫詩云以下諸句——此見詩小雅北山。詩序云:“北山,大夫刺幽王也。役使不均,己勞於從事,而不得養其父母焉。”“率土之濱”之“率”,仍當依毛傳訓“循”,王引之經義述聞以爲“率,自也。自土之濱者,舉外以包内,猶言四海之内”,恐非。　　⑬賢勞——毛傳云:“賢,勞也。‘賢勞’猶言劬勞。”宋翔鳳孟子趙注補正則云:“小爾雅:‘賢,多也。’詩,‘大夫不均,我從事獨賢’,‘獨賢’猶言‘獨多’。孟子説詩爲‘賢勞’,正是‘多勞’之義。亦通。　　⑭文——朱熹集注云:“文,字也。”

⑮辭——朱熹集注云:“辭,語也。”　　⑯逆——揣測之意。易説卦云:“知來者逆,是故易,逆數也。”“逆”字與此同。　　⑰周餘黎民靡有子遺——兩句見詩大雅雲漢。“黎民”即老百姓之意,有人解釋爲黎氏族族俘,至少和孟子説詩之意不合。方言云:“孑,餘也。周鄭之間或曰孑,青徐楚之間曰孑。”故馬瑞辰毛詩傳箋通釋云:“孑遺二字同義。”　　⑱詩曰至維則——此大雅下武篇文。　　⑲書曰至允若——趙岐注云:“尚書逸篇。”又云:“祇,敬;載,事也。夔夔(kuí)齊(同齋)栗,敬慎戰懼貌。”朱熹集注云:“允,信;若,順也。”但俞氏以爲“允若”之“若”當屬下讀,讀爲“若是,爲父不得而子也”則誤。　　⑳也——同“邪”,此從俞樾孟子平議之説。

9·5　萬章曰:“堯以天下與舜,有諸?”

孟子曰：“否；天子不能以天下與人。”

“然則舜有天下也，孰與之？”

曰：“天與之。”

“天與之者，諄諄①然命之乎？”

曰：“否；天不言，以行與事示之而已矣。”

曰：“以行與事示之者，如之何？”

曰：“天子能薦人於天，不能使天與之天下；諸侯能薦人於天子，不能使天子與之諸侯；大夫能薦人於諸侯，不能使諸侯與之大夫。昔者，堯薦舜於天，而天受之；暴②之於民，而民受之；故曰，天不言，以行與事示之而已矣。”

“曰：敢問薦之於天，而天受之；暴之於民，而民受之，如何？”

曰：“使之主祭，而百神享之，是天受之；使之主事，而事治，百姓安之，是民受之也。天與之，人與之，故曰，天子不能以天下與人。舜相堯二十有八載，非人之所能爲也，天也。堯崩，三年之喪畢，舜避堯之子於南河③之南，天下諸侯朝覲者，不之堯之子而之舜；訟獄④者，不之堯之子而之舜；謳歌者，不謳歌堯之子而謳歌舜，故曰，天也。夫然後之中國⑤，踐天子位焉。而⑥居堯之宮，逼堯之子，是篡也，非天與也。太誓曰，‘天視自我民視，天聽自我民聽⑦’，此之謂也。”

【譯文】　萬章問道：“堯拿天下授與舜，有這麽回事嗎？”

　　孟子答道：“不；天子不能够拿天下授與人。”

　　萬章又問：“那麽，舜得到了天下，是誰授與的呢？”

答道："天授與的。"

又問道："天授與的,是反復叮嚀地告誡他的嗎?"

答道："不是;天不説話,拿行動和工作來表示罷了。"

問道："拿行動和工作來表示,是怎樣的呢?"

答道："天子能够向天推薦人,却不能强迫天把天下給與他;〔正如〕諸侯能够向天子推薦人,却不能强迫天子把諸侯的職位給與他;大夫能够向諸侯推薦人,却不能强迫諸侯把大夫的職位給與他。從前,堯將舜推薦給天,天接受了;又把舜公開介紹給百姓,百姓也接受了;所以説,天不説話,拿行動和工作來表示罷了。"

問道："推薦給天,天接受了;公開介紹給百姓,百姓也接受了,這是怎樣的呢?"

答道："叫他主持祭祀,所有神明都來享用,這便是天接受了;叫他主持工作,工作搞得很好,百姓很滿意他,這便是百姓接受了。天授與他,百姓授與他,所以説,天子不能够拿天下授與人。舜幫助堯治理天下,一共二十八年,這不是某一人的意志所能做到的,而是天意。堯死了,三年之喪完畢,舜爲着要使堯的兒子能够繼承天下,自己便逃避到南河的南邊去。可是,天下諸侯朝見天子的,不到堯的兒子那裏,却到舜那裏;打官司的,也不到堯的兒子那裏,却到舜那裏;歌頌的人,也不歌頌堯的兒子,却歌頌舜,所以説,這是天意。這樣,舜才回到首都,坐了朝廷。如果自己居住於堯的宮室,逼迫堯的兒子〔讓位給自己〕,這是篡奪,而不是天授了。太誓説過:'百姓的眼睛就是天的眼睛,百姓的耳朵就是天的耳朵。'正是這個意思。"

【注釋】　①諄諄——説文:"諄,告曉之孰(熟)也。"詩大雅抑:"誨爾諄諄。"廣韻云:"諄,告之丁寧。"　　②暴——音瀑(pù),朱熹集注云:"顯也。"

③南河——史記正義引括地志云:"故堯城在濮州鄄城縣東北十五里,又有偃朱故城,在縣西北十五里。濮州北臨瀁,大川也,河在堯都之南,故曰南河,禹貢'至于南河'是也。其偃朱城所居,即舜讓避丹朱於南河之南處也。"按偃朱故城在今河南濮城東二十五里,本名朱家阜。　　④訟獄——經傳多作"獄訟",如周禮地官大司徒云:"凡民之不服教而有獄訟者。"此作"訟獄",與"獄訟"同爲同義複詞。趙岐注云:"訟獄,獄不能決罪,故訟之。"以"訟獄"爲動賓結構,實誤。　　⑤之中國——文選陸機答賈長淵詩注引此文作"歸中國",可能是依上文"避於南河之南"之意,因以"歸"釋"之",譯文從之。又史記堯紀集解引劉熙云:"帝王所都爲中,故曰中國。"　　⑥而——同"如"。説見王引之經傳釋詞。　　⑦太誓至民聽——今本太誓爲梅氏僞古文,此兩語小爲所採。"天視自我民視"兩句譯文用意譯法。

9·6 萬章問曰:"人有言,'至於禹而德衰,不傳於賢,而傳於子①'。有諸?"

孟子曰:"否,不然也;天與賢,則與賢;天與子,則與子。昔者,舜薦禹於天,十有七年,舜崩,三年之喪畢,禹避舜之子於陽城②,天下之民從之,若堯崩之後不從堯之子而從舜也。禹薦益於天,七年,禹崩,三年之喪畢,益避禹之子於箕山之陰③。朝覲訟獄者不之益而之啟④,曰:'吾君之子也。'謳歌者不謳歌益而謳歌啟,曰:'吾君之子也。'丹朱⑤之不肖,舜之子亦不肖。舜之相堯、禹之相舜也,歷年多,施澤於民久。啟賢④,能敬承繼禹之道。益之相禹也,歷年少,施澤於民未久。舜、禹、益相去久遠⑥,其子之賢不肖,皆天也,非人之所能爲也。莫之爲而爲者,天也;莫之致而至者,命也。匹夫而有天下者,德必若舜禹,而又有天子薦之者,故仲尼不有天下。繼世以有天下,天之所廢,必若桀紂者也,故益、伊尹、周公不有天下。伊尹相湯以王於天下,湯崩,太丁未立,外丙⑦二年,仲壬⑦四年,太甲顛覆湯之典刑,伊尹放之於桐⑧,三年,太甲悔過,自怨自艾,於桐處仁遷義,三年,以聽伊尹之訓己也,復歸于亳⑨。周公之不有天下,猶益之於夏、伊尹之於殷也。孔子曰:'唐虞禪,夏后殷周繼,其義一也。'"

【譯文】　萬章問道:"有人説:'到禹的時候道德就衰微了,天下不傳給賢聖的人,却傳給自己的兒子。'這樣的話可靠麽?"

　　孟子答道:"不,不是這樣的;天要授與賢聖的人,便授與賢聖的人;天要授與君主的兒子,便授與君主的兒子。從前,舜把禹推薦給天,十七年之後,舜死了,三年之喪完畢,禹爲着要讓位給舜的兒子,自己便躲避到陽城去。可是,天下百姓的跟隨禹,正好像堯死了以後他們不跟隨堯的兒子却跟隨舜一樣。禹把益薦給天,七年之後,禹死了,三年之喪完畢,益又爲着讓位給禹的兒子,自己便躲避到箕山之北去。當時朝見天子的人,打官司的人都不去益那裏,而去啟那裏,説道:'他是我們君主的兒子呀。'歌頌的人也不歌頌益,而歌頌啟,説道:'他是我們君主的兒子呀。'堯的兒子丹朱不好,舜的兒子也不好。而且,舜的幫助堯,禹的幫助舜,經過的年歲多,對百姓施與恩澤的時間長。〔啟和益就不同。〕啟很賢明,能够認真地繼承禹的傳統。益幫助禹,經過的年歲少,對百姓施與恩澤的時間短。舜、禹、益之間相距時間的長短,以及他們兒子的好壞,都是天意,不是人力所能做到的。没有人叫他們這樣做,而竟這樣做了的,便是天意;没有人叫他來,而竟這樣來了的,便是命運。以一個老百姓而竟得到天下的,他的道德必然要像舜和禹一樣,而且還要有天子推薦他,所以孔子〔雖是聖人,因沒有天子的推薦,〕便不能得到天下。世代相傳而得到天下的,天所要廢棄的,一定要像夏桀商紂那樣殘暴無德的,所以益、伊尹、周公〔雖是聖人,因爲所逢的君主不像桀紂,〕便不能得到天下。伊尹幫助湯統一了天下,湯死了,太丁未立就死了,外丙在位二年,仲壬在位四年,〔太丁的兒子太甲又繼承王位。〕太甲破壞了湯的法度,伊尹便流放他到桐邑,三年之後,太甲悔過,自己怨恨,自己改悔,就在桐邑,便能够以仁居心,唯義是從,三年之後,完全聽從伊尹對自己的教訓了,然後又回到亳都做天子。周公的不能得天下,正好像益的在夏朝、伊尹的在殷朝一樣。孔子說過:‘唐堯虞舜以天下讓賢,夏商周三代却世世代代傳於子孫,道理是一樣的。’”

【注釋】　①人有言至傳於子——翟灝四書考異云:“新序節士篇:‘禹問伯成子高曰:昔者堯治天下,吾子立爲諸侯;堯授舜,吾子猶存焉;及吾在位,子辭諸侯而耕,何故?’子高曰:‘昔堯之治天下,舉天下而傳之他人,至無欲也;擇賢而與之,至公也。舜亦猶然。今君之所懷者私也,百姓知之,貪爭之端自此始矣;德自此衰,刑自此繁矣。吾不忍見,以是野處也。’韓非子外儲説:‘潘壽對燕王曰,禹愛益而任天下於益,已而以啟人爲吏。及老,而以啟爲不足任天下,故傳天下於益,而勢重盡在啟也。已而啟以友黨攻益而奪之天下。是禹名傳天下於益,而實令啟自取之也。此禹之不及堯舜明矣。’萬章所謂人言,蓋此等言也。”按晉書束皙傳引竹書紀年云:“益干啟位,啟殺之。”此又一異説。　　②陽城——山名,在今河南登封縣北三十八里,閻若璩四書釋地以爲禹避於此。又邑名,在今河南登封縣東南三十五里,今爲告成鎮,清一統志以爲禹避於此。　　③箕山之陰——史記夏本紀作“箕山之陽”。山北曰陰。箕山在今河南登封縣東南。　　④啟——禹之子,古書亦作“開”。啟之爲人,孟子以爲賢,但考之楚辭、墨子、竹書紀年、山海經諸書，未必爲賢主。楚辭離騷云："啟九辯與九歌兮，夏康娛（"康娛"二字連讀，此二字連文，楚辭屢見，以"夏康"連文者誤。）以自縱。不顧難以圖後兮，五子用失乎家巷。"天問云："啟代益作后，卒然離蠥，何啟惟憂？而能拘是達？"又云："啟棘賓商，九辯九歌，何勤子屠母，而死分竟地？"墨子非樂篇引武觀云："啟乃淫溢康樂，野于飲食，將將銘莧磬以力（此句有脱誤），湛濁于酒，渝食于野，萬舞翼翼，章聞于大，天用弗式。"山海經大荒西經云："有人珥兩青蛇，乘兩龍，名曰夏后開。開上三嬪於天，得九辯與九歌以下，此大穆之野高二千仞，開焉得始歌九招？"與儒家所傳者不同。皮錫瑞云："孟子以爲賢者，爲世立教耳。"（王先謙尚書孔傳參正卷七）　　⑤丹朱——本名朱，後封於丹，故稱丹朱。説見閻若璩四書釋地續。　　⑥舜禹益相去久遠——意謂三人之相距有久有不久，此"久遠"包括"暫短"而言。原意本謂舜相堯二十八年，禹相舜十七年，皆久遠者；益相禹則只七年而禹死，比之舜、禹，則短暫矣。　　⑦外丙、仲壬——卜辭作"卜丙"、"中壬"。　　⑧桐——史記正義引晉太康地記云："尸鄉南有亳坂，東有城，太甲所放處也。"尸鄉在今河南偃師縣西南五里。閻若璩釋地又續以山西榮河縣（其百祥村西有湯陵，恐屬附會）爲太甲所放處。恐非。　　⑨亳——音薄（bó），當在今河南偃師縣西，亦曰尸鄉。

9·7 萬章問曰："人有言，'伊尹以割烹要湯①'，有諸？"

孟子曰："否，不然；伊尹耕於有莘②之野，而樂堯舜之道焉。非其義也，非其道也，禄之以天下，弗顧也；繫馬千駟，弗視也。非其義也，非其道也，一介③不以與人，一介不以取諸人。湯使人以幣④聘之，囂囂⑤然曰：'我何以湯之聘幣爲哉？我豈若處畎畝之中，由是以樂堯舜之道哉？'湯三使往聘之，既而幡⑥然改曰：'與⑦我處畎畝之中，由是以樂堯舜之道，吾豈若使是君爲堯舜之君哉？吾豈若使是民爲堯舜之民哉？吾豈若於吾身親見之哉？天之生此民也，使先知覺後知，使先覺覺後覺也。予，天民之先覺者也；予將以斯道覺斯民也。非予覺之，而誰也？'思天下之民匹夫匹婦有不被堯舜之澤者，若己推而内⑧之溝中。其自任以天下之重如此，故就湯而説⑨之以伐夏救民。吾未聞枉己而正人者也，況辱己以正天下者乎？聖人之行不同也，或遠，或近；或去，或不去；歸潔其身而已矣。吾聞其以堯舜之道要湯，未聞以割烹也。伊訓曰：'天誅造攻自牧宫，朕載自亳⑩。'"

【譯文】　萬章問道："有人説，'伊尹使自己作了廚子切肉做菜以便向湯有所干求'，有這麽回事嗎？"

孟子答道："不，不是這樣的；伊尹在莘國的郊野種莊稼，而以堯舜之道爲樂。如果不合道義，縱使以天下的財富作爲他的俸禄，他都不回頭望一下；縱使有四千匹馬繫在那裏，他也都不望一下。如果不合道義，一點也不給與别人，一點也不取於别人。湯曾使人拿禮物去聘請他，他却安靜地説：'我幹什麽要接受湯的這個聘禮呢？我何不住在田野之中，由此以堯舜之道爲自得之樂呢？'湯幾次使人去聘請他，不久，他便完全改變了態度，説：'我與其住在田野之中，由此以堯舜之道爲個人的快樂，又何不如使現在的君主做堯舜一樣的君主呢？又何不如使現在的百姓做堯舜時代一樣的百姓呢？〔堯舜的盛世，〕我何不使它在我這時候親自看到呢？上天生育人民，就是要先知先覺者來使後知後覺者有所覺悟。我呢，是百姓中間的先覺者；我就得拿這個堯舜之道使現在的人有所覺悟。不是我去使他們覺悟，又有誰去呢？'伊尹是這樣考慮的：在天下的百姓中，如果有一個男子或一個婦女，没有沾

潤上堯舜之道的惠澤，便好像自己把他推進山溝中一樣。他是像
這樣地以天下的重擔挑在自己肩上，所以到了湯那裏，便用討伐
夏桀、拯救百姓的道理來説給湯聽。我没有聽説過，先使自己屈
曲，却能够匡正别人的；何况先使自己遭受侮辱，却能够匡正天下
的呢？聖人的行爲，可能各有不同，有的疏遠當時君主，有的靠攏
當時君主，有的離開朝廷，有的留戀朝廷，歸根到底，都得使自己
身體乾乾淨淨，不沾骯髒。我只聽説過伊尹用堯舜之道向湯干
求，没有聽説過他切肉做菜的事。伊訓説過：‘上天的討伐，最初
的禍根起自夏桀的宫室，我呢，不過從殷都亳邑開始打算罷了。’”

【注釋】　①人有言，伊尹以割烹要湯——墨子尚賢篇云：“昔伊尹爲莘氏女
師僕，親爲庖人，湯得而舉之。”史記殷本紀云：“伊尹名阿衡。阿衡欲干湯
而無由，乃爲有莘氏媵臣（商湯后妃的陪嫁奴僕），負鼎俎，以滋味説湯，至
于王道。”而吕氏春秋本味篇記載此事尤爲詳細。　②有莘——莘，國
名，亦作“娑”。史記正義引括地志云：“古莘國，在汴州陳留縣東五里故莘
城是也。”則在今河南陳留鎮東北。“有”爲置於名詞前之詞頭。前文第三
章“有庳”之“有”亦如此。　③一介——王引之經義述聞通説以爲“介”
即“个”字，趙岐注則以“一介草”釋“一介”。按論衡知實篇云：“天下之人
有如伯夷之廉，不取一芥於人。”則“一介”“一芥”猶言一點點小東西。
④幣——説文云，“幣，帛也”，則幣本意是繒帛（生絲綢），古以束帛爲贈勞賓
客及享聘之禮物，故鄭玄注聘禮記云，“幣謂束帛也”。其後因爲車馬玉帛同
爲聘享之禮物，所以渾言之皆曰幣（見徐灝説文解字注箋）。　⑤嚚
嚚——閒暇貌。　⑥幡——與“翻”同。　⑦與——與其。　⑧内
同“納”。　⑨説——音税（shuì），游説。　⑩伊訓曰，天誅造攻自牧
宫，朕載自亳——趙岐注云：“伊訓，尚書逸篇名。”今本尚書伊訓爲僞古
文。造，始也。牧宫，桀宫。載，亦始也。朕，伊尹自謂，蓋伊訓乃伊尹訓
太甲之文也（此本江聲尚書集注音疏之説）。任啓運四書約旨則謂“牧宫，
湯祖廟。湯爲牧伯，故祖廟稱牧宫。古者大征伐必告廟而出，反亦必告

廟。此‘造攻自牧宫’,是告而出”。

9·8　萬章問曰:“或謂孔子於衞主癰疽①,於齊主侍人瘠環②,有諸乎?”

孟子曰:“否,不然也;好事者爲之也。於衞主顔讎由③。彌子④之妻與子路之妻,兄弟也。彌子謂子路曰:‘孔子主我,衞卿可得也。’子路以告。孔子曰:‘有命。’孔子進以禮,退以義,得之⑤不得曰‘有命’。而主癰疽與侍人瘠環,是無義無命也。孔子不悦於魯衞⑥,遭宋桓司馬將要而殺之⑦,微服⑧而過宋。是時孔子當阨,主司城貞子⑨,爲陳侯周⑩臣。吾聞觀近臣⑪,以其所爲主;觀遠臣⑫,以其所主。若孔子主癰疽與侍人瘠環,何以爲孔子?”

【譯文】　萬章問道:“有人説,孔子在衞國住在衞靈公所寵幸的宦官癰疽家裏,在齊國,也住在宦官瘠環家裏。真有這一回事嗎?”

孟子説:“不,不是這樣的;這是好事之徒捏造出來的。孔子在衞國,住在顔讎由家中。彌子瑕的妻子和子路的妻子是姊妹。彌子瑕對子路説:‘孔子住在我家中,衞國卿相的位置便可以得到。’子路把這話告訴了孔子。孔子道:‘一切由命運決定。’孔子依禮法而進,依道義而退,所以他説得着官位和得不着官位‘由命運決定’。如果他住在癰疽和宦官瘠環家中,這種行爲,便是無視禮義和命運了。孔子在魯國和衞國不得意,又碰上了宋國的司馬向魋預備攔截他並將他殺死,只得改變服裝悄悄地走過宋國。這時候,孔子正處在困難的境地,便住在司城貞子家中,做了陳侯周的臣子。我聽説過,觀察在朝的臣子,看他所招待的客人;觀察外來的臣子,看他所寄居的主人。如果孔子真的以癰疽和宦官瘠環爲主人，還怎麽能算'孔子'呢?"

【注釋】　①主癰疽——主，名詞作動詞用。"主癰疽"，以癰疽爲主人也。譯
文則用史記之説法。癰疽，史記孔子世家作雍渠，韓非子作雍鉏，説苑至
公篇作雍雎。翟灝考異云："均以聲同通借耳。"　　　②侍人瘠環——侍
人，説苑至公篇作"寺人"，故朱熹集注云："侍人，奄人也。"癰疽也是寺人
(宦官)，而不言者，大概因爲其人較被人所知的緣故。古代以與宦官交往
爲醜事。　　　　③顏讎由——史記孔子世家作"顏濁鄒"。左傳、莊子、吕氏
春秋又有一顏涿聚，則爲齊人。夏炘景紫堂文集申張守節史記正義之説
以讎由、濁鄒、涿聚爲同一人(漢書古今人表亦誤以濁鄒爲涿聚)，恐誤。
④彌子——衛靈公寵臣彌子瑕。吕氏春秋慎大覽云："孔子乃道彌子瑕見
釐夫人，因也。"淮南子泰族訓亦云："孔子欲行王道，七十説而無所偶，故
因衛夫人、彌子瑕而欲通其道。"可見當時有人曾造作孔子與彌子瑕交游
的蜚語，孟子因連帶及之，更可以表現孔子之未曾主癰疽了。
⑤之——此"之"字作"與"字用。　　　⑥不悦於魯衛——"不悦於魯"指
"齊人饋女樂，季桓子受之"事;"不悦於衛"指"招摇市過之"事。俱詳孔子
世家。　　　⑦遭宋桓司馬將要而殺之——十字作一句讀。史記孔子世家
云："孔子去曹適宋，與弟子習禮大樹下。宋司馬桓魋(音頽 tuí)欲殺孔子，
拔其樹。孔子去。"要，平聲，攔截。　　　⑧微服——謂變易平常的服裝以
避人耳目。此爲當日常語，不宜拆開。微讀如"微行"之"微"。説文："微，
隱行也。"　　　⑨司城貞子——史記孔子世家云："孔子遂至陳，主於司城
貞子家。"則司城貞子爲陳人。朱亦棟孟子札記以爲即左傳哀公十五年
"陳侯使公孫貞子弔焉"之公孫貞子。趙岐注以爲"宋卿"，恐誤。
⑩陳侯周——趙岐注云："陳懷公也。爲楚所滅，故無謚，但曰陳侯周。"
但據史記陳杞世家，陳懷公子爲楚所滅者爲湣公，名越，不名周。索隱云：
"按左傳，湣公名周，是史官記之不同也。"則司馬貞所據左傳有謂湣公名周
者矣(或者司馬貞誤記孟子爲左傳)。全祖望經史問答云："左傳、史記、世
本諸家所載諸侯之名，異同甚多，安在陳侯名周，不又各有所本?"此説得
之。明人郝敬不識此理，訓"周"爲"忠"，實謬。　　　⑪近臣——朱熹集注

云:"近臣,在朝之臣。"　　⑫遠臣——朱熹集注云:"遠臣,遠方來仕者。"

9·9　萬章問曰:"或曰,'百里奚自鬻於秦養牲者五羊之皮食牛以要秦穆公①'。信乎?"

　　孟子曰:"否,不然;好事者爲之也。百里奚,虞人也。晉人以垂棘之璧與屈產之乘假道於虞以伐虢②。宮之奇諫,百里奚不諫。知虞公之不可諫而去之秦,年已七十矣;曾③不知以食牛干秦穆公之爲汙也,可謂智乎? 不可諫而不諫,可謂不智乎? 知虞公之將亡而先去之,不可謂不智也。時舉於秦,知穆公之可與有行④也而相之,可謂不智乎? 相秦而顯其君於天下,可傳於後世,不賢而能之乎? 自鬻以成其君,鄉黨自好者不爲,而謂賢者爲之乎?"

【譯文】　萬章問道:"有人説,'百里奚把自己賣給秦國養牲畜的人,得價五張羊皮,替人家飼養牛,以此來干求秦穆公'。這話可以相信嗎?"

　　孟子答道:"不,不是這樣的;這是好事之徒捏造的。百里奚是虞國人。晉人用垂棘的美玉和屈地所產的良馬向虞國借路,來攻打虢國。當時虞國的大臣宮之奇諫阻虞公,勸他不要允許;百里奚卻不去勸阻。他知道虞公是不可以勸阻的,因而離開虞國,搬到秦國,這時已經七十歲了。他竟不知道用飼養牛的方法來干求秦穆公是一種惡濁行爲,可以説是聰明嗎? 但是,他預見到虞公不可以勸阻,便不去勸阻,又可以説不聰明嗎? 他又預見到虞公將要被滅亡,因而早早離開,又不能説不聰明。當他在秦國被推舉出來的時候,便知道秦穆公是位可以幫助而有作爲的君主,因而輔助他,又可以説是不聰明嗎? 爲秦國的卿相,使穆公在天下有顯赫的名望,而且足以流傳於後代,不是賢者能夠如此嗎?賣掉自己來成全君主,鄉里中一個潔身自愛的人都不肯幹,反説賢者肯幹嗎?"

【注釋】 ①百里奚自鬻於秦養牲者五羊之皮食牛以要秦穆公——關於百里奚的故事,散見於戰國以至西漢書籍中者甚多,但其中頗有同異。史記商君列傳載趙良對商鞅之言,曰:"夫五羖大夫(羖音古,夏羊牡曰羖),荆之鄙人也;聞秦繆公之賢,而願望見,行而無資,自粥於秦客,被褐食牛。期年,繆公知之,舉之牛口之下,而加之百姓之上。"但秦本紀又云:"晉獻公滅虞虢,虜虞君,與其大夫百里傒,以璧馬賂於虞故也。既虜百里傒,以爲秦繆公夫人媵於秦。百里傒亡秦走宛,楚鄙人執之。繆公聞百里傒賢,欲重贖之,恐楚人不與,乃使人謂楚曰:'吾媵臣百里傒在焉,請以五羖羊皮贖之。'楚人遂許與之。當是時,百里傒年已七十餘。繆公釋其囚,與語國事,大説,授之國政,號曰五羖大夫。"同出太史公之筆,即有所不同。但百里奚號爲五羖大夫,其人必與"五羖之皮"有關連。史記秦本紀以"五羖羊皮"爲贖金,孟子則似以"五羊之皮"爲賣價。考之戰國策、韓詩外傳、説苑諸書,皆以五羊皮爲賣價,與孟子之傳説同。　　　②晉人以垂棘之璧與屈產之乘假道於虞以伐虢——左傳僖公二年云:"晉荀息請以屈產之乘與垂棘之璧假道於虞以伐虢。公曰:'是吾寶也。'對曰:'若得道於虞,猶外府也。'乃使荀息假道於虞。虞公許之,且請先伐虢。宮之奇諫,不聽。"又僖五年云:"晉侯復假道於虞以伐虢。宮之奇諫,弗聽。許晉使。宮之奇以其族行,曰:'虞不臘矣。'"按此時晉正都於絳(故絳,非新田之絳),絳在今山西翼城縣東南十五里;而虞則在今山西平陸縣東北六十里,虢則在今平陸縣。由絳伐虢,南行必經虞,故假道。垂棘,晉國地名,今未詳所在。屈產,左傳杜預注及穀梁范寧注均以"屈"爲地名。"產",生也。"屈產之乘"意即屈地所生足以駕車的良馬。　　　③曾——乃也,竟也。　　　④有行——與"有爲"同。

卷十　萬章章句下

凡　九　章

10·1　孟子曰：“伯夷，目不視惡色，耳不聽惡聲。非其君，不事；非其民，不使。治則進，亂則退。橫^①政之所出，橫民之所止，不忍居也。思與鄉人處，如以朝衣朝冠坐於塗炭也。當紂之時，居北海之濱，以待天下之清也。故聞伯夷之風者，頑^②夫廉，懦夫有立志。

　　“伊尹曰：‘何事非君？何使非民？’治亦進，亂亦進，曰：‘天之生斯民也，使先知覺後知，使先覺覺後覺。予，天民之先覺者也。予將以此道覺此民也。’思天下之民匹夫匹婦有不與被堯舜之澤者，若己推而内之溝中——其自任以天下之重也^③。

　　“柳下惠不羞汙君，不辭小官。進不隱賢，必以其道。遺佚而不怨，阨窮而不憫。與鄉人處，由由然不忍去也。‘爾爲爾，我爲我，雖袒裼裸裎於我側，爾焉能浼我哉？’故聞柳下惠之風者，鄙^④夫寬，薄夫敦。

　　“孔子之去齊，接淅^⑤而行；去魯，曰：‘遲遲吾行也，去父母國之道也。’可以速而^⑥速，可以久而^⑥久，可以處而^⑥

處,可以仕而⑥仕,孔子也。"

　　孟子曰:"伯夷,聖之清者也;伊尹,聖之任者也;柳下惠,聖之和者也;孔子,聖之時者也。孔子之謂集大成。集大成也者,金聲而玉振之⑦也。金聲也者,始條理也;玉振之也者,終條理也。始條理者,智之事也;終條理者,聖之事也。智,譬則巧也;聖,譬則力也。由⑧射於百步之外也,其至,爾力也;其中,非爾力也。"

【譯文】　孟子説:"伯夷,眼睛不看不好的事物,耳朵不聽不好的聲音。不是他理想的君主,不去侍奉;不是他理想的百姓,不去使喚。天下太平,就出來做事;天下混亂,就退居田野。施行暴政的國家,住有暴民的地方,他都不願意去居住。他以爲同鄉下佬相處,好像穿戴着禮服禮帽坐在泥塗或者炭灰之上。當商紂的時候,住在北海海邊,等待天下的清平。所以聽到伯夷的風節的人,貪得無厭的人都廉潔起來了,懦弱的人也都有獨立不屈的意志了。

　　"伊尹説:'哪個君主,不可以侍奉?哪個百姓,不可以使喚?'因此天下太平也出來做官,天下混亂也出來做官,並且説:'上天的生育這些百姓,就是要先知先覺的人來開導後知後覺的人。我是這些人之中的先覺者,我將以堯舜之道來開導這些人。'他這樣想:在天下的百姓中,只要有一個男子或一個婦女沒有沾潤堯舜之道的好處,便好像自己把他推進山溝之中——這便是他把天下的重擔自己挑起來的態度。

　　"柳下惠不以侍奉壞君爲可羞,也不以官小而辭掉。立於朝廷,不隱藏自己的才能,但一定按他的原則辦事。自己被遺棄,也不怨恨;窮困,也不憂愁。同鄉下佬相處,高高興興地不忍離開。

〔他説：〕‘你是你，我是我，你縱然在我旁邊赤身露體，哪能就沾染着我呢？’所以聽到柳下惠風節的人，胸襟狹小的人也寬大起來了，刻薄的人也厚道起來了。

“孔子離開齊國，不等把米淘完，漉乾就走；離開魯國，却説：‘我們慢慢走吧，這是離開祖國的態度。’應該馬上走就馬上走，應該繼續幹就繼續幹，應該不做官就不做官，應該做官就做官，這便是孔子。”

孟子又説：“伯夷是聖人之中清高的人，伊尹是聖人之中負責的人，柳下惠是聖人之中隨和的人，孔子則是聖人之中識時務的人。孔子，可以叫他爲集大成者。‘集大成’的意思，〔譬如奏樂，〕先敲鎛鐘，最後用特磬收束，〔有始有終的〕一樣。先敲鎛鐘，是節奏條理的開始；用特磬收束，是節奏條理的終結。條理的開始在於智，條理的終結在於聖。智好比技巧，聖好比氣力。猶如在百步以外射箭，射到，是你的力量；射中，却不是你的力量。”

【注釋】①横——去聲，與“横逆”(8·28)之“横”同義。　②頑——毛奇齡四書賸言云：“孟子‘頑夫廉’，‘頑’字古皆是‘貪’字。”舉證甚多。臧琳經義雜記亦如此説。　③其自任以天下之重也——此句本當作“此其自任以天下之重也”，主語“此”字省略。　④鄙——朱熹集注云：“鄙，狹陋也。”　⑤接淅——説文：“淅，汏米也。”又云：“漀，浚乾漬米也。從水，竟聲。孟子曰，夫子去齊，漀淅而行。”是許慎所據孟子“接”作“漀”。“漀”是漉乾之意。淅米、汏米，今曰淘米。　⑥而——用法同“則”，公孫丑上有此四句，“而”皆作“則”(3·2)。　⑦金聲而玉振之——朱熹集注云：“並奏八音，則於其末作，而先擊鎛鐘（獨立懸掛的較大之鐘）以宣其聲；俟其既闋，而後擊特磬（獨立懸掛之磬）以收其韻。”振，猶收也（中庸“振河海而不洩”鄭玄注）。　⑧由——同“猶”。

10·2　北宫錡①問曰:“周室班②爵禄也,如之何?”

孟子曰:“其詳不可得聞也,諸侯惡其害己也,而皆去其籍;然而軻也嘗聞其略也。天子一位,公一位,侯一位,伯一位,子、男同一位,凡五等也。君一位,卿一位,大夫一位,上士一位,中士一位,下士一位,凡六等。天子之制,地方千里,公侯皆方百里,伯七十里,子、男五十里,凡四等。不能③五十里,不達於天子,附於諸侯,曰附庸④。天子之卿受地視⑤侯,大夫受地視伯,元士受地視子、男。大國地方百里,君十卿禄,卿禄四大夫,大夫倍上士,上士倍中士,中士倍下士,下士與庶人在官者同禄,禄足以代其耕也。次國地方七十里,君十卿禄,卿禄三大夫,大夫倍上士,上士倍中士,中士倍下士,下士與庶人在官者同禄,禄足以代其耕也。小國地方五十里,君十卿禄,卿禄二大夫,大夫倍上士,上士倍中士,中士倍下士,下士與庶人在官者同禄,禄足以代其耕也。耕者之所獲,一夫百畝;百畝之糞⑥,上農夫食九人,上次食八人,中食七人,中次食六人,下食五人。庶人在官者,其禄以是爲差。”

【譯文】　北宫錡問道:“周朝制定的官爵和俸禄的等級制度是怎樣的呢?”

孟子答道:“詳細情況已經不能够知道了,因爲諸侯厭惡那一種制度的不利於自己,都把那些文獻毁滅了。但是,我也曾經大略聽到些。天子爲一級,公一級,侯一級,伯一級,子和男共爲一級,一共五級。君爲一級,卿一級,大夫一級,上士一級,中士一級,下士一級,一共六級。天子直接管理的土地縱横各一千里,公和侯各一百里，伯七十里，子、男各五十里，一共四級。土地不够五十里的國家，不能直接與天子發生關係，而附屬於諸侯，叫做附庸。天子的卿所受的封地同於侯，大夫所受的封地同於伯，元士所受的封地同於子、男。公侯大國土地縱橫各一百里，君主的俸禄爲卿的十倍，卿爲大夫的四倍，大夫爲上士的一倍，上士倍於中士，中士倍於下士，下士的俸禄則和老百姓而在公家當差的相同，所得俸禄也足以抵償他們的耕種的收入了。中等國家土地爲方七十里，君主的俸禄爲卿的十倍，卿爲大夫的三倍，大夫倍於上士，上士倍於中士，中士倍於下士，下士的俸禄則和在公家當差的老百姓相同，所得俸禄也足以抵償他們的耕種的收入了。小國的土地爲方五十里，君主的俸禄爲卿的十倍，卿爲大夫的二倍，大夫倍於上士，上士倍於中士，中士倍於下士，下士的俸禄則和在公家當差的老百姓相同，所得俸禄也足以抵償他們的耕種的收入了。耕種的收入，一夫一婦分田百畝。百畝田地的施肥耕種，上等的農夫可以養活九個人，其次的養活八個人，中等的養活七個人，其次六個人，下等的五個人。老百姓在公家當差的他們的俸禄也比照這個分等級。”

【注釋】　①北宮錡——錡音奇（qí），趙岐注云：“衛人。”　②班——趙岐注云：“列也。”此“列”字爲“等列”之“列”，用爲動詞，則是規定等級之義。　③不能——朱熹集注云：“不能，猶不足也。”按淮南子脩務訓云：“絕國殊俗僻遠幽閒之處不能被德承澤。”高誘亦注云：“能，猶及也。”但淮南子之“能”仍可如字釋之，不必訓爲“及”。“能”之訓“足”訓“及”，於其他古書似無所徵，則朱熹以及高誘蓋皆望文爲訓，似不足據，故譯文仍舊如字釋之，原文不過“能”下省“有”字，這是古書常有的句法。　④附庸——衛湜禮記集說云：“王莽封諸侯置附城，則漢人以‘城’解‘庸’也。古文‘庸’即‘塘’，後人加土別之。”　⑤視——趙岐注云：“比也。”　⑥冀——段玉裁說文解字注云：“凡糞田多用所除之穢爲之，故曰糞。”

10·3　萬章問曰：“敢問友。”

孟子曰：“不挾長，不挾貴，不挾兄弟①而友。友也者，友其德也，不可以有挾也。孟獻子，百乘之家也，有友五人②焉：樂正裘，牧仲③，其三人，則予忘之矣。獻子之與此五人者友也，無獻子之家者也。此五人者，亦有獻子之家，則不與之友矣。非惟百乘之家爲然也，雖小國之君亦有之。費④惠公曰：‘吾於子思，則師之矣；吾於顏般⑤，則友之矣；王順、長息⑥則事我者也。’非惟小國之君爲然也，雖大國之君亦有之。晉平公之於亥唐⑦也，入云則入，坐云則坐，食云⑧則食；雖蔬食⑨菜羹，未嘗不飽，蓋不敢不飽也。然終於此而已矣。弗與共天位也，弗與治天職也，弗與食天祿也，士之尊賢者也，非王公之尊賢也。舜尚⑩見帝，帝館甥⑪于貳室⑫，亦饗舜，迭爲賓主，是天子而友匹夫也。用⑬下敬上，謂之貴貴；用上敬下，謂之尊賢。貴貴尊賢，其義一也。”

【譯文】　萬章問道：“請問交朋友的原則。”

孟子答道：“不倚仗自己年紀大，不倚仗自己地位高，不倚仗自己兄弟的富貴。交朋友，因爲朋友的品德而去交他，因此心目中不能存在任何有所倚仗的觀念。孟獻子是位具有一百輛車馬的大夫，他有五位朋友，樂正裘，牧仲，其餘三位，我忘記了。獻子同這五位相交，自己心目中並不存有自己是大夫的觀念。這五位，如果也存在着獻子是位大夫的觀念，也就不會同他交友了。不僅具有一百輛車馬的大夫是如此的，縱使小國的君主也有朋友。費惠公説：‘我對於子思，則以爲老師；對於顏般，則以爲朋友；至於王順和長息，那不過是替我工作的人罷了。’不僅小國的君主是如此，縱使大國之君也有朋友。晉平公的對於亥唐，亥唐叫他進去，便進去；叫他坐，便坐；叫他吃飯，便吃飯。縱使糙米飯小菜湯，不曾不飽，因爲不敢不飽。然而晉平公也只是做到這一點罷了。不同他一起共有官位，不同他一起治理政事，不同他一起享受俸禄，這只是一般士人尊敬賢者的態度，不是王公尊敬賢者所應有的態度。舜謁見堯，堯請他這位女壻住在另一處官邸中，也請他吃飯，〔舜有時也作東道，〕互爲客人和主人，這是以天子的高位同老百姓交友的範例。以職位卑下的人尊敬高貴的人，叫做尊重貴人；以高貴的人尊敬職位卑下的人，叫做尊敬賢者。尊重貴人和尊敬賢者，道理是相同的。”

【注釋】　①挾兄弟——江永羣經補義云：“古人以婚姻爲兄弟，如張子之於二程，程允夫之於朱子，皆有中表之親，既爲友則有師道，不可謂我與彼爲姻親，有疑不肯下問也。‘挾兄弟而問’與‘挾故而問’相似。俗解謂不挾兄弟多人而友。兄弟多人，有何可挾乎？須辨別之。”趙佑四書温故録云：“兄弟，等夷之稱。必其人之與己等夷而後友之，則不肯與勝己處，不能不恥下問矣。兄弟有富貴者，則仍挾貴意耳。”以上兩説，與趙岐異，録之以供參考。　　②孟獻子有友五人——孟獻子，魯國大夫仲孫蔑，卒於魯襄公十九年。焦循云：“國語晉語，‘趙簡子曰，魯孟獻子有鬬臣五人’。注云：‘鬬臣，扞難之士。’未知即此五人否？”　　③樂正裘，牧仲——漢書古今人表以此兩人與孟獻子俱列於第四等。　　④費——小國名。

⑤顏般——般音班(bān)，漢書古今人表作顏敢，“敢”、“般”以形近而誤。

⑥王順長息——長息見(9·1)。王順，漢書古今人表作王慎。費惠公、顏敢、王慎、長息同列第四等。　　⑦亥唐——太平御覽引皇甫謐高士傳云：“亥唐者，晉人也。晉平公時，朝多賢臣，祁奚、趙武、師曠、叔向皆爲卿

大夫,名顯諸侯。唐獨不官,隱於窮巷。平公聞其賢,致禮與相見而請事
焉。平公待於門,唐曰入,公乃入;唐曰坐,公乃坐;唐曰食,公乃食。唐之
食公也,雖蔬食菜羹,公不敢不飽。"此蓋本孟子而演繹爲之,未必另有所
據也。　　⑧入云、坐云、食云——"云入"、"云坐"、"云食"之倒文。
⑨蔬食——趙岐注云:"糲食也。""蔬"同"疏"。　　⑩尚——同"上"。以
匹夫而晉謁天子,故云"上"。　　⑪甥——趙岐注云:"禮,謂妻父曰外
舅,謂我舅者,吾謂之甥。"　　⑫貳室——趙岐注云:"副宮也。"
⑬用——以也。

10·4　萬章問曰:"敢問交際①何心也?"

孟子曰:"恭也。"

曰:"'卻之卻之爲不恭',何哉?"

曰:"尊者②賜之,曰:'其所取之者義乎,不義乎?'而後
受之,以是爲不恭,故弗卻也。"

曰:"請無以辭卻之,以心卻之,曰,'其取諸民之不義
也',而以他辭無受,不可乎?"

曰:"其交也以道,其接也以禮,斯孔子受之矣。"

萬章曰:"今有禦③人於國門之外者,其交也以道,其餽
也以禮,斯可受禦與?"

曰:"不可;康誥曰:'殺越人于貨,閔不畏死,凡民罔不
譈④。'是不待教而誅者也。殷受夏,周受殷,所不辭也;於
今爲烈,如之何其受之?"

曰:"今之諸侯取之於民也,猶禦也。苟善其禮際矣,
斯君子受之,敢問何説也?"

曰:"子以爲有王者作,將比⑤今之諸侯而誅之乎? 其

教之不改而後誅之乎？夫謂非其有而取之者盜也，充類至
義⑥之盡也。孔子之仕於魯也，魯人獵較⑦，孔子亦獵較。
獵較猶可，而況受其賜乎？”

　　曰：“然則孔子之仕也，非事道⑧與？”

　　曰：“事道也。”

　　“事道奚獵較也？”

　　曰：“孔子先簿正祭器⑨，不以四方之食供簿正。”

　　曰：“奚不去也？”

　　曰：“爲之兆⑩也。兆足以行矣，而不行，而後去，是以
未嘗有所終三年淹也。孔子有見行可之仕，有際可⑪之仕，
有公養⑪之仕。於季桓子，見行可之仕也；於衞靈公，際可
之仕也；於衞孝公⑫，公養之仕也。”

【譯文】　萬章問道：“請問交際的時候，當如何存心？”

　　孟子答道：“應該存心恭敬。”

　　萬章説：“〔俗話説，〕‘一再拒絕人家的禮物，這是不恭敬’。爲
什麽呢？”

　　孟子説：“尊貴的人有所賜與，自己先便想想：‘他取得這種禮
物是合於義的呢？還是不合於義的呢？’想了以後才接受，這是不
恭敬的。因此便不拒絕。”

　　萬章説：“我説，拒絕他的禮物，不明白説出，只是心裏不接受
罷了，心裏説，‘這是他取自百姓的不義之財呀’，因而用别的藉口
來拒絕，難道不可以嗎？”

　　孟子説：“他依規矩同我交往，依禮節同我接觸，這樣，孔子都
會接受禮物的。”

萬章説：“如今有一個在國都郊野攔路搶劫的人，他也依了規矩同我交往，也依禮節向我餽贈，這種贓物，便可以接受了嗎？”

孟子説：“不可以；康誥説：‘殺死別人，搶奪財物，横强不怕死，這種人，是没有人不痛恨的。’這是不必先去教育他就可以誅殺的。殷商接受了夏朝的這種法律，周朝接受了殷商的這種法律，没有更改。現在搶殺行爲更爲厲害，怎樣能够接受呢？”

萬章説：“今天這些諸侯，他們的財物取自民間，也和攔路搶劫差不多。假若把交際的禮節搞好，君子也就接受了，請問這又是什麽道理呢？”

孟子説：“你以爲若有聖王興起，對於今天的諸侯，是一例看待全部誅殺呢？還是先行教育，如再不改悔，然後誅殺呢？而且，不是自己所有，而去取得它，把這種行爲説成搶劫，這只是提高到原則性高度的話。孔子在魯國做官的時候，魯國人爭奪獵物，孔子也爭奪獵物。爭奪獵物都可以，何况接受賜與呢？”

萬章説：“那麽，孔子的做官，不是爲着行道嗎？”

孟子説：“爲着行道。”

“既爲着行道，爲什麽又來爭奪獵物呢？”

孟子説：“孔子先用文書規定祭祀所用器物和祭品，不用别處的食物來供祭祀，〔所爭奪來的獵物原爲着祭祀，既不能用來供祭祀，便無所用之，爭奪獵物的風氣自然可以逐漸衰滅了。〕”

萬章説：“孔子爲什麽不辭官而走呢？”

孟子説：“孔子做官，先得試行一下。試行的結果，他的主張可以行得通，而君主却不肯行下去，這纔離開，所以孔子不曾在一個朝廷停留整整三年。孔子有因可以行道而做官，也有因爲君主對他的禮遇不錯而做官，也有因國君養賢而做官。對於魯國的季桓子,是因爲可以行道而做官;對於衞靈公,是因爲禮遇不錯而做官;對於衞孝公,是因爲國君養賢而做官。"

【注釋】①交際——朱熹集注云:"交際,謂人以禮儀幣帛相交接也。"把"交際"的含義限於禮物的餽贈,大概因爲下文所言都是指禮物的收受與否的緣故。我們以爲下文所以只限於禮物的收拒者,蓋由"却之却之爲不恭"一問而引起,不關"交際"的涵義。　　②尊者——與"長者"不同。此以位言,"長者"以齒言。　　③禦——朱熹集注云:"禦,止也。止人而殺之,且奪其貨也。"　　④康誥曰殺越人于貨,閔不畏死,凡民罔不譈——今本尚書康誥作"殺越人于貨,暋不畏死,罔弗憝"。趙岐注云:"越,於也。""越"爲虛詞,無義。"于貨"猶詩經七月之"于貉"。毛傳云:"于貉,謂取狐狸皮也。"則"于貨",謂取其貨也。"閔"同"暋",説文云:"暋,冒也。"僞孔傳云:"暋,强也。""譈""憝"同。説文云:"憝,怨也。"⑤比——舊讀去聲。禮記樂記鄭注云:"比猶同也。"故譯爲"一例看待"。⑥充類至義——"充類"即"充其類"(6・10),"至義"猶言"極其義",其以"充類至"爲一讀者,誤。　　⑦獵較——較,舊音角。趙岐注云:"獵較者,田獵相較奪禽獸,得之以祭,時俗所尚,以爲吉祥。"　　⑧事道——猶言"爲道而事",古文常有此語法。　　⑨簿正祭器——集注引徐氏云:"先以簿書正其祭器,使有定數,不以四方難繼之物實之。夫器有常數,實有常品,則其本正矣。彼獵較者,將久而自廢矣。"　　⑩兆——趙岐注云:"始也。"　　⑪際可,公養——兩者似乎相同,但"際可"爲"獨對某一人之禮遇","公養"則可能如齊稷下賢者之例,對當時一般人之禮待。⑫衞孝公——左傳史記皆無衞孝公,當即出公輒,一人而二謚,本有此例。

10・5　孟子曰:"仕非爲貧也,而有時乎爲貧;娶妻非爲養也,而有時乎爲養。爲貧者,辭尊居卑,辭富居貧。辭尊居卑,辭富居貧,惡乎宜乎? 抱關擊柝①。孔子嘗爲委吏②矣,曰:'會計當而已矣。'嘗爲乘田③矣,曰:'牛羊茁④壯長而已矣。'位卑而言高，罪也；立乎人之本朝⑤，而道不行，恥也。"

【譯文】　孟子説："做官不是因爲貧窮，但有時候也因爲貧窮。娶妻不是爲着孝養父母，但有時候也爲着孝養父母。因爲貧窮而做官的，便該拒絶高官，居於卑位；拒絶厚禄，只受薄俸。拒絶高官，居於卑位；拒絶厚禄，只受薄俸，那居於什麼位置才合宜呢？那像守門打更的小吏都行。孔子也曾經做過管理倉庫的小吏，他説：'出入的數字都對了。'也曾經做過管理牲畜的小吏，他説：'牛羊都壯實地長大了。'位置低下，而議論朝廷大事，這是罪行；在那君主的朝廷上做官，而自己正義的主張不能實現，這是恥辱。"

【注釋】　①抱關擊柝——荀子榮辱篇楊倞注云："抱關，門卒也。"趙岐注云："柝，行夜所擊木也。"　②委吏——趙岐注云："主委積倉廩之吏也。"　③乘田——乘，去聲。趙岐注云："苑囿之吏也，主六畜之芻牧者也。"　④茁——(zhuó)，焦循正義云："説文云：'茁，艸初生出地貌。'茁草木生出之名，借以形容牛羊。"　⑤本朝——即"朝廷"之義。"本朝"一詞又見於管子重令篇、晏子春秋諫篇、荀子仲尼篇、儒效篇、呂氏春秋音律篇，亦猶秦策"本國殘社稷壞"，謂國家爲本國也。

10·6　萬章曰："士之不託諸侯①，何也？"

孟子曰："不敢也。諸侯失國，而後託於諸侯，禮也；士之託於諸侯，非禮也。"

萬章曰："君餽之粟，則受之乎？"

曰："受之。"

"受之何義也？"

曰："君之於氓②也，固周③之。"

曰:“周之則受,賜之則不受,何也?”

曰:“不敢也。”

曰:“敢問其不敢何也?”

曰:“抱關擊柝者皆有常職以食於上。無常職而賜於上者,以爲不恭也。”

曰:“君餽之,則受之,不識可常繼乎?”

曰:“繆公之於子思也,亟問④,亟餽鼎肉⑤。子思不悦。於卒也,摽⑥使者出諸大門之外,北面稽首再拜⑦而不受,曰:‘今而後知君之犬馬畜伋。’蓋自是臺⑧無餽也。悦賢不能舉,又不能養也,可謂悦賢乎?”

曰:“敢問國君欲養君子,如何斯可謂養矣?”

曰:“以君命將⑨之,再拜稽首而受。其後廩人繼粟,庖人⑩繼肉,不以君命將之。子思以爲鼎肉使己僕僕爾⑪亟拜也,非養君子之道也。堯之於舜也,使其子九男事之,二女女焉,百官牛羊倉廩備,以養舜於畎畝之中,後舉而加⑫諸上位,故曰,王公之尊賢者也。”

【譯文】　萬章説:“士不像寓公那樣靠諸侯生活,這是什麼道理呢?”

孟子説:“不敢如此。諸侯喪失了自己的國家,然後在別國作寓公,這是合於禮的;士作寓公,是不合於禮的。”

萬章道:“君主如果給與他以穀米,那接受不接受呢?”

孟子説:“接受。”

“接受又是什麼道理呢?”

答道:“君主對於由外國來的人士,本來可以周濟他。”

問道:“周濟他,就接受;賜與他,就不接受,又是什麼道理呢?”

答道："由於不敢接受的緣故。"

問道："不敢接受，又是什麽道理呢？"

答道："守門打更的人都有一定的職務，因而接受上面的給養。没有一定的職務，却接受上面的賜與的，這是被認爲不恭敬的。"

問道："君王給他餽贈，他也就接受，不知道可以經常如此嗎？"

答道："魯繆公對於子思，就是屢次問候，屢次送給他肉物，子思很不高興。最後一次，子思便把來人趕出大門，自己朝北面先磕頭後作揖地拒絶了，説道：'今天才知道君主把我當成犬馬一樣地畜養。'大概從此便不給子思送禮了。喜悦賢人，却不能重用，又不能有禮貌地照顧生活，可以説是喜悦賢人嗎？"

問道："國君要對君子給以生活照顧，要怎樣才叫做有禮貌地照顧呢？"

答道："先稱述君主的旨意送給他，他便先作揖後磕頭，接受了。然後管理倉廩的人經常送來穀米，掌供膳羞的人經常送來肉食，這些都不用稱述君主的旨意了，〔接受者也就可以不再作揖磕頭了。〕子思以爲爲着一塊肉便使自己屢次屢次地作揖行禮，這便不是照顧君子生活的方式了。堯對於舜，使自己的九個兒子向他學習，把自己的兩個女兒嫁給他，而且各種官吏，以及牛羊、倉庫無不具備，來使舜在田野之中得着周到的生活照顧，然後提拔他到很高的職位上，所以説，這是王公尊敬賢者的範例。"

【注釋】　①士之不託諸侯——周廣業孟子出處時地考云："古之上士、中士、下士者，皆有職之人也。其未仕而讀書譚道者，通謂之儒，周禮'儒以道得民'，魯論'女爲君子儒'是也。間亦稱士，如管子士農工商爲四民，曾子'士不可以不弘毅'之類。春秋而後，有游士處士，則皆無位而客游人國者矣。孟子所言士亦有二，萬章之'不託諸侯'，彭更之'無事而食'及王子墊所問，此無位者也。答北宫錡及'士以旃、大夫以旌'，'前以士、後以大夫’，則並指有位者也。”託諸侯，猶言“託諸侯以生存”，譯文用舊稱“寓公”兩字以表達之。“寓公”近代的意義是客居他鄉不工作的人。在古代則指喪失國家寄居別國的諸侯，如禮記郊特牲：“諸侯不臣寓公。”　　②氓——焦循正義云：“不言‘君之於民’而言‘氓’者，‘氓’是自他國至此國之民，與寄之義合。”　　③周——禮記月令：“季春之月，天子布德行惠，開府庫，出幣帛，周天下。”鄭玄注云：“周謂給不足也。”④問——當讀如詩女曰雞鳴“雜佩以問之”之“問”，蓋古人於人有所問訊或問候，多以物相贈而表意，此“亟問”與“亟餽鼎肉”，乃一事而分言之。　　⑤鼎肉——禮記少儀鄭玄注云：“鼎肉，謂牲體已解，可升於鼎。”則以爲生肉。但朱熹集注則云：“鼎肉，熟肉也。”　　⑥摽——(biāo)，趙岐注云：“麾也。”

⑦稽首再拜——拜頭至地謂之稽首；既跪而拱手，而頭俯至于手，與心平，謂之拜。再拜，拜兩次。“再拜稽首”，謂之吉拜，表示接受禮物；“稽首再拜”，謂之凶拜，此處則表示拒絕禮物。説詳閻若璩釋地又續及段玉裁經韻樓集釋拜。　　⑧臺——楊樹達積微居小學金石論叢孟子臺無餽解云：“臺當讀爲始，‘蓋自是臺無餽’，謂魯繆公自是始不餽子思也。説文云：‘始，女之初也。從女，台聲。’台與臺古音同。”　　⑨將——爾雅釋言云：“將，送也。”　　⑩庖人——官名，周禮天官之屬，掌供饍羞。詳見周禮天官冢宰第一。　　⑪僕僕爾——趙岐注云：“僕僕，煩猥貌。”

⑫加——與“夫子加齊之卿相”(3·2)的“加”同義，同“居”。

10·7　萬章曰：“敢問不見諸侯，何義也？”

孟子曰：“在國曰市井之臣，在野曰草莽之臣，皆謂庶人。庶人不傳質①爲臣，不敢見於諸侯，禮也。”

萬章曰：“庶人，召之役，則往役；君欲見之，召之，則不往見之，何也？”

曰：“往役，義也；往見，不義也。且君之欲見之也，何爲也哉？”

曰：“爲其多聞也，爲其賢也。”

曰：“爲其多聞也，則天子不召師，而況諸侯乎？爲其賢也，則吾未聞欲見賢而召之也。<u>繆公</u>亟見於<u>子思</u>②，曰：‘古千乘之國以友士，何如？’<u>子思</u>不悦，曰：‘古之人有言曰，事之云乎，豈曰友之云乎③？’<u>子思</u>之不悦也，豈不曰：‘以位，則子，君也；我，臣也；何敢與君友也？以德，則子事我者也，奚可以與我友？’千乘之君求與之友而不可得也，而況可召與？<u>齊景公</u>田④，招虞人以旌，不至，將殺之。志士不忘在溝壑，勇士不忘喪其元。<u>孔子</u>奚取焉？取非其招不往也。”

曰：“敢問招虞人何以？”

曰：“以皮冠⑤，庶人以旃⑥，士以旗⑦，大夫以旌。以大夫之招招虞人，虞人死不敢往；以士之招招庶人，庶人豈敢往哉？況乎以不賢人之招招賢人乎？欲見賢人而不以其道，猶欲其入而閉之門也。夫義，路也；禮，門也。惟君子能由是路，出入是門也。<u>詩</u>云⑧：‘周道如底⑨，其直如矢；君子所履，小人所視⑩。’”

<u>萬章</u>曰：“<u>孔子</u>，君命召，不俟駕而行⑪；然則<u>孔子</u>非與？”

曰：“<u>孔子</u>當仕有官職，而以其官召之也。”

【譯文】　<u>萬章</u>問道：“請問士子不去謁見諸侯，這是什麼道理呢？”

　　<u>孟子</u>答道：“不曾有過職位的人，如果居住於城市，便叫做市井

之臣；如果居住於田野，便叫做草莽之臣，這都叫做老百姓。老百
姓不致送見面禮物而爲臣屬，不敢去謁見諸侯，這是合於禮的。”

　　萬章説：“老百姓，召唤他去服役，便去服役；君主若要同他會
晤，召唤他，却不去謁見，這又爲什麼呢？”

　　孟子説：“去服役，是應該的；去謁見，是不應該的。而且君主
想去同他會晤，爲的是什麼呢？”

　　萬章説：“爲的是他見聞廣博，爲的是他品德高潔。”

　　孟子説：“如果爲的是他見聞廣博，〔那便當以他爲師。〕天子還
不能召唤老師，何況諸侯呢？ 如果爲的是他品德高潔，那我也不
曾聽説過想要同賢人相見却隨便召唤的。魯繆公屢次地去訪晤
子思，説道：‘古代具有千輛兵車的國君若同士人交友，是怎樣的
呢？’子思不高興，説道：‘古代人的話，是説國君以士人爲師吧，難
道説是同士人交友嗎？’子思的不高興，難道不是這樣的意思嗎：
‘論地位，那你是君主，我是臣下，哪敢同你交朋友呢？ 論道德，那
你是向我學習的人，怎樣可以同我交朋友呢？’具有一千輛兵車的
國君求同他交朋友都做不到，何況召唤呢？ 齊景公田獵，用有羽
毛爲裝飾的旌旗召唤獵場管理員，他不來，準備殺他。有志之士
不怕〔死無葬身之地，〕棄尸山溝；勇敢的人〔見義勇爲，〕不怕喪失
腦袋。孔子對這一管理員取他哪一點呢？ 就是取他不是自己所
應該接受的召唤之禮，他硬是不去。”

　　問道：“召唤獵場管理員該用什麼呢？”

　　答道：“用皮帽子。召唤老百姓用全幅紅綢做的曲柄旗，召唤
士用有鈴鐺的旗，召唤大夫才用有羽毛的旗。用召唤大夫的旗幟
去召唤獵場管理員，獵場管理員死也不敢去；用召唤士人的旗幟
去召唤老百姓，老百姓難道敢去嗎？ 何況用召唤不賢之人的禮節

去召喚賢人呢？想同賢人會晤，却不依循規矩禮節，這就好像要請人家進來却關着大門。義好比是大路，禮好比是大門。只有君子能從這一條大路行走，由這處大門出進。詩經説：‘大路像磨刀石一樣平，像箭一樣直。這是君子所行走的，小人所效法的。’”

萬章問道：“孔子，聽説有國君之命的召喚，不等車馬駕好自己便先行走去，這樣，孔子錯了嗎？”

答道：“那是因爲孔子正在做官，有職務在身，國君用他擔任的官職去召喚他。”

【注釋】　①傳質——質見（6·3）注釋。庶人的質用鶩（音霧 wù，即今之家鴨）。孟子音義云：“執贄（同質）請見，必由將命者傳之，故謂之傳贄。”

②見於子思——以“暴見於王”“他日見於王”（2·1又4·4）諸句語法例之，知此是繆公往見子思，爲子思所接見。　③云乎——公羊傳莊公二十四年：“然則曷用？棗栗云乎，腶脩云乎？”何休注云：“云乎，辭也。”

④齊景公田等句——參見（6·1）並注釋。　⑤皮冠——周柄中孟子辨正云：“皮冠蓋加于禮冠之上，田獵則以禦塵，亦以禦雨雪。楚靈狩於州來，去皮冠而與子革語，必非科頭也，可見去皮冠而仍有禮冠矣。”

⑥旃——（zhān），説文云：“旗曲柄也，所以表士衆。周禮曰：‘通帛爲旃。’”　⑦旂——音祈（qí），説文云：“旗有衆鈴以令衆也。”又周禮春官司常云：“交龍爲旂。”　⑧詩云——以下四句見小雅大東篇。　⑨周道如底——“周道”猶如卷耳之“寘彼周行”之“周行”，謂大道也。“底”當作“厎”，“厎”即“砥”字，詩文正作“砥”，磨刀石也。　⑩視——與“天子之卿受地視侯”（10·2）之“視”字意義相近。廣雅釋詁云：“視，效也。”

⑪孔子君命召不俟駕而行——論語鄉黨篇云：“君命召，不俟駕行矣。”

10·8　孟子謂萬章曰：“一鄉之善士斯友一鄉之善士，一國之善士斯友一國之善士，天下之善士斯友天下之善士。

以友天下之善士爲未足,又尚①論古之人。頌②其詩,讀③
其書,不知其人,可乎? 是以論其世也。是尚友也。"

【譯文】 孟子對萬章説道:"一個鄉村的優秀人物便和那一鄉村的
優秀人物交朋友,全國性的優秀人物便和全國性的優秀人物交朋
友,天下性的優秀人物便和天下性的優秀人物交朋友。認爲和天
下性的優秀人物交朋友還不够,便又追論古代的人物。吟詠他們
的詩歌,研究他們的著作,不了解他的爲人,可以嗎? 所以要討論
他那一個時代。這就是追溯歷史與古人交朋友。"

【注釋】 ①尚——同"上"。 ②頌——同"誦"。周禮大司樂鄭玄注云:
"倍(同背)文曰諷,以聲節之曰誦。" ③讀——此字有數義,斷其章句
曰讀,如周禮注"鄭司農讀火絶之";諷誦亦爲讀,如左傳"公讀其書";抽繹
其義蘊亦曰讀,説文云:"讀,籀書也。"即此義。此處讀字涵義,既有誦讀
之義,亦可有抽繹之義,故譯文用"研究"兩字。

10·9 齊宣王問卿。孟子曰:"王何卿之問也?"

王曰:"卿不同乎?"

曰:"不同;有貴戚之卿①,有異姓之卿。"

王曰:"請問貴戚之卿。"

曰:"君有大過則諫;反覆之而不聽,則易位。"

王勃然變乎色。

曰:"王勿異也。王問臣,臣不敢不以正②對。"

王色定,然後請問異姓之卿。

曰:"君有過則諫,反覆之而不聽,則去。"

【譯文】 齊宣王問關于公卿的事情。孟子説:"王所問的是哪一種
類的公卿?"

王説:"公卿難道還不一樣嗎?"

孟子説:"不一樣;有和王室同宗族的公卿,有非王族的公卿。"

王説:"我請問和王室同宗族的公卿。"

孟子説:"君王若有重大錯誤,他便加勸阻;如果反覆勸阻了還不聽從,就把他廢棄,改立別人。"

宣王突然變了臉色。

孟子説:"王不要奇怪。王問我,我不敢不拿老實話答覆。"

宣王臉色正常了,又請問非王族的公卿。

孟子説:"君王若有錯誤,便加勸阻;如果反覆勸阻了還不聽從,自己就離職。"

【注釋】　①貴戚之卿——趙岐注云:"貴戚之卿謂内外親族也。"此説值得商量。以漢代而言,外戚當權,可以説是"貴戚之卿",霍光且廢昌邑王而改立宣帝,但不能以之解釋孟子。孟子此文以"貴戚之卿"與"異姓之卿"對文,則"貴戚"爲同姓可知。覈之儒家所傳宗法制度,亦當如此解釋,"外親"不在"貴戚之卿"數内也。　　②正——論語述而篇:"正唯弟子不能學也。"鄭玄注云:"魯讀'正'爲'誠'。"此處亦當讀爲"誠"。

卷十一　告子章句上

凡二十章

11·1　告子曰："性猶杞柳①也，義猶桮棬②也；以人性爲仁義，猶以杞柳爲桮棬。"

孟子曰："子能順杞柳之性而以爲桮棬乎？將戕賊杞柳而後以爲桮棬也？如將戕賊杞柳而以爲桮棬，則亦將戕賊人以爲仁義與？率天下之人而禍仁義者，必子之言夫！"

【譯文】　告子説："人的本性好比柜柳樹，義理好比杯盤；把人的本性納於仁義，正好比用柜柳樹來製成杯盤。"

孟子説："您是順着柜柳樹的本性來製成杯盤呢？還是毁傷柜柳樹的本性來製成杯盤呢？如果要毁傷柜柳樹的本性然後製成杯盤，那也要毁傷人的本性然後納之於仁義嗎？率領天下的人來損害仁義的，一定是您的這種學説罷！"

【注釋】　①杞柳——舊説都以爲就是欅樹，但此物不能爲木材，僅可以取其新枝條之長六七尺者供編物之用。如用作杯盤，恐亦不能盛液體。疑而不能決，姑依舊説譯之。　　②桮棬——"桮"同"杯"（説文只有"桮"字）。棬音圈。禮記玉藻云："母没而杯圈不能飲焉。""杯圈"當即"桮棬"。但趙岐注孟子則以"桮棬"爲"桮素"（杯盤之胎，未加工者），而鄭玄注玉藻則以"杯圈"爲盛羹、注酒及盥洗等器之通名。

11·2　告子曰:"性猶湍①水也,決諸東方則東流,決諸西方則西流。人性之無分於善不善也,猶水之無分於東西也。"

孟子曰:"水信②無分於東西,無分於上下乎? 人性之善也,猶水之就下也。人無有不善,水無有不下。今夫水,搏而躍之,可使過顙;激而行之,可使在山。是豈水之性哉? 其勢則然也。人之可使爲不善,其性亦猶是也。"

【譯文】　告子説:"人性好比急流水,從東方開了缺口便向東流,從西方開了缺口便向西流。人的没有善不善的定性,正同水的没有東流西流的定向相類似。"

　　孟子説:"水誠然没有東流西流的定向,難道也没有向上或者向下的定向嗎? 人性的善良,正好像水性的向下流。人没有不善良的,水没有不向下流的。當然,拍水使它跳起來,可以高過額角;戽水使它倒流,可以引上高山。這難道是水的本性嗎? 形勢使它如此的。人的可以使他做壞事,本性的改變也正像這樣。"

【注釋】　①湍——(tuān),説文云:"湍,急瀨也。"譯文本此。趙岐注云:"湍者,圜也,謂湍湍濚水也。"亦通。　　②信——説文云:"信,誠也。"

11·3　告子曰:"生之謂性①。"

孟子曰:"生之謂性也,猶白之謂白與?"

曰:"然。"

"白羽之白也,猶白雪之白;白雪之白猶白玉之白與?"

曰:"然。"

"然則犬之性猶牛之性,牛之性猶人之性與?"

【譯文】　告子説:"天生的資質叫做性。"

　　孟子説:"天生的資質叫做性,好比一切東西的白色叫做白嗎?"

　　答道:"正是如此。"

　　"白羽毛的白猶如白雪的白,白雪的白猶如白玉的白嗎?"

　　答道:"正是如此。"

　　"那麼,狗性猶如牛性,牛性猶如人性嗎?"

【注釋】　①生之謂性——"性"字從"生"得聲,"生"和"性"古音相同。荀子正名篇云:"生之所以然者謂之性。"春秋繁露深察名號篇云:"如其生之自然之資謂之性。"論衡初稟篇云:"性,生而然者也。"告子的話,意或與此相近,不過告子藉以證明其人性無善惡論罷了。

11·4　告子曰:"食色,性也①。仁,内也,非外也;義,外也,非内也②。"

　　孟子曰:"何以謂仁内義外也?"

　　曰:"彼長而我長之,非有長於我也;猶彼白而我白之,從其白於外也,故謂之外也。"

　　曰:"異於③白馬之白也,無以異於白人之白也;不識長馬之長也,無以異於長人之長與? 且謂長者義乎? 長之者義乎?"

　　曰:"吾弟則愛之,秦人之弟則不愛也,是以我爲悦者也,故謂之内。長楚人之長,亦長吾之長,是以長爲悦者也,故謂之外也。"

　　曰:"耆④秦人之炙,無以異於耆吾炙,夫物則亦有然者也,然則耆炙亦有外歟?"

【譯文】　告子説:"飲食男女,這是本性。仁是内在的東西,不是外在的東西;義是外在的東西,不是内在的東西。"

　　孟子説:"怎樣叫做仁是内在的東西、義是外在的東西呢?"

答道:"因爲他年紀大,於是我去恭敬他,恭敬之心不是我所預有;正好比外物是白的,我便認它爲白色之物,這是由於外物的白而我加以認識的緣故,所以説是外在的東西。"

孟子説:"白馬的白和白人的白或者無所不同,但是不知道對老馬的憐憫心和對老者的恭敬心,是不是也没有什麽不同呢? 而且,您説,所謂義,在於老者呢? 還是在於恭敬老者的人呢?"

答道:"是我的弟弟便愛他,是秦國人的弟弟便不愛他,這是因我自己的關係而高興這樣的,所以説仁是内在的東西。恭敬楚國的老者,也恭敬我自己的老者,這是因爲外在的老者的關係而這樣的,所以説義是外在的東西。"

孟子説:"喜歡吃秦國人的燒肉,和喜歡吃自己的燒肉無所不同,各種事物也有如此的情形,那麽,難道喜歡吃燒肉的心也是外在的東西嗎?〔那不和您説的飲食是本性的論點相矛盾了嗎?〕"

【注釋】　①食色性也——禮記禮運篇:"飲食男女,人之大欲存焉。"儒家之意與告子同,故下文不相詰難,而最後"然則耆炙亦有外與"一句,且據以駁倒了告子。　　②仁内義外——管子戒篇云:"仁從中出,義由外作。"蓋與告子主張相同。是墨子經説下云:"仁,愛也;義,利也。愛利,此也;所愛所利,彼也。愛利不相爲内外(意云,都是内在的),所愛利亦不相爲外内(俱是外在的)。其謂'仁内也,義外也',舉愛與所利也,是狂舉也。"此從告子的立論根據而加以邏輯的駁詰,比孟子所駁更爲明顯有力。
③異於——朱熹集注引張氏曰:"二字疑衍。"按此説較是。焦循正義强加解釋,無當於古代語法,故不從。　　④耆——同"嗜"。

11・5　孟季子①問公都子曰:"何以謂義内也?"

曰:"行吾敬,故謂之内也。"

"鄉人長於伯兄一歲,則誰敬?"

曰:"敬兄。"

"酌則誰先?"

曰:"先酌鄉人。"

"所敬在此,所長在彼,果在外,非由内也。"

公都子不能答,以告孟子。

孟子曰:"敬叔父乎? 敬弟乎? 彼將曰:'敬叔父。'曰:'弟爲尸②,則誰敬?'彼將曰:'敬弟。'子曰:'惡在其敬叔父也?'彼將曰:'在位故也。'子亦曰:'在位故也。庸敬在兄,斯須之敬在鄉人。'"

季子聞之,曰:"敬叔父則敬,敬弟則敬,果在外,非由内也。"

公都子曰:"冬日則飲湯,夏日則飲水,然則飲食亦在外也?"

【譯文】　孟季子問公都子:"怎麼説義是内在的東西呢?"

答道:"恭敬從我的内心發出,所以説是内在的東西。"

"本鄉人比大哥大一歲,那你恭敬誰?"

答道:"恭敬哥哥。"

"如果在一塊兒飲酒,先給誰斟酒?"

答道:"先給本鄉長者斟酒。"

"你心裏恭敬的是大哥,却向本鄉長者敬禮,可見義畢竟是外在的東西,不是由内心發出的。"

公都子不能對答,便來告訴孟子。

孟子説:"〔你可以説,〕'恭敬叔父呢? 還是恭敬弟弟呢?'他會説:'恭敬叔父。'你又説:'弟弟若做了受祭的代理人,那又恭敬誰

呢?'他會説:'恭敬弟弟。'你便説:'那爲什麽又説恭敬叔父呢?'
他會説:'這是由於弟弟在於當受恭敬之位的緣故。'那你也就説:
'那也是由於本鄉長者在於當給首先斟酒之位的緣故。平常的恭
敬在於哥哥,暫時的恭敬在於本地長者。'"

　　季子聽到了這話,又説:"對叔父也是恭敬,對弟弟也是恭敬,
畢竟義是外在的,不是由内心出發的。"

　　公都子説:"冬天喝熱水,夏天喝涼水,那麽,難道飲食〔便不是
由於本性,〕也是外在的了嗎?"

【注釋】　①孟季子——其人不詳。翟灝四書考異以爲原文本無"孟"字,此
　　季子即是"季任爲任處守"(12·5)之季任。　　②尸——古代祭祀不用
　　牌位或者神主,更無畫像,而用男女兒童爲受祭代理人,便叫之爲"尸"。
　　尸,主也。

11·6　公都子曰:"告子曰:'性無善無不善也。'或曰:'性
可以爲善,可以爲不善①;是故文武興,則民好善;幽厲興,
則民好暴。'或曰:'有性善,有性不善②;是故以堯爲君而有
象;以瞽瞍爲父而有舜;以紂爲兄之子,且以爲君,而有微
子啟、王子比干。'今曰'性善',然則彼皆非與?"

　　孟子曰:"乃若③其情④,則可以爲善矣,乃所謂善也。
若夫爲不善,非才④之罪也。惻隱之心,人皆有之;羞惡之
心,人皆有之;恭敬之心,人皆有之;是非之心,人皆有之。
惻隱之心,仁也;羞惡之心,義也;恭敬之心,禮也;是非之
心,智也。仁義禮智,非由外鑠⑤我也,我固有之也,弗思耳
矣。故曰:'求則得之,舍則失之。'或相倍蓰而無算者,不
能盡其才者也。詩曰:'天生蒸民,有物有則。民之秉彝,

好是懿德⑥。’孔子曰：‘爲此詩者，其知道乎！故有物必有
則；民之秉彝也，故好是懿德。’”

【譯文】　公都子説：“告子説：‘本性没有什麽善良，也没有什麽不善
良。’也有人説：‘本性可以使它善良，也可以使它不善良；所以周文
王武王在上，百姓便趨向善良；周幽王厲王在上，百姓便趨向横暴。’
也有人説：‘有些人本性善良，有些人本性不善良；所以以堯這樣的
聖人爲君，却有象這樣不好的百姓；以瞽瞍這樣壞的父親，却有舜
這樣好的兒子；以紂這樣惡的侄兒，而且爲君王，却有微子啟、王子
比干這樣的仁人。’如今老師説本性善良，那麽，他們都錯了嗎？”

　　孟子説：“從天生的資質看，可以使它善良，這便是我所謂的人
性善良。至於有些人不善良，不能歸罪於他的資質。同情心，每
個人都有；羞恥心，每個人都有；恭敬心，每個人都有；是非心，每
個人都有。同情心屬於仁，羞恥心屬於義，恭敬心屬於禮，是非心
屬於智。這仁義禮智，不是由外人給與我的，是我本來就具有的，
不過不曾探索它罷了。所以説：‘一經探求，便會得到；一加放棄，
便會失掉。’人與人之間有相差一倍、五倍甚至無數倍的，就是不
能充分發揮他們的人性的本質的緣故。詩經説：‘天生育衆民，每
一樣事物，都有它的規律。百姓把握了那些不變的規律，於是乎喜
愛優良的品德。’孔子説：‘這篇詩的作者真懂得道呀！有事物，便
它的規律；百姓把握了這些不變的規律，所以喜愛優良的品德。’”

【注釋】　①或曰性可以爲善可以爲不善——王充論衡本性篇云：“周人世碩
　　以爲性有善有惡，舉人之善性養而致之，則善長；惡性養而致之，則惡長，
　　故世子作養書一篇。宓子賤、漆雕開、公孫尼子之徒亦論性情，與世子相
　　出入。”孔廣森經學卮言云：“公都子此問，即其説也。”漢書藝文志有世子
　　二十一篇。原注云：“名碩，陳人，七十子之弟子。”　　②或曰有性善有性
　　不善——漢書古今人表序云：“孔子曰：‘唯上智與下愚不移。’傳曰：‘譬如

堯、舜、禹、稷、契與之爲善，則行；鯀、讙兜欲與爲惡，則誅。可與爲善，不可與爲惡，是謂上智。桀、紂、龍逢、比干欲與之爲善，則誅；于莘、崇侯與之爲惡，則行。可與爲惡，不可與爲善，是謂下愚。’”可謂與此説相類似。
③乃若——程瑶田通藝録論學小記云：“乃若者，轉語也。”按相當于“若夫”“至於”諸詞。　　④情、才——皆謂質性。戴震孟子字義疏證云：“情猶素也，實也。”説文：“才，草木之初也。”草木之初曰才，人初生之性亦可曰才。　　⑤鑠——朱駿聲説文通訓定聲補遺云：“鑠又爲效。孟子‘非由外鑠我也’，按授也。”　　⑥詩曰數句——見大雅烝民篇。“蒸民”詩作“烝民”，毛傳云：“烝，衆；物，事；則，法；彝，常；懿，美也。”鄭箋云：“秉，執也。”

11·7　孟子曰：“富歲，子弟多賴①；凶歲，子弟多暴，非天之降才爾殊也，其所以陷溺其心者然也。今夫麰麥②，播種而耰③之，其地同，樹之時又同，浡然而生，至於日至④之時，皆熟矣。雖有不同，則地有肥磽⑤、雨露之養、人事之不齊也。故凡同類者，舉相似也，何獨至於人而疑之？聖人，與我同類者。故龍子曰：‘不知足而爲屨，我知其不爲蕢也。’屨之相似，天下之足同也。口之於味，有同耆也；易牙⑥先得我口之所耆者也。如使口之於味也，其性與人殊⑦，若犬馬之與我不同類也，則天下何耆皆從易牙之於味也？至於味，天下期於易牙，是天下之口相似也。惟⑧耳亦然。至於聲，天下期於師曠，是天下之耳相似也。惟⑧目亦然。至於子都⑨，天下莫不知其姣也。不知子都之姣者，無目者也。故曰，口之於味也，有同耆焉；耳之於聲也，有同聽焉；目之於色也，有同美焉。至於心，獨無所同然乎？心之所同然者何也？謂理也，義也。聖人先得我心之所同然耳。故理義之悦我心，猶芻豢⑩之悦我口。”

【譯文】　孟子説：“豐收年成，少年子弟多半懶惰；災荒年成，少年子
弟多半强暴，不是天生的資質這樣不同，是由於環境使他們心情
變壞的緣故。把大麥作比喻罷，播了種，耮了地，如果地土一樣，
種植的時候一樣，便會蓬勃地生長，遲到夏至，都會成熟了。縱有
所不同，那便是由於地土的肥瘠，雨露的多少，人工的勤惰不同的
緣故。所以一切同類之物，無不大體相同，爲什麽一講到人類便
懷疑了呢？聖人也是我們的同類。龍子曾經説過：‘不看清脚樣
去編草鞋，我準知道不會編成筐子。’草鞋的相近，是因爲各人的
脚大體相同。口對於味道，有相同的嗜好；易牙早就摸準了這一
嗜好。假使口對於味道，人人不同，而且像狗馬和我們人類本質
上的不相同一樣，那麼，憑什麼天下的人都追隨着易牙的口味呢？
一講到口味，天下都期望做到易牙那樣，這就説明了天下人的味
覺大體相同。耳朵也如是。一講到聲音，天下都期望做到師曠那
樣，這就説明了天下人的聽覺大體相同。眼睛也如此。一講到子
都，天下没有人不知道他美麗。不認爲子都美麗的，那是没有眼
睛的人。所以説，口對於味道，有相同的嗜好；耳對於聲音，有相
同的聽覺；眼睛對於容色，有相同的美感。談到心，就獨獨没有相
同之處嗎？心的相同之處是什麼呢？是理，是義。聖人早就懂得
了我们内心的相同的理義。所以理義之使我心高興，正和猪狗牛
羊肉合乎我的口味一般。”

【注釋】　①賴——阮元云：“‘富歲子弟多賴’，‘賴’即‘嬾’（今作‘懶’）。”
②麰麥——麰音牟（móu），麰麥即大麥。　　③耰——耰音憂（yōu）。説
文作“櫌”，云：“摩田器也。”蓋本是器物之名，其後用作動詞，摩田亦曰耰。
摩田者，即今之耖（又作抄）田，耮地，耙鬆其土并使土塊細也。以土覆種
亦用此器，亦須耙耖，故又訓爲“覆種”（鄭玄論語注）。　　④日至——此

指"夏至",古或謂之"長至""日南至"。　　⑤磽——(qiāo),土地瘠薄。
⑥易牙——左傳僖公十七年云:"雍巫有寵於衞共姬,因寺人貂以薦羞於
公。"杜預注云:"雍巫,雍人,名巫,即易牙。"其人爲齊桓公寵臣,其故事散
見於周秦古籍。　　⑦與人殊——意蓋謂人人不同。此宜云"人與人
殊",原文蓋省一"人"字。　　⑧惟——語首詞,無義。　　⑨子都——
詩鄭風山有扶蘇:"不見子都,乃見狂且。"毛傳云:"子都,世之美好者也。"
疑即鄭莊公時之公孫閼,其人字子都,又曾射殺潁考叔,而鄭莊公竟不欲
置之典刑,其有寵可見。事詳左傳隱公十一年。　　⑩芻豢——草食曰
芻,牛羊是也;穀食曰豢,犬豕是也。豢音患(huàn)。

11·8　孟子曰:"牛山①之木嘗美矣,以其郊②於大國③也,
斧斤伐之,可以爲美乎? 是其日夜之所息,雨露之所潤,非
無萌蘗之生焉,牛羊又從而牧之④,是以若彼濯濯⑤也。人見
其濯濯也,以爲未嘗有材焉,此豈山之性也哉? 雖存乎人
者,豈無仁義之心哉? 其所以放其良心者,亦猶斧斤之於木
也,旦旦而伐之,可以爲美乎? 其日夜之所息,平旦之氣,其
好惡與人相近也者幾希⑥,則其旦晝⑦之所爲,有梏⑧亡之矣。
梏之反覆,則其夜氣不足以存;夜氣不足以存,則其違禽獸不
遠矣。人見其禽獸也,而以爲未嘗有才焉者,是豈人之情也
哉? 故苟得其養,無物不長;苟失其養,無物不消。孔子曰:
'操則存,舍則亡;出入無時,莫知其鄉⑨。'惟心之謂與?"

【譯文】　孟子説:"牛山的樹木曾經是很茂盛的,因爲它長在大都市
的郊外,老用斧子去砍伐,還能够茂盛嗎? 當然,它日日夜夜在生
長着,雨水露珠在潤澤着,不是没有新條嫩芽生長出來,但緊跟着
就放羊牧牛,所以變成那樣光秃秃了。大家看見那光秃秃的樣

子,便以爲這山不曾有過大樹木,這難道是山的本性嗎？在某些
人身上,難道没有仁義之心嗎？他之所以喪失他的善良之心,也
正像斧子之對於樹木一般,每天每天地去砍伐它,能够茂盛嗎？
他在日裏夜裏發出來的善心,他在天剛亮時所接觸到的清明之
氣,這些在他心裏所激發出來的好惡跟一般人相近的也有一點
點。可是一到第二天白晝,所行所爲又把它消滅了。反覆地消
滅,那麼,他夜來心裏所發出的善念自然不能存在;夜來心裏所發
出的善念不能存在,便和禽獸相距不遠了。别人看到他簡直是禽
獸,因之以爲他不曾有過善良的資質,這難道也是這些人的本性
嗎？所以假若得到滋養,没有東西不生長;失掉滋養,没有東西不
消亡。孔子説過:‘抓住它,就存在;放棄它,就亡失;出出進進没
有一定時候,也不知道它何去何從。’這是指人心而言的罷。”

【注釋】　①牛山——齊國都於臨淄,牛山在今臨淄鎮南十里。　②郊——
此作動詞用,謂“居其郊”也。劉寶楠愈愚録謂“郊,猶居也”,蓋不明古人
實詞虚用之義例。　　③大國——謂臨淄,不但爲齊之首都,亦爲當時大
都市之一。　　④牛羊又從而牧之——此句爲“又從而牧牛羊焉(之)”之
變式。　⑤濯濯——趙岐注云:“無草木之貌。”　　⑥幾希——趙岐注
云:“幾,豈也。豈希,言不遠也。”但古書未見此用法,故不從。　　⑦旦
晝——焦循正義云:“旦晝,猶云明日。”　　⑧有梏亡之矣——有,何焯義
門讀書記云:“當讀去聲。”則與“又”同。梏同牿,音故(gù),圈禁也。
⑨鄉——趙岐注云:“鄉猶里,以喻居也。”焦循正義云:“近讀鄉爲向。”按
兩説皆可通,而後義較勝。

11·9 孟子曰:“無或①乎王之不智也。雖有天下易生之
物也,一日暴之,十日寒之,未有能生者也。吾見亦罕矣,
吾退而寒之者至矣,吾如有萌焉何哉？今夫弈②之爲數③,

小數也；不專心致志，則不得也。弈秋，通國之善弈者也。使弈秋誨二人弈，其一人專心致志，惟弈秋之爲聽。一人雖聽之，一心以爲有鴻鵠④將至，思援弓繳⑤而射之，雖與之俱學，弗若之矣。爲是其智弗若與？曰：非然也。”

【譯文】　孟子説：“王的不聰明，不足奇怪。縱使有一種最容易生長的植物，曬它一天，冷它十天，没有能够再長的。我和王相見的次數也太少了，我退居在家，把他冷淡得也到了極點了，他雖有善良之心的萌芽，我對它能有什麽幫助呢？譬如下棋，這只是小技術，如果不一心一意，那就學不好。弈秋是全國的下棋聖手。假使讓他教授兩個人，一個人一心一意，只聽弈秋的話。另一個呢，雖然聽着，而心裏却以爲有隻天鵝快要飛來，想拿起弓箭去射它。這樣，即使和那人一道學習，他的成績一定不如人家。是因爲他的聰明不如人家嗎？自然不是的。”

【注釋】　①或——同“惑”。吕氏春秋審爲篇高誘注云：“惑，怪也。”
②弈——説文云：“弈，圍棋也。”　③數——趙岐注云：“數，技也。”
④鴻鵠——朱駿聲説文通訓定聲云：“凡鴻鵠連文者，即鵠也。”鵠，今名天鵝。　⑤繳——音灼（zhuó）。説文云：“繳，生絲縷也。”繳本是生絲縷，用它來繫在箭上，因稱繫着絲綫的箭爲繳。

11·10　孟子曰：“魚，我所欲也，熊掌亦我所欲也；二者不可得兼，舍魚而取熊掌者也。生亦我所欲也，義亦我所欲也；二者不可得兼，舍生而取義者也。生亦我所欲，所欲有甚於生者，故不爲苟得也；死亦我所惡，所惡有甚於死者，故患有所不辟也。如使人之所欲莫甚於生，則凡可以得生者，何不用也？使人之所惡莫甚於死者，則凡可以辟患者，何不爲也？由是則生而有不用也，由是則可以辟患而有不爲也，是故所欲有甚於生者，所惡有甚於死者。非獨賢者有是心也，人皆有之，賢者能勿喪耳。一簞食，一豆①羹，得之則生，弗得則死，嘑爾而與之，行道之人弗受②；蹴爾而與之，乞人不屑也。萬鍾則不辯禮義而受之。萬鍾於我何加焉？爲宮室之美、妻妾之奉、所識窮乏者得我與？鄉爲身死而不受，今爲宮室之美爲之；鄉爲身死而不受，今爲妻妾之奉爲之；鄉爲身死而不受，今爲所識窮乏者得我而爲之，是亦不可以已乎？此之謂失其本心。”

【譯文】　孟子説：“魚是我所喜歡的，熊掌也是我所喜歡的；如果兩者不能並有，便犧牲魚，而要熊掌。生命是我所喜歡的，義也是我所喜歡的；如果兩者不能並有，便犧牲生命，而要義。生命本是我所喜歡的，但是還有比生命更爲我所喜歡的，所以我不幹苟且偷生的事；死亡本是我所厭惡的，但是還有比死亡更爲我所厭惡的，所以有的禍害我不躲避。如果人們所喜歡的沒有超過生命的，那麽，一切可以求得生存的方法，哪有不使用的呢？如果人們所厭惡的沒有超過死亡的，那麽，一切可以避免禍害的事情，哪有不幹的呢？〔然而，有些人〕由此而行，便可以得到生存，却不去做；由此而行，便可以避免禍害，却不去幹，由此可知有比生命值得喜歡的東西，也有比死亡令人厭惡的東西。這種心不僅僅賢人有，人人都有，不過賢人能够保持它罷了。一筐飯，一碗湯，得着便活下去，得不着便死亡，呼喝着給與他，就是過路的餓人都不會接受；脚踏過再給與他，就是乞丐也不屑於要。〔然而竟有人於〕萬鍾的俸禄却不問合於禮義與否，欣然接受了。萬鍾的俸禄對我有什麽好處呢？爲着住宅的華麗、妻妾的侍奉和我所認識的貧苦人感激我嗎？過去寧肯死亡而不接受的，今天却爲着住宅的華麗而接受了；過去寧肯死亡而不接受的，今天却爲着妻妾的侍奉而接受了；過去寧肯死亡而不接受的，今天却爲着我所認識的貧苦人的感激而接受了，這些不是可以罷手的麽？這便叫做喪失了他的本性。”

【注釋】　①豆——古代盛羹湯之具。　　②嘑爾而與之，行道之人弗受——嘑，同“呼”，舊讀去聲(hù)。趙岐注云：“嘑爾，猶呼爾，咄啐之貌也。”禮記檀弓有一段故事，情節相類，録供參考。“齊大饑，黔敖爲食於路以待餓者而食之。有餓者蒙袂輯屨貿貿然來。黔敖左奉食，右執飲，曰：‘嗟！來食！’揚其目而視之，曰：‘予唯不食嗟來之食以至於斯也。’從而謝焉，終不食而死。”

11·11　孟子曰：“仁，人心也；義，人路也。舍其路而弗由，放其心而不知求，哀哉！人有雞犬放，則知求之；有放心而①不知求。學問之道無他，求其放心②而已矣。”

【譯文】　孟子説：“仁是人的心，義是人的路。放棄了那條正路而不走，喪失了那善良之心而不曉得去找，可悲得很呀！一個人，有雞和狗走失了，便曉得去尋找，有善良之心喪失了，却不曉得去尋求。學問之道沒有别的，就是把那喪失的善良之心找回來罷了。”

【注釋】　①而——用法同“則”，此從俞樾孟子平議説。　　②求放心——吳定紫石山房文集求放心解云：“孟子所謂‘求放心’者，非納其放心聚之於學之謂，‘放心’即孟子所謂‘放其良心’、‘失其本心’者也。”

11·12　孟子曰：“今有無名之指屈而不信①，非疾痛害事也，如有能信之者，則不遠秦楚之路，爲指之不若人也。指不若人，則知惡之；心不若人，則不知惡，此之謂不知類②也。”

【譯文】　孟子説：“現在有人，他無名指彎曲而不能伸直，雖然不痛苦，也不妨礙工作，如果有人能够使它伸直，就是走向秦國楚國，都不以爲遠，〔而去醫治，〕爲的是無名指不及別人。無名指不及別人，就知道厭惡；心性不及別人，竟不知道厭惡，這個叫做不懂得輕重。"

【注釋】　①信——同"伸"。　　②不知類——朱熹集注云："不知類，言不知輕重之等也。"譯文本此。

11·13　孟子曰："拱把①之桐梓，人苟欲生之，皆知所以養之者。至於身，而不知所以養之者，豈愛身不若桐梓哉？弗思甚也。"

【譯文】　孟子説："一兩把粗的桐樹梓樹，假若要使它生長起來，都曉得如何去培養。至於本人，却不曉得如何去培養，難道愛自己還不及愛桐樹梓樹嗎？真是太不動用腦筋了。"

【注釋】　①拱把——趙岐注云："拱，合兩手也。把，以一手把之也。"此言樹之尚小。

11·14　孟子曰："人之於身也，兼所愛。兼所愛，則兼所養也。無尺寸之膚不愛焉，則無尺寸之膚不養也。所以考其善不善者，豈有他哉？於己取之而已矣。體有貴賤，有小大。無以小害大，無以賤害貴①。養其小者爲小人，養其大者爲大人。今有場師，舍其梧檟②，養其樲棘③，則爲賤場師焉。養其一指而失其肩背，而不知也，則爲狼疾④人也。飲食之人，則人賤之矣，爲其養小以失大也。飲食之人無有失也，則口腹豈適⑤爲尺寸之膚哉？"

【譯文】　孟子説："人對於身體，哪一部分都愛護。都愛護便都保養。没有一尺一寸的皮膚肌肉不愛護，便没有一尺一寸的皮膚肌肉不保養。考察他護養得好或者不好，難道有別的方法嗎？只是看他所注重的是身體的哪一部分罷了。身體有重要部分，也有次要部分；有小的部分，也有大的部分。不要因爲小的部分損害大的部分，不要因爲次要部分損害重要部分。保養小的部分的就是小人，保養大的部分的便是君子。假若有一位園藝家，放棄梧桐、楸樹，却去培養酸棗荆棘，那就是位很壞的園藝家。如果有人只保養他的一個手指，却喪失了肩頭背脊，自己還不明白，那便是糊塗透頂的人了。只是講究吃喝〔而不顧思想意識的培養〕的人，人家都輕視他，因爲他保養了小的部分，喪失大的部分。如果講究吃喝的人不影響思想意識的培養，那麽，吃喝的目的難道僅僅爲着口腹的那小部分嗎？”

【注釋】　①貴賤小大——朱熹集注云：“賤而小者，口腹也；貴而大者，心志也。”　　②梧檟——梧，梧桐。陳彝桐譜云：“古詩書或稱桐，或稱梧，或曰梧桐，其實一也。”檟(jiǎ)，即楸樹，木理細密。梧桐、楸樹均爲好木料。③樲棘——樲(èr)，酸棗；棘，荆棘。阮元校勘記以爲“樲棘”本作“樲棗”，但錢大昕十駕齋養新録云：“爾雅：‘樲，酸棗。’不聞‘樲棘’爲小棗。梧檟二物，則樲棘必非一物。樲即酸棗，棘則荆棘之棘也。”今從之。　　④狼疾——按趙岐注讀爲“狼藉”。　　⑤適——戰國策秦策云：“疑臣者不適三人。”高誘注云：“適音翅，翅與啻同。”

11·15　公都子問曰：“鈞①是人也，或爲大人，或爲小人，何也？”

孟子曰：“從其大體爲大人，從其小體爲小人②。”

曰：“鈞是人也，或從其大體，或從其小體，何也？”

曰：“耳目之官不思，而蔽於物。物交物，則引之而已矣。心之官則思，思則得之③，不思則不得也。此④天之所與我⑤

者。先立乎其大者，則其小者不能奪也。此爲大人而已矣。”

【譯文】　公都子問道：“同樣是人，有些是君子，有些是小人，什麼緣故？”

　　孟子答道：“求滿足身體重要器官的需要的是君子，求滿足身體次要器官的欲望的是小人。”

　　問道：“同樣是人，有人要求滿足重要器官的需要，有人要求滿足次要器官的欲望，又是什麼緣故？”

　　答道：“耳朵眼睛這類的器官不會思考，故爲外物所蒙蔽。〔因此，耳目不過是一物罷了。〕一與外物相接觸，便被引向迷途了。心這個器官職在思考，〔人的善性，〕一思考便得着，不思考便得不着。這個器官是天特意給我們人類的。因此，這是重要器官，要先把它樹立起來，那麼，次要的器官便不能把這善性奪去了。這樣便成了君子了。”

【注釋】　①鈞——同“均”，同也。　　②從其大體爲大人，從其小體爲小人——這兩句依孟子上文之義用意譯法，讀者不必拘泥於原文字句。③思則得之——此“之”字何所指，古今注釋家都未能明確指出，宋元理學家竟以爲指“理”而言。按之第六章“求則得之，舍則失之”兩句，與此立意相同，彼處是指“我固有之”的“仁義禮智”的“才”而言，則此亦當同。④此——朱熹集注云：“舊本多作‘比’，而趙注亦以‘比方’釋之。今本既多作‘此’，作‘比方’於義爲短，故且從今本云。”又王引之經傳釋詞訓“比”爲“皆”，謂“耳目心思皆天之所與我者”，亦不可信。今仍作“此”，蓋獨指“心”而言。　　⑤我——擴充用法，指人類。

11·16　孟子曰：“有天爵者，有人爵者。仁義忠信，樂善不倦，此天爵也；公卿大夫，此人爵也。古之人修其天爵，而人爵從之。今之人修其天爵，以要人爵；既得人爵，而棄其天爵,則惑之甚者也,終亦必亡而已矣。"

【譯文】　孟子説:"有自然爵位,有社會爵位。仁義忠信,不疲倦地
　好善,這是自然爵位;公卿大夫,這是社會爵位。古代的人修養他
　的自然爵位,於是社會爵位隨着來了。現在的人修養他的自然爵
　位,來追求社會爵位;已經得到了社會爵位,便放棄他的自然爵
　位,那就太糊塗了,結果連社會爵位也會喪失的。"

11·17　孟子曰:"欲貴者,人之同心也。人人有貴於己
者,弗思耳矣。人之所貴者,非良貴也。趙孟①之所貴,趙
孟能賤之。詩云②:'既醉以酒,既飽以德。'言飽乎仁義也,
所以③不願④人之膏粱⑤之味也;令聞廣譽施於身,所以不
願人之文繡⑥也。"

【譯文】　孟子説:"希望尊貴,這是人們的共同心理。但每人自己都
　有可尊貴的東西,只是不去思考它罷了。別人所給與的尊貴,不
　是真正值得尊貴的。趙孟所尊貴的,趙孟同樣可以使他下賤。詩
　經説:'酒已經醉了,德已經飽了。'這是説仁義之德很富足了,也
　就不羨慕別人的肥肉細米了;到處皆知的好名聲在我身上,也就
　不羨慕別人的繡花衣裳了。"

【注釋】　①趙孟——晉國正卿趙盾字孟,因而其子孫都稱趙孟。孫奕示兒
　篇云:"晉有三趙孟,趙朔之子曰武,謚文子,稱趙孟。趙武之子曰成,趙成
　之子曰鞅,又名志父,謚簡子,亦稱趙孟。趙鞅之子曰無恤,謚襄子,亦稱
　趙孟。"　②詩云——以下兩句見大雅既醉篇。　③所以——直譯爲
　"的原因"(譯文用意譯法),與今日的"所以"用法不同,馬氏文通以下諸語
　法書都認爲同於今日的"所以",誤。　④願——鄭玄禮記祭義注云:
　"願,羨也。"荀子榮辱篇楊倞注云:"願猶慕也。"　⑤膏粱——韋昭國語
　注云:"膏,肉之肥者。"粱爲精細而色白的小米,古代以稻粱爲細糧,爲有

錢之人所食者,不是今日的高粱。　　⑥文繡——古代衣服有等,必須有
爵命的人才能着文繡之服。

11·18　孟子曰:"仁之勝不仁也,猶水勝火。今之爲仁
者,猶以一杯水救一車薪之火也;不熄,則謂之水不勝火,
此又與①於不仁之甚者也,亦終必亡而已矣。"

【譯文】　孟子説:"仁的勝過不仁正像水可以撲滅火一樣。如今行
　　仁的人,好像用一杯水來救一車柴木的火焰,火焰不熄滅,便説水
　　不能撲滅火,這些人又和很不仁的人相同了,結果連他們已行的
　　這點點仁都會消失的。"

【注釋】　①與——同也。

11·19　孟子曰:"五穀者,種之美者也;苟爲不熟,不如荑
稗①。夫仁,亦在乎熟之而已矣。"

【譯文】　孟子説:"五穀是莊稼中的好品種,假若不能成熟,反而不
　　及稊米和稗子。仁,也在於使它成熟罷了。"

　　【注釋】　①荑稗——即"稊稗"。荑音蹄(tí),稗,(bài)。稊,稗類,結實甚
　　　　小;可以作家畜飼料,古人也用以備凶年。

11·20　孟子曰:"羿之教人射,必志於彀①;學者亦必志於
彀。大匠誨人必以規矩,學者亦必以規矩。"

【譯文】　孟子説:"羿教人射箭,一定拉滿弓;學習的人也一定要求
　　努力拉滿弓。有名的木工教導人,一定依循規矩,學習的人也一
　　定要依循規矩。"

　　【注釋】　①必志於彀——朱熹集注云:"志猶期也;彀(gòu),弓滿也。"

卷十二　告子章句下

凡十六章

12 · 1　任①人有問屋廬子②曰："禮與食孰重?"

曰："禮重。"

"色與禮孰重?"

曰："禮重。"

曰："以禮食,則飢而死;不以禮食,則得食,必以禮乎? 親迎③,則不得妻;不親迎,則得妻,必親迎乎?"

屋廬子不能對,明日之鄒④以告孟子。

孟子曰："於答是也,何有? 不揣⑤其本,而齊其末,方寸之木可使高於岑樓⑥。金重於羽者,豈謂一鉤金⑦與一輿羽之謂哉? 取食之重者與禮之輕者而比之,奚翅⑧食重? 取色之重者與禮之輕者而比之,奚翅色重? 往應之曰: '紾⑨兄之臂而奪之食,則得食;不紾,則不得食,則將紾之乎? 踰東家牆而摟⑩其處子⑪,則得妻;不摟,則不得妻,則將摟之乎?'"

【譯文】　有一位任國人問屋廬子道："禮和食哪樣重要?"

答道："禮重要。"

“娶妻和禮哪樣重要？”

答道：“禮重要。”

問道：“如果按着禮節去找吃的，便會餓死；不按着禮節去找吃的，便會得到吃的，那一定要按着禮節行事嗎？如果按照親迎禮，便得不到妻子；如果不行親迎禮，便會得着妻子，那一定要行親迎禮嗎？”

屋廬子不能對答，第二天便去鄒國，把這話告訴孟子。

孟子説：“答復這個有什麽困難呢？ 如果不揣度基地的高低是否一致，而只比較其頂端，那一寸厚的木塊，〔若放在高處，〕可以使它比尖角高樓還高。我們説，金子比羽毛重，難道是説三錢多重的金子比一大車的羽毛還重嗎？ 拿吃的重要方面和禮的細節相比較，何止於吃的重要？ 拿婚姻的重要方面和禮的細節相比較，何止於娶妻重要？ 你這樣去答復他吧：‘扭折哥哥的胳膊，搶奪他的食物，便得到吃的；不扭，便得不着吃的，那會去扭嗎？ 爬過東鄰的牆去摟抱女子，便得到妻室；不去摟抱，便得不着妻室，那會去摟抱嗎？’”

【注釋】　①任——閻若璩釋地云：“任，國名，太皞之後，風姓。漢爲任城縣，後漢爲任城國，今濟寧州東任城廢縣是。”按當即今山東濟寧市。
②屋廬子——孟子弟子，名連，由“屋廬子喜曰，‘連得間矣’”（12·5）知之。　　③親迎——古代婚姻，新郎親迎新婦，自諸侯至于老百姓都如此。至于天子，左傳以爲天子不親迎，公羊傳則云天子亦親迎，禮經又無明文，因之未有定論。　　④鄒——在今山東鄒城東南二十六里，與故任國相距約百里，因之屋廬子可以明日即往。　　⑤揣——方言云：“度高爲揣。”左傳昭公二十三年云：“揣高卑。”義同。　　⑥岑樓——趙岐注云：“岑樓，山之鋭嶺者。”則讀“樓”爲“塿”。朱熹集注云：“岑樓，樓之高鋭似山者。”則於“樓”字如字讀之。按説文云：“岑，山小而高。”楚辭王逸注

云:"岑,鋭也。"則"岑"有高義,又有鋭義,以山之高者其頂必鋭也。故高而鋭之鼎曰岑鼎(吕氏春秋審忌篇,即韓非子説林篇之"讒鼎"),高而鋭之石曰岑石(楚辭逢紛),則樓之高而鋭者亦可曰岑樓。朱熹説較可從。

⑦一鉤金——孔廣森經學卮言云:"晏子春秋曰:'大帶重半鈞,烏屨倍重。'鄭君説:'東萊稱以大半兩爲鈞。'然則帶鉤金半鈞,才重三分兩之一。"　　⑧奚翅——"翅"同"啻",止也,但也。　　⑨紾——趙岐注云:"戾也。"即今扭轉之意。　　⑩搜——説文云:"搜,曳聚也。"趙岐注云:"搜,牽也。"按孟子除此章"搜"字外,又有"五霸者搜諸侯以伐諸侯者也"(12·7)一句。此章"搜"字宜訓"抱持","搜諸侯"的"搜"字宜訓"挾持"。

⑪處子——猶言"處女"。詩桃夭"之子于歸,宜其室家",論語公冶長"以其子妻之",諸"子"字俱指女子而言。

12·2　曹交①問曰:"人皆可以爲堯舜,有諸?"

孟子曰:"然。"

"交聞文王十尺,湯九尺,今交九尺四寸以長,食粟而已,如何則可?"

曰:"奚有於是?亦爲之而已矣。有人於此,力不能勝一匹雛②,則爲無力人矣;今曰舉百鈞,則爲有力人矣。然則舉烏獲③之任,是亦爲烏獲而已矣。夫人豈以不勝爲患哉?弗爲耳。徐行後長者謂之弟,疾行先長者謂之不弟。夫徐行者,豈人所不能哉?所不爲也。堯舜之道,孝弟而已矣。子服堯之服,誦堯之言,行堯之行,是堯而已矣。子服桀之服,誦桀之言,行桀之行,是桀而已矣。"

曰:"交得見於鄒君,可以假館,願留而受業於門。"

曰:"夫道若大路然,豈難知哉?人病不求耳。子歸而求之,有餘師。”

【譯文】　曹交問道:“人人都可以做堯舜,有這話嗎?”

孟子答道:“有的。”

曹交問:“我聽說文王身高一丈,湯身高九尺,如今我有九尺四寸多高,只會吃飯罷了,要怎樣才成呢?”

孟子說:“這有什麼關係呢? 只要去做就行了。要是有人,自己以爲一隻小雞都提不起來,便是毫無力氣的人了;如果說能够舉重三千斤,便是很有力氣的人了。那麼,舉得起烏獲所能舉的重量的,也就是烏獲了。人難道以不能勝任爲憂嗎? 只是不去做罷了。慢點兒走,走在長者之後,便叫悌;走得很快,搶在長者之前,便叫不悌。慢點兒走,難道是人所不能的嗎? 只是不那樣做罷了。堯舜之道,也不過就是孝和悌而已。你穿堯的衣服,說堯的話,作堯的所作所爲,便是堯了。你穿桀的衣服,說桀的話,作桀的所作所爲,便是桀了。”

曹交說:“我準備去謁見鄒君,向他借個住的地方,情願留在您門下學習。”

孟子說:“道就像大路一樣,難道難於瞭解嗎? 只怕人不去尋求罷了。你回去自己尋求罷,老師多得很呢。”

【注釋】　①曹交——趙岐注云:“曹交,曹君之弟,交,名也。”但曹國爲宋所滅,明載於左傳哀公八年,故王應麟困學紀聞云:“至孟子時,曹亡久矣。”復安得有曹君暨其弟? 趙岐此注不知何據。　②一匹雛——“一匹雛”之語例與“一鉤金”、“一輿羽”同,“鉤”與“輿”皆作量詞,則“匹”亦爲量詞。“匹”本爲計馬數之量詞,毛公鼎、召鼎以及其他金文習見之,尚書文侯之命亦云“馬四匹”。而“匹夫匹婦”則又用以計人,此則借以計雛。“一匹雛”猶今言一隻小雞。　③烏獲——史記秦本紀言秦武王時有力士烏獲,但此時孟子年已踰七十,而烏獲遠在西方之秦,未必能舉肯舉以爲例證,此烏獲或者是古之有力人,秦之力士又襲用其名耳。

12·3　公孫丑問曰:"高子^①曰:小弁^②,小人之詩也。"

孟子曰:"何以言之?"

曰:"怨。"

曰:"固哉,高叟之爲詩也! 有人於此,越人關弓而射之,則己談笑而道之;無他,疏之也。其兄關弓而射之,則己垂涕泣而道之;無他,戚^③之也。小弁之怨,親親也。親親,仁也。固矣夫,高叟之爲詩也!"

曰:"凱風^④何以不怨?"

曰:"凱風,親之過小者也;小弁,親之過大者也。親之過大而不怨,是愈疏也;親之過小而怨,是不可磯^⑤也。愈疏,不孝也;不可磯,亦不孝也。孔子曰:'舜其至孝矣,五十而慕^⑥。'"

【譯文】　公孫丑問道:"高子説,小弁這篇詩章是小人所作的,是嗎?"

孟子説:"爲什麽這麽説呢?"

答道:"因爲詩章有怨恨之情。"

孟子説:"高老先生的講詩真是太機械了! 這裏有個人,若是越國人張開弓去射他,他可以有説有笑地講述着這事;這没有别的原因,因爲越國人和他關係疏遠。若是他哥哥張開弓去射他,那他會哭哭啼啼地講述着這事;這没有别的原因,因爲哥哥是親人。小弁的怨恨,正是熱愛親人的緣故。熱愛親人,是合乎仁的。高老先生的講詩實在是太機械了!"

公孫丑説:"凱風這一篇詩又爲什麽没有怨恨之情呢?"

　　答道：“凱風這篇詩，是由於母親的過錯小；小弁這一篇詩，却是由於父親的過錯大。父母的過錯大，却不抱怨，是更疏遠父母的表現；父母的過錯小，却去抱怨，是反而激怒自己。更把父母疏遠是不孝，反而使自己激怒也是不孝。孔子説：‘舜是最孝順的人吧，五十歲還依戀父母。’”

【注釋】　①高子——孟子中“高子”凡數見，趙岐注以爲“孟子弟子”。此處治詩之高子，以孟子稱之爲“高叟”論之，似年長於孟子，不當爲孟子弟子，故梁玉繩古今人表考以爲是二人，然亦有以爲一人者。至陸德明經典釋文序録述詩之傳授，“子夏授高行子”之高行子，與孟子年代難於相接，疑别是一人。陳奐毛詩傳疏以爲即是此高子，恐誤。　　②小弁——弁音盤(pán)。小弁在小雅，毛詩以爲刺幽王，太子宜臼之傅作。(周幽王先娶申國之女，生宜臼，立爲太子；其後又得褒姒，極爲寵愛，生子伯服，便廢申后及太子宜臼，而立伯服爲太子，宜臼且將被殺。三家詩則以爲周宣王時名臣尹吉甫之子伯奇所作。(據云吉甫娶後妻，生子伯邦，乃譖伯奇於吉甫，放之於野。)　　③戚——趙岐注云：“戚，親也。”　　④凱風——詩在國風邶風，凡四章，通篇都是自責而慰母之辭。一則曰：“母氏聖善，我無令人。”再則曰：“有子七人，莫慰母心。”詩序云：“凱風，美孝子也。衞之淫風流行，雖有七子之母，猶不能安其室，故美七子能盡其孝道，以慰母心，而成其志爾。”　　⑤磯——音機(jī)。趙岐注云：“磯，激也。”朱熹集注云：“不可磯，言微激之而遽怒也。”　　⑥慕——萬章上第一章云：“萬章問曰：‘舜往于田，號泣于旻天，何爲其號泣也？’孟子曰：‘怨慕也。’”下文又云：“五十而慕者，予於大舜見之矣。”舜於父母，因慕而怨，“慕”字雖無怨義，但在此實涵有怨恨之意，以與上文諸“怨”字相照應。

12·4　　宋牼①將之楚，孟子遇於石丘②，曰：“先生③將何之？”

　　　　曰：“吾聞秦楚構兵④，我將見楚王説而罷之。楚王不悦，我將見秦王説而罷之。二王我將有所遇焉。”

曰：“軻也請無問其詳，願聞其指。説之將何如？”

曰：“我將言其不利也。”

曰：“先生之志則大⑤矣，先生之號⑥則不可。先生以利説秦楚之王，秦楚之王悦於利，以罷三軍之師，是三軍之士樂罷而悦於利也。爲人臣者懷利以事其君，爲人子者懷利以事其父，爲人弟者懷利以事其兄，是君臣、父子、兄弟終⑦去仁義，懷利以相接，然而不亡者，未之有也。先生以仁義説秦楚之王，秦楚之王悦於仁義，而罷三軍之師，是三軍之士樂罷而悦於仁義也。爲人臣者懷仁義以事其君，爲人子者懷仁義以事其父，爲人弟者懷仁義以事其兄，是君臣、父子、兄弟去利，懷仁義以相接也，然而不王者，未之有也。何必曰利？”

【譯文】　宋牼到楚國去，孟子在石丘地方碰到了他，孟子問道：“先生準備往哪裏去？”

答道：“我聽説秦楚兩國交兵，我打算去謁見楚王，向他進言，勸他罷兵。如果楚王不聽，我又打算去謁見秦王，向他進言，勸他罷兵。在兩個國王中，我總會有所遇合。”

孟子説：“我不想問得太詳細，只想知道你的大意，你將怎樣去進言呢？”

答道：“我打算説，交兵是不利的。”

孟子説：“先生的志向是很好的了，可是先生的提法却不行。先生用利來向秦王楚王進言，秦王楚王因爲有利而高興，於是停止軍事行動，這就將使軍隊的官兵樂於罷兵，因之喜悦利。做臣

屬的懷抱着利的觀念來服事君主,做兒子的懷抱着利的觀念來服
事父親,做弟弟的懷抱着利的觀念來服事哥哥,這就會使君臣之
間、父子之間、兄弟之間都完全去掉仁義,懷抱着利的觀念來互相
對待,如此而國家不滅亡的,是没有的事情。若是先生用仁義來
向秦王楚王進言,秦王楚王因仁義而高興,於是停止軍事行動,這
就會使軍隊的官兵樂於罷兵,因之喜悦仁義。做臣屬的懷抱着仁
義來服事君主,做兒子的懷抱着仁義來服事父親,做弟弟的懷抱
着仁義來服事哥哥,這就會使君臣之間、父子之間、兄弟之間都去
掉利的觀念,懷抱着仁義來互相對待,如此而國家不以德政統一
天下的,也是没有的事。爲什麽一定要説到'利'呢?"

【注釋】　①宋牼——宋人,莊子天下篇、荀子非十二子篇作宋鈃,韓非子顯
學篇作宋榮(莊子逍遥游篇亦作宋榮),爲戰國一有名學者。其主張大指
爲寡欲,見侮不以爲辱,以救民之互鬥;禁攻寢兵,以救當時之攻戰;破除
主觀成見(別囿),以識萬物之真相。　　　②石丘——僞孫奭疏以爲宋國
地名,一統志以爲在今河南舊衛輝府,未必有據。　　　③先生——焦循正
義云:"禮記曲禮云:'從於先生。'注云:'先生,老人教學者。'國策衞策云:
'乃見梧下先生。'注云:'先生,長者有德者稱。'齊策云:'孟嘗君讌坐,謂
三先生。'注云:'長老先己以生者也。'牼蓋年長於孟子,故孟子以先生稱
之而自稱名。"但某氏云:"今按其時孟子年已踰七十(説詳下條),而牼欲
歷説秦楚,意氣猶健,年未能長於孟子。先生自是稷下學士先輩之通稱,
孟子亦深敬其人,故遂自稱名爲謙耳。"　　　④秦楚構兵——張宗泰孟子
諸國年表説云:"當孟子時,齊秦所共爭者惟魏,若楚雖近秦,時方强盛,秦
尚未敢與爭。惟梁襄王元年癸卯,有楚與五國共擊秦不勝之事,而獨與秦
戰,則在懷王十七年。孟子是年因燕人畔去齊,疑孟子或有事於宋,而自
宋之薛,因與宋牼遇於石丘。"若孟子生於周安王之十三年與二十年間(約
當公元前389年稍後),則至楚懷王十七年(當公元前312年),年已踰七十
了。　　　⑤大——易繫辭云:"莫大乎蓍龜",漢書藝文志引作"莫善乎蓍

龜",可見"大"有"善"義,此"大"字也當作"善"字解。　⑥號——意謂所用的提法。　⑦終——呂氏春秋音律篇:"數將幾終。"高誘注云:"終,盡也。"

12·5 孟子居鄒,季任①爲任處守,以幣交,受之而不報。處於平陸②,儲子爲相,以幣交,受之而不報。他日,由鄒之任,見季子;由平陸之齊,不見儲子。屋廬子喜曰:"連得間矣。"問曰:"夫子之任,見季子;之齊,不見儲子,爲其爲相與?"

曰:"非也;書曰③:'享多儀④,儀不及物曰不享,惟不役志于享。'爲其不成享也。"

屋廬子悦。或問之。屋廬子曰:"季子不得之鄒,儲子得之平陸。"

【譯文】　當孟子住在鄒國的時候,季任留守任國,代理國政,送禮物來和孟子交友,孟子接受了禮物,並不回報。又當孟子住在平陸的時候,儲子做齊國的卿相,也送禮物來和孟子交友,孟子接受了,並不回報。過一段時間,孟子從鄒國到任國,拜訪了季子;從平陸到齊都,却不去拜訪儲子。屋廬子高興地説:"我找到了老師的岔子了。"便問道:"老師到任國,拜訪季子;到齊都,不拜訪儲子,是因爲儲子只是卿相嗎?"

答道:"不是;尚書説過:'享獻之禮可貴的是儀節,如果儀節不够,禮物雖多,只能叫做没有享獻,因爲享獻人的心意並没有用在這上面。'這是因爲他没有完成那享獻的緣故。"

屋廬子高興得很。有人問他。他説:"季子不能够親身去鄒國,儲子却能够親身去平陸,〔他爲什麽只送禮而不自己去呢?〕"

【注釋】　①季任——趙岐注云:"季任,任君弟也。"任,風姓。見左傳僖廿一年。任國在今山東濟寧市。　②平陸——閻若璩釋地續云:"平陸爲今汶上縣,去齊都臨淄凡六百里,而儲子既相,必朝夕左右爲王辦政事,非奉王命,似亦未易出郊外,何必孟子望其身親至六百里外之下邑方爲禮稱其幣? 既思范睢列傳云:'秦相穰侯東行縣邑東騎至湖關。'湖今閿鄉縣,去秦都咸陽亦幾六百里,是當日國相皆得周行其境之內,非令所禁,故曰,'儲子得之平陸'。"　③書曰等句——見今尚書洛誥篇。　④享多儀——周用錫尚書證義云:"多如漢書袁盎傳'皆多盎'之'多','享多儀',享以儀爲多也。"

12·6　淳于髡曰:"先名實者,爲人也;後名實者,自爲也①。夫子在三卿②之中,名實未加於上下而去之,仁者固如此乎?"

孟子曰:"居下位,不以賢事不肖者,伯夷也;五就湯,五就桀者,伊尹也;不惡汙君,不辭小官者,柳下惠也。三子者不同道,其趨一也。一者何也? 曰,仁也。君子亦仁而已矣,何必同?"

曰:"魯繆公之時,公儀子③爲政,子柳④子思爲臣,魯之削也滋甚⑤;若是乎,賢者之無益於國也!"

曰:"虞不用百里奚而亡,秦穆公用之而霸。不用賢則亡,削何可得與?"

曰:"昔者王豹⑥處於淇,而河西⑦善謳;緜駒處於高唐⑧,而齊右⑨善歌;華周杞梁之妻善哭其夫⑩而變國俗。有諸內,必形諸外。爲其事而無其功者,髡未嘗覩之也。是故無賢者也;有則髡必識之。"

　　曰:"孔子爲魯司寇,不用,從而祭,燔肉不至^⑪,不稅冕而行^⑫。不知者以爲爲肉也,其知者以爲爲無禮也。乃孔子則欲以微罪行^⑬,不欲爲苟去。君子之所爲,衆人固不識也。"

【譯文】　淳于髡説:"重視名譽功業是爲着濟世救民,輕視名譽功業是爲着獨善其身。您爲齊國三卿之一,對於上輔君王下濟臣民的名譽和功業都没有建立,您就離開,仁人原來是這樣的嗎?"

　　孟子説:"處在卑賤的職位,不拿自己賢人的身份去服事不肖的人的,這是伯夷;五次往湯那裏去,又五次往桀那裏去的,這是伊尹;不討厭惡濁的君主,不拒絶微賤的職位的,這是柳下惠。三個人的行爲不相同,但總方向是一樣的。這一樣的是什麽呢? 應該説,就是仁。君子只要仁就行了,爲什麽一定要相同呢?"

　　淳于髡説:"當魯繆公的時候,公儀子主持國政,泄柳和子思也都立於朝廷,魯國的削弱却更厲害,賢人對國家的毫無好處竟像這樣的呀!"

　　孟子説:"虞國不用百里奚,因而滅亡;秦穆公用了百里奚,因而稱霸。不用賢人就會遭致滅亡,即使要求勉强存在,都是辦不到的。"

　　淳于髡説:"從前王豹住在淇水旁邊,河西的人都會唱歌;緜駒住在高唐,齊國西部地方都會唱歌;華周杞梁的妻子痛哭她們的丈夫,因而改變了國家風尚。裏面存在了什麽,一定會表現在外面。如果從事某種工作,却見不到功績的,我没有看過這樣的事。所以今天是没有賢人;如果有賢人,我一定會知道他。"

　　孟子説:"孔子做魯國司寇的官,不被信任,跟隨着去祭祀,祭肉也不見送來,於是匆忙地離開。不知道孔子的人以爲他是爲爭

祭肉而去，知道孔子的人以爲他是爲魯國失禮而去。至於孔子，
却是要自己背一點小罪名而走，不想隨便離開。君子的作爲，一
般人本來是不知道的。”

【注釋】　①先名實爲人，後名實自爲——朱熹集注云：“名，聲譽也；實，事功
也。言以名實爲先而爲之者，是有志於救世也；以名實爲後而不爲者，是
欲獨善其身者也。”　　②三卿——全祖望經史問答云：“孟子之世，七國
官制尤草草。大抵三卿者，指上卿、亞卿、下卿而言。樂毅初入燕乃亞卿，
是其證也。或曰，一卿是相，一卿是將，其一爲客卿，而上下本無定員，亦
通。”　　③公儀子——當是公儀休。史記循吏傳云：“公儀休者，魯博士
也，以高第爲魯相。奉法循禮，無所變更。”云云。　　④子柳——趙岐注
云：“子柳，泄柳也。”　　⑤魯之削也滋甚——按之史記六國年表：“齊宣
公四十四年，伐魯莒及安陽；四十五年，伐魯，取都；四十八年，取魯郕；齊
康公十一年，伐魯，取最；十五年，魯敗我（齊）平陸；二十年，伐魯，破之。”
諸事都當魯繆公之世，除僅一度於平陸打敗齊國以外，其餘都是兵敗地
削，可以爲此語佐證。　　⑥王豹——趙岐注云：“王豹，衞之善謳者。”但
鄭珍巢經巢文集據左傳哀六年文，以爲是齊人，可從。　　⑦河西——詩
經衞風碩人云：“河水洋洋，北流活活。”而左傳僖公四年載齊管仲對楚人
之言曰：“賜我先君履，東至于海，西至于河。”則是齊在當日黃河之東，衞
在其西。此“河西”實指衞境而言。　　⑧緜駒處於高唐——韓詩外傳
云：“淳于髡曰：昔者揖封生高商，齊人好歌。”高商蓋即高唐，揖封蓋即緜
駒。高唐，按戰國策云：“齊威王曰，吾臣有盼子者，使守高唐，則趙人不敢
東漁於河。”當即此，故城在今山東禹城縣西南。　　⑨齊右——高唐在
齊之西部，西在右（以朝南論），故曰齊右。　　⑩華周杞梁之妻善哭其
夫——趙岐注云：“華周，華旋也；杞梁，杞殖也。”按左傳襄公二十三年云：
“（齊襲莒，）杞殖華還（同旋）載甲，夜入且于之隧，宿於莒郊。明日，先遇
莒子於蒲侯氏。莒子重賂之，使無死，曰：‘請有盟。’華周對曰：‘貪貨棄
命，亦君所惡也。昏而受命，日未中而棄之，何以事君？’莒子親鼓之，從而

伐之,獲杞梁。莒人行成。齊侯歸,遇杞梁之妻於郊,使弔之。辭曰:‘殖之有罪,何辱命焉? 若免於罪,猶有先人之敝廬在,下妾不得與郊弔。’齊侯弔諸其室。”但説苑善説篇云:“昔華舟杞梁戰而死,其妻悲之,向城而哭,隅爲之崩,城爲之阤(音 zhǐ,小崩也)。”列女傳貞順篇所載略同。

⑪燔肉不至——燔亦作“膰”,即祭肉,又曰胙,又曰脤,又曰福肉,又曰釐肉。古禮,宗廟社稷諸祭,必分賜祭肉與同姓之國以及有關諸人,表示“同福禄”。史記孔子世家云:“齊陳女樂,季桓子微服往觀,怠於政事。子路曰:‘夫子可以行矣。’孔子曰:‘魯今且郊,如致膰乎大夫,則吾猶可以止。’桓子卒受齊女樂,三日不聽政,郊又不致膰俎於大夫,孔子遂行。”

⑫不税冕而行——税音脱(tuō)。“不税冕”言其匆忙,未必爲真的如趙岐注所言“反歸其舍,未及税解祭之冕而行”。因爲冕只是用于祭祀,平常不戴。而致送祭肉必在已祭之後,甚或在祭畢後之第二三日,孔子祭畢剛反歸其舍,不能知道是不是會致送膰肉,怎麽會貿然離開呢?　　⑬欲以微罪行——閻若璩四書釋地續云:“蓋孔子爲魯司寇,既不用其道,宜去一;燔俎又不去,宜去二。其去之之故,天下自知之,但孔子不欲其失純在君相,己亦帶有罪焉。樂毅報燕王尚云:‘忠臣去國,不潔其名’,況孔子乎? 又禮:‘大夫士去國,不説人以無罪。’注云:‘己雖遭放逐,不自以無罪解説於人,過則稱己也。’以膰肉不至遂行,無乃太甚,此之謂以微罪行。魯人爲肉、爲無禮之議,正愜孔子微罪之心。”

12·7　孟子曰:“五霸①者,三王②之罪人也;今之諸侯,五霸之罪人也;今之大夫,今之諸侯之罪人也。天子適諸侯曰巡狩,諸侯朝於天子曰述職。春省耕而補不足,秋省斂而助不給。入其疆,土地辟,田野治,養老尊賢,俊傑在位,則有慶③;慶以地。入其疆,土地荒蕪,遺老失賢,掊克④在位,則有讓⑤。一不朝,則貶其爵;再不朝,則削其地;三不

朝,則六師移之⑥。是故天子討而不伐,諸侯伐而不討。五
霸者,摟諸侯以伐諸侯者也,故曰,五霸者,三王之罪人也。
五霸,桓公爲盛。葵丘⑦之會,諸侯束牲⑧載書⑨而不歃血⑩。
初命曰,誅不孝,無易樹子,無以妾爲妻。再命曰,尊賢育
才,以彰有德。三命曰,敬老慈幼,無忘賓旅。四命曰,士無
世官,官事無攝,取士必得⑪,無專殺大夫。五命曰,無曲
防⑫,無遏糴,無有封而不告⑬。曰,凡我同盟之人,既盟之
後,言歸于好。今之諸侯皆犯此五禁,故曰,今之諸侯,五霸
之罪人也。長⑭君之惡其罪小,逢君之惡其罪大。今之大夫
皆逢君之惡,故曰,今之大夫,今之諸侯之罪人也。”

【譯文】　孟子説:“五霸,對三王説來,是有罪之人;現在的諸侯,對
　　五霸説來,又是有罪的人;現在的大夫,對現在的諸侯説來,又是
　　有罪之人。天子巡行諸侯的國家叫做巡狩,諸侯朝見天子叫做述
　　職。〔天子的巡狩,〕春天考察耕種情況,補助不足的人;秋天考察
　　收穫情況,賙濟不够的人。一進到某國的疆界,如果土地已經開
　　闢,田裏工作也搞得很好,老人被贍養,賢者被尊貴,出色的人才
　　立於朝廷,那麽就有賞賜;賞賜用土地。如果一進到某國的疆界,
　　土地荒廢,老人被遺棄,賢者不被任用,搜括錢財的人立於朝廷,
　　那麽就有責罰。〔諸侯的述職,〕一次不朝,就降低爵位;兩次不
　　朝,就削減土地;三次不朝,就把軍隊開去。所以天子的用武力是
　　‘討’,不是‘伐’;諸侯則是‘伐’,不是‘討’。五霸呢,是挾持一部
　　分諸侯來攻伐另一部分諸侯的人,所以我説,五霸,對三王説來,
　　是有罪的人。五霸,齊桓公最了不得。在葵丘的一次盟會,綑綁
　　了犧牲,把盟約放在它身上,〔因爲相信諸侯不敢負約,〕便没有歃
　　血。第一條盟約説:誅責不孝之人,不要廢立太子,不要立妾爲

妻。第二條盟約説，尊貴賢人，養育人才，來表彰有德者。第三條
盟約説，恭敬老人，慈愛幼小，不要怠慢貴賓和旅客。第四條盟約
説，士人的官職不要世代相傳，公家職務不要兼攝，録用士子一定
要得當，不要獨斷獨行地殺戮大夫。第五條盟約説，不要到處築
堤，不要禁止鄰國來採購糧食，不要有所封賞而不報告〔盟主〕。
最後説，所有我們參與盟會的人從訂立盟約以後，完全恢復舊日
的友好。今日的諸侯都違犯了這五條禁令，所以説，今天的諸侯，
對五霸説來是有罪之人。君主有惡行，臣下加以助長，這罪行還
小；君主有惡行，臣下加以逢迎，〔給他找出理論根據，使他無所忌
憚，〕這罪行可大了。而今天的大夫，都迎逢君主的惡行，所以説，
今天的大夫，對諸侯説來又是有罪之人。”

【注釋】　①五霸——五霸之説有四：(甲)夏代之昆吾氏，殷商之大彭氏、韋
豕氏，周之齊桓公、晉文公(白虎通號篇)。但以孟子“五霸，桓公爲盛”之
語觀之，顯然此説不是孟子之意。(乙)齊桓公、晉文公、秦穆公、楚莊王、
吳王闔閭(白虎通號篇)。(丙)齊桓公、晉文公、秦穆公、宋襄公、楚莊王
(白虎通號篇、趙岐注同)。以孟子“秦穆公用之而霸”(12・6)觀之，孟子
所謂五霸，必是此兩説中之一。(丁)齊桓公、晉文公、楚莊王、吳王闔閭、
越王勾踐(荀子王霸篇)。此説無秦穆公，當不合孟子之意。　　　②三
王——夏禹、商湯、周文王武王。　　　③慶——趙岐注云：“慶，賞也。”
④掊克——詩經大雅蕩“曾是掊克”。釋文云：“掊克，聚斂也。”
⑤則有讓——朱熹集注云：“自‘入其疆’至‘則有讓’，言巡狩之事。”
⑥六師移之——朱熹集注又云：“自‘一不朝’至‘六師移之’，言述職之
事。”　　　⑦葵丘——地名，春秋時屬宋，今河南考城縣東三十里。考城縣
志云：“葵丘東南有盟臺，其地名盟臺鄉。”　　　⑧束牲——古代定盟多用
犧牲，或殺，或不殺。穀梁傳僖公九年云：“葵丘之盟，陳牲而不殺”，故此
云“束牲”，趙岐注云：“束縛其牲。”又穀梁傳范寧集解引鄭君曰：“盟牲，諸
侯用牛，大夫用猳。”則此牲當是牛。　　　⑨載書——古代盟約謂之載書，

但此“載書”不是一個詞。“載”是動詞，加也。“書”即指盟辭。即穀梁傳僖公九年所云：“葵丘之盟，陳牲而不殺，讀書，加于牲上”者也。　　⑩歃血——字書：“唼，喋也。書亦作‘歃’，所洽反(shà)，謂以口微吸之之也。”

⑪取士必得——趙岐注云：“取士必得賢，立之無方也。”則此“得”字，實“得賢”、“得人”之意。　　⑫無曲防——管子大匡篇及霸形篇皆作“無曲隄”，可見“防”即“隄”，亦即穀梁僖公九年傳之“毋壅泉”。蓋當時諸侯各築隄防，大水則以鄰國爲壑，旱則專擅水利，使鄰國受災。(至於漢書溝洫志引賈讓奏言謂“蓋隄防之作，近起戰國”，本是不肯定之詞，不足爲的據。)“曲”是副詞，與易繫辭“曲成萬物而不遺”、荀子非相篇“曲得所謂焉”、禮論篇“曲容備物之謂道矣”諸“曲”字同義，有“無不”“遍”之義。前人多不得其解，惟劉念親荀子正名篇詁釋曾略及之。　　⑬無有封而不告——趙岐注云：“無以私恩擅有所封賞而不告盟主也。”明人郝敬謂“封”當讀“窆”，葬下棺也，“有封”指哀禮而言，恐非。孟子原文“告”下無賓語，或以爲告盟主，或以爲告天子。但齊桓公自是盟主，且僖公二年城楚丘而封衞，亦未嘗告天子，此豈不自己掌嘴？因取趙注之說。　　⑭長——依趙岐注似讀爲“張”，聲張之意。稽之古訓既不合，亦未見同樣句例，故不取。

12·8 魯欲使慎子①爲將軍。孟子曰：“不教民而用之，謂之殃民②。殃民者，不容於堯舜之世。一戰勝齊，遂有南陽③，然且不可④——”

慎子勃然不悦曰：“此則滑釐所不識也。”

曰：“吾明告子。天子之地⑤方千里；不千里，不足以待諸侯。諸侯之地⑤方百里；不百里，不足以守宗廟之典籍⑥。周公之封於魯，爲方百里也；地非不足，而儉⑦於百里。太公之封於齊也，亦爲方百里也；地非不足也，而儉於百里。今魯方百里者五⑧，子以爲有王者作，則魯在所損乎，在所益乎？徒取諸彼以與此，然且仁者不爲，況於殺人以求之乎？君子之事君也，務引其君以當道，志於仁而已。"

【譯文】　魯國打算叫慎子做將軍。孟子説："不先教導百姓便用他們打仗，這叫做加害於百姓。加害於百姓的人，如果在堯舜的時代，是不被容納的。即使只作戰一次便打敗了齊國，因而得到了南陽，這樣尚且不可以——"

慎子勃然不高興地説："這是我所不了解的了。"

孟子説："我明白地告訴你吧。天子的土地縱橫一千里；如果不到一千里，便不够接待諸侯。諸侯的土地縱橫一百里；如果不到一百里，便不够來奉守歷代相傳的禮法制度。周公被封於魯，是應該縱橫一百里的；土地並不是不够，但實際上少於一百里。太公被封於齊，也應該是縱橫一百里的；土地並不是不够，但實際上少於一百里。如今魯國有五個一百里的長度和寬度，你以爲假如有聖主明王興起，魯國的土地是在減少之列呢？還是在被增加之列呢？不用兵力，白白地取自那國來給與這國，仁人尚且不幹，何況殺人來求得土地呢？君子的服事君王，只是專心一意地引導他趨向正路，有志於仁罷了。"

【注釋】　①慎子——趙岐注云："慎子，善用兵者。"焦循正義疑即慎到。按慎到之學説尚殘存于莊子天下篇、荀子解蔽、天論、非十二子諸篇。大概其學近于黄老而主張法治。荀子説他"有見於後，無見於先"，莊子説他"棄知去己"，如此之人，何能做將軍？焦説不可信。有人又疑心慎滑釐即禽滑釐。按禽滑釐的年代當在紀元前470—前400年間，這時孟子尚未出生，所以也不可信。　　②不教民而用之謂之殃民——論語子路篇："以不教民戰，是謂棄之。"與此同意。　　③南陽——即汶陽，在泰山之西南,汶水之北。春秋之世爲齊魯所爭之地,本屬魯,其後逐漸爲齊所侵奪。説詳全祖望經史問答。　　④然且不可——此句未完,因慎子勃然不悦,搶着説去。所以知之者,凡用"尚且""猶且""然且"諸副詞之句,多是主從複合句,從句用"且",主句用反問句,如下文"然且仁者不爲,況於殺人以求之乎"即是。此處下文無主句,且有"慎子勃然不悦"諸叙述語,所以知之。　　⑤天子之地——毛奇齡四書賸言云:"孟子'天子之地方千里,諸侯皆方百里',其'地'字,王制改作'田'字。田即地也。但地有山林川澤城郭宮室陂池涂港種種,而田則無有,故田較之地,則每里減三分之一,是地有千里者,田未必有千里矣。既云'班禄',禄出於田,當紀實數焉。得以三分減一之地而强名千里,漢後儒者所以不能無紛紛也。不知孟子所云'地'字亦只是'田'字。魯欲使慎子爲將軍章,'周公之封於魯,爲方百里也,地非不足也,而儉於百里'。又曰:'不百里,不足以守宗廟之典籍。'則較量千百惟恐不足,當必是實數可知。而按其上文仍是'地'字,固知地即田耳。"按毛説失之拘。孟子所言古制古史未必全可憑信,即如謂"太公之封於齊儉於百里",便與左傳管仲所言"賜我先君履,東至於海,西至於河,南至於林陵,北至於無棣"不合。若看得太死,便上當了。　　⑥典籍——重要文册。　　⑦儉——焦循正義云:"説文,'儉,約也。'淮南子主術訓,'所守甚約'。高誘注云:'約,少也。'"　　⑧今魯方百里者五——顧棟高春秋大事表云:"伯禽初封曲阜,漢書地理志云,'成王以少皥之墟曲阜封周公子伯禽爲魯侯',今爲山東曲阜。後益封奄;隱二年入極;十年敗宋師於菅,辛巳取郜,辛丑取防;僖十七年滅項;三十三年伐邾,取訾婁;文十年伐邾,取須句;宣四年伐莒,取向;宣九年取根牟;十年伐邾,取繹;成六年取鄟;襄十三年取邿;二十一年邾庶以其漆閭邱來奔;昭元年伏莒,取鄆;四年取鄫;五年,莒牟夷以牟婁及防兹來奔;十年伐莒,取郠;三十一年邾黑肱以濫來奔;哀二年伐邾,取漷東田及沂西田;三年城啟陽;哀十七年越使后庸來言邾田,二月盟於平陽。平陽在鄒縣西南,本邾邑,爲魯所取。魯在春秋,實兼九國之地。"

12·9　孟子曰："今之事君者皆曰：'我能爲君辟土地，充府庫。'今之所謂良臣，古之所謂民賊也。君不鄉道^①，不志於仁，而求富之，是富桀也。'我能爲君約與國，戰必克。'今之所謂良臣，古之所謂民賊也。君不鄉道，不志於仁，而求爲之强戰，是輔桀也。由今之道^②，無變今之俗，雖與之天下，不能一朝居也。"

【譯文】　孟子説："今天服事君主的人都説：'我能够替君主開拓土地，充實府庫。'今天的所謂好臣子正是古代的所謂百姓的賊害者。君主不嚮往道德，無意於仁，却想使他錢財富足，這等於使夏桀錢財富足。〔又説：〕'我能够替君主邀結盟國，每戰一定勝利。'今天的所謂好臣子正是古代所謂百姓的賊害者。君主不嚮往道德，無意於仁，却想替他勉强作戰，這等於幫助夏桀。從目前這樣的道路走去，也不改變今天這樣的風俗習氣，縱使把整個天下給他，他是一天也坐不穩的。"

【注釋】　①君不鄉道——焦循正義云："道爲道德之道，上云'君不鄉道'是也。鄉，去聲，同嚮"。　②由今之道——焦循正義又云："道之訓亦爲行，今之道猶云今之行。""道""行"都是道路之意。

12·10　白圭^①曰："吾欲二十而取一，何如？"

孟子曰："子之道，貉^②道也。萬室之國，一人陶，則可乎？"

曰："不可，器不足用也。"

曰："夫貉，五穀不生，惟黍^③生之；無城郭、宫室、宗廟、祭祀之禮，無諸侯幣帛饔飧^④，無百官有司，故二十取一而足也。今居中國，去人倫，無君子^⑤，如之何其可也？陶以

寡,且不可以爲國,況無君子乎?欲輕之於堯舜之道者,大
貉小貉也⑥;欲重之於堯舜之道者,大桀小桀也⑥。"

【譯文】 白圭説:"我想定税率爲二十抽一,怎麼樣?"

孟子説:"你的方針是貉國的方針。假若有一萬户的國家,一
個人製作瓦器,那可以嗎?"

答道:"不可以,因爲瓦器會不够用。"

孟子説:"貉國,各種穀類都不生長,只生長糜子;又没有城牆、
房屋、祖廟和祭祀的禮節,也没有各國間的互相往來,致送禮物和
饗宴,也没有各種衙署和官吏,所以二十抽一便够了。如今在中
國,不要社會間的一切倫常,不要各種官吏,那怎麼能行呢? 做瓦
器的太少,尚且不能够使一個國家搞好,何況没有官吏呢? 想要
比堯舜的十分抽一的税率還輕的,是大貉小貉;想要比堯舜的十
分抽一的税率還重的,是大桀小桀。"

【注釋】 ①白圭——人名,其事蹟散見於吕氏春秋聽言、先識、不屈、應言、
舉難、知分等篇,韓非子内儲説下、喻老諸篇,戰國策魏策以及史記鄒陽傳
和貨殖傳。曾相魏,曾築堤治水,善生産,年代與孟子相值而略少於孟子。
②貉——同貊(mò),北方的一個國名。　③黍——黍,今稱黄米,黏性。
但此處可能指"黍之不黏者"(詳程瑶田通藝録九穀考),即古之所謂稷。
今日之糜子,北方有些地區叫爲糜子的,實包含黍稷兩物而言。稷實似小
米(粟)而略大。　　④饗飧——朱熹集注云:"以飲食饋客之禮也。"
⑤去人倫無君子——朱熹集注云:"無君臣祭祀交際之禮,是去人倫;無百
官有司,是無君子。"　　⑥大貉小貉、大桀小桀——公羊傳宣公十五年
云:"古者什一而籍。古者曷爲什一而籍? 什一者,天下之中正也。多乎
什一,大桀、小桀;寡乎什一,大貉小貉。"當本於孟子。

12·11 白圭曰:"丹之治水也愈於禹①。"

孟子曰:"子過矣。禹之治水,水之道也,是故禹以四海爲壑②。今吾子以鄰國爲壑。水逆行謂之洚水——洚水者,洪水也——仁人之所惡也。吾子過矣。"

【譯文】 白圭説:"我治理水患比大禹還强。"

孟子説:"你錯了。禹的治理水患,是順乎水的本性而行的,所以禹使水流注於四海。如今你却使水流到鄰近的國家去。水逆流而行叫做洚水——洚水就是洪水——是有仁愛之心的人所最厭惡的。你錯了。"

【注釋】 ①丹之治水——韓非子喻老篇云:"白圭之行隄也,塞其穴,是以無水難。"可見白圭的治水在乎謹築隄防,所以孟子責他以"鄰國爲壑"。

②壑——本爲"溝壑"之"壑",此則擴大其義,故朱熹集注云:"壑,受水處也。"

12·12 孟子曰:"君子不亮①,惡乎執?"

【譯文】 孟子説:"君子不講誠信,如何能有操守?"

【注釋】 ①亮——同"諒",信也。論語"豈若匹夫匹婦之爲諒也","君子貞而不諒",皆謂小信。孟子此"亮"字則指一般的誠信。兩人所指實有不同,不可混而爲一。

12·13 魯欲使樂正子①爲政。孟子曰:"吾聞之,喜而不寐。"

公孫丑曰:"樂正子强乎?"

曰:"否。"

"有知慮乎?"

曰:“否。”

“多聞識乎?”

曰:“否。”

“然則奚爲喜而不寐?”

曰:“其爲人也好善②。”

“好善足乎?”

曰:“好善優於天下③,而況魯國乎? 夫苟好善,則四海之內皆將輕④千里而來告之以善;夫苟不好善,則人將曰:‘訑訑⑤,予既⑥已知之矣。’訑訑之聲音顏色距⑦人於千里之外。士止於千里之外,則讒諂面諛之人⑧至矣。與讒諂面諛之人居,國欲治,可得乎?”

【譯文】　魯國打算叫樂正子治理國政。孟子説:“我聽到這一消息,高興得睡不着。”

公孫丑説:“樂正子很堅强嗎?”

答道:“不。”

“有聰明有主意嗎?”

答道:“不。”

“見多識廣嗎?”

答道:“不。”

“那你爲什麽高興得睡不着呢?”

答道:“他的爲人喜歡聽取善言。”

“喜歡聽取善言就够了嗎?”

答道:“喜歡聽取善言,用這個來治理天下都是能够應付裕餘的,何況僅僅治理魯國呢? 假如喜歡聽取善言,那四處的人都會從千里之外趕來把善言告訴他;假如不喜歡聽取善言,那別人會

〔模仿他的話〕説:'呵呵!我早已都曉得了!'呵呵的聲音面色就會把別人拒絶於千里之外了。士人在千里之外停止不來,那進讒言而當面奉承的人就會來了。同進讒言而當面奉承的人住在一起,要把國家搞好,做得到嗎?"

【注釋】　①樂正子——趙岐注云:"樂正克也。"　②好善——趙岐注云:"樂聞善言,是采用之也。"　③優於天下——"優於治天下"之意。④輕——朱熹集注云:"輕,易也;言不以千里爲難也。"　⑤訑訑——趙岐注云:"自足其智不嗜善言之貌。"　⑥既——盡也。　⑦距——同"拒"。　⑧讒諂面諛之人——説小話是讒,諂是揣度别人心意而説逢迎之言。譯文把"諂"包括在"説奉承話"之中。

12·14　陳子①曰:"古之君子何如則仕?"

孟子曰:"所就三,所去三。迎之致敬以有禮;言,將行其言也,則就之。禮貌②未衰,言弗行也,則去之。其次,雖未行其言也,迎之致敬以有禮,則就之。禮貌衰,則去之。其下,朝不食,夕不食,飢餓不能出門户,君聞之,曰:'吾大者不能行其道,又不能從其言也,使飢餓於我土地,吾恥之。'周之,亦可受也,免死而已矣。"

【譯文】　陳子説:"古代的君子要怎樣才出來做官?"

孟子説:"就職的情况有三種,離職的情况也有三種。有禮貌恭敬地來迎接,對他的言論,又打算實行,便就職。禮貌雖未衰減,但言論已不實行了,便離開。其次,雖然没有實行他的言論,還是很有禮貌很恭敬地來迎接,也便就職。禮貌衰减,便離開。最下的,早晨没有吃,黄昏也没有吃,餓得不能夠走出住屋,君主知道了便説:'我上者不能實行他的學説,又不聽從他的言論,使他在我國土上餓着肚皮，我引爲恥辱。'於是賙濟他，這也可以接受，免於死亡罷了。"

【注釋】　①陳子——趙岐注以爲即陳臻。　　②禮貌——當看爲一詞，正和"笑貌"(7·16)相似。又可以作動詞用，如"又從而禮貌之"(8·30)。趙岐注謂："禮衰，不敬也；貌衰，不悦也。"分"禮"與"貌"爲二，實誤。

12·15　孟子曰："舜發於畎畝之中①，傅説舉於版築之間②，膠鬲舉於魚鹽之中③，管夷吾舉於士④，孫叔敖舉於海⑤，百里奚舉於市。故天將降大任於是人也，必先苦其心志，勞其筋骨，餓其體膚，空乏其身，行拂亂其所爲，所以動心忍性⑥，曾⑦益其所不能。人恒過，然後能改；困於心，衡於慮⑧，而後作；徵於色，發於聲，而後喻。入則無法家拂士，出則無敵國外患者⑨，國恒亡。然後知生於憂患而死於安樂也。"

【譯文】　孟子説："舜從田野之中興起來，傅説從築牆的工作中被提舉出來，膠鬲從魚鹽的工作中被提舉出來，管夷吾從獄官的手裏被釋放而提舉出來，孫叔敖從海邊被提舉出來，百里奚從買賣場所被提舉出來。所以天將要把重大任務落到某人身上，一定先要苦惱他的心意，勞動他的筋骨，飢餓他的腸胃，窮困他的身子，他的每一行爲總是不能如意，這樣，便可以震動他的心意，堅韌他的性情，增加他的能力。一個人，錯誤常常發生，才能改正；心意困苦，思慮阻塞，才能有所憤發而創造；表現在面色上，吐發在言語中，才能被人了解。一個國家，國内没有有法度的大臣和足爲輔弼的士子，國外没有相與抗衡的鄰國和外患的憂懼，經常容易被滅亡。這樣，就可以知道憂愁患害足以使人生存，安逸快樂足以使人死亡的道理了。"

【注釋】　①舜發於畎畝之中——舜曾耕於歷山，又見(9·1)。　　②傅説
舉於版築之間——史記殷本紀云："武丁夜夢得聖人，名曰説。以夢所見，
視群臣百吏皆非也，於是乃使百工營求之野，得説於傅險中。是時説爲胥
靡(輕刑之名)，築於傅險，見於武丁。武丁曰：'是也。'得而與之語，果聖
人，舉以爲相。殷國大治。故遂以傅險姓之，號曰傅説。"版築，古人築牆，
用兩版相夾，實土於其中，以杵築之。　　③膠鬲舉於魚鹽之中——膠鬲
見(3·1)。但他"舉於魚鹽之中"，故事已不見於他書；所謂"魚鹽之中"是
指"魚鹽販子之中"呢，還是指"魚鹽生産者之中"呢，亦不得而知。故譯文
不增字。且膠鬲是商紂之臣，殷商亡後，他是否又在周朝做事，亦不得而
知。孟子以"降大任"稱之，亦不可解。　　④管夷吾舉於士——管夷吾
即管仲。"士"爲獄官之長。左傳莊公九年云："鮑叔帥師來言曰：'子糾，
親也，請君討之；管召，讎也，請受而甘心焉。'乃殺子糾於生竇。召忽死
之。管仲請囚，鮑叔受之，及堂阜而税(脱)之。歸而以告曰：'管夷吾治於
高傒，使相可也。'公從之。"　　⑤孫叔敖——楚國令尹(宰相)，荀子和吕
氏春秋都曾説他本是"期思之鄙人"，楚之期思疑即今河南固始縣東北蔣
家集之地，在淮河支流之濱，這可能就是孟子所謂"舉於海"的根據。
⑥忍性——趙岐注云："堅忍其性。"　　⑦曾——同"增"。　　⑧衡於
慮——趙岐注云："衡，橫也。橫塞其慮於胸臆之中。"焦循正義云："大戴
記曾子大孝篇云：'夫孝，置之則塞於天地，衡之而衡於四海。'注云：'衡，
猶橫也。'是'橫'與'塞'義相近。"　　⑨入則無法家拂士，出則無敵國外
患者——趙岐注云："入，謂國內也；出，謂國外也。""拂"，假借爲"弼"。趙
岐注云："法度大臣之家，輔拂之士。"

12·16　孟子曰："教亦多術矣，予不屑之教誨也者，是亦
教誨之而已矣。"

【譯文】　孟子説："教育也有很多方式，我不屑於去教誨他，這也是
一種教誨呢。"

卷十三　盡心章句上

凡四十六章

趙岐章句作四十七章，今依朱熹集注把原孟子自范之齊章及王子宮室車馬章合併爲一章。又僞孫奭疏把第一、第二兩章合併爲一章，作四十五章。

13·1　孟子曰：“盡其心者，知其性也。知其性，則知天矣。存其心，養其性，所以事天也。夭壽不貳，修身以俟之，所以立命也。”

【譯文】　孟子説：“充分擴張善良的本心，這就是懂得了人的本性。懂得了人的本性，就懂得天命了。保持人的本心，培養人的本性，這就是對待天命的方法。短命也好，長壽也好，我都不三心兩意，只是培養身心，等待天命，這就是安身立命的方法。”

13·2　孟子曰：“莫非命也，順受其正；是故知命者不立乎巖牆之下。盡其道而死者，正命也；桎梏死者，非正命也。”

【譯文】　孟子説：“無一不是命運，但順理而行，所接受的便是正命；所以懂得命運的人不站在有傾倒危險的牆壁之下。盡力行道而死的人所受的是正命，犯罪而死的人所受的不是正命。”

13・3　孟子曰：“求則得之，舍則失之，是求有益於得也，求在我者也。求之有道，得之有命，是求無益於得也，求在外者也。”

【譯文】　孟子說：〔有些東西〕“探求，便會得到；放棄，便會失掉，這是有益於收獲的探求，因爲所探求的對象存在於我本身之內。探求有一定的方式，得到與否却聽從命運，這是無益於收獲的探求，因爲所探求的對象存在於我本身之外。”

13・4　孟子曰：“萬物皆備於我矣。反身而誠，樂莫大焉。强恕而行，求仁莫近焉。”

【譯文】　孟子說：“一切我都具備了。反躬自問，自己是忠誠踏實的，便是最大的快樂。不懈地以推己及人的恕道做去，達到仁德的道路沒有比這更直捷的了。”

13・5　孟子曰：“行之而不著焉，習矣而不察焉，終身由之而不知其道者，衆①也。”

【譯文】　孟子說：“如此做去，却不明白其當然；習慣了却不深知其所以然，一生都從這條大路走去，却不了解這是什磨道路的，這是一般的人。”

　　【注釋】　①衆——即“衆庶”之意。文選幽通賦：“斯衆兆之所惑。”曹大家注云：“衆，庶也。”

13・6　孟子曰：“人不可以無恥，無恥之①恥，無恥矣。”

【譯文】　孟子說：“人不可以沒有羞恥，不知羞恥的那種羞恥，真是不知羞恥呀！”

【注釋】　①之——有人把這個"之"字看爲動詞,適也。那麼,"無恥之恥,無
恥矣"便當如此翻譯:由沒有羞恥之心到有羞恥之心,便沒有羞恥之事了。
但我們認爲"之"字用作動詞,有一定範圍,一般"之"下的賓語多是地方、
地位之詞語,除了如在"遇觀之否"等卜筮術語中"之"字後可不用地方、地
位詞語以外,極少見其他用法,因此不取。

13·7　孟子曰:"恥之於人大矣,爲機變①之巧者,無所用
恥焉。不恥不若人,何若人有?"

【譯文】　孟子説:"羞恥對於人關係重大,幹機謀巧詐事情的人是沒
有地方用得着羞恥的。不以趕不上別人爲羞恥,怎樣能趕上別
人呢?"

【注釋】　①機變——猶言機械變詐。淮南子原道訓云:"故機械之心藏於胸
中。"高誘注云:"機械,巧詐也。"正可解釋此"機變"一詞。

13·8　孟子曰:"古之賢王好善而忘勢;古之賢士何獨不
然? 樂其道而忘人之勢,故王公不致敬盡禮,則不得亟見
之。見且由不得亟,而況得而臣之乎?"

【譯文】　孟子説:"古代的賢君樂於善言善行,因而忘記自己的富貴
權勢;古代的賢士何嘗不是這樣? 樂於走他自己的道路,因而也
忘記了別人的富貴權勢,所以王公不對他恭敬盡禮,就不能够多
次地和他相見。相見的次數尚且不能够多,何況要他作爲臣
下呢?"

13·9　孟子謂宋勾踐①曰:"子好遊②乎? 吾語子遊。人
知之,亦囂囂③;人不知,亦囂囂。"

曰："何如斯可以囂囂矣？"

曰："尊德樂義，則可以囂囂矣。故士窮不失義，達不離道。窮不失義，故士得己④焉；達不離道，故民不失望焉。古之人，得志，澤加於民；不得志，修身見於世。窮則獨善其身，達則兼善天下。"

【譯文】　孟子對宋勾踐説："你喜歡遊説各國的君主嗎？我告訴你遊説的態度。別人理解我，我也自得其樂；別人不理解我，我也自得其樂。"

宋勾踐説："要怎樣才能够自得其樂呢？"

答道："崇尚德，喜愛義，就可以自得其樂了。所以，士人窮困時，不失掉義；得意時，不離開道。窮困時不失掉義，所以自得其樂；得意時不離開道，所以百姓不致失望。古代的人，得意，惠澤普施於百姓；不得意，修養個人品德，以此表現於世人。窮困便獨善其身，得意便兼善天下。"

【注釋】　①宋勾踐——其人姓名不見於其他古籍，已不可知。　②遊——朱熹集注云："遊，遊説也。"　③囂囂——趙岐注云："自得無欲之貌。"　④得己——猶言"自得"。趙岐注解爲"得己之本性"，增字爲訓，恐誤。朱熹集注謂"言不失己也"，雖可通，但與"囂囂"之義關連不密，恐亦不確。

13·10　孟子曰："待文王而後興①者，凡民也。若夫豪傑之士，雖無文王猶興。"

【譯文】　孟子説："一定要等待文王出來而後奮發的，是一般百姓。至於出色的人才，縱使没有文王，也能奮發起來。"

【注釋】　①興——朱熹集注云："興者，感動奮發之意。"

13·11　孟子曰:“附①之以韓魏之家②,如其自視欿然③,則過人遠矣。”

【譯文】　孟子説:“用春秋時晉國六卿中的韓、魏兩家大臣的財富來增强他,如果他並不自滿,這樣的人就遠遠超出一般人。”

【注釋】　①附——即論語先進:“季氏富於周公而求也爲之聚歛而附益之”的“附益”,故以“增强”譯之。　②韓、魏之家——大夫曰家,所以知道這不是指戰國時的韓、魏兩國,而是指春秋時晉國的韓氏、魏氏兩家大臣。③欿然——欿音坎(kǎn)。段玉裁説文解字注云:“孟子假欿爲坎,謂視盈若虛也。”

13·12　孟子曰:“以佚道使民,雖勞不怨。以生道殺民,雖死不怨殺者①。”

【譯文】　孟子説:“在求老百姓安逸的原則下來役使百姓,百姓雖然勞苦,也不怨恨。在求老百姓生存的原則下來殺人,那人雖被殺死,也不會怨恨那殺他的人。”

【注釋】　①以生道殺民——此句可以有兩種解釋:一種是“刑期無刑,殺以止殺”之意;一種是正如歐陽修瀧岡阡表所云:“此死獄也,我求其生不得爾。求其生而不得,則死者與我皆無恨也。”譯文取前義。

13·13　孟子曰:“霸者之民驩虞①如也,王者之民皞皞②如也。殺之而不怨,利之而不庸③,民日遷善而不知爲之者。夫君子④所過者化,所存者神,上下與天地同流,豈曰小補之哉?”

【譯文】　孟子説:“霸主的〔功業顯著,〕百姓歡喜快樂,聖王的〔功德浩蕩,〕百姓心情舒暢。百姓被殺了,也不怨恨;得到好處,也不認

爲應該酬謝,每日裏向好的方面發展,也不知道誰使他如此。聖
人經過之處,人們受到感化,停留之處,所起的作用,更神祕莫測;
上與天,下與地同時運轉,難道只是小小的補益嗎?"

【注釋】 ①驩虞——即"歡娛"。　　②皡皡——朱熹集注云:"廣大自得之
貌。"　　③庸——當讀爲"車服以庸"(尚書舜典、左傳僖公二十七年)之
"庸",酬功之意。　　④君子——這一"君子"的意義和一般有德者謂之
君子以及有位者謂之君子的意義不同,故朱熹集注云:"君子,聖人之通稱
也。"不但指"王者",可能也指非王者之"聖人",如孔子等,所以此處不用
"王者"字樣而改用"君子"兩字。

13·14　孟子曰:"仁言不如仁聲①之入人深也,善政不如
善教之得民也。善政,民畏之;善教,民愛之②。善政得民
財,善教得民心。"

【譯文】　孟子說:"仁德的言語趕不上仁德的音樂入人心之深,良好
的政治趕不上良好的教育的獲得民心。良好的政治,百姓怕它;
良好的教育,百姓愛它。良好的政治得到百姓的財富,良好的教
育得到百姓的心。"

【注釋】 ①仁聲——在孟子書中"聲"有二義,一爲"禹之聲""文王之聲"
(14·22)的"聲",指音樂而言,趙岐取此義,注云:"仁聲,樂聲雅頌也。"一
爲"聲聞過情"(8·18)之"聲",名譽之意,朱熹取此義,集注云:"仁聲謂仁
聞,謂有仁之實而爲眾所稱道者也。尤見仁德之昭著,故其感人尤深也。"
譯文取前義。　　②善政,民畏之;善教,民愛之——趙岐注云:"畏之,不
逋怠,故賦役舉而財聚於一家也;愛之,樂風化而上下親,故歡心可得也。"

13·15　孟子曰:"人之所不學而能者,其良能①也;所不慮
而知者,其良知①也。孩提之童②無不知愛其親者,及其長

也，無不知敬其兄也。親親，仁也；敬長，義也；無他，達之天下也。”

【譯文】 孟子説：“人不待學習便能做到的，這是良能；不待思考便會知道的，這是良知。兩三歲的小孩兒没有不愛他父母的，等到他長大，没有不知道尊敬兄長的。親愛父母是仁，尊敬兄長是義，這没有其他原因，因爲這兩種品德可以通行於天下。”

【注釋】 ①良能、良知——趙岐注云：“良，甚也。”則“良能”、“良知”當譯爲“所最能的、所最知的”。朱熹集注云：“良者，本然之善也。”則“良能”可譯爲“本能”。此孟子哲學術語，不譯爲妥。 ②孩提之童——孩，小兒笑也。趙岐注云：“孩提，二三歲之間在襁褓知孩笑可提抱者也。”

13·16 孟子曰：“舜之居深山之中，與木石居，與鹿豕遊，其所以異於深山之野人者幾希；及其聞一善言，見一善行，若決江河，沛然莫之能禦也。”

【譯文】 孟子説：“舜住在深山的時候，在家只有樹和石，出外只見鹿和豬，跟深山中的一般人不同的地方極少；等到他聽到一句好的言語，看到一樁好的行爲，〔便採用推行，〕這種力量，好像江河的決了口，嘩啦嘩啦地没有人能阻止得住了。”

13·17 孟子曰：“無爲其所不爲，無欲其所不欲①，如此而已矣。”

【譯文】 孟子説：“不幹那我所不幹的事，不要那我所不要之物，這樣就行了。”

【注釋】 ①無爲其所不爲，無欲其所不欲——趙岐注云：“無使人爲己所不欲爲者，無使人欲己之所不欲者。”增字爲釋，恐非孟子本意。

13·18　孟子曰：“人之有德慧術知^①者，恒存乎疢疾^②。獨孤臣孼子^③，其操心也危^④，其慮患也深，故達^⑤。”

【譯文】　孟子說：“人之所以有道德、智慧、本領、知識，經常是由於他有災患。只有那孤立之臣、庶孼之子，他們時常提高警惕，考慮患害也深，所以才通達事理。”

【注釋】　①德慧術知——趙岐注云：“德行、知慧、道術、才智。”朱熹集注云：“德之慧，術之知。”今從趙注。　②疢疾——疢，音趁（chèn），朱熹集注云：“疢疾，猶災患也。”　③孼子——古代男子常一夫多妻，非嫡妻之子叫做庶子，也叫孼子，地位卑賤。　④危——不安也。論語憲問篇“危言危行”的“危”亦此義。　⑤達——朱熹集注云：“達，謂達於事理。”按即論語雍也篇“賜也達，於從政乎何有”之“達”。

13·19　孟子曰：“有事君人者，事是君則爲容悅者也；有安社稷臣者，以安社稷爲悅者也；有天民者，達可行於天下而後行之者也；有大人^①者，正己而物正者也。”

【譯文】　孟子說：“有侍奉君主的人，那是侍奉某一君主，就一味討他喜歡的人；有安定國家之臣，那是以安定國家爲高興的人；有天民，那是他的道能行於天下時，然後去實行的人；有大人，那是端正了自己，外物便隨着端正了的人。”

【注釋】　①大人——孟子數言“大人”，涵義不一。史記索隱引向秀易乾卦注云：“聖人在位，謂之大人。”或者是此“大人”之義。

13·20　孟子曰：“君子有三樂，而王天下不與存焉。父母俱存，兄弟無故^①，一樂也；仰不愧於天，俯不怍於人，二樂也；得天下英才而教育之，三樂也。君子有三樂，而王天下不與存焉。”

【譯文】　孟子説：“君子有三種樂趣，但是以德服天下並不在其中。父母都健康，兄弟没災患，是第一種樂趣；抬頭無愧於天，低頭無愧於人，是第二種樂趣；得到天下優秀人才而對他們進行教育，是第三種樂趣。君子有三種樂趣，但是以德服天下並不在其中。”

【注釋】　①故——禮記曲禮云：“君無故，玉不去身。”鄭玄注云：“故，災患喪病也。”今日之言“事故”，即此“故”字。

13・21　孟子曰：“廣土衆民，君子欲之，所樂不存焉；中天下而立，定四海之民，君子樂之，所性不存焉。君子所性，雖大行①不加焉，雖窮居不損焉，分定故也。君子所性，仁義禮智根於心，其生色也睟然②，見於面，盎③於背，施④於四體，四體不言而喻。”

【譯文】　孟子説：“擁有廣大的土地、衆多的人民，是君子所希望的，但是樂趣不在這兒；居於天下的中央，安定天下的百姓，君子以此爲樂，但是本性不在這兒。君子的本性，縱使他的理想通行於天下並不因此而增，縱使窮困隱居並不因此而減，因爲本分已經固定了的緣故。君子的本性，仁義禮智之根植在他心中，而發出來的神色是純和温潤，它表現於顏面，反映於肩背，以至於手足四肢，在手足四肢的動作上，不必言語，別人一目了然。”

【注釋】　①大行——與“武王周公繼之，然後大行”（3・1）的“大行”同義。②睟然——睟音碎(suì)，朱熹集注云：“清和潤澤之貌。”這兩字舊屬下讀，以“睟然見於面”爲句，今從周廣業孟子逸文考的讀法。　③盎——(àng)，顯現。　④施——延及也。

13·22 孟子曰："伯夷辟紂，居北海之濱，聞文王作，興曰：'盍歸乎來，吾聞西伯善養老者。'太公辟紂，居東海之濱，聞文王作，興曰：'盍歸乎來，吾聞西伯善養老者。'天下有善養老，則仁人以為己歸矣。五畝之宅，樹牆下以桑，匹婦蠶之，則老者足以衣帛矣。五母雞，二母彘，無失其時，老者足以無失肉矣。百畝之田，匹夫耕之，八口之家足以無飢矣。所謂西伯善養老者，制其田里，教之樹畜，導其妻子使養其老。五十非帛不煖，七十非肉不飽。不煖不飽，謂之凍餒。文王之民無凍餒之老者，此之謂也。"

【譯文】　孟子説："伯夷避開紂王，住在北海海邊，聽説文王興起來了，便説：'何不歸到西伯那裏去呢！我聽説他是善於養老的人。'姜太公避開紂王，住在東海海邊，聽説文王興起來了，便説：'何不歸到西伯那裏去呢！我聽説他是善於養老的人。'天下有善於養老的人，那仁人便把他作自己的依靠了。五畝地的房屋，在牆下栽培桑樹，婦女養蠶繅絲，老年人足以有絲棉穿了。五隻母雞，二隻母豬，加以飼養，使它們繁殖，老年人足以有肉吃了。百畝的土地，男子去耕種，八口人的家庭足以吃飽了。所謂西伯善於養老，就在於他制定土地制度，教育人民栽種畜牧，引導百姓奉養他們的老人。五十歲，沒有絲棉便穿不煖；七十歲，沒有肉便吃不飽。穿不煖、吃不飽，叫做挨凍受餓。文王的百姓沒有挨凍受餓的老人，就是這個意思。"

13·23 孟子曰："易①其田疇②，薄其税歛，民可使富也。食之以時，用之以禮，財不可勝用也。民非水火不生活，昏暮叩人之門户求水火，無弗與者，至足矣③。聖人治天下，使有菽粟如水火。菽粟如水火，而民焉有不仁者乎？"

【譯文】 孟子説："搞好耕種，減輕税收，可以使百姓富足。按時食用，依禮消費，財物是用不盡的。百姓没有水和火便不能生存，黄昏夜晚敲别人的門户來求水火，没有不給與的，爲什麽呢？因爲水火極多的緣故。聖人治理天下，要使糧食好比同水火那樣多。糧食同水火那樣多了，百姓哪有不仁愛的呢？"

【注釋】 ①易——趙岐注云："易，治也。" ②田疇——一切經音義引國語賈氏注云："一井爲疇，九夫爲一井。"史記天官書如淳引蔡邕云："麻田爲疇。按"田疇"無妨作一詞看，猶言"田地"。 ③矣——此"矣"字用法同"也"，"至足矣"爲解釋句，説明上句的原因。"矣"字這種用法很少見，(一般古書，"也"與"矣"用法分别很清，故淮南子説林訓云："'也'之與'矣'，相去千里。")前代傳鈔是否有誤，不得而知。

13·24 孟子曰："孔子登東山①而小魯，登泰山而小天下，故觀於海者難爲水，遊於聖人之門者難爲言。觀水有術，必觀其瀾。日月有明，容光②必照焉。流水之爲物也，不盈科不行；君子之志於道也，不成章③不達。"

【譯文】 孟子説："孔子上了東山，便覺得魯國小了；上了泰山，便覺得天下也不大了；所以對於看過海洋的人，别的水便難於吸引他了；對於曾在聖人之門學習過的人，别的議論也就難於吸引他了。看水有方法，一定要看它的壯闊的波瀾。太陽月亮都有光輝，一點兒縫隙都一定照到。流水這個東西不把窪地流滿，不再向前流；君子的有志於道，没有一定的成就，也就不能通達。"

【注釋】 ①東山——當即蒙山，在今山東蒙陰縣南。 ②容光——趙岐注云："容光，小郤也。"焦循正義云："苟有絲髮之際可以容納，則光必入而照焉。容光非小隙之名,至於小隙,極言其容之微者,以見其照之大也,故以小郤明容光。"　　③成章——説文:"樂竟爲一章。"按由此引申,事物達到一定階段,具一定規模,則可曰成章,國語周語"得以講事成章",吕氏春秋大樂篇"陰陽變化,一上一下,合而成章",都是此義。

13·25　孟子曰:"雞鳴而起,孳孳爲善者,舜之徒也;雞鳴而起,孳孳爲利者,蹠①之徒也。欲知舜與蹠之分,無他,利與善之間②也。"

【譯文】　孟子説:"雞叫便起來,努力行善的人,是舜一類人物;雞叫便起來,努力求利的人,是蹠一類人物。要曉得舜和蹠的分别,没有别的,利和善的不同罷了。"

【注釋】　①蹠——亦作"跖",音直(zhí)。相傳爲柳下惠的弟弟,春秋時大盗,莊子有盗跖篇,説他"從卒九千人,横行天下,侵暴諸侯,穴室樞户,驅人牛馬,取人婦女"等等。　　②間——音諫(jiàn)。論語先進篇云:"人不間於其父母昆弟之言。"朱熹集注以"異"字解之,異,不同也。

13·26　孟子曰:"楊子取①爲我,拔一毛而利天下,不爲也。墨子兼愛,摩頂放踵②利天下,爲之。子莫③執中。執中爲近之。執中無權,猶執一也。所惡執一者,爲其賊道也,舉一而廢百也。"

【譯文】　孟子説:"楊子主張爲我,拔一根汗毛而有利於天下,都不肯幹。墨子主張兼愛,摩禿頭頂,走破脚跟,只要對天下有利,一切都幹。子莫就主張中道。主張中道便差不多了。但是主張中道如果没有靈活性,不懂得變通的辦法,便是執著一點。爲什麽厭惡執著一點呢? 因爲它有損害於仁義之道,只是拿起一點而廢棄了其餘的緣故。"

【注釋】　①取——動詞。老子云："取天下常以無事；及其有事，不足以取天下。"又云："以正治國，以奇用兵，以無事取天下。"諸"取"字當作"治"字解。孟子此"取"字亦當訓"治"，故譯爲"主張"。　　②摩頂放踵——趙岐注云："摩秃其頂，下至於踵。"此處以"至"訓"放"，恐不確。或以爲"放者猶謂放縱"，是不着屨（屨有繫偪束之）而着跂蹻（跂，木屐，雨天所穿；蹻，不另有底之鞋，晴天步行所穿，取其輕便。）之意，恐亦不確。此蓋當日成語，已難以求其確詁，譯文只取其大意而已。　　③子莫——趙岐注云："魯之賢人也。"孫詒讓籀廎述林、俞樾茶香室經説以爲即魏中山公子牟，近人羅根澤已駁之。黃鶴四書異同商疑即説苑修文篇（黃氏原書誤作荀子）之顓孫子莫，羅根澤尤主此説，近之。詳羅氏諸子考索子莫考。

13・27　孟子曰："飢者甘食，渴者甘飲，是未得飲食之正也，飢渴害之也。豈惟口腹有飢渴之害？人心亦皆有害。人能無以飢渴之害爲心害，則不及人不爲憂矣。"

【譯文】　孟子説："飢餓的人覺得任何食物都是美的，乾渴的人覺得任何飲料都是甜的。他不能知道飲料食品的正常滋味，是由於受了飢餓乾渴的損害的緣故。難道僅僅口舌肚皮有飢餓乾渴的損害嗎？人心也有這種損害。如果人們〔能够經常培養心志，〕不使它遭受口舌肚皮那樣的飢餓乾渴，那〔自然容易進入聖賢的境界，〕不會以趕不上別人爲憂慮了。"

13・28　孟子曰："柳下惠不以三公易其介①。"

【譯文】　孟子説："柳下惠不因爲有大官做便來改變他的操守。"

【注釋】　①介——文選注引劉熙云："介，操也。"

13・29　孟子曰："有爲者辟若掘井，掘井九軔①而不及泉，猶爲棄井也。”

【譯文】　孟子説：“做一件事情譬如掘井，掘到六七丈深還不見泉
　　水，仍然是一個廢井。”

　【注釋】　①軔——同“仞”，七尺曰仞（趙岐注云：“軔，八尺也。”此從程瑤田
　　通藝録説）。

13·30　孟子曰：“堯舜，性之也；湯武，身之也；五霸，假之
也。久假而不歸，惡知其非有也。”

【譯文】　孟子説：“堯舜的實行仁義，是習於本性，因其自然；商湯和
　　周武王便是親身體驗，努力推行；五霸便是借來運用，以此謀利。
　　但是，借得長久了，總不歸還，你又怎能知道他不〔弄假成真〕終於
　　變成他自己的呢？”

13·31　公孫丑曰：“伊尹曰：‘予不狎于不順，放太甲于
桐①，民大悦。太甲賢，又反之，民大悦。’賢者之爲人臣也，
其君不賢，則固可放與？”

　　孟子曰：“有伊尹之志，則可；無伊尹之志，則篡也。”

【譯文】　公孫丑説：“伊尹説過：‘我不願親近違背義禮的人，因此把
　　太甲放逐到桐邑，百姓大爲高興。太甲變好了，又恢復他的王位，
　　百姓大爲高興。’賢人作爲臣屬，君王不好，就可以放逐嗎？”

　　孟子説：“有伊尹那樣的心跡，未嘗不可；如果没有伊尹那樣的
　　心跡，便是篡奪了。”

　【注釋】　①放太甲于桐——事見萬章上第六章。本章所引伊尹的話，當是
　　舊日尚書之文，今日的太甲三篇是僞古文。

13·32　公孫丑曰:"詩曰:'不素餐兮①。'君子之不耕而食,何也?"

孟子曰:"君子居是國也,其君用之,則安富尊榮;其子弟從之,則孝悌忠信。'不素餐兮',孰大於是?"

【譯文】　公孫丑說:"詩經說:'不白吃飯呀。'可是君子不種莊稼,也來吃飯,爲什麼呢?"

孟子說:"君子居住在一個國家,君王用他,就會平安、富足、尊貴而有名譽;少年子弟信從他,就會孝父母、敬兄長、忠心而守信實。'不白吃飯',還有比這更好的嗎?"

【注釋】　①不素餐兮——見詩經魏風伐檀篇。

13·33　王子墊①問曰:"士何事?"

孟子曰:"尚志。"

曰:"何謂尚志?"

曰:"仁義而已矣。殺一無罪非仁也,非其有而取之非義也。居惡在? 仁是也;路惡在? 義是也。居仁由義,大人之事備矣。"

【譯文】　王子墊問道:"士幹甚麼事?"

孟子答道:"士要使自己的志行高尚。"

問道:"怎樣才算使自己的志行高尚?"

答道:"行仁和義罷了。殺一個無罪的人,是不仁;不是自己所有,却去取了過來,是不義。所居住之處在哪裏呢? 仁便是;所行走之路在哪裏呢? 義便是。居住於仁,行走由義,大人的工作便齊全了。"

【注釋】　①王子墊——趙岐注云:"齊王子,名墊也。"

13·34　孟子曰：“仲子，不義與之齊國而弗受^①，人皆信之，是舍簞食豆羹之義也。人莫大焉亡親戚君臣上下^②。以其小者信其大者，奚可哉？”

【譯文】　孟子説：“陳仲子，假定不合理地把齊國交給他，他都不會接受，别人都相信他。〔但是，〕他那種義也只是抛棄一筐飯一碗湯的義。人的罪過没有比不要父兄君臣尊卑還大的，而〔仲子便是這種人。〕因爲他有小節操，便相信他的大節操，怎麽可以呢？”

【注釋】　①仲子，不義與之齊國而弗受——仲子即陳仲子，詳滕文公下第十章。“與之齊國而不受”乃是設想之辭，不是真有這事。　②人莫大焉亡親戚君臣上下——王引之經傳釋詞云：“焉，猶於也。”“亡”同“無”。仲子避兄離母，恥其兄爲齊卿，故孟子大不以爲然，説他無親戚君臣上下。

13·35　桃應^①問曰：“舜爲天子，皋陶爲士，瞽瞍殺人，則如之何？”

孟子曰：“執之而已矣。”

“然則舜不禁與？”

曰：“夫舜惡得而禁之？夫有所受之也。”

“然則舜如之何？”

曰：“舜視棄天下猶棄敝蹝^②也。竊負而逃，遵海濱而處，終身訢^③然，樂而忘天下。”

【譯文】　桃應問道：“舜做天子，皋陶做法官，假如瞽瞍殺了人，那怎麽辦？”

孟子答道：“把他逮捕起來罷了。”

“那麽，舜不阻止嗎？”

答道：“舜怎麽能阻止呢？他去逮捕是有根據的。”

"那麽,舜又怎麽辦呢?"

答道:"舜把抛棄天子之位看成抛棄破鞋一樣。偷偷地背負了父親而逃走,沿着海邊住下來,一輩子快樂得很,把曾經做過天子的事情忘記掉。"

【注釋】 ①桃應——趙岐注云:"孟子弟子。"　②蹝——音徙(xǐ),亦作"屣",没有脚跟的鞋子,一曰,草鞋。　③訢——同"欣"。

13·36　孟子自范之齊①,望見齊王之子,喟然嘆曰:"居移氣,養移體,大哉居乎! 夫非盡人之子與?"

孟子曰:"王子宮室、車馬、衣服多與人同,而王子若彼者,其居使之然也;況居天下之廣居②者乎? 魯君之宋,呼於垤澤之門③。守者曰:'此非吾君也,何其聲之似我君也?'此無他,居相似也。"

【譯文】 孟子從范邑到齊都,遠遠地望見了齊王的兒子,長嘆地説:"環境改變氣度,奉養改變體質,環境真是重要呀! 他難道不也是人的兒子嗎?〔爲什麽就顯得特別不同了呢?〕"

又説:"王子的住所、車馬和衣服多半同别人相同,爲什麽王子却像那樣呢? 就因爲他所居住的環境使他這樣的;何況以'仁'爲自己住所的人呢? 魯君到宋國去,在宋國的東南城門下呼喊,守門的説:'這不是我的君主啦,爲什麽他的聲音同我們君主這樣相像呢?'這没有别的緣故,只因爲環境相像罷了。"

【注釋】 ①自范之齊——范,地名,故城在今山東范縣東南二十里,爲從梁(魏)到齊的要道。魏源古微堂外集孟子年表考云:"梁襄嗣位之後,值齊宣新政之初,孟子聞其足用爲善,故自范之齊。"　②廣居——"廣居"指仁,見(6·2)。　③垤澤之門——垤,(dié),即左傳襄公十七年之"澤門",杜預注云:"宋東城南門也。"

13・37　孟子曰："食而弗愛,豕交之也;愛而不敬,獸畜之也。恭敬者,幣之未將①者也。恭敬而無實,君子不可虛拘。"

【譯文】　孟子説:"〔對於人〕養活而不愛,等於養豬;愛而不恭敬,等於畜養狗馬。恭敬之心是在致送禮物以前就具備了的。徒有恭敬的形式,没有恭敬的實質,君子便不可以被這種虛假的禮文所拘留住。"

【注釋】　①將——爾雅釋言云:"將,送也。"儀禮少儀鄭注云:"將,猶奉也。"

13・38　孟子曰："形色,天性也;惟聖人然後可以踐形。"

【譯文】　孟子説:"人的身體容貌是天生的,〔這種外表的美要靠内在的美來充實它〕,只有聖人才能做到,〔不愧於這一天賦。〕"

13・39　齊宣王欲短喪。公孫丑曰："爲朞之喪,猶愈於已乎?"

孟子曰："是猶或紾其兄之臂,子謂之姑徐徐云爾,亦①教之孝悌而已矣。"

王子有其母死者,其傅爲之請數月之喪②。公孫丑曰："若此者何如也?"

曰："是欲終之而不可得也。雖加一日愈於已,謂夫莫之禁而弗爲者也。"

【譯文】　齊宣王想要縮短守孝的時間。公孫丑説:"〔父母死了,〕守孝一年,不是還比完全不守孝强些嗎?"

孟子説:"這好比有一個人在扭他哥哥的胳膊,你却對他説,暫且慢慢地扭吧。〔這算什麼呢?〕只是教導他以孝父母敬兄長便行了。"

王子有死了母親的,王子的師傅替他請求守孝幾個月。公孫丑問道:"像這樣的事,怎麼樣?"

孟子答道:"這個是由於王子想要把三年的喪期守完,而辦不到,那麼〔我上次所講,〕縱使多守孝一天也比不守孝好。是對那些没有人禁止他守孝自己却不去守孝的人説的。"

【注釋】　①亦——但也,衹也。　　②王子母死數月之喪——按照儀禮喪服記的説法,王子的母親死了,因爲父親還在的緣故,不但不爲母親服喪三年,甚至無服,只是穿穿麻衣,埋葬以後仍然脱掉。那麼,"其傅爲之請數月之喪",便不是"短喪"了。孟子説,"是欲終之而不可得",是不是如喪服記之所説呢? 我們已經無法知道了。

13·40　孟子曰:"君子之所以教者五:有如時雨化之者,有成德者,有達財①者,有答問者,有私淑艾②者。此五者,君子之所以教也。"

【譯文】　孟子説:"君子教育的方式有五種:有像及時的雨水那樣沾溉萬物的,有成全品德的,有培養才能的,有解答疑問的,還有以流風餘韻爲後人所私自學習的。這五種便是君子教育的方法。"

【注釋】　①財——朱熹集注云:"財與材同。"　　②私淑艾——焦循正義云:"毛詩豳風七月:'九月叔苴。'傳云:'叔,拾也。''淑'與'叔'通。詩周南葛覃:'是刈是濩。'釋文云:'刈本又作艾。'韓詩云:'刈,取也。'蓋'私淑諸人'(8·22)即'私拾諸人'也。'淑艾'二字義相疊,'私淑艾'者,即'私拾取'也。其實'私淑艾'猶'私淑'也。"

13·41　公孫丑曰:"道則高矣,美矣,宜若登天然,似不可及也;何不使彼爲可幾及而日孳孳也?"

孟子曰:"大匠不爲拙工改廢繩墨,羿不爲拙射變其彀率。君子引而不發，躍如也。中道而立，能者從之。"

【譯文】　公孫丑説："道是很高很好，幾乎像登天一般，似乎不可攀，爲什麽不使它變成可以有希望攀求的因而叫別人每天去努力呢？"

　　孟子説："高明的工匠不因爲拙劣工人改變或者廢棄規矩，羿也不因爲拙劣射手變更拉開弓的標準。君子〔教導別人正如射手，〕張滿了弓，却不發箭，作出躍躍欲試的樣子。他在正確道路之中站住，有能力的便跟隨着來。"

13・42　孟子曰："天下有道，以道殉身①；天下無道，以身殉道②；未聞以道殉乎人③者也。"

【譯文】　孟子説："天下清明，〔君子得志，〕'道'因之得到施行；天下黑暗，〔君子守道，〕不惜爲'道'而死；没有聽説過犧牲'道'來遷就王侯的。"

　　【注釋】　①以道殉身——意思是"道"爲己所運用，故朱熹集注云："身出則道在必行。"　　②以身殉道——朱熹集注云："道屈則身在必退，以死相從而不離也。"　　③以道殉乎人——朱熹集注云："以道從人，妾婦之道。"意思是不惜把"道"歪曲破壞以逢迎當世王侯。

13・43　公都子曰："滕更①之在門也，若在所禮，而不答，何也？"

　　孟子曰："挾貴而問，挾賢而問，挾長而問，挾有勳勞而問，挾故而問，皆所不答也。滕更有二焉。"

【譯文】　公都子説："滕更在您門下的時候，似乎該在以禮相待之列，可是您却不回答他，爲什麽呢？"

　　孟子説:"倚仗着自己的勢位而來發問,倚仗着自己賢能而來
發問,倚仗着自己年紀大而來發問,倚仗着自己有功勞而來發問,
倚仗着自己是老交情而來發問,都是我所不回答的。〔在這五條
裏面〕滕更佔了兩條。"

【注釋】　①滕更——趙岐注云:"滕君之弟,來學於孟子者也。"

13·44　孟子曰:"於不可已①而已者,無所不已。於所厚
者薄,無所不薄也。其進鋭者,其退速。"

【譯文】　孟子説:"對於不可以停止的工作却停止了,那没有什麽不
　　可以停止的了;對於所厚待的人却去薄待他,那没有誰不可以薄
　　待的了。前進太猛的人,後退也會快。"

【注釋】　①已——朱熹集注云:"已,止也。"趙岐注云:"已,棄也。"今從
　　朱注。

13·45　孟子曰:"君子之於物也,愛之而弗仁;於民也,仁
之而弗親。親親而仁民,仁民而愛物。"

【譯文】　孟子説:"君子對於萬物,愛惜它,却不用仁德對待它;對於
　　百姓,用仁德對待他,却不親愛他。君子親愛親人,因而仁愛百
　　姓;仁愛百姓,因而愛惜萬物。"

13·46　孟子曰:"知者無不知也,當務之爲急;仁者無不
愛也,急親賢之爲務。堯舜之知而不徧物,急先務也;堯舜
之仁不徧愛人,急親賢也。不能三年之喪,而緦①、小功②
之察;放飯③流歠④,而問無齒決⑤,是之謂不知務。"

【譯文】　孟子説:"智者没有不該知道的,但是急於當前重要工作;

仁者没有不愛的，但是務必先愛親人和賢者。堯舜的智慧不能完全知道一切事物，因爲他急於知道首要任務；堯舜的仁德不能普遍愛一切的人，因爲他急於愛親人和賢者。如果不能夠實行三年的喪禮，却對於緦麻三月、小功五月的喪禮仔細講求；在尊長之前用餐，大口吃飯，大口喝湯，〔没有禮貌，〕却講求不要用牙齒啃斷乾肉，這個叫做不識大體。"

【注釋】　①緦——音思(sī)，指緦麻三月的孝服。緦麻三月是五種孝服（斬衰、齊衰、大功、小功、緦麻）中的最輕者，用熟布爲孝服，服喪三個月，如女壻爲岳父母帶孝，古人便用此服。　②小功——五月的孝服，如外孫爲外祖父母帶孝，古人用此種孝服。　③放飯——趙岐注云："放飯，大飯也（放，副詞；飯，動詞）。"但曲禮鄭玄注以爲把吃剩下的飯退還於飯器中爲"放飯"（"放"，動詞，"飯"，名詞），這是人家以爲骯髒的。此説似不可信。　④流歠——歠音啜(chuò)，飲也。趙岐注云："流歠，長歠也。"曲禮云："毋放飯，毋流歠。"趙岐此注云："於尊者前賜飯，大飯長歠，不敬之大者。"　⑤齒決——曲禮又云："濡肉齒決，乾肉不齒決。"就是濕肉能用牙齒啃斷，乾肉只能用手折斷。在長者前乾肉齒決，這是不大禮貌的。

卷十四 盡心章句下

凡三十八章

14·1　孟子曰：“不仁哉梁惠王也！仁者以其所愛及其所不愛，不仁者以其所不愛及其所愛。”

公孫丑問曰：“何謂也？”

“梁惠王以土地之故，糜爛其民而戰之，大敗，將復之，恐不能勝，故驅其所愛子弟以殉之，是之謂以其所不愛及其所愛也。”

【譯文】　孟子說：“梁惠王真是不仁呀！仁人把他對待所喜愛者的恩德推而及於他所不愛的人，不仁者却把他加給所不喜愛者的禍害推而及於他所喜愛的人。”

公孫丑問道：“這話是什麽意思呢？”

答道：“梁惠王因爲爭奪土地的緣故，驅使他所不喜愛的百姓去作戰，使他們〔暴尸郊野，〕骨肉糜爛。被打得大敗了，預備再戰，怕不能得勝，又驅使他所喜愛的子弟去死戰，這個便叫做把他加給所不喜愛者的禍害推而及於他所喜愛的人。”

14·2　孟子曰：“春秋無義戰。彼善於此，則有之矣。征者，上伐下也，敵國不相征也。”

【譯文】　孟子説：“春秋時代没有正義戰爭。那一國的君主比這一國的君主好一點，那是有的。但是征討的意思是上級討伐下級，同等級的國家是不能互相征討的。”

14·3　孟子曰：“盡信書，則不如無書。吾於武成^①，取二三策^②而已矣。仁人無敵於天下，以至仁伐至不仁，而何其血之流杵也？”

【譯文】　孟子説：“完全相信書，那不如没有書。我對於武成一篇，所取的不過兩三頁罷了。仁人在天下没有敵手，憑周武王這極爲仁道的人來討伐商紂這極爲不仁的人，怎麼會使血流得〔那麼多，甚至〕把搗米用的長木槌都漂流起來了呢？”

【注釋】　①盡信書，則不如無書。吾於武成——書，尚書。武成，尚書篇名，所叙大概是周武王伐紂時的事。依尚書正義引鄭氏説，武成到建武（東漢光武帝年號）之際已經亡失。今日的尚書武成篇是僞古文，叙“血流漂杵”爲商紂士兵倒戈自相殘殺所致，與孟子原意不合，自不可信。
②策——竹簡。古代用竹簡書寫。

14·4　孟子曰：“有人曰：‘我善爲陳^①，我善爲戰。’大罪也。國君好仁，天下無敵焉。南面而征，北狄^②怨；東面而征，西夷怨，曰：‘奚爲後我？’武王之伐殷也，革車三百兩，虎賁三千人。王曰：‘無畏！寧爾也，非敵百姓也。’若崩厥角^③稽首。征之爲言正也，各欲正己也，焉用戰？”

【譯文】　孟子説：“有人説：‘我善於擺作戰的陣勢，我善於作戰。’其實這是大罪惡。一國的君主如果喜愛仁德，整個天下便不會有敵手。〔商湯〕征討南方，北方便怨恨；征討東方，西方便怨恨，説：

‘爲什麼不先到我這裏來？’周武王的討伐殷商，兵車三百輛，勇士
三千人。武王〔對殷商的百姓〕説：‘不要害怕！我是來安定你們
的，不是同你們爲敵的。’百姓便都把額角觸地叩起頭來，聲響好
像山陵倒塌一般。征的意思是正，各人都希望端正自己，那又何
必要戰爭呢？”

【注釋】　①陳——今作“陣”。　　　②北狄——一本作“北夷”。　　、③厥
　　角——厥，同“蹶”，頓也。説文云：“頓，下首也。”角，額角。“厥角”之意即
　　“頓首”。

14・5　孟子曰：“梓匠輪輿能與人規矩，不能使人巧。”

【譯文】　孟子説：“木工以及專做車輪或者車箱的人能够把制作的
　　規矩準則傳授給別人，却不能够使別人一定具有高明的技巧，〔那
　　是要自己去尋求的。〕”

14・6　孟子曰：“舜之飯糗①茹草②也，若將終身焉；及其
爲天子也，被袗衣③，鼓琴，二女果④，若固有之。”

【譯文】　孟子説：“舜吃乾糧啃野菜的時候，似乎準備終身如此；等
　　待他做了天子，穿着麻葛單衣，彈着琴，堯的兩個女兒侍候着，又
　　好像這些都是早已具有了的。”

【注釋】　①飯糗——飯，動詞，舊讀上聲。糗音（qiǔ），乾飯。　　　②茹
　　草——茹（rù），方言：“茹，食也。”　　　③袗衣——趙岐注云：“袗，畫也。”按
　　趙氏此訓於經傳缺乏例證，恐不可信。孔廣森經學巵言云：“袗非畫也，義
　　如論語‘袗絺綌’之‘袗’。史記本紀‘堯賜舜絺衣與琴’是也。”又按曲禮注
　　云：“袗，單也。”故譯文以“麻葛單衣”譯之。　　　④果——趙岐注云：“果，
　　侍也。”説文作“婐”，云：“女侍曰婐。”

14・7　孟子曰："吾今而後知殺人親之重也：殺人之父，人亦殺其父；殺人之兄，人亦殺其兄。然則非自殺之也，一間^①耳。"

【譯文】　孟子説："我今天才知道殺戮別人的親人報復之重：殺了別人的父親，別人也就會殺他的父親；殺了別人的哥哥，別人也就會殺他的哥哥。那麽，〔雖然父親和哥哥〕不是被自己殺掉的，但相差也不遠了。"

【注釋】　①一間——間，去聲，隔也，離也。一間言相距甚近。

14・8　孟子曰："古之爲關也，將以禦暴；今之爲關也，將以爲暴。"

【譯文】　孟子説："古代的設立關卡是打算抵禦殘暴，今天的設立關卡却是打算實行殘暴。"

14・9　孟子曰："身不行道，不行於妻子；使人不以道，不能行於妻子。"

【譯文】　孟子説："本人不依道而行，道在妻子身上都行不通，〔更不要説對別人了。〕使喚別人不合於道，要去使喚妻子都不可能，〔更不要説使喚別人了。〕"

14・10　孟子曰："周^①于利者凶年不能殺^②，周于德者邪世不能亂。"

【譯文】　孟子説："財利富足的人荒年都不受窘困，道德高尚的人亂世都不會迷惑。"

【注釋】　①周——朱熹集注云："足也。"　　②殺——缺乏，有窘困意。

14·11　孟子曰:"好名之人能讓千乘之國,苟非其人,簞食豆羹見於色。"

【譯文】　孟子説:"好名的人可以把有千輛兵車國家的君位讓給別人,但是,若不是那受讓的對象,就是要他讓一筐飯,一碗湯,他那不高興神色都會在臉上表現出來。"

14·12　孟子曰:"不信仁賢,則國空虛①;無禮義,則上下亂;無政事,則財用不足。"

【譯文】　孟子説:"不信任仁德賢能的人,那國家就會空虛;没有禮義,上下的關係就會混亂;没有好的政治,國家的用度就會不夠。"

　　【注釋】　①空虛——其實際意義是什麽,很難揣測。朱熹集注云:"空虛言若無人然。"姑録之供參考。

14·13　孟子曰:"不仁而得國者,有之矣;不仁而得天下者,未之有也。"

【譯文】　孟子説:"不仁道却能得着一個國家的,有這樣的事;不仁道却能得到天下的,這樣的事就不曾有過。"

14·14　孟子曰:"民爲貴,社稷次之,君爲輕。是故得乎丘民①而爲天子,得乎天子爲諸侯,得乎諸侯爲大夫。諸侯危社稷,則變置。犧牲既成,粢盛既絜,祭祀以時,然而旱乾水溢,則變置社稷。"

【譯文】　孟子説:"百姓最爲重要,土穀之神爲次,君主爲輕。所以得着百姓的歡心便做天子,得着天子的歡心便做諸侯,得着諸侯的歡心便做大夫。諸侯危害國家,那就改立。犧牲既已肥壯,祭

品又已潔淨,也依一定時候致祭,但是還遭受旱災水災,那就改立
土穀之神。"

【注釋】　①丘民——丘,衆也。或云:"丘"借爲"區",小也。

14·15　孟子曰:"聖人,百世之師也,伯夷、柳下惠是也。
故聞伯夷之風者,頑夫廉,懦夫有立志;聞柳下惠之風者,
薄夫敦,鄙夫寬。奮乎百世之上,百世之下,聞者莫不興起
也。非聖人而能若是乎?——而況於親炙之者乎?"

【譯文】　孟子說:"聖人是百代的老師,伯夷和柳下惠便是這樣的
　　　人。所以聽到伯夷的風操的人,貪得無厭的人清廉起來了,懦弱
　　　的人也有獨立不屈的意志了;聽到柳下惠的風操的人,刻薄的人
　　　也厚道起來了,胸襟狹小的人也寬大起來了。他們在百代以前發
　　　奮而爲,在百代而後,聽到的人沒有不爲之感動奮發的。不是聖
　　　人,能够像這樣嗎?〔百代以後還如此,〕何況親自接受薰陶的
　　　人呢?"

14·16　孟子曰:"仁也者,人也①。合而言之,道也。"

【譯文】　孟子說:"'仁'的意思就是'人','仁'和'人'合併起來說,
　　　便是'道'。"

　【注釋】　①仁也者人也——古音"仁"與"人"相同。說文云:"仁,親也。從
　　　人二。"意思是只要有兩個人在一起,便不能不有仁的道德,而仁的道德也
　　　只能在人與人間產生。中庸也說:"仁者,人也。"

14·17　孟子曰:"孔子之去魯,曰:'遲遲吾行也,去父母
國之道也。'去齊,接淅而行——去他國之道也。"

【譯文】　孟子説："孔子離開魯國,説:'我們慢慢走罷,這是離開祖
　　國的態度。'離開齊國,便不等把米淘完漉乾就走——這是離開别
　　國的態度。"

14·18　孟子曰:"君子之戹於陳蔡之間①,無上下之
交也。"

【譯文】　孟子説："孔子被困在陳國、蔡國之間,是由於對兩國的君
　　臣都没有交往的緣故。"

【注釋】　①君子之戹於陳蔡之間——君子指孔子,論語衞靈公篇:"在陳絶
　　糧,從者病,莫能興。"即是此事。史記孔子世家載此事則説是楚使人聘孔
　　子,孔子將往,陳蔡兩國的大夫怕孔子誅責他們的罪惡,因而圍困孔子。

14·19　貉稽①曰:"稽大不理②於口。"

　　孟子曰:"無傷也。士憎兹多口。詩云:'憂心悄悄,愠
于群小③。'孔子也。'肆不殄厥愠,亦不殞厥問④。'文
王也。"

【譯文】　貉稽説："我被人家説得很壞。"

　　孟子説："没有關係。士人便厭惡這種七嘴八舌。詩經説過,
'煩惱沈沈壓在心,小人當我眼中釘。'孔子可以説是這樣的人。
又説,'不消滅别人的怨恨,也不失去自己的名聲。'這説的是
文王。"

【注釋】　①貉稽——趙岐注云:"貉,姓;稽,名;仕者也。"　②理——廣雅
　　釋詁云:"理,順也。"王念孫疏證曾引易經説卦傳"和順於道德而理於義"
　　及周禮考工記匠人"水屬不理孫謂之不行"以相印證,此"理"字亦可訓
　　"順",則"不理於口"猶言"不順於人口"。　③憂心兩句——見詩邶風
　　柏舟。　④肆不殄兩句——見詩大雅緜。肆,故也;殄,絶也。鄭玄箋

以"問"爲"聘問"之義,孟子則以"問"爲"聲聞"。

14·20　孟子曰:"賢者以其昭昭使人昭昭,今以其昏昏使人昭昭。"

【譯文】　孟子説:"賢人〔教導別人,〕必先使自己徹底明白了,然後才去使別人明白;今天的人〔教導別人,〕自己還模模糊糊,却用這些模模糊糊的東西去使别人明白。"

14·21　孟子謂高子曰:"山徑①之蹊②,間介然③用之而成路;爲間④不用,則茅塞之矣。今茅塞子之心矣。"

【譯文】　孟子對高子説道:"山坡的小路只一點點寬,經常去走它便變成了一條路;只要有一個時候不去走它,又會被茅草堵塞了。現在茅草也把你的心堵塞了。"

【注釋】　①山徑——徑同"陘",廣雅釋丘:"陘,阪(山坡)也。"　②蹊——音奚(xī),同"徯",段玉裁説文"徯"字下注云:"孟子,'山徑之蹊',月令,'塞徯徑',凡始行之以待後行之徑曰'蹊'。"　③間介然——荀子脩身篇云:"善在身,介然必以自好也。"此"間介然"當與荀子之"介然"同義,都是意志專一而不旁騖之貌。趙岐注似以"介然"屬上讀,今不從。　④爲間——即"有間",爲時不久之意。

14·22　高子曰:"禹之聲尚文王之聲。"

孟子曰:"何以言之?"

曰:"以追蠡①。"

曰:"是奚足哉? 城門之軌,兩馬②之力與?"

【譯文】　高子説:"禹的音樂高於文王的音樂。"

　　孟子説:"這樣説有什麼根據呢?"

　　答道:"因爲禹傳下來的鐘鈕都快斷了。"

　　孟子説:"這個何足以證明呢? 城門下車跡那樣深,難道只是幾匹馬的力量嗎?〔是由於日子長久車馬經過多的緣故。禹的鐘鈕要斷絶了,也是由於日子長久了的關係呢。〕"

【注釋】　①追蠡——追舊讀堆(duī),蠡音禮(lǐ)。趙岐注云:"追,鐘鈕也。"又云:"蠡蠡,欲絶之貌也。"鐘紐(鈕)是古鐘懸掛之處,其上有眼,把它安放在鐘架上横梁的槽眼中,再用穿釘套過去,可能再有一個横銷把穿釘管住,這樣懸掛,鐘身既不會因敲打而轉動(程瑤田通藝録考工創物小記説鐘紐取其"宛轉流動不爲聲病",實誤),且四壁懸空,也不會妨害鐘聲。詳文物參考資料 1958 年第一期信陽戰國楚墓出土樂器初步調查記。

②兩馬——"兩"字不可拘泥,趙岐注把"兩馬"解爲"國馬""公馬"兩種馬,曹之升四書摭餘説謂"夏駕二馬",有人又謂大夫之車駕二馬,都失之拘。這章真義如何,朱熹集注云:"此章文義本不可曉,舊説相承如此。"譯文只依舊説解之。關於"追蠡"之義,古今尚有幾種不同解釋,都不可信,故略之。

14·23　齊饑。陳臻曰:"國人皆以夫子將復爲發棠①,殆不可復。"

　　孟子曰:"是爲馮婦②也。晉人有馮婦者,善搏虎,卒爲善士。則之野③,有衆逐虎。虎負嵎,莫之敢攖。望見馮婦,趨而迎之。馮婦攘臂下車。衆皆悦之,其爲士者笑之。"

【譯文】　齊國遭了饑荒,陳臻對孟子説:"國內的人都以爲老師會再度勸請齊王打開棠地的倉廩來賑濟人民,大概不可以再這樣做吧。"

　　孟子説："再這樣做便成了馮婦了。晉國有個人叫馮婦的,善於和老虎搏鬭,後來變成善人,〔不再打虎了。〕有次他到野外,有許多人正追逐老虎。老虎背靠着山角,没有人敢於去迫近它。他們望到馮婦了,便快步向前去迎接。馮婦也就捋起袖子,伸出胳膊,走下車來。大家都高興他,可是作爲士的那些人却在譏笑他。"

【注釋】　①發棠——"發"即"塗有餓莩而不知發"(1·3)的"發",發倉廩以賑貸也。棠,地名,今山東即墨縣南八十里有甘棠社,當即此。顧炎武山東考古録云:"當時即墨爲齊之大都,倉廩在焉。"　　②馮婦——趙岐注云:"馮,姓;婦,名也。"　　③卒爲善士則之野——周密志雅堂雜抄云:"一本以'善'字'之'字點句(劉昌詩蘆浦筆記亦云,"恐合以'卒爲善'爲一句,'士則之'爲一句,'野有衆逐虎'爲一句"),前云'士則之',後云'其爲士者笑之',文義相屬。"閻若璩四書釋地又續則云:"古人文字叙事未有無根者,惟馮婦之野,然後衆得望見馮婦。若如宋周密斷'士則之'爲句,'野'字遂屬下,'野'但'有衆'耳,何由有馮婦來?此爲無根。"案兩讀皆可通,説見楊樹達古書句讀釋例例一百六十四。

14·24　孟子曰:"口之於味也,目之於色也,耳之於聲也,鼻之於臭①也,四肢之於安佚也,性也,有命焉,君子不謂性也。仁之於父子也,義之於君臣也,禮之於賓主也,知之於賢者也,聖人之於天道也,命也,有性焉,君子不謂命也。"

【譯文】　孟子説:"口的對於美味,眼的對於美色,耳的對於好聽的聲音,鼻的對於芬芳的氣味,手足四肢的喜歡舒服,這些愛好,都是天性,但是得到與否,却屬於命運,所以君子不把它們認爲是天性的必然,〔因此不去强求。〕仁在父子之間,義在君臣之間,禮在賓主之間,智慧的對於賢者,聖人的對於天道,能够實現與否,屬於命運,但也是天性的必然,所以君子不把它們認爲是該屬於命運的,〔因而努力去順從天性,求其實現。〕”

【注釋】　①臭——音嗅(xiù),上句“味”“色”“聲”都是中性詞(不含美惡之
義),但用在此處,則指“美味”、“美色”、“樂聲”,此種用法,以前諸章不乏
其例。“臭”字亦如此。“臭”的本義是“氣味”,不論香臭都叫“臭”,此則專
指芬香之氣。正如左傳僖公四年的“一薰一蕕,十年尚有臭”的“臭”專指
惡臭一般。

14・25　　浩生不害^①問曰:“樂正子何人也?”

孟子曰:“善人也,信人也。”

“何謂善? 何謂信?”

曰:“可欲之謂善,有諸己之謂信,充實之謂美,充實而
有光輝之謂大,大而化之之謂聖,聖而不可知之之謂神。
樂正子,二之中、四之下也。”

【譯文】　浩生不害問道:“樂正子是怎樣的人?”

孟子答道:“好人,實在人。”

“怎麼叫好? 怎麼叫實在?”

答道:“那人值得喜歡便叫做好;那些好處實際存在於他本身
便叫做實在;那些好處充滿於他本身便叫做‘美’;不但充滿,而且
光輝地表現出來便叫做‘大’;既光輝地表現出來了,又能融化貫
通,便叫做‘聖’;聖德到了神妙不可測度的境界便叫做‘神’。樂
正子是介於好和實在兩者之中,‘美’、‘大’、‘聖’、‘神’四者之下
的人物。”

【注釋】　①浩生不害——趙岐注云:“浩生,姓;不害,名;齊人也。”

14・26　　孟子曰:“逃墨必歸於楊,逃楊必歸於儒。歸,斯

受之而已矣。今之與楊、墨辯者，如追放豚，既入^①其苙^②，又從而招^③之。”

【譯文】　孟子説：“離開墨子一派的一定歸入楊朱這一派來；離開楊朱一派的，一定回到儒家來。回來，這就接受他算了。今天同楊、墨兩家相辯論的人，好像追逐已走失的豬一般，已經送回豬圈裏了，還要把它的腳絆住，〔生怕它再走掉。〕”

【注釋】　①入——同“納”。　　②苙——音立(lì)，畜養牲畜的欄。
　③招——趙岐注云：“招，罥（羈其足）也。”孟子對於學生，“往者不追”(14·30)，便與這一態度相反。大概當時儒家中有如此的，所以孟子加以批評。

14·27　孟子曰：“有布縷之征，粟米之征，力役之征。君子用其一，緩其二。用其二而民有殍，用其三而父子離。”

【譯文】　孟子説：“有徵收布帛的賦税，有徵收穀米的賦税，還有徵發人力的賦税。君子於三者之中，採用一種，那兩種便暫時不用。如果同時用兩種，百姓便會有餓死的；如果同時用三種，那父親便顧不得兒子，兒子也顧不得父親了。”

14·28　孟子曰：“諸侯之寶三：土地、人民、政事。寶珠玉者，殃必及身。”

【譯文】　孟子説：“諸侯的寶貝有三樣：土地、百姓和政治。以珍珠美玉爲寶貝的，禍害一定會到他身上來。”

14·29　盆成括^①仕於齊，孟子曰：“死矣盆成括！”
　盆成括見殺，門人問曰：“夫子何以知其將見殺？”

曰：“其爲人也小有才，未聞君子之大道也，則足以殺其軀而已矣。”

【譯文】　盆成括在齊國做官，孟子説：“盆成括要死了！”

盆成括被殺，學生問道：“老師怎麽知道他會被殺？”

答道：“他這個人有點小聰明，但是不曾知道君子的大道，那只足以殺害自己的身體罷了。”

【注釋】　①盆成括——趙岐注云：“盆成，姓；括，名也。”晏子春秋外篇第七有一盆成适，另是一人。

14·30　孟子之滕，館於上宮①。有業屨②於牖上，館人求之弗得。或問之曰：“若是乎從者之廋也？”

曰：“子以是爲竊屨來與？”

曰：“殆非也。夫子③之設科也，往者不追，來者不拒。苟以是心至，斯受之而已矣。”

【譯文】　孟子到了滕國，住在上宮。有一雙没有織成的草鞋在窗上不見了，旅館中人尋找不着。有人便問孟子説：“像這樣，是跟隨您的人把它藏起來了吧？”

孟子説：“你以爲他們是爲着偷草鞋而來的嗎？”

答道：“大概不是的。〔不過，〕你老人家開設課程，〔對學生的態度是〕去的不追問，來的不拒絶。只要他們懷着學習的心來，便也接受了，〔那難免良莠不齊呢。〕”

【注釋】　①上宮——朱熹集注云：“上宫，別宫名。”趙岐注云：“上宮，樓也。”焦循正義云：“此‘上宮’當如‘上舍’，謂上等之館舍也。”譯文於此三説不作可否。　　②業屨——趙岐注云：“織之有次業而未成也。”　　③夫子——據趙岐注，他的本子作“夫予”，則“夫”爲提挈之詞，“予”，孟子自

稱。那“夫予之設科也”以下爲<u>孟子</u>之言，而不是館人的話了。譯文未採
此説。

14·31　<u>孟子</u>曰：“人皆有所不忍，達之於其所忍，仁也；人
皆有所不爲，達之於其所爲，義也。人能充無欲害人之心，
而仁不可勝用也；人能充無穿踰之心，而義不可勝用也；人
能充無受爾汝之實①，無所往而不爲義也。士未可以言而
言，是以言餂②之也；可以言而不言，是以不言餂之也，是皆
穿踰之類也。”

【譯文】　<u>孟子</u>説：“每個人都有不忍心幹的事，把它擴充到所忍心幹
的事上，便是仁；每個人都有不肯幹的事，把它擴充到所肯幹的事
上，便是義。〔換句話説，〕人能夠把不想害人的心擴而充之，仁便
用不盡了；人能夠把不挖洞跳牆的心擴而充之，義便用不盡了；人
能夠把不受輕賤的實際言行擴而充之，〔以至所言所行都不會遭
致輕賤，〕那無論到哪裏都合於義了。〔怎樣叫做挖洞跳牆呢？譬
如，〕一個士人，不可以同他談論却去同他談論，這是用言語來誘
他以便自己取利；可以同他談論却不去同他談論，這是用沉默來
誘他以便自己取利，這些都是屬於挖洞跳牆這一類型的。”

【注釋】　①無受爾汝之實——“爾”“汝”爲古代尊長對卑幼的對稱代詞，如
果平輩用之，便表示對他的輕視賤視。<u>孟子</u>之意，若要不受別人的輕賤，
自己便先應有不受輕賤的言語行爲，這便是“無受爾汝之實”。

②餂——音忝(tiǎn)，<u>方言</u>作“銛”，云：“取也。”<u>郭璞</u>注云：“謂挑取物也。”
今天伸舌觸物叫做“舔”，或者由此而來。

14·32　<u>孟子</u>曰：“言近而指遠者，善言也；守約而施①博

者,善道也。君子之言也,不下帶②而道存焉;君子之守,修
其身而天下平。人病舍其田而芸人之田——所求於人者
重,而所以自任者輕。”

【譯文】　孟子説:“言語淺近,意義却深遠的,這是‘善言’;所操持的
　　簡單,效果却廣大的,這是‘善道’。君子的言語,講的雖是常見的
　　事情,可是‘道’就在其中;君子的操守,從修養自己開始,〔然後去
　　影響別人,〕從而使天下太平。有些人的毛病就在於放棄自己的
　　田地,却去替别人芸田——要求别人的很重,自己負擔的却很輕。

【注釋】　①施——易乾:“見龍在田,德施普也。”疏云:“道德恩施能普遍
　　也。”左傳僖公二十四年云:“報者倦矣,施者未厭。”杜注云:“施,功勞也。
　　有勞則望報過甚。”此“施”字之義與上兩“施”字同,“恩惠”之意。
　　②不下帶——帶,束腰之帶。朱熹集注云:“古人視不下於帶,則帶之上乃
　　目前常見至近之處也。舉目前之近事,而至理存焉。”

14·33 孟子曰:“堯舜,性者也;湯武,反之也。動容周旋
中禮者,盛德之至也。哭死而哀,非爲生者也。經德不
回①,非以干禄也。言語必信,非以正行也②。君子行法,
以俟命而已矣。”

【譯文】　孟子説:“堯舜的行仁德是出於本性,湯武經過修身來回復
　　本性然後力行。動作容貌無不合於禮的,是美德中極高的了。哭
　　死者而悲哀,不是做給生者看的。依據道德而行,不致違禮,不是
　　爲着謀求官職。言語一定信實,不是爲着要使人知道我的行爲端
　　正。君子依法度而行,〔結果如何〕等待命運罷了。”

【注釋】　①經德不回——趙岐注云:“經,行也。”“回”同“違”。違是違背禮
　　節的意思,説見楊伯峻論語譯注(2·5)。　　②非以正行——趙岐注謂

"非以正行爲名"，雖增字爲釋，然無他善解，姑從之。

14·34　孟子曰："説大人，則藐之，勿視其巍巍然。堂高①數仞，榱題②數尺，我得志，弗爲也。食前方丈，侍妾數百人，我得志，弗爲也。般樂飲酒，驅騁田獵，後車千乘，我得志，弗爲也。在彼者，皆我所不爲也；在我者，皆古之制也，吾何畏彼哉？"

【譯文】　孟子説："向諸侯進言，就得輕視他，不要把他高高在上的地位放在眼裏。殿堂的基礎兩三丈高，屋檐幾尺寬，我如果得志，不這樣幹。菜肴滿桌，姬妾幾百，我如果得志，不這樣幹。飲酒作樂，馳驅田獵，跟隨的車子千把輛，我如果得志，不這樣幹。他所幹的，都是我所不幹的；我所幹的，都符合古代制度，那我爲什麼要怕他呢？"

【注釋】　①堂高——焦循正義云："經傳稱堂高者，皆指堂階而言。"故譯文加"基礎"兩字。　　②榱題——榱(cuī)，本義是房椽子(支持房頂承托灰瓦的細長條木材)，此處可能指屋檐而言，詳焦循正義。

14·35　孟子曰："養心莫善於寡欲。其爲人也寡欲，雖有不存①者，寡矣；其爲人也多欲，雖有存①焉者，寡矣。"

【譯文】　孟子説："修養心性的方法最好是減少物質慾望。他的爲人，慾望不多，那善性縱使有所喪失，也不會多；他的爲人，慾望很多，那善性縱使有所保存，也是極少的了。"

【注釋】　①不存，存——此指孟子所謂"善性""夜氣"而言，離婁下云："人之所以異於禽獸者幾希，庶民去之，君子存之。"(8·19)告子上亦云："雖存乎人者，豈無仁義之心哉？"(11·8)諸"存"字即此"存"字。趙岐注以人的生死釋之,大誤。

14・36 曾晳嗜羊棗^①,而曾子不忍食羊棗。公孫丑問曰：
"膾炙^②與羊棗孰美?"

　　孟子曰："膾炙哉!"

　　公孫丑曰："然則曾子何爲食膾炙而不食羊棗?"

　　曰："膾炙所同也,羊棗所獨也。諱名^③不諱姓,姓所同
也,名所獨也。"

【譯文】　曾晳喜歡吃羊棗,曾子因而不忍吃羊棗。公孫丑問道："炒
肉末同羊棗哪一種好吃?"

　　孟子答道："炒肉末呀!"

　　公孫丑又問："那麼,曾子爲什麼吃炒肉末却不吃羊棗?"

　　答道："炒肉末是大家都喜歡吃的,羊棗只是個別人喜歡吃的。
猶之如父母之名應該避諱,姓却不避諱,因爲姓是大家相同的,名
却是他獨自一個人的。"

【注釋】　①羊棗——何焯義門讀書記云："羊棗非棗也,乃柿之小者。初生
色黃,孰則黑,似羊矢,其樹再接則成柿。今俗呼牛奶柿,一名檽棗。"
②膾炙——肉之細切剁碎的叫膾,即今之肉臊子。炙,燒肉也,因古代烹
調之法已不得知,姑以"炒肉末"譯之。　③諱名——古代於父母君上
的名字,講不得,寫不得,叫做避諱。

14・37 萬章問曰："孔子在陳曰：'盍歸乎來! 吾黨之小
子^①狂簡,進取,不忘其初^②。'孔子在陳,何思魯之狂士?"

　　孟子曰："孔子'不得中道而與之^③,必也狂狷^④乎! 狂
者進取,狷者有所不爲也'。孔子豈不欲中道哉? 不可必

得，故思其次也。”

　　“敢問何如斯可謂狂矣？”

　　曰：“如琴張⑤、曾晳、牧皮⑥者，孔子之所謂狂矣。”

　　“何以謂之狂也？”

　　曰：“其志嘐嘐⑦然，曰：‘古之人，古之人。’夷⑧考其行，而不掩焉者也。狂者又不可得，欲得不屑不絜之士而與之，是獧也，是又其次也。孔子曰：‘過我門而不入我室，我不憾焉者，其惟鄉原⑨乎！鄉原，德之賊也。’”

　　曰：“何如斯可謂之鄉原矣？”

　　曰：“‘何以是嘐嘐也？言不顧行，行不顧言，則曰，古之人，古之人⑩。行何爲踽踽涼涼⑪？生斯世也，爲斯世也，善斯可矣。’閹然媚於世也者，是鄉原也。”

　　萬子曰：“一鄉皆稱原人焉，無所往而不爲原人，孔子以爲德之賊，何哉？”

　　曰：“非之無舉也，刺之無刺也，同乎流俗，合乎污世，居之似忠信，行之似廉絜，衆皆悦之，自以爲是，而不可與入堯舜之道，故曰‘德之賊’也。孔子曰：惡似而非者：惡莠，恐其亂苗也；惡佞，恐其亂義也；惡利口，恐其亂信也；惡鄭聲，恐其亂樂也；惡紫，恐其亂朱也；惡鄉原，恐其亂德也。君子反經⑫而已矣。經正，則庶民興；庶民興，斯無邪慝矣。”

【譯文】　萬章問道：“孔子在陳國，説道：‘何不回去呢！我那些學生們志大而狂放，進取而不忘本。’孔子在陳國，爲什麼思念魯國這些狂放之人？

　　孟子答道："孔子説過：'得不着中行之士同他相交，那一定只能結識狂放之人和狷介之士吧。狂放之人向前進取，狷介之士有所不爲。'孔子難道不想中行之士嗎？ 不能一定得到，所以只想次一等的了。"

　　"請問，怎麼樣的人才能叫做狂放的人？"

　　答道："像琴張、曾晳、牧皮這類人就是孔子所説的狂放的人。"

　　"爲什麼説他們是狂放的人呢？"

　　答道："他們志大而言誇，嘴巴總是説：'古人呀，古人呀！'可是一考察他們的行爲，却不和言語相吻合。這種狂放之人如果又不可以得到，便想和不屑於做壞事的人來交友，這便是狷介之士，這又是次一等的。孔子説：'從我家大門經過，却不進到我屋裏來，我不覺得不滿意的，那只有好好先生吧。好好先生，是賊害道德的人呢。'"

　　問道："怎樣的人就可以叫他做好好先生呢？"

　　答道："〔好好先生批評狂放之人説：〕'爲什麼這樣志氣高大呢？ 實在是言語不能和行爲相照應，行爲也不能同言語相照應，就只説古人呀，古人呀。'〔又批評狷介之士説：〕'又爲什麼這樣落落寡合呢？'〔又説：〕'生在這個世界上，爲這個世界做事，只要過得去便行了。'八面玲瓏，四方討好的人就是好好先生。"

　　萬章説："全鄉的人都説他是老好人，他也到處表現出是一個老好人，孔子竟看他爲賊害道德的人，爲什麼呢？"

　　答道："這種人，要指摘他，却又舉不出什麼大錯誤來；要責罵他，却也無可責罵的，他只是同流合污，爲人好像忠誠老實，行爲好像方正清潔，大家也都喜歡他，他自己也以爲正確，但是與堯舜之道完全違背，所以説他是賊害道德的人。孔子説過，厭惡那種外貌相似内容全非的東西：厭惡狗尾艸，因爲怕它把禾苗搞亂了；厭惡不正當的才智，因爲怕它把義搞亂了；厭惡誇誇其談，因爲怕它把信實搞亂了；厭惡鄭國的樂曲，因爲怕它把雅樂搞亂了；厭惡紫色，因爲怕它把大紅色搞亂了；厭惡好好先生，就因爲怕它把道德搞亂了。君子使一切事物回到經常正道便行了。經常正道不被歪曲，老百姓就會興奮積極；老百姓興奮積極，就没有邪惡了。”

【注釋】　①小子——朱熹集注本作“士”，今從監本、汲古閣本。

②盍歸乎來等句——論語公冶長篇：“子在陳曰：‘歸與歸與！吾黨之小子狂簡，斐然成章，不知所以裁之。”和萬章所説略有不同。　　③孔子不得中道而與之——論語子路篇：“子曰：‘不得中行而與之，必也狂狷乎！狂者進取，狷者有所不爲也。’”據孟子所言亦似引孔子之語，故朱熹集注云：“‘孔子’下當有‘曰’字。”譯文從朱説，作孟子引孔子之言。“中行”即不左不右，不偏不倚，一切都恰合于仁義道德的。　　④狷——朱熹集注本、焦循正義本都作“獧”，“獧”同“狷”。　　⑤琴張——此人古書凡兩見，左傳昭公二十年云：“琴張聞宗魯死，將往弔之。”莊子大宗師篇云：“子桑户、孟子反、子琴張三人相與友。”賈逵、鄭衆以及趙岐都以爲即是顓孫師（字子張），恐不可信。至王肅僞造孔子家語以爲即琴牢，讀書雜志已引王引之之説辨駁之矣。此人因未見於仲尼弟子列傳，已不能詳知。　　⑥牧皮——無考。馬叙倫莊子義證疑心牧皮就是論語雍也篇的孟子反，亦欠確證。　　⑦嘐嘐——嘐(xiāo)，趙岐注云：“嘐嘐，志大言大者也。”

⑧夷——此字不可解，前人有疑其爲語首助詞而無義者。　　⑨鄉原——“原”同“愿”，説文云：“愿，謹也。”左傳襄公三十一年云：“子皮曰：‘愿，吾愛之，不吾叛也。”杜注云：“愿，謹善也。”　　⑩何以是嘐嘐也等句——朱熹集注云：“鄉原譏狂者曰，何用如此嘐嘐然，行不掩其言，而徒每事必稱古人耶？”此説甚是，焦循正義以爲鄉原亦稱古之人，恐非。

⑪行何爲踽踽涼涼——踽(jǔ)。朱熹注云：“踽踽，獨行不進之貌。”

⑫反經——這種結構猶如論語顏淵篇的“復禮”，“歸於禮法”便叫“復禮”，

"歸於經常"便叫"反經","反"同"返"。

14·38 孟子曰:"由堯舜至於湯,五百有餘歲;若禹、皋陶,則見而知之;若湯,則聞而知之。由湯至於文王,五百有餘歲,若伊尹、萊朱①,則見而知之;若文王,則聞而知之。由文王至於孔子,五百有餘歲,若太公望、散宜生②,則見而知之;若孔子,則聞而知之。由孔子而來至於今,百有餘歲,去聖人之世若此其未遠也,近聖人之居若此其甚也,然而無有乎爾,則亦無有乎爾。"

【譯文】 孟子説:"從堯舜到湯,經歷了五百多年,像禹、皋陶那些人,便是親身看見堯舜之道而知道的;像湯,便是只聽到堯舜之道而知道的。從湯到文王,又有五百多年,像伊尹、萊朱那些人,便是親自看見而知道的;像文王,便只是聽到而知道的。從文王到孔子,又有五百多年,像太公望、散宜生那些人,便是親自看見而知道的;像孔子,便只是聽到而知道的。從孔子一直到今天,一百多年了,離開聖人的年代像這樣的不遠,距離聖人的家鄉像這樣的近,但是没有承繼的人,也竟然没有承繼的人了。"

【注釋】 ①萊朱——趙岐注云:"萊朱,亦湯賢臣也。一曰仲虺是也。"焦循正義云:"在湯時,舉一伊尹、萊朱,則當時賢臣如女鳩、女房、義伯、仲伯、咎單等括之矣。在文王時,舉一太公望、散宜生,則虢叔、泰顛、閎夭、召公、畢公、榮公等括之矣。非謂見知者,僅此一二人也。"譯文從此説,故加"那些人"三字。 ②散宜生——散宜生,尚書君奭篇有其名。僞孔傳以爲姓散名宜生,江聲尚書集注音疏云:"大戴禮帝繫云:'堯取于散宜氏之子',則散宜爲氏,自古有之,僞孔非是。"

孟子詞典例言

一、本詞典論"詞"不論"字"，偶亦收近於"詞"的"詞組"。

二、排列依筆畫爲次，同筆畫者依所屬部首爲先後。多音詞先依第一字的筆畫，次依第二字的筆畫。

三、筆畫、部首以及其先後次序一依康熙字典，如"爲"列十二畫爪部，"者"列九畫老部，"罕"列七畫网部。

四、凡見於孟子本文之詞，不論基本詞或者派生詞，習見義或者罕見義，一律載入。

五、每詞每義都標注出現次數。對於實詞，分別詞義，而不一定分別詞性；對於虛詞，則分別詞性。

六、基本詞之習見義，一般不加解釋。

七、詞典與注釋交相爲用。注釋有較詳解說者，多在詞典中加以注明，以便參閱。

八、每義僅舉一例。間有舉三數例句者，則因其用法微有不同，並舉之以示區別。

九、例句後括弧中的數字就是篇章的數字，和本文每章之首的數字相同，檢查甚便。

十、舊日的訓詁，我們嫌其粗疏，未必便于今日的讀者；本詞典的釋義，雖然大多承襲了前人的研究成果，但解說方式則出自心裁。錯誤自難避免，歡迎讀者指教。

孟子詞典

一　　畫

一(119次)　①數詞(109次):吾何愛一牛(1・7)　以一服八(1・7)　耕者九一(2・5)

②副詞,表示兩件相爲因果的事情時間上的緊接(6次):<u>文王</u>一怒而安天下之民(2・3)

③一統,統一(3次):定于一(1・6)　孰能一之(1・6)

④開始(1次):見"<u>湯</u>一征自<u>葛</u>始"(2・11)注。

一介(2次)　猶言"一點點",見"一介不以與人,一介不以取諸人"(9・7)注。

一夫(2次)　即"獨夫":見"殘賊之人謂之一夫"(2・8)注。

一間(1次)　極言其相距不遠:然則非自殺之也,一間耳(14・7)

二　　畫

七(28次)　數詞:七十者可以食肉矣(1・3)　七八月之間旱(1・6)

乃(11次)　①連繫性動詞,與現代語"便是"、"就是"相當(2次):是乃仁術也(1・7)

②順承連詞,和現代語"就"、"便"、"於是"相當(6次):民乃作慝(2・4)

③副詞,如此,這樣(1次):夫我乃行之(1・7)

④轉折連詞的他轉,和"至於"相當(2次):乃所願則學<u>孔子</u>也(3・2)

乃若(2次)　表示他轉的轉折連詞,與"乃"的④用法同:乃若所憂則有之(8・28)

九(11次)　數詞:海内之地方千里者九(1・7)

二(39次)　數詞:君請擇於斯二者(2・15)

二三子(1次)　尊長對卑幼表多數的對稱詞:二三子何患乎無君(2・15)

人(469次)　①名詞,一般意義(426次):狗彘食人食(1・3)

　　②名詞,指特定的某種人或某個人(2次):人不足與適也(7・20)　予私淑
　　諸人也(8・22)

　　③名詞,人才(5次):爲天下得人者謂之仁(5・4)

　　④量詞,(7次):吾有司死者三十三人(2・12)

　　⑤代詞,別人,人家(29次):老吾老以及人之老(1・7)——另見"野人"。

人人(3次)　每個人:人人親其親長其長而天下平(7・11)

人倫(6次)　古人以爲父子、君臣、夫婦、長幼、朋友五種關係是人類社會中不
　　可變革的,而處理這五種關係又必須依循一定的準則,因之便把它們叫
　　"人倫"或"倫常":使契爲司徒,教以人倫——父子有親,君臣有義,夫婦有
　　別,長幼有叙,朋友有信(5・4)

入(27次)　①"出入"之"入"(23次):數罟不入洿池(1・3)

　　②意義同"内外"之"内"(3次):入以事其父兄(1・5)　入則無法家拂
　　士(12・15)

　　③意義同"納"(1次):既入其苙(14・26)

八(10次)　數詞:八口之家可以無飢矣(1・7)

八音(1次)　指八種不同質料所製的樂器,見"四海遏密八音"(9・4)注。

几(1次)　古代老年人坐時所用以倚靠的矮橙,見"隱几而臥"(4・11)注。

力(23次)　①名詞(22次):文王以民力爲臺爲沼(1・2)

　　②副詞,努力地(1次):子力行之(5・3)

力役(1次)　力役之征(14・27)

十(55次)　數詞:或五十步而後止(1・3)　君十卿禄(10・2)

又(34次)　副詞:今又倍地而不行仁政(2・11)

三　　畫

丈(1次)　食前方丈(14・34)

丈夫(6次)　年满二十歲的男子，見"有賤丈夫焉"(4·10)注。

三(50次)　數詞，如用作副詞，有時只是虛數，言其多而已：前以三鼎而後以
　　五鼎與(2·16)　三過其門而不入(8·29)　卿禄三大夫(10·2)

三公(1次)　公卿的總稱：柳下惠不以三公易其介(13·28)

三王(2次)　夏禹、商湯以及周代之文王武王這三代之王的總稱：周公思兼三
　　王以施四事(8·20)

三代(3次)　夏、商、周三個朝代的總稱：三代共之(5·2)

三危(1次)　古代西方邊疆地名，見"殺三苗于三危"(9·3)注。

三苗(1次)　古代國名，見"殺三苗于三危"(9·3)注。

三軍(5次)　軍隊之意：是畏三軍者也(3·2)

上(29次)　①方位名詞(9次)：王立於沼上(1·2)
　　②方位詞用如形容詞，表示等第(3次)：上農夫食九人(10·2)
　　後舉而加諸上位(10·6)
　　③方位詞用如副詞(1次)：夫蚓上食槁壤(6·10)
　　④動詞，同"尚"，加也(1次)：草尚之風，必偃(5·2)
　　⑤名詞，在上位之人(15次)：人不得則非其上矣(2·4)

上下(7次)　①上面和下面(3次)：無分於上下乎(11·2)　上下與天地同流
　　(13·13)
　　②在上者和在下者(4次)：上下交征利(1·1)

上士(7次)　古代官階：上士一位(10·2)

上世(1次)　上古：蓋上世嘗有不葬其親者(5·5)

上刑(1次)　最重的刑罰：故善戰者服上刑(7·14)

上帝(3次)　天帝：惟曰其助上帝寵之(2·3)

上宮(1次)　高等賓館，見"館於上宮"(14·30)注。

下(39次)　①方位詞(18次)：民歸之由水之就下(1·6)
　　②表等第(5次)：下食五人(10·2)　其下(12·14)
　　③在下位之人(8次)：是上慢而殘下也(2·12)
　　④動詞(7次)：沛然下雨(1·6)

⑤副詞(1次):下飲黃泉(6・10)

下士(7次)　古代的官階:下士一位(10・2)

久(14次)　久遠(1次)　行乎國政如彼其久也(3・1)　舜禹益相去久遠(9・6)

乞(2次)　乞求:乞其餘(8・33)

也(1214次)　語氣詞　①表停頓:寡人之於國也,盡心焉耳矣(1・3)

②表終結和肯定:未有仁而遺其親者也(1・1)

③表疑問,句中一定有疑問代詞或者形容詞或者副詞:何也(1・3)

④表必然之境界,用法同"矣":無是餒也(3・2)

⑤表限止,用法同"耳":利與善之間也(13・25)

于(34次)　①國名,同"邘"(2次):見"侵于之疆"(6・5)注。

②動詞,取也(1次):見"殺越人于貨"(10・4)注。

③動詞,往也(1次):見"晝爾于茅"(5・3)注。

④介詞(30次)　㊀在、至、對諸義:定于一(1・6)　㊁表比較:于湯有光(6・5)　㊂爲也,助也:汝其于予治(9・2)　㊃被動句中介出主動者:慍于群小(14・19)

于時(1次)　於是:畏天之威,于時保之(2・3)

亡(27次)　①死亡(4次):民欲與之偕亡(1・2)

②喪失(6次):舍則亡(11・3)

③滅亡(8次):暴其民甚則身弑國亡(7・2)

④出外,或者去位,或者去國(3次):今日不知其亡也(2・7)　陽貨矙孔子之亡也而饋孔子蒸豚(6・7)

⑤樂酒無厭(3次):流連荒亡(2・4)

⑥同"無"(3次):若夫君子所患則亡矣(8・28)

凡(10次)　①形容詞,平常的,普通的(2次):待文王而後興者凡民也(13・10)

②形容詞,表數,一切,所有(5次):故凡同類者舉相似也(11・7)

③副詞,總共(3次):凡五等也(10・2)

刃（3次）　刀鋒：兵刃既接（1·3）

千（29次）　數詞：不遠千里而來（1·1）

口（17次）　①“口舌”、“口腹”之口（14次）：爲肥甘不足於口與（1·7）　士憎兹多口（14·19）

　　②量詞，用以計算人數（3次）：數口之家可以無飢矣（1·3）

土（7次）　①土地，泥土（6次）：且比化者無使土親膚（4·7）

　　②同“杜”，樹根，見“徹彼桑土”（3·4）注。

土地（10次）　欲辟土地（1·7）

士（64次）　①古代社會階層之一（56次），見“則天下之士皆悦而願立於其朝矣”（3·5）及“士之不託諸侯何也”（10·6）注。

　　②古代官階之一（5次）：士師不能治士（2·6）

　　③古代司法官（1次）：皋陶爲士（13·35）

　　④人名（2次）：見“尹士語人曰”（4·12）注。

　　——另見“上士”、“下士”、“中士”、“元士”。

士師（3次）　古代司法官，同“士”的③：爲士師則可以殺之（4·8）

夕（1次）　黃昏：夕不食（12·14）

大（103次）　①名詞，大的東西，大國（8次）：以小易大（1·7）

　　②形容詞（78次）：若是其大乎（2·2）

　　③副詞（12次）：弔者大悦（5·2）

　　④動詞（2次）：王請大之（2·3）

　　⑤善，好（2次）：見“先生之志則大矣”（12·4）注。

　　⑥哲學術語（1次）：充實而有光輝之謂大（14·25）

大人（12次）　有時指在高位之人，有時指有德之人，偶爾以之指“聖人”之在位者：説大人則藐之（14·34）　從其大體爲大人（11·15）　有大人者（13·19）

大丈夫（3次）　此之謂大丈夫（6·2）

大夫（30次）　古代官階：大夫一位（10·2）

大王（2次）　即“太王”，見“故太王事獯鬻”（2·3）注。

大邑(1次)　殷周兩代自稱之詞:惟臣附於大邑周(6・5)

大事(3次)　指喪禮而言:恐其不能盡於大事(5・2)

大故(1次)　重大事故,此指父喪,見"今也不幸至於大故"(5・2)注。

大師(1次)　即"太師",古代樂官之長:召大師曰(2・4)

大略(1次)　此其大略也(5・3)

大舜(2次)　對舜的尊稱:大舜有大焉(3・8)

女(18次)　①"男女"之"女"(11次):爰及姜女(2・5)

　②去聲,動詞,嫁也。(2次):涕出而女於吳(7・7)

　③同"汝",對稱代詞(5次):予及女偕亡(1・2)

女子(2次)　女子之嫁也,母命之(6・2)

子(134次)　①男子之通稱(3次):夫二子之勇未知其孰賢(3・2)

　②名詞,兒女(55次):老而無子曰獨(2・5)

　③動詞,以爲兒女(2次):父不得而子(9・4)

　④副詞,像兒女似地(1次):庶民子來(1・2)

　⑤古代爵位之一(3次):子男同一位(10・2)

　⑥代詞,表對稱(70次):而子爲我願之乎(3・1)

　——另見"樹子"。

子之(1次)　人名:子之不得受燕於子噲(4・8),參"齊人伐燕,勝之"(2・10)注。

子弟(7次)　年輩較低之人:係累其子弟(2・11)

子叔疑(1次)　人名,見"異哉子叔疑"(4・10)注。

子思(16次)　孔子之孫,見"昔者魯繆公無人乎子思之側"(4・11)注。

子柳(1次)　即泄柳,見"泄柳申詳無人乎繆公之側"(4・11)注。

子孫(1次)　後世子孫必有王者矣(2・14)

子夏(3次)　孔子學生卜商之字:北宮黝似子夏(3・2)

子產(5次)　公孫僑之字,見"子產聽鄭國之政"(8・2)注。

子貢(7次)　孔子學生端木賜之字:宰我子貢善爲説辭(3・2)

子張(2次)　孔子學生顓孫師之字:子夏、子游、子張皆有聖人之一體(3・2)

子敖(3次)　齊國右師王驩之字:樂正子從於子敖之齊(7‧24)

子游(2次)　孔子學生言偃之字:子夏、子游、子張皆有聖人之一體(3‧2)

子莫(1次)　人名,見"子莫執中"(13‧26)注。

子都(2次)　人名,見"至於子都"(11‧7)注。

子路(6次)　孔子學生仲由之字:吾子與子路孰賢(3‧1)

子噲(2次)　燕王之名,見"齊人伐燕,勝之"(2‧10)注。

子襄(1次)　人名:昔者曾子謂子襄曰(3‧2)

子濯孺子(2次)　人名,見"鄭人使子濯孺子侵衛"(8‧24)注。

子遺(1次)　賸餘:靡有子遺(9‧4)

寸(4次)　中古棺七寸(4‧7)

　　——另見"尺寸"。

小(53次)　①形容詞(36次):民猶以爲小也(2‧2)　王請無好小勇(2‧3)
　②形容詞作名詞用,小的事物,小國,小人(10次):以小易大(1‧7)　然則
　　小固不可以敵大(1‧7)　愓于羣小(14‧19)
　③副詞(3次):今病小愈(4‧2)
　④動詞(3次):㈠使動用法:匠人斲而小之(2‧9)　㈡意動用法:孔子登東
　　山而小魯,登泰山而小天下(13‧24)
　⑤精細,細緻(粗大之反)(1次):巨屨小屨同賈,人豈爲之哉(5‧4)
　　——另見"褊小"。

小人(16次)　①指老百姓,小民(9次):小人之德草也(5‧2)
　　②品德惡劣的人(6次):士誠小人也(4‧12)
　　③自稱的謙辭(1次):小人學射於尹公之他(8‧24)

小丈夫(1次)　意同"小人"②:予豈若是小丈夫然哉(4‧12)

小子(3次)　學生們:小子聽之(7‧8)

小功(1次)　古代喪服的一種,見"而緦小功之察"(13‧46)注。

小弁(3次)　詩篇名:小弁,小人之詩也(12‧3)

尸(1次)　古代祭祀,以童年男女代表受祭主,便叫"尸":弟爲尸,則誰
　　敬(11‧5)

山(8次)　斧斤以時入山林(1・3)

川(1次)　爲下必因川澤(7・1)

工(7次)　①手工藝者(5次):何爲紛紛然與百工交易(5・4)

　　②對駕車的人偶亦稱"工"(2次):天下之賤工也(6・1)

工師(2次)　建築師:則必使工師求大木(2・9)

已(33次)　①動詞,罷休,休止(21次):如不得已(2・7),又參"毁諸已乎"

　　(2・5)注。

　　②動詞,罷免(1次):已之(2・6)

　　③副詞,已經(3次):今乘輿已駕矣(2・16)

　　④副詞,太(2次):是皆已甚(6・7)

　　⑤語氣詞,同"矣",相當今日的"了"(6次):然則王之所大欲可知已(1・7)

　　——另見"而已"、"而已矣"。

已矣(3次)　語氣詞的連用:①同"矣"或"已"(2次):則君子之所養可知已矣

　　　(6・7)

　　　②同"也"(1次):是則章子已矣(8・30)

己(35次)　自己:①主位,己頻顣曰(6・10)

　　②賓位,民以爲將拯己於水火之中也(2・11)

　　③領位,堯以不得舜爲己憂(5・4)

干(5次)　①古代武器(2次):見"干戈戚揚"(2・5)注。

　　②動詞,干求(3次):則是干澤也(4・12)

弓(8次)　弓矢斯張(2・5)

弓人(1次)　作弓的人:由弓人而恥爲弓(3・7)

才(11次)　①才能(3次):其爲人也小有才(14・29)

　　②有才能之人(5次):才也養不才(8・7)

　　③孟子哲學術語,意指本性(3次):見"非才之罪也"(11・6)注。

　　——又見"英才"。

四　　畫

不(1066次)　①否定副詞,一般的否定(1065):不遠千里而來(1・1)

②否定副詞,表示禁止,"不必"、"不要"的意思(1次):夷子不來(5‧5)

不日(1次)　猶言"不終日",可譯爲"没有一天"或者"不到幾天":不日成
　　之(1‧2)

不肖(6次)　不賢:前日不知虞之不肖(4‧7)

丑(1次)　景丑自稱其名:丑見王之敬子也(4‧2)

中(42次)　①方位詞(26次):則是方四十里爲阱於國中(2‧2)

　　②表等第(2次):中食七人(10‧2)

　　③作動詞用,"在中間"之意(3次):中天下而立(13‧21)

　　④哲學術語,"中庸"無過無不及(4次):湯執中(8‧20)

　　⑤有"中庸"道德的人(4次):中也養不中(8‧7)

　　⑥去聲,射箭中靶,與相合(3次):發而不中(3‧7)　動容周旋中禮者盛德
　　　之至也(14‧33)

中士(7次)　古代官階之一:中士倍下士(10‧2)

中心(2次)　以德服人者中心悦而誠服也(3‧3)

中古(1次)　表時代之詞,見"中古棺七寸"(4‧7)注。

中國(8次)　①指漢民族所居的全部土地(7次):莅中國(1‧7)

　　②指首都(1次),見"夫然後之中國踐天子位焉"(9‧5)注。

中道(2次)　即孔子的"中行",遇事合於他們所謂中庸之德的人:孔子不得中
　　道而與之(14‧37)

丹(1次)　白圭自稱其名:丹之治水也愈於禹(12‧11)

丹朱(1次)　堯的兒子,見"丹朱之不肖"(9‧6)注。

之(1902次)　①代詞,作賓語用(844次):而民歡樂之(1‧2)

　　②形似賓語而實非賓語(3次):則苗浡然興之矣(1‧6)

　　③小品詞(1007次):萬乘之國(1‧1)　寡人之於國也(1‧3)
　　　子是之學亦爲不善變矣(5‧4)

　　④代詞,用法同"其"(4次):作之君,作之師(2‧6)

　　⑤動詞,適,往(42次):牛何之(1‧7)

　　⑥連詞,用法同"與"(1次),見"得之不得"(9‧8)注。

⑦人名,<u>夷之</u>自稱(1 次):<u>之</u>則以爲愛無差等(5・5)

之爲(3 次)　用於倒裝句,幫助倒裝,無義:當務之爲急(13・46)

予(45 次)　自稱代詞,用作主語和賓語,不用於領位:予及女偕亡(1・2)

云(31 次)　動詞,説:<u>詩</u>云(1・2)

云乎(2 次)　表疑問語氣詞,見"事之云乎"(10・7)注。

云爾(4 次)　語氣詞,罷了:是何足與言仁義也云爾(4・2)

五(47 次)　①表計數之詞(44 次):或五十步而後止(1・3)

　　②表序數之詞(1 次):五命曰(12・7)

　　③副詞,五次(2 次):五就<u>湯</u>五就<u>桀</u>者,<u>伊尹</u>也(12・6)

五音(2 次)　音階之名,見"不以六律不能正五音"(7・1)注。

五穀(6 次)　各種穀物的總稱:五穀不登(5・4)

五霸(7 次)　五個霸主,見"五霸者三王之罪人也"(12・7)注。

井(10 次)　①井水的"井"(7 次):今人乍見孺子將入於井(3・6)

　　②井田的"井"(3 次):方里而井(5・3)

　　——另見"市井"。

井地(2 次)　古人理想的一種土地制度:使<u>畢戰</u>問井地(5・3)

什(4 次)　意義同"十",不過特用以表分數或倍數:其實皆什一也(5・3)　或相什百(5・4)

仁(157 次)　亦有仁義而已矣(1・1)　仁者無敵(1・5)　仁則榮(3・4)

仇(1 次)　仇視,以爲仇敵:<u>葛伯</u>仇餉(6・5)

今(95 次)　當今之時(3・1)　今夫天下之人牧未有不嗜殺人者也(1・6)

今日(9 次)　今日病矣(3・2)

介(1 次)　操守,見"<u>柳下惠</u>不以三公易其介"(13・28)注。

　　——另見"一介"。

允(1 次)　真誠,確實:<u>瞽瞍</u>亦允若(9・4)

元(2 次)　腦袋:勇士不忘喪其元(6・1)

元士(1 次)　古代官階:元士受地視子男(10・2)

内(21 次)　①内外之"内"(18 次):海内之地(1・7)

②同"納"交結也(1次),見"非所以内交於孺子之父母也"(3·6)注。

③同"納",送進去(2次):若己推而内之溝中(9·7)

——另外"河内"。

公(14次)　①"私"之反(6次):雨我公田(5·3)

②古代爵位或者官階(6次):公侯皆方百里(10·2)　公卿大夫(11·16)

③指魯平公(2次):公曰(2·16)

——另見"三公"。

公行子(1次)　人名:公行子有子之喪(8·27)

公明高(3次)　人名,見"長息問於公明高曰"(9·1)注。

公明儀(4次)　人名,見"公明儀曰"(5·1)注。

公孫丑(17次)　孟子弟子:公孫丑問曰(3·1)

公孫衍(1次)　人名,見"公孫衍張儀豈不誠大丈夫哉"(6·2)注。

公都子(9次)　孟子弟子:公都子以告(4·5)

公儀子(1次)　人名,見"公儀子爲政"(12·6)注。

公劉(1次)　人名,見"昔者公劉好貨"(2·5)注。

公輸子(1次)　人名,見"公輸子之巧"(7·1)注。

六(3次)　數詞:賢聖之君六七作(3·1)

六律(2次)　古代樂音標準之名,見"不以六律不能正五音"(7·1)注。

六師(1次)　古代天子六師,因以爲天子的軍隊的總稱:三不朝則六師移之 (12·7)

兮(4次)　語氣詞,僅用於詩歌中:滄浪之水清兮(7·8)

凶(9次)　災荒,收成壞:河内凶則移其民於河東(1·3)

分(8次)　①分別(5次):人性之無分於善不善也,猶水之無分於東西 也(11·2)

②分開來,分給(2次):分田制禄可坐而定也(5·3)

③去聲,分際,界限(1次):分定故也(13·21)

勾踐(1次)　越王之名:勾踐事吴(2·3)

勿(24次)　不要:百畝之田勿奪其時(1·3)

化(5次)　①化育(4次):夫君子所過者化(13・13)

②死亡(1次),見"且比化者無使土親膚"(4・7)注。

匹(1次)　量詞,見"力不能勝一匹雛"(12・2)注。

匹夫(9次)　一個男人,指老百姓中的男子:此匹夫之勇(2・3)

匹婦(4次)　一個女人,指老百姓中的女子:匹婦蠶之(13・22)

及(33次)　①動詞,到,至於(17次):老吾老以及人之老(1・7)

②動詞,趕上(5次):晉楚之富不可及也(4・2)

③介詞,等到(8次):及寡人之身,東敗於齊(1・5)

④介詞,趁(2次):及是時,明其政刑(3・4)

⑤連詞,與,同(1次):予及女偕亡(1・2)

及至(1次)　介詞,和"及"的③同:及至葬,四方來觀之(5・2)

友(27次)　①名詞(8次):王之臣有託其妻子於其友而之楚遊者(2・6)

②動詞(19次):出入相友(5・3)

──另見"朋友"。

反(53次)　①回(5次):蓋亦反其本矣(1・7)

②使回,回報(有報仇的意思)(4次):夫民今而後得反之也(2・12)

③同"返",回家(13次):比其反也(2・6)

④使回家(3次):反其旄倪(2・11)

⑤翻過來(5次):以齊王由反手也(3・1)

⑥回報使命(5次):然友反命(5・2)

⑦往還(2次):反齊滕之路未嘗與之言行事也(4・6)

⑧反躬,反省(16次):反而求之(1・7)

反覆(3次)　反覆之而不聽則易位(10・9)

天(81次)　①自然之天:天油然作雲(1・6)

②命運之天:若夫成功則天也(2・14)

③略有主宰的涵義:無敵於天下者天吏也(3・5)

天下(172次)　斯天下之民至焉(1・3)

天子(35次)　天子適諸侯曰巡狩(2・4)

天道(1 次)　指自然和人的關係而言:聖人之於天道也(14·24)

太丁(1 次)　人名:<u>太丁</u>未立(9·6)

太山(4 次)　即"<u>泰山</u>":挾<u>太山</u>以超<u>北海</u>(1·7)

太公(3 次)　**太公望**(1 次)　人名,見"<u>太公</u>辟<u>紂</u>"(7·13)及"若<u>太公望散宜生</u>則見而知之"(14·38)注。

太王(2 次)　亦作"<u>大王</u>",人名,見"故<u>太王</u>事<u>獯鬻</u>"(2·3)注。

太甲(6 次)　①人名(4 次):<u>太甲</u>顛覆<u>湯</u>之典刑(9·6)

　　　　②尚書篇名(2 次):<u>太甲</u>曰(3·4)

太誓(1 次)　即"<u>泰誓</u>",尚書篇名,見"<u>太誓</u>曰"(6·5)注。

夫(68 次)　①名詞,男子(9 次):頑<u>夫</u>廉(10·1)

　　②名詞,丈夫(4 次):老而無夫曰寡(2·5)

　　③代詞,他(3 次):夫既或治之(4·6)

　　④指示形容詞,那(4 次):王知夫苗乎(2·6)

　　⑤提挈之詞(45 次):夫誰與王敵(1·5)

　　⑥語氣詞,相當今日的"罷"(3 次):吾死矣夫(8·24)

　　——另見"大丈夫"、"大夫"、"小丈夫"、"丈夫"、"匹夫"、"今夫"、"若夫"、"農夫"、"褐夫"、"餘夫"。

夫人(1 次)　諸侯之妻:夫人蠶繅以爲衣服(6·3)

夫子(34 次)　①名詞,丈夫(1 次):無違夫子(6·2)

　　　　②代詞,對稱,您(31 次):夫子之謂也(1·7)

　　　　③代詞,他稱,他老人家(2 次):以予觀於夫子賢於堯舜遠矣(3·2)

夫里之布(1 次)　古代税收制度之一,見"廛無夫里之布"(3·5)注。

孔子(81 次)　孔子兼之(3·2)

孔距心(1 次)　人名:知其罪者惟孔距心(4·4)

少(5 次)　①"多"之反(2 次):鄰國之民不加少(1·3)

　　②少數的人(1 次):與少樂樂,與衆樂樂,孰樂(2·1)

　　③時間副詞,少頃(1 次):少則洋洋焉(9·2)

　　④去聲,年輕(1 次):人少則慕父母(9·1)

少艾(1次)　年輕貌美的女子,見"知好色則慕少艾"(9·1)注。

尤(3次)　罪過,歸罪:畜君何尤(2·4)　君無尤焉(2·12)

尹士(3次)　人名:尹士語人曰(4·12)

尹公之他(5次)　人名:庾公之斯學射於尹公之他(8·24)

尺(9次)　尺地莫非其有也(3·1)

尺寸(3次)　言其不大。無尺寸之膚不愛焉(11·14)

弔(11次)　別人有災難或者凶喪之事,去表示同情:誅其君而弔其民(2·11)
公行子有子之喪,右師往弔(8·27)

引(5次)　①引弓(1次):君子引而不發(13·41)
②延伸,伸長(1次):則天下之民皆引領而望之矣(1·6)
③引導,領着,帶着(3次):引而置之莊嶽之間數年(6·6)

心(117次)　盡心焉耳矣(1·3)
——另見"中心"。

心志(1次)　必先苦其心志(12·15)

心思(1次)　既竭心思焉(7·1)

戈(2次)　古代的兵器:干戈戚揚(2·5)

戶(2次)　單扇的門,室門:綢繆牖戶(3·4)
——又見"門戶"。

手(7次)　以齊王由反手也(3·1)

支(1次)　同"肢":惰其四支(8·30)

文(5次)　①名詞,文辭(1次):其文則史(8·21)
②名詞,字(1次),見"不以文害辭"(9·4)注。
③動詞,文飾(1次):禮之實,節文斯二者是也(7·27)
④周文王的簡稱,常和"武"字連言:是故文武興則民好善(11·6)
⑤若"桓文"連言,則指晉文公(1次):仲尼之徒無道桓文之事者(1·7)

文公(2次)　指滕文公:踰門而告文公曰(5·4)

文王(35次)　周文王:文王以民力爲臺爲沼(1·2)

斤(3次)　斧:斧斤伐之(11·8)

文繡(1次)　　衣服之有畫和刺繡的:所以不願人之文繡也(11•17)

方(40次)　　①名詞,"四方"、"東方"的"方"(9次):遠方之人聞君行仁

政(5•4)

②表面積的詞(21次)　見"地方百里而可以王"(1•5)注。

③"方圓"的"方"(3次):不以規矩不能成方圓(7•1)

④方法,方術(2次):立賢無方(8•20)

⑤動詞,違背(1次):方命虐民(2•4)

⑥副詞,正(2次):周公方且膺之(5•4)

⑦副詞,纔,方纔(2次):爰方啟行(2•5)

日(56次)　　①太陽(3次):時日害喪(1•2)

②日子,天,(49次):子來幾日矣(7•24)　日亦不足矣(8•2)

③副詞,每天地(4次):雖日撻而求其齊也,不可得矣(6•6)

④白天(3次):夜以繼日(8•20)

日至(2次)　　①冬至:千歲之日至可坐而致也(8•26)

②夏至:至於日至之時皆熟矣(11•7)

曰(962次)　　①説(947次):王曰(1•1)

②叫做(15次):謂其臺曰靈臺(1•2)

月(13次)　　①月亮(2次):其過也如日月之食(4•9)

②月份(8次):七八月之間旱(1•6)

③時間的計算單位(3次):今既數月矣(4•5)　月攘一雞(6•8)

木(11次)　　①樹木(7次):猶緣木而求魚也(1•7)

②木材(3次):爲巨室則必使工師求大木(2•9)

③棺木(1次):木若以美然(4•7)

　　──另見"材木"、"喬木"。

止(16次)　　①休止,停留(14次):或百步而後止(1•3)

②退處,不做官(2次):可以止則止(3•2)

比(12次)　　①動詞,相比,看做(4次):爾何曾比予於管仲(3•1)

②動詞,舊讀去聲,比次,比近,一例看待(5次),見"子比而同之"(5•4)

及"將比今之諸侯而誅之"(10·4)注。

③介詞,去聲,等到(1次):比其反也(2·6)

④介詞,去聲,爲也(2次):願比死者一洒之(1·5)

毛(1次)　汗毛:拔一毛而利天下不爲也(13·26)

水(44次)　①一般意義,有時亦指河流(43次):民歸之由水之就下(1·6)

丹之治水也愈於禹(12·11)

②與"湯"對言,則意義爲冷水(1次):夏日則飲水(11·5)

火(13次)　避水火也(2·10)

父(78次)　爲民父母(1·4)

牛(16次)　有牽牛而過堂下者(1·7)

牛山(1次)　齊國都城南郊的山名:牛山之木嘗美矣(11·8)

犬(6次)　事之以犬馬(2·15)

王(224次)　①古天子稱王,戰國時大國諸侯亦稱王(21次):吾王之好古樂,
夫何使我至於此極也(2·1)

②特指聖明天子而言,如言"先王"(10次)、"王者"(9次)、"王政"(5次)、
"聖王(1次)。

③動詞,去聲,以德統一天下(30次):然而不王者,未之有也(1·3)

④承上文或者用於對稱,指特定之王,計指周文王者2次,指周武王者1次,
指梁惠王者12次,指梁襄王者1次,指宋王者6次,指齊宣王者126次。

——另見"三王"。

王子(3次)　當時大國諸侯之子:王子宮室車馬衣服多與人同(13·36)

王子比干(2次)　人名:又有微子、微仲、王子比干(3·1)

王子墊(1次)　人名:王子墊問曰(13·33)

王良(3次)　人名:昔者趙簡子使王良與嬖奚乘(6·1)

王豹(1次)　人名,見"昔者王豹處於淇而河西善謳"(12·6)注。

王順(1次)　人名:王順長息則事我者也(10·3)

王道(1次)　以德統一天下之道:王道之始也(1·3)

王驩(2次)　人名:王使蓋大夫王驩爲輔行(4·6)

五　　畫

且(30 次)　①表態副詞,姑且(1 次):我且直之(5・5)

②表態副詞,尚且(8 次):獸相食且人惡之(1・4)

③表時副詞,將(1 次):病愈,我且往見(5・5)

④連詞,而且(18 次):且以文王之德,百年而後崩(3・1)

⑤連詞,表示同時如此又如彼,古人所說"兩務之詞"(2 次):百工之事固不
可耕且爲也(5・4)

且由(1 次)　且猶(1 次)　表態副詞,和單獨用"且"或"猶"相同,尚且:見且由
不得亟(13・8)　管仲且猶不可召(4・2)

丕(2 次)　語首詞,無義:丕顯哉文王謨(6・9)

世(36 次)　①時代,子孫的一代,古人說,三十年爲一世(31 次):是以後世無
傳焉(1・7)

②代代相傳的(5 次):仕者世禄(2・5)

世俗(2 次)　直好世俗之樂耳(2・1)

丘(1 次)　孔子自稱其名:其義則丘竊取之矣(8・21)

丘民(1 次)　老百姓,見"是故得乎丘民而爲天子"(14・14)注。

丘垤(1 次)　小山丘:泰山之於丘垤(3・2)

丘陵(2 次)　山丘:雖若丘陵(6・1)

主(15 次)　①名詞,主人(2 次):迭爲賓主(10・3)

②動詞,以爲主人(9 次):或謂孔子於衞主癰疽(9・8)

③動詞,以爲主(2 次):父子主恩,君臣主敬(4・2)

④動詞,主持(2 次):使之主祭而百神享之(9・5)

乍(1 次)　時間副詞,突然:今人乍見孺子將入於井(3・6)

乎(200 次)　①介詞,同"於"(44 次):天下惡乎定(1・6)

②語氣詞,表感歎(15 次):宜乎百姓之謂我愛也(1・7)　王之好樂甚,則齊
國其庶幾乎(2・1)

③語氣詞,表疑問或者反詰(135 次):亦將有以利吾國乎(1・1)

④語氣詞,爲形容詞或者副詞的語尾(6 次):蕩蕩乎民無能名焉(5•4)　而
　有時乎爲貧(10•5)

　　——另見"云乎"。

乎哉(3 次)　語氣詞的連用,兼有疑問與感歎兩種語氣:若寡人者可以保民乎
　哉(1•7)

乎爾(2 次)　語氣詞的連用:然而無有乎爾,則亦無有乎爾(14•38)

仕(29 次)　①做官(28 次):使天下仕者皆欲立於王之朝(1•7)

　②同"士"(1 次),見"有仕於此"注。

他(31 次)　①他稱代詞,別的(15 次):古之人所以大過人者無他焉(1•7)

　②他稱指示形容詞,"他人"(2 次),"他日"(12 次),"他辭"(1 次),"他國"(1
　次)。

仞(1 次)　七尺曰仞:堂高數仞(14•34)

代(4 次)　①世代,一代代地(1 次):暴君代作(6•9)

　②代替(3 次):禄足以代其耕也(10•2)

　　——另見"三代"。

令(3 次)　①名詞,命令(1 次):王速出令(2•11)

　②動詞,命令(1 次):既不能令(7•7)

　③形容詞,善,好的(1 次):令聞廣譽施於身(11•17)

　　——另見"使令"。

以(411 次)　①介詞,"因"、"用"、"拿"、"把"、"依"諸義(281 次):<u>文王</u>以民力
　爲臺爲沼(1•2)

　②動詞,以爲(17 次):百姓皆以王爲愛也(1•7)

　③副詞,太(4 次):三月無君則弔,不以急乎(6•3)

　④動詞,同"已",止也(1 次):無以,則王乎(1•7)

　⑤連詞,連接兩事,前一事爲後一事所用的方法手段,後一事爲前一事的目
　　的,譯爲現代漢語用"來"字(86 次):使不得耕耨以養其父母(1•5)

　⑥連詞,表原因(2 次):以其外之也(3•2)

　⑦連詞,其下多用"來"、"後"諸字(6 次):自生民以來(3•5)

⑧常置於副詞或者助動詞之下,其已經成爲習慣常用詞者如"可以"、"足以"等另見者外,尚有"能以",如"皆能以朝諸侯"(3·2),"徒法不能以自行"(7·1);"明以",如"明以教我"(1·7)。有時亦置於"有"、"無"之下,如"有以異乎"、"無以異也"(1·4)。

　　——另見"可以"、"何以"、"足以"、"所以"、"是以"。

以至(1次)　自耕稼陶漁以至爲帝(3·8)

以爲(29次)　以爲能勝其任也(2·9)

兄(39次)　哥哥:入以事其父兄(1·5)

充(13次)　①充實,充滿(4次):府庫充(2·12)　充府庫(12·9)

　②擴充(9次):苟能充之,足以保四海(3·6)

充虞(2次)　人名:充虞請曰(4·7)

充塞(2次)　因充滿而阻塞:是邪説誣民充塞仁義也(6·9)

充實(2次)　充實之謂美(14·25)

冉牛(2次)　孔子弟子:冉牛閔子顏淵善言德行(3·2)

冬(1次)　冬日則飲湯(11·5)

出(40次)　①出來,離開(30次):出以事其長上(1·5)　三宿而後出晝(4·12)

　②發出(7次):王速出令(2·11)

　③超出(1次):出於其類(3·2)

　④逐出(2次):出妻屏子(8·30)

功(9次)　功效:今恩足以及禽獸而功不至於百姓者(1·7)

　　——另見"小功"、"成功"。

功烈(1次)　功績,烈績:功烈如彼其卑也(3·1)

加(10次)　①增加(6次):寡人之民不加多(1·3)

　②被也(2次):古之人得志澤加於民(13·9)

　③同"居"(2次),見"夫子加齊之卿相"(3·2)注。

北(9次)　南面而征北狄怨(2·11)　北學於中國(5·4)

北宮錡(1次)　人名:北宮錡問曰(10·2)

北宮黝(2 次)　人名:<u>北宮黝</u>之養勇也(3・2)

北海(5 次)　地名,即今渤海:挾<u>太山</u>以超<u>北海</u>(1・7)

半(2 次)　蠐食實者過半矣(6・10)　故事半古之人(3・1)

去(64 次)　①離開(52 次):謀於燕衆,置君而後去之(2・11)

　　②抛棄,除去(6 次):去關市之征(6・8)

　　③距離(4 次):<u>紂</u>之去<u>武丁</u>未久也(3・1)

　　④罷免,辭去(2 次),見"見不可焉,然後去之"(2・7)注。

古(35 次)　古之人與民偕樂(1・2)

　　——另見"中古"。

古公亶父(1 次)　人名:<u>古公亶父</u>來朝走馬(2・5),見"<u>太王事獯鬻</u>"(2・3)注。

叩(2 次)　敲打:抽矢叩輪去其金(8・24)

召(13 次)　召喚,召大師曰(2・4)

可(164 次)　穀不可勝食也(1・3)

可以(74 次)　①意義同"可":五十者可以衣帛矣(1・3)

　　②有時有應該之義:可以仕則仕(3・2)

可得(15 次)　可能:可得聞乎(1・7)

史(1 次)　歷史,史書:其文則史(8・21)

右(5 次)　①右方(4 次):王顧左右而言他(2・6)

　　②西方也叫"右"(1 次):見"<u>縣駒處於高唐而齊右善歌</u>"(12・6)注。

　　——另見"左右"。

右師(6 次)　本官名,此指<u>王驩</u>:右師往弔(8・27)

司城貞子(1 次)　人名:主<u>司城貞子</u>(9・8)

司徒(1 次)　官名:使<u>契</u>爲司徒(5・4)

司寇(1 次)　官名:<u>孔子</u>爲<u>魯</u>司寇(12・6)

四(25 次)　①數詞(17 次):卿禄四大夫(10・2)　四命曰(12・7)

　　②包括東西南北四面而言,如言"四方"(5 次)、"四境"(2 次)、"四夷"(1次)。

四支(1 次)　**四肢**(1 次)　**四體**(4 次)　指兩手兩足而言:惰其四支(8・30)

四肢之於安佚也(14・24)　人之有是四端也猶其有四體也(3・6)

四海(11次)　①實是"天下"之意(9次)；故推恩足以保四海(1・7)

②各方的海洋(2次)：是故禹以四海爲壑(12・11)

外(26次)　①一般用法(25次)：外無曠夫(2・5)　外人皆稱夫子好辯(6・9)

②動詞意動用法，以爲外(1次)：以其外之也(3・2)

外丙(1次)　人名：外丙二年(9・6)

失(33次)　抛失，亡失：不可失也(2・15)

尼(1次)　曳止，見"止或尼之"(2・16)注。

左(3次)　王顧左右而言他(2・6)

左右(4次)　親近之人：左右皆曰賢(2・7)

巧(4次)　公輸子之巧(7・1)　不能使人巧(14・5)

巨(2次)　①巨大(1次)：爲巨室則必使工師求大木(2・9)

②粗(1次)，見"巨屨小屨同賈"(5・4)注。

巨室(2次)　指賢明的卿大夫，見"不得罪於巨室"(7・6)注。

巨擘(1次)　大拇指，見"吾必以仲子爲巨擘焉"(6・10)注。

市(11次)　①買賣場所(8次)：商賈皆欲藏於王之市(1・7)

②買賣，買賣的(3次)：古之爲市也(4・10)　而罔市利(4・10)

——另見"關市"。

市井(1次)　在國曰市井之臣(10・7)

市朝(1次)　偏義複詞，只有"市"義，猶言"稠人廣衆"，見"若撻之於市朝"(3・2)注。

布(4次)　①布帛的"布"(3次)：許子必織布然後衣乎(5・4)

②古代的貨幣(1次)：廛無夫里之布(3・5)

布帛(1次)　布與絲綢：布帛長短同(5・4)

平(9次)　①均平，公平(1次)：穀禄不平(5・3)

②無高低之差(1次)：以爲方圓平直(7・1)

③太平(6次)：天下猶未平(5・4)

④治理(1次)：君子平其政(8・2)

平旦(1次)　清晨:平旦之氣(11・8)

平治(3次)　治理,和"平"的④相同:夫天未欲平治天下也(4・13)

平陸(3次)　地名,見"<u>孟子之平陸</u>"(4・4)注。

幼(9次)　①幼小,幼小的人(8次):夫人幼而學之(2・9)　敬老慈幼(12・7)

　　②動詞,慈愛之意(1次):幼吾幼以及人之幼(1・7)

弗(38次)　否定副詞,不;常用於及物動詞而賓語省略的情況下:飢者弗食(2・4)

必(100次)　副詞,一定:王何必曰利(1・1)

戹(1次)　處於困境:君子之戹於<u>陳蔡</u>之間(14・18)

旦(1次)　天亮:坐以待旦(8・20)

　　——另見"平旦"。

旦旦(1次)　天天地:旦旦而伐之(11・8)

旦晝(1次)　明日,見"則其旦晝之所爲"(11・8)注。

未(90次)　①不曾,還沒有(87次):未有仁而遺其親者也(1・1)

　　②同"不"(3次):是未可知也(6・10)

末(2次)　末尾:明足以察秋毫之末(1・7)

本(14次)　根本,原本:蓋亦反其本矣(1・7)

本朝(1次)　朝廷,見"立乎人之本朝"(10・5)注。

正(36次)　①形容詞,不及物動詞,不歪邪,不錯亂(24次):其冠不正(3・9)

　　經界不正(5・3)

　　②及物動詞,使正(10次):射者正己而後發(3・7)

　　③爲特定目的而工作,(1次),見"必有事焉而勿正"(3・2)注。

　　④誠(1次),見"臣不敢不以正對"(10・9)注。

母(47次)　①父母之母(35次):爲民父母(1・4)

　　②陰性的(2次):五母雞,二母彘(13・22)

民(199次)　民人(1次):<u>文王</u>以民力爲臺爲沼(1・2)　五穀熟而民人育(5・4)

　　——另見"丘民"。

永(3次)　長也:永言配命(3•4)

氾濫(2次)　氾濫於天下(5•4)

犯(3次)　違犯:君子犯義(7•1)

玄黃(2次)　黑色黃色的幣帛,見"筐厥玄黃"(6•5)注。

玉(7次)　①"玉石"(5次):今有璞玉於此(2•9)

　②指"磬"而言(2次):金聲而玉振之也(10•1)

玉人　治玉石的手工藝者:必使玉人雕琢之(2•9)

瓦(1次)　毀瓦畫墁(6•4)

甘(3次)　①甜的東西(1次):爲肥甘不足於口與(1•7)

　②以爲甘甜(2次):飢者甘食,渴者甘飲(13•27)

生(48次)　①生存、產生、出生諸義(46次):是使民養生喪死無憾也(1•3)

　舜生於諸馮(8•1)

　②活的(2次):則有饋其兄生鵝者(6•10)

生活(1次)　民非水火不生活(13•23)

用(45次)　①動詞(40次):無如寡人之用心者(1•3)

　②介詞,因也(2次):思戢用光(2•5)

　③介詞,同"以"(3次):吾聞用夏變夷者(5•4)

　——另見"足用"、"財用"。

田(19次)　①田土(18次):百畝之田(1•3)

　②動詞,打獵(1次):齊景公田(10•7)

田里(3次)　土地房屋:然後收其田里(8•3)

田野(2次)　田野不辟(7•1)

田獵(5次)　今王田獵於此(2•1)

田疇(1次)　田地,見"易其田疇"(13•23)注。

由(48次)　①動詞,由此而行之意(11次):隘與不恭,君子不由也(3•9)

　②介詞,從,自(25次):禮義由賢者出(2•16)

　③介詞,因也(1次):何由知吾可也(1•7)

　④動詞,同"猶"(6次):民歸之由水之就下(1•6)

⑤副詞,同"猶",尚且,還(4次):王由足用爲善(4・12)

⑥子路自稱其名(1次):非由之所知也(6・7)

由由(2次)　高興的樣子,見"故由由然與之偕"(3・9)住。

甲(4次)　古代作戰時所穿的防禦敵人兵器的衣服,用銅片或皮革製成的:棄甲曳兵而走(1・3)

申(2次)　反覆地說或做,見"申之以孝悌之義"(1・7)注。

申詳(1次)　人名,見"泄柳申詳無人乎繆公之側"(4・11)注。

白(18次)　猶彼白而我白之(11・4)

——另見"頒白"。

白圭(2次)　人名,見"白圭曰"(12・10)注。

皮(2次)　作裘的皮毛:事之以皮幣(2・15)

皮冠(1次)　古代打獵時所戴的帽子,見"以皮冠"(10・7)注。

目(12次)　抑爲采色不足視於目與(1・7)

——另見"面目"。

矢(6次)　箭:弓矢斯張(2・5)

矢人(3次)　製造箭的工匠:矢人豈不仁於函人哉(3・7)

石(1次)　與木石居(13・16)

石丘(1次)　地名:孟子遇於石丘(12・4)

示(3次)　表示:以行與事示之而已矣(9・5)

穴(2次)　洞,孔:鑽穴隙相窺(6・3)

立(22次)　①站立(19次):王立於沼上(1・2)

②樹立,立之於位(3次):立賢無方(8・20)

六　　畫

交(14次)　①動詞,相交,交叉(2次):獸蹄鳥跡之道交於中國(5・4)

②動詞或名詞,交友,交結(8次):交鄰國有道乎(2・3)

③副詞,互相(1次):上下交征利(1・1)

④曹交自稱其名(3次):交聞文王十尺(12・2)

交易(1次)　何爲紛紛然與百工交易(5・4)

交際(1次)　敢問交際何心也(10・4)

亥唐(1次)　人名:晉平公於亥唐也(10・3)

亦(111次)　①副詞,與現代語"也"字用法全同(106次):亦將有以利吾國乎(1・1)　河東凶亦然(1・3)

　②副詞,衹,但,特(5次):亦有仁義而已矣(1・1)

仰(7次)　①抬頭(5次):必使仰足以事父母(1・7)

　②仰望(2次),見"則鄰國之民仰之若父母矣"(3・5)注。

仲子(7次)　即陳仲子,見"陳仲子豈不誠廉士哉"(6・10)注。

仲壬(1次)　人名,仲壬四年(9・6)

仲尼(6次)　孔子之字:仲尼曰(1・4)

任(14次)　①名詞,責任(5次):以爲能勝其任也(2・9)

　②動詞,擔負責任(3次):其自任以天下之重如此(9・7)

　③上義的使動用法,使負責任(1次),見"辟草萊任土地者次之"(7・14)注。

　④名詞,行李(1次),見"門人治任將歸"(5・4)注。

　⑤平聲,國名(4次),見"任人有問屋廬子曰"(12・1)注。

伊尹(19次)　人名:伯夷伊尹何如(3・2)

伊訓(1次)　尚書篇名,見"伊訓曰"(9・7)注。

伋(2次)　孔子之孫子思自稱其名:如伋去(8・31)

伍(2次)　行伍,隊列,班次:子之持戟之士一日而三失伍(4・4)

伏(1次)　偃臥在地上:麀鹿攸伏(1・2)

伐(28次)　①征伐(26次):武王伐紂(2・8)

　②砍伐(2次):斧斤伐之(11・8)

休(3次)　①休息:吾何以休(2・4)

　②美:紹我周王見休(6・5)

　③地名:見"居休"(4・14)注。

兆(2次)　始,開始:爲之兆也(10・4)

先(19次)　①副詞(8次):孔子先簿正祭器(10・4)

②動詞,在先之意(3次):告子先我不動心(3‧2)

③上義的使動用法,使之在先(3次):苟爲後義而先利(1‧1)

④動詞,帶頭之意(1次):先之也(5‧2)

⑤動詞,先施禮貌,先去拜訪(2次):君所爲輕身以先於匹夫者以爲賢乎(2‧16)

⑥動詞,先作佈置之意(1次):見"又先於其所往"(8‧3)注。

⑦形容詞,緊要的,在先的,如"先務"(13‧46)

先子(1次)　已逝世的長輩,見"吾先子之所畏也"(3‧1)注。

先王(10次)　古代聖明天子:吾何脩而可以比於先王觀也(2‧4)

先生(8次)　對稱敬詞:先生何爲出此言也(7‧24)

先君(2次)　已逝世的君主:吾宗國魯先君莫之行(5‧2)

先知(2次)　早於一般人有所認識的人:使先知覺後知(10‧1)

先祖(1次)　祖先:喪祭從先祖(5‧2)

先師(1次)　老師:是猶弟子而恥受命於先師也(7‧7)

先覺(3次)　早於一般人覺悟的人:使先覺覺後覺(10‧1)

光(2次)　光輝:思戢用光(2‧5)

　　——另見"容光"。

光輝(1次)　充實而有光輝之謂大(14‧25)

全(1次)　完全:有求全之毀(7‧21)

共(4次)　①動詞(3次):三代共之(5‧2)

②平聲,同"恭"(1次):共爲子職而已矣(9‧1)

共工(1次)　人名,見"舜流共工于幽州"(9‧3)注。

再(4次)　副詞,兩次,第二次:北面稽首再拜而不受(10‧6)

刑(5次)　①名詞,規章,法則(1次):小人犯刑(7‧1)

②名詞,刑罰(1次):善戰者服上刑(7‧14)

③動詞,處罰(2次):然後從而刑之(1‧7)

④同"型",示範:刑於寡妻(1‧7)

　　——另見"典刑"、"政刑"。

刑罰(1次)　省刑罰(1・5)

匠(8次)　匠人(1次)　木工:巫匠亦然(3・7)　匠人斲而小之(2・9)

匡(1次)　匡正:匡之直之(5・4)

匡章(2次)　人名,見"匡章曰"(6・10)注。

危(7次)　①名詞(1次):安其危而利其菑(7・8)

②不及物動詞(2次):而國危矣(1・1)

③及物動詞,使危險(3次):危士臣(1・7)

④不安也(1次),見"其操心也危"(13・18)注。

各(1次)　副詞:各欲正己也(14・4)

合(5次)　符合:此心之所以合於王者何也(1・7)

同(56次)　與民同之(2・2)　同養公田(5・3)

名(10次)　①名字(3次):諱名不諱姓(14・36)

②給以名目(2次):蕩蕩乎民無能名焉(5・4)

③名譽(4次):先名實者爲人也(12・6)

④同"命"(1次),見"其間必有名世者"(4・13)注。

后(4次)　王也:后來其蘇(2・11)

后稷(1次)　人名,見"后稷教民稼穡"(5・4)注。

吏(4次)　官吏:無敵於天下者天吏也(3・5)

　　——另見"委吏"。

回(1次)　同"違":經德不回(14・33)

因(6次)　①動詞,憑藉也。(5次):時子因陳子而以告孟子(4・10)

②連詞,因而(1次):因無恒心(1・7)

在(65次)　①動詞(63次):王在靈囿(1・2)

②介詞用法同"於"(2次):在他人則誅之,在弟則封之(9・3)

圭田(2次)　見"卿以下必有圭田"(5・3)注。

地(41次)　西喪地於秦七百里(1・5)　若無罪而就死地(1・7)　則塞于天地之間(3・2)

　　——另見"土地"、"井地"、"壤地"。

多(26次)　①一般用法(25次):不爲不多矣(1‧1)　諸侯多謀伐寡人者(2‧11)
　　得道者多助(4‧1)　多取之而不爲虐(5‧3)

　　②意動用法,以爲貴(1次):享多儀(12‧5)

夷(14次)　①古人對文化較落後的部族的稱呼(10次):而撫四夷也(1‧7)

　　②傷也(3次),見"則反夷矣"(7‧18)注。

　　③語詞(1次),見"夷考其行而不掩焉者也"(14‧37)注。

夷子(10次)　夷之(1次)　人名,墨者<u>夷之</u>因徐辟而求見<u>孟子</u>(5‧5)

好(57次)　①上聲,美好(2次):好色人之所欲(9‧1)

　　②去聲,喜好(54次):王好戰(1‧3)

　　③和好(1次):言歸于好(12‧7)

如(113次)　①像,似(49次):其如是孰能禦之(1‧6)

　　②及,但,一定和否定詞連用,"不如"等於"不及"(20次):雖有智慧不如乘
　　勢(3‧1)

　　③用法同"奈",一般和"何"字連用(4次):君如彼何哉(2‧14)

　　④助動詞,當也(1次):寡人如就見者也(4‧2)

　　⑤用法同"而"(1次):舍矢如破(6‧1)

　　⑥連詞,假如(34次):王如知此(1‧3)

　　⑦小品詞,常用在區別詞之後作語尾(4次):則皇皇如也(6‧3)

　　——另見"何如"。

如何(4次)　如之何(16次)　怎麼樣:憂之如何(8‧28)　如之何其使斯民飢
　　而死也(1‧4)

如使(3次)　假設連詞:如使予欲富(4‧10)

妃(1次)　配耦(女方):愛厥妃(2‧5)

妄(1次)　狂也:此亦妄人也已矣(8‧28)

存(24次)　①存在(22次):猶有存者(3‧1)

　　②使存在,保存(1次):君子存之(8‧19)

　　③察也(1次):見"存乎人者莫良於眸子"(7‧15)注。

宅(6次)　住宅:五畝之宅(1‧3)

宇(1次)　屋宇:聿來胥宇(2・5)

守(13次)　與民守之(2・13)　守約而施博者善道也(14・32)

　　——另見"巡守"、"官守"、"法守"。

安(20次)　①安靜(1次):寡人願安承教(1・4)

　②心之所安(3次):敢問所安(3・2)

　③平安(7次):人之安宅也(3・7)　則豈徒齊民安(4・12)

　④使平安(7次):文王一怒而安天下之民(2・3)

　⑤以爲安(2次):安其危而利其菑(7・8)

安佚(1次)　即"安逸":四肢之於安佚也(14・24)

安息(1次)　民無所安息(6・9)

安樂(1次)　然後知生於憂患而死於安樂也(12・15)

年(40次)　凶年免於死亡(1・7)　百年而後崩(3・1)

忖度(1次)　揣想:他人有心,予忖度之(1・7)

戎狄(1次)　"戎"和"狄"都是古代人對當時較落後的部族的稱呼:戎狄是膺
　　(5・4)

收(2次)　收回,没收:去三年不反,然後收其田里(8・3)

旨(1次)　甘甜:禹惡旨酒而好善言(8・20)

旬(1次)　十日:五旬而舉之(2・10)

曲(1次)　普遍之意,見"無曲防"(12・7)注。

曳(1次)　拖着:棄甲曳兵而走(1・3)

有(444次)　①"有無"之"有"(420次):亦將有以利吾國乎(1・1)　又見"故
　　君子有不戰"(4・1)注。

　②同"又"(15次):殆有甚焉(1・7)

　③爲也(1次),見"人之有道也"(5・4)注。

　④置于名詞之前的小品詞(6次):有攸不惟臣(6・5)

　⑤置干區別詞之前的小品詞(2次):其顙有泚(5・5)

　　——另見"何有"。

有司(7次)　有關官吏:吾有司死者三十三人(2・12)

有若(3次)　孔子學生,見"宰我子貢有若智足以知聖人"(3・2)注。

有時乎(2次)　偶然:而有時乎爲貧(10・5)

朱(1次)　大紅色:惡紫恐其亂朱也(14・37)

次(11次)　①較下一等(9次):連諸侯者次之(7・14)
　　②較長久地停留(2次),見"氣次焉"(3・2)注。

此(112次)　這,這個,這地方,這樣:賢者亦樂此乎(1・2)　此心之所以合於
　　王者何也(1・7)

死(48次)　是使民養生喪死無憾也(1・3)

死亡(4次)　名詞:凶年免於死亡(1・7)

汙(9次)　①汙穢(7次):柳下惠不羞汙君(3・9)
　　②大,深(2次):壞宮室以爲汙池(6・9)

汝(4次)　①同"女",對稱代詞(3次):是非汝所知也(8・31)
　　②水名:決汝漢排淮泗而注之江(5・4)

江(4次)　長江:江淮河漢是也(6・9)

池(7次)　池塘:雖有臺池鳥獸(1・2)

百(64次)　數詞,有時用以表虛數,狀其全;有時亦用以表倍數:殺其君者必
　　百乘之家(1・1)　百官有司莫敢不哀(5・2)　或相什百(5・4)

百里奚(5次)　人名,見"百里奚自鬻於秦養牲者"(9・9)注。

百姓(19次)　①老百姓(18次):百姓皆以王爲愛也(1・7)
　　②百官(1次),見"百姓如喪考妣"(9・4)注。

米粟(1次)　用爲糧食之總稱:米粟非不多也(4・1)

羊(13次)　以羊易之(1・7)

羊棗(5次)　一種植物名,見"曾晳嗜羊棗"(14・36)注。

羽(4次)　羽毛:吾力足以舉百鈞而不足以舉一羽(1・7)

羽山(1次)　地名,見"殛鯀于羽山"(9・3)注。

羽旄(2次)　古代旌旗的裝飾物:見"羽旄之美(2・1)"注。

老(26次)　①用爲形容詞(13次):老而無妻曰鰥(2・5)
　　②名詞,老人(12次):老弱轉乎溝壑(2・12)

③動詞,以老人應受之禮待之(1次):老吾老以及人之老(1·7)

考(4次)　①動詞,考查(3次):以其時考之則可矣(4·13)

②名詞,死亡了的父親:百姓如喪考妣(9·4)

而(655次)　①連詞(652次)。㈠一般用法:不遠千里而來(1·1)　㈡用法同"則":可以久而久(10·1)

②用法同"爲"(1次):奚而不知也(9·2)

③假借爲"如",似也(1次):望道而未之見(8·20)

④假借爲"如",假如(1次):而主癰疽與侍人瘠環(9·8)

——另見"然而"、"既而"。

而已(3次)　而已矣(49次)　罷了:言舉斯心加諸彼而已(1·7)

亦有仁義而已矣(1·1)

而況(6次)　而況於(2次)　而況不爲管仲者乎(4·2)　而況於王乎(4·9)

而後(38次)　或百步而後止(1·3)

耒耜(2次)　耒是犁上的柄,耜是鏵,此用以總稱農具:農夫豈爲出疆舍其耒耜哉(6·3)

耳(22次)　①耳朵(11次):聲音不足聽於耳與(1·7)

②語氣詞,等於"而已""罷了"(11次):直不百步耳(1·3)

耳矣(4次)　罷了:無責耳矣(7·22)

聿(1次)　語首詞:聿來胥宇(2·5)

肉(20次)　七十者可以食肉矣(1·3)

——另見"燔肉"。

臣(68次)　①名詞,臣下(51次):危士臣(1·7)

②代詞,對方爲君王的自稱(9次):臣未之聞也(1·7)

③動詞,以爲臣,使之爲臣(7次):學焉而後臣之(4·2)

④副詞(1次):惟臣附於大邑周(6·5)

自(76次)　①代名副詞,自己(49次):自反而不縮(3·2)

②介詞,從(27次):湯一征自葛始(2·11)

至(53次)　①動詞,到(33次):斯天下之民至焉(1·3)

②副詞,極(19次)　其爲氣也至大至剛(3·2)

③介詞,到(1次):自耕稼陶漁以至爲帝無非取於人者(3·8)

——另見"及至"。

至於(14次)　①介詞(9次):至於子之身而反之(5·2)

②他轉連詞(5次):至於治國家(2·9)

舌(1次)　今也南蠻鴃舌之人非先王之道(5·4)

色(25次)　①顏色(2次):目之於色也有同美焉(11·7)

②面色,容色(13次):民有飢色(1·4)

③女色(10次):寡人好色(2·5)

——另見"采色"、"顏色"。

艾(3次)　①艾葉(1次):猶七年之病求三年之艾也(7·9)

②改悔(1次):自怨自艾(9·6)

③取也(1次):見"有私淑艾者"(13·40)注。

——另見"少艾"。

血(2次)　諸侯束牲載書而不歃血(12·7)

行(122次)　①做,實行(67次):夫我乃行之(1·7)

②名詞,去聲,行爲(22次):荒亡之行(2·4)

③行走(23次):師行而糧食(2·4)

④使行走(3次):如智者若禹之行水也(8·26)

⑤通行,行得通(7次):然後大行(3·1)

——另見"流行"、"德行"、"輔行"。

行旅(1次)　旅客:行旅皆欲出於王之塗(1·7)

行潦(1次)　流水之淺而小者,見"河海之於行潦"(3·2)注

衣(13次)　①名詞(4次):如以朝衣朝冠坐於塗炭(3·9)

②不及物動詞,穿(1次):飽食煖衣逸居而無教(5·4)

③去聲,及物動詞,穿(8次):五十者可以衣帛矣(1·3)

衣服(4次)　夫人蠶繅以爲衣服(6·3)

衣衾(1次)　衣服和大被,代表裝殮死者的服飾:謂棺椁衣衾之美也(2·16)

西(11次)　西喪地於秦七百里(1・5)

西子(1次)　人名,見"西子蒙不潔"(8・25)注。

西伯(5次)　即周文王:吾聞西伯善養老者(7・13)

七　　畫

伯(4次)　①"伯仲叔季"的"伯",兄弟輩排行最大的(1次):鄉人長於伯兄一歲(11・5)

②"公侯伯子男"的"伯",古代爵位之一(3次):伯一位(10・2)

伯夷(15次)　人名,見"伯夷伊尹何如"(3・2)注。

似(16次)　①動詞,似乎(有道理)(15次):望之不似人君(1・6)

②副詞,像(1次):子之辭靈丘而請士師似也(4・5)

佑(1次)　幫助:佑啟我後人(6・9)

位(35次)　位置,有時指官位,有時又指官階,有時指所站所坐之處:賢者在位(3・4)　天子一位(10・2)　禮,朝廷不歷位而相與言(8・27)

何(137次)　疑問詞:王何必曰利(1・1)　何也(1・3)　是誠何心哉(1・7)
　　——另見"如之何"、"如何"。

何以(22次)　疑問副詞語:何以利吾國(1・1)

何如(17次)　疑問詞:以五十步笑百步則何如(1・3)

余(1次)　古代自稱代詞:洚水警余(6・9)

佚(1次)　同"逸":以佚道使民(13・12)
　　——另見"安佚"、"遺佚"。

作(30次)　①動詞,興起(15次):且王者之不作(3・1)

②量詞,起(1次),見"賢聖之君六七作"(3・1)注。

③動詞,作爲(7次):作之君,作之師(2・3)

④動詞,製作(5次):始作俑者,其無後乎(1・4)

⑤動作,發作(2次):今日我疾作(8・24)

佞(1次)　口才:惡佞恐其亂義也(14・37)

克(3次)　①戰勝:戰必克(12・9)

②樂正克自稱其名(2次)：克告於君(2・16)

——另見"搽克"。

免(9次)　"避免"之意：行政不免於率獸而食人(1・4)

兵(11次)　兵器：兵刃既接(1・3)

冶(3次)　冶煉製作金鐵器械之人：以粟易械器者不爲厲陶冶(5・4)

初(2次)　①原本(1次)：進取不忘其初(14・37)

②第一次(1次)：初命曰(12・7)

別(2次)　區別：所以別野人也(5・3)

利(39次)　①利益(26次)：王何必曰利(1・1)

②使有利(6次)：亦將有以利吾國乎(1・1)

③以爲利(2次)：安其危而利其菑(7・8)

④銳利(4次)：兵革非不堅利也(4・1)

⑤順也(1次)，見"故者以利爲本"(8・26)注。

助(21次)　①幫助(13次)：其助上帝寵之(2・3)

②古代的一種田賦制度(7次)：耕者助而不稅(3・5)

③同"藉"(1次)，見"諸侯耕助以供粢盛"(6・3)注。

厎(3次)　致也：舜盡事親之道而瞽瞍厎豫(7・28)

君(165次)　①國君(152次)：弑其君者必千乘之家(1・1)　君哉舜也(5・4)

②對鄒魯諸國之君的對稱詞(12次)：君之民老弱轉乎溝壑(2・12)

③動詞，作爲君(1次)：得百里之地而君之(3・2)

君子(82次)　在位之人或者有德之人：君子之於禽獸也(1・7)　隘與不恭，
君子不由也(3・9)

吠(1次)　狗叫：雞鳴狗吠相聞(3・1)

否(25次)　①否定副詞(3次)：如此則動心否乎(3・2)

②否定的應對之詞，不然(22次)：曰否(1・7)

吳(2次)　春秋時國名：勾踐事吳(2・3)

吾(122次)　自稱代詞，只用于主位和領位：吾對曰(1・6)　何以利吾國(1・1)

吾子(4次)　表親切的對稱代詞：吾子與子路孰賢(3・1)

告(41次)　告訴:舉疾首蹙頞而相告曰(2・1)

告子(9次)　人名,見“告子先我不動心”(3・2)注。

困(1次)　困苦:困於心衡於慮而後作(12・15)

坐(10次)　王坐於堂上(1・7)

壯(5次)　①壯年(4次):壯者以暇日修其孝悌忠信(1・5)

　　②壯健(1次):牛羊苗壯長而已矣(10・5)

妣(10次)　已經逝世的母親:百姓如喪考妣(9・4)

孝(28次)　封建時代對父母的道德:申之以孝悌之義(1・3)

宋(11次)　周初以迄戰國的國名:無若宋人然(3・2)

宋王(1次)　一薛居州獨如宋王何(6・6)

宋勾踐(1次)　人名:孟子謂宋勾踐曰(13・9)

宋牼(1次)　人名,見“宋牼將之楚”(12・4)注。

完(2次)　①堅固(1次),見“城郭不完”(7・1)注。

　　②弄完全,使之完全(1次):父母使舜完廩(9・2)

岌岌(1次)　危險的樣子,見“天下殆哉岌岌乎”(9・4)注。

岐(2次)　地名:昔者文王之治岐也(2・5)

岐山(2次)　山名:去之岐山之下居焉(2・14)

岐周(1次)　即岐:文王生於岐周(8・1)

岑(1次)　高而尖的,見“方寸之木可使高於岑樓”(12・1)注。

巡(1次)　巡行考察:巡守者巡所守也(2・4)

巡守(1次)　巡狩(2次):巡守者巡所守也(2・4)　天子適諸侯曰巡狩(2・4)

巫(1次)　古代以法術給人治病的人:巫匠亦然(3・7)

序(5次)　地方學校:謹庠序之教(1・3)

弟(32次)　①“兄弟”、“子弟”之“弟”(30次):兄弟妻子離散(1・5)

　　②同“悌”,封建社會弟對兄、年幼者對年長者的道德:徐行後長者謂之弟(12・2)

弟子(4次)　①學生,門徒(2次):養弟子以萬鍾(4・10)

　　②學生以及後輩自稱之詞(2次):若是則弟子之惑滋甚(3・1)

形(4 次)　①形狀(1 次):不爲者與不能者之形何以異(1・7)

　②形體(2 次):形色天性也(13・38)

　③動詞,表現(1 次):有諸内必形諸外(12・6)

役(11 次)　①名詞,奴役(3 次):人役也(3・7)

　②動詞,役使(4 次):小德役大德(7・7)

　③動詞,服役(4 次):庶人召之役則往役(10・7)

忍(19 次)　①忍心(18 次):吾不忍其觳觫(1・7)

　②使堅忍(1 次):所以動心忍性(12・15)

志(50 次)　①心願,意志(42 次):願夫子輔吾志(1・7)

　②動詞,有志於(4 次):苟不志於仁(7・9)

　③以爲目的(2 次):見"必志於彀"(11・20)注。

　④書名(2 次):且志曰(5・2)

　——另見"心志"。

志士(2 次)　有志之人或者能守志之人:志士不忘在溝壑(6・1)

忘(17 次)　忘記:從流下而忘反謂之流(2・4)

快(2 次)　快心,快意,痛快:然後快於心與(1・7)

忸怩(1 次)　慚愧的樣子:忸怩(9・2)

成(14 次)　①完成,成功(12 次):不日成之(1・2)

　②肥壯(2 次):見"犧牲不成"(6・3)注。

成功(1 次)　若夫成功則天也(2・14)

成覵(1 次)　人名,見"成覵謂齊景公曰"(5・1)注。

我(156 次)　自稱代詞:非我也(1・3)

戒(8 次)　①警戒(7 次):戒之戒之(2・12)

　②準備(1 次),見"大戒於國"(2・4)注。

扶持(1 次)　疾病相扶持(5・3)

把(1 次)　量詞,半圍:拱把之桐梓(11・13)

抑(6 次)　①動詞,壓抑(1 次):昔者禹抑洪水而天下平(6・9)

　②選擇連詞,還是(4 次):抑爲采色不足視於目與(1・7)

③轉接連詞(1次):抑王興甲兵危士臣搆怨於諸侯,然後快於心與(1•7)

折枝(2次)　攀折樹枝,見"爲長者折枝"(1•7)注。

攸(3次)　①所也(1次):麀鹿攸伏(1•2)

②攸然,迅走貌(1次):攸然而逝(9•2)

③國名(1次),見"有攸不惟臣"(6•5)注。

改(13次)　①改變,更改(11次):且古之君子過則改之(4•9)

②再,更(2次):地不改辟矣,民不改聚矣(3•1)

攻(7次)　①攻擊(6次):率其子弟攻其父母(3•5)

②治也(1次):庶民攻之(1•2)

旱(4次)　七八月之間旱(1•6)

更(1次)　更改,變更:及其更也,民皆仰之(4•9)

李(1次)　果木名:井上有李(6•10)

材(1次)　材木(2次)　樹木可以做木材的:以爲未嘗有材焉(11•8)　材木不可勝用也(1•3)

杞柳(5次)　樹名,見"性猶杞柳也"(11•1)注。

杞梁(1次)　人名,見"華周杞梁之妻善哭其夫"(12•6)注。

束(1次)　綑綁:諸侯束牲載書而不歃血(12•7)

杠(1次)　橋梁:歲十一月徒杠成(8•2)

步(5次)　或百步而後止(1•3)

每(1次)　每人而悅之(8•2)

求(58次)　①尋求,乞求(56次):反而求之(1•7)

②孔子學生冉有之名(2次):求也爲季氏宰(7•14)

決(5次)　①挖決(4次):決汝漢排淮泗而注之江(5•4)

②折斷(1次):放飯流歠而問無齒決(13•46)

沈同(2次)　人名:沈同以其私問曰(4•8)

沈猶(1次)　沈猶行(1次)　人名,見"昔沈猶有負芻之禍"(8•31)注。

沐(1次)　洗髮:齋戒沐浴則可以祀上帝(8•25)

没(2次)　死亡:昔孔子既没(5•4)

沛然(4次)　盛大之貌:沛然下雨(1·6)

沛澤(1次)　沼澤,水草兼有的低窪地:沛澤多而禽獸至(6·9)

災(3次)　災禍:無後災(1·7)

牣(1次)　滿也:於牣魚躍(1·2)

狂(7次)　好高鶩遠的人,好高鶩遠:必也狂狷乎(14·37)

狂簡(1次)　志向高大的樣子:吾黨之小子狂簡(14·37)

狄(8次)　古代對北方較落後的部族的稱呼:南面而征北狄怨(2·11)

男(8次)　①"男女"之"男"(5次):男女授受不親(7·17)

②古代爵位之一(3次):子男同一位(10·2)

矣(195次)　語氣詞,㈠用法與"了"相當:而國危矣(1·1)　㈡助詞或句,表感歎:哿矣富人(2·5)　㈢同"也":至足矣(13·23)

——另見"已矣"、"而已矣"、"耳矣"。

私(10次)　①個人的(1次):遂及我私(5·3)

②個人身份,個人名義(1次):沈同以其私問曰(4·8)

③形容詞,個人的(1次):公事畢然後敢治私事(5·3)

④動詞,偏愛(1次):私妻子(8·30)

⑤副詞,個人與個人間地,爲個人地,非公式或者公開地(6次):而私與之吾子之祿爵(4·8)

罕(1次)　次數少:吾見亦罕矣(11·9)

良(87次)　①善,好(4次):天下之良工也(6·1)

②真,誠(1次):非良貴也(11·17)

③王良之名(2次):良曰(6·1)

良人(7次)　丈夫:其良人出則必黶酒肉而後反(8·33)

良心(1次)　天賦之善心,本來的善性:其所以放其良心者(11·8)

良知(1次)　天賦之知:其良知也(13·15)

良能(1次)　天賦之能:其良能也(13·15)

芒芒(1次)　疲倦的樣子:芒芒然歸(3·2)

見(114次)　①看見(85次):就之而不見所畏焉(1·6)

②往見(21 次)：<u>孟子見梁惠王</u>(1·1)

③使往見(1 次)：<u>陽貨欲見孔子</u>(6·7)

④同"現"(4 次)：悻悻然見於其面(4·12)

⑤助動詞，表被動(3 次)：百姓之不見保(1·7)

角(1 次)　　額角：若崩厥角稽首(14·4)

角招(1 次)　　樂章名：蓋微招角招是也(2·4)

言(111 次)　　①名詞，動詞，言語，講(103 次)：夫子言之(1·7)　言舉斯心加諸彼而已(1·7)　大哉言矣(2·3)

②學說，主張(4 次)：天下之言不歸楊則歸墨(6·9)

③語首詞，無義(1 次)：言歸于好(12·7)

④語中詞，無義(3 次)：永言配命(3·4)

言語(1 次)　　言語必信，非以正行也(14·33)

谷(2 次)　　山谷：吾聞出於幽谷遷于喬木者(5·4)

豆(3 次)　　古代食器，用以盛有羹汁之物的：一豆羹(11·10)

豕(2 次)　　豬：與鹿豕遊(13·16)

赤子(5 次)　　小孩，嬰兒：儒者之道，古之人若保赤子(5·5)

走(5 次)　　跑：棄甲曳兵而走(1·3)

足(36 次)　　①腳(6 次)：可以濯我足(7·8)

②動詞，足夠，滿足(23 次)：春省耕而補不足(2·4)　今也父兄百官不我足也(5·2)

③助動詞(7 次)：<u>管仲晏子</u>猶不足爲與(3·1)

足以(33 次)　　**足用**(1 次)　　助動詞：是心足以王矣(1·7)　王由足用爲善(4·12)

身(53 次)　　①本身，親身(52 次)：見"非身之所能爲也"(2·15)注。　彼身織屨妻辟纑以易之也(6·10)

②動詞，親身體驗與實踐(1 次)：<u>湯武</u>身之也(13·30)

車(8 次)　　百姓聞王車馬之音(2·1)

辛(1 次)　　人名：<u>陳良</u>之徒<u>陳相</u>與其弟<u>辛</u>負耒耜而自<u>宋</u>之<u>滕</u>(5·4)

邑(1次)　動詞,以爲都邑:邑于岐山之下居焉(2‧15)

　　——另見"大邑"。

邠(4次)　地名,見"昔者大王居邠"(2‧14)注。

邦(2次)　國:以御于家邦(1‧7)

邪(8次)　不正:邪辭知其所離(3‧2)

邪侈(2次)　違法亂紀的行爲:放僻邪侈無不爲已(1‧7)

邪慝(1次)　不正不善:斯無邪慝矣(14‧37)

里(44次)　①長度單位(43次):不遠千里而來(1‧1)

　　②居住,定居(1次):里仁爲美(3‧7)

　　——另見"夫里之布"、"田里"。

阨(1次)　窮困,不順:是時孔子當阨(9‧8)

阨窮(2次)　窮困:阨窮而不憫(3‧9)

阱(1次)　陷阱:則是方四十里爲阱於國中(2‧2)

防(1次)　築堤:無曲防(12‧7)

八　　畫

並(1次)　副詞,一同:賢者與民並耕而食(5‧4)

事(106次)　①名詞(48次):齊桓晉文之事(1‧7)

　　②動詞,服事(56次):入以事其父兄(1‧5)

　　③動詞,工作(1次):非事道與(10‧4)

　　——另見"大事"、"政事"。

亟(9次)　①急也(2次):經始勿亟(1‧2)

　　②去聲,屢也(7次):仲尼亟稱於水曰(8‧18)

享(5次)　①享受(1次):使之主祭而百神享之(9‧5)

　　②享獻(4次):享多儀(12‧5)

京(1次)　鎬京:祼將于京(7‧7)

使(99次)　①使令(98次):是使民養生喪死無憾也(1‧3)

　　②假設連詞,假使(1次):使弈秋誨二人弈(11‧9)

——另見“如使”。

使令(1次)　使唤:便嬖不足使令於前與(1•7)

使者(1次)　代表,來人:摽使者出諸大門之外(10•6)

来(35次)　①動詞(22次):不遠千里而來(1•1)

②表示由古迄今的詞(6次):自有生民以來(3•2)

③去聲,勤也(1次),見“勞之來之”(5•4)注。

④語氣詞(5次):盍歸乎來(7•13)

⑤語首詞,無義(1次):來朝走馬(2•5)

来年(3次)　明年:以待來年(6•8)

侍(2次)　侍候:得侍同朝甚喜(4•10)

侍人(3次)　宦官,古代被閹割而在王宮服役的人:於齊主侍人瘠環(10•8)

供(5次)　供給:王之諸臣皆足以供之(1•7)

兔(1次)　用爲動詞,捕捉兔子:雉兔者往焉(2•2)

兩(2次)　①數詞,二:兩馬之力與(14•22)

②量詞,即今之“輛”字:革車三百兩(14•4)

其(571次)　①代詞,他,它,作爲主語,但只用于子句中(64次):吾不忍其觳觫(1•7)

②代詞,他,它,作爲主語,偶亦用於分句中(1次):其有功於子,可食而食之矣(6•4)

③代詞,領位,他的,它的(412次):未有仁而遺其親者也(1•1)

④指示詞,那(61次):㊀作形容詞用:謂其臺曰靈臺(1•2)

㊀作代詞用:其何能淑(7•9)

⑤副詞,殆也,用於不肯定詞句中(7次):始作俑者,其無後乎(1•4)

⑥語氣副詞,用於疑問句(4次):如之何其使斯民飢而死也(1•4)

⑦語氣副詞,用於命令句(2次):其助上帝寵之(2•3)

⑧語氣副詞,用於感歎句(1次):舜其至孝矣(12•3)

⑨副詞,將也(2次):后來其無罰(6•5)

⑩選擇連詞,還是(1次):將比今之諸侯而誅之乎? 其教之不改而後誅之乎

(10・4)

⑪假設連詞,假如(3 次):其如是孰能禦之(1・6)

⑫小品詞,用法同"之",用於"若是"、"如彼"一類詞語之後(11 次):若是其甚與(1・7)

⑬無義(2 次):亟其乘屋(5・3)

具(1 次)　具備:冉牛閔子顏淵則具體而微(3・2)

典刑(1 次)　法則:太甲顚覆湯之典刑(9・6)

典籍(1 次)　國家重要文獻:不百里不足以守宗廟之典籍(12・8)

函人(2 次)　製造甲冑之人:矢人豈不仁於函人哉(3・7)

制(8 次)　①動詞,製作(1 次):見"可使制梃以撻秦楚之堅甲利兵矣"(1・5)注。

②動詞,制定制度(4 次):是故明君制民之産(1・7)

③名詞,制度(3 次):取於民有制(5・3)

刺(5 次)　①刺殺(3 次):是何異於刺人而殺之(1・3)

②諷刺,譏評(2 次):刺之無刺也(14・37)

卑(8 次)　①卑下(2 次):功烈如彼其卑也(3・1)

②卑下的官職(2 次):爲貧者辭尊居卑(10・5)

③官職卑下的人(3 次):將使卑踰尊(2・7)

④動詞,以爲卑下(1 次):不卑小官(3・9)

卒(6 次)　①死亡(2 次):卒於鳴條(8・1)

②結果,末尾(3 次):卒之東郭墦間(8・33)

③同"猝"(1 次):卒然問曰(1・6)

叔父(4 次)　敬叔父乎(11・5)

取(58 次)　①拿過來,擇取(57 次):萬取千焉(1・1)　其取友必端矣(8・24)

②治也(1 次),見"楊子取爲我"(13・26)注。

受(72 次)　接受:不受於褐寬博(3・2)

周(21 次)　①富足(2 次),見"周於利者"(14・10)注。

②同"賙",周濟(3 次):君之於氓也固周之(10・6)

　③朝代名(16 次):以篤周祜(2・3)

周公(18 次)　人名,見“武王周公繼之”(3・1)注。

周王(1 次)　紹我周王見休(6・5)

周旋(1 次)　旋轉:動容周旋中禮(14・33)

周霄(1 次)　人名:周霄問曰(6・3)

味(7 次)　滋味:口之於味有同耆也(11・7)

呼(1 次)　呼喊:呼於垤澤之門(13・36)

命(53 次)　①動詞,命令,指示,教誨(12 次):則必命有司所之(2・16)

　②名詞,命令,教誨(17 次):昔者有王命(4・2)　則吾既得聞命矣(9・1)

　③名詞,政令(1 次):見“速於置郵而傳命”(3・1)注。

　④名詞,天命(18 次):方命虐民(2・4)

　⑤名詞,使命(5 次):然友反命(5・2)

　——另見“辭命”。

和(3 次)　和睦,團結:地利不如人和(4・1)

固(21 次)　①頑固,固執(2 次):固哉高叟之爲詩也(12・3)

　②使堅固(1 次):固國不以山谿之險(4・1)

　③副詞,本來(18 次):臣固知王之不忍也(1・7)

垂(2 次)　垂下:君子創業垂統爲可繼也(2・14)

垂棘(1 次)　地名,見“垂棘之璧”(9・9)注。

夜(4 次)　不舍晝夜(8・18)

夜氣(2 次)　孟子的哲學名詞:則其夜氣不足以存(11・8)

奄(1 次)　國名:誅紂伐奄三年(6・9)

奉(2 次)　侍奉:妻妾之奉(11・10)

妻(36 次)　①名詞(33 次):兄弟妻子離散(1・5)

　②去聲,動詞,與之妻(2 次):帝之妻舜而不告(9・2)

　③去聲,動詞,得妻(1 次):妻帝之二女(9・1)

妻子(4 次)　有妻子則慕妻子(9・1)

妾(11 次)　以順爲正者妾婦之道也(6・2)

始(17次)　開始:經始靈臺(1・2)

姑(5次)　①姑且(4次):姑舍女所學而從我(2・9)

②咀也(1次),見"蠅蚋姑嘬之"(5・5)注。

姓(4次)　有異姓之卿(10・9)

——另見"百姓"。

委(2次)　委棄,見"委而去之"(4・1)注。

委吏(1次)　倉庫管理者:孔子嘗爲委吏矣(10・5)

孟子(295次)　**孟軻**(1次)　孟子見梁惠王(1・1)　君奚爲不見孟軻也(2・16)

孟仲子(1次)　人名:孟仲子對曰(4・2)

孟季子(1次)　人名:孟季子問公都子曰(11・5)

孟施舍(4次)　人名:孟施舍之所養勇也(3・2)

孟賁(1次)　人名:則夫子過孟賁遠矣(3・2)

孟獻子(1次)　人名:孟獻子百乘之家也(10・3)

季子(4次)　人名:①即孟季子(1次):季子聞之曰(11・5)

②即季任(3次):他日由鄒之任見季子(12・5)

季氏(1次)　人名:求也爲季氏宰(7・14)

季任(1次)　人名:季任爲任處守(12・5)

季桓子(1次)　人名:於季桓子見行可之仕也(10・4)

季孫(1次)　人名:季孫曰(4・10)

孤(2次)　①孤單的(1次):獨孤臣孽子(13・18)

②幼而無父曰孤(2・5)

孥(1次)　罪及妻子:罪人不孥(2・5)

宗國(1次)　同姓而爲長之國:吾宗國魯先君莫之行(5・2)

宗廟(4次)　祖宗的廟宇:毀其宗廟(2・11)

官(22次)　①官位,官職(20次):不卑小官(3・9)

②器官(2次):耳目之官不思(11・15)

定(12次)　①安定(9次):天下惡乎定(1・6)

②使安定(1次):定四海之民(13·21)

③制定(2次):定爲三年之喪(5·2)

宜(14次)　①副詞,殆也,表示不肯定(5次):宜與夫禮若不相似然(4·2)

②助動詞,應該(9次):宜乎百姓之謂我愛也(1·7)

尚(10次)　①動詞,同"上",加也(3次):莫能相尚(4·2)

②副詞,同"上"(3次):舜尚見帝(10·3)

③動詞,以爲上(2次):尚志(13·33)

④副詞,還(2次):今吾尚病(5·5)

居(63次)　①居住,停留(52次):昔者大王居邠(2·14)

②由上義的引申義,處於某種名義或地位(4次):夫聖孔子不居(3·2)

③名詞,住所,所住的環境(7次):居移氣(13·36)

屈(3次)　①屈折,屈伏(2次):威武不能屈(6·2)

②地名(1次),見"屈産之乘"(9·9)注。

帛(6次)　綢料的總稱:五十者可以衣帛矣(1·3)

幸(4次)　幸運,僥幸:國之所存者幸也(7·1)

底(1次)　同"砥",磨刀石,見"周道如底"(10·7)注。

庖(2次)　庖廚(1次):廚房:庖有肥肉(1·4)　是以君子遠庖廚也(1·7)

庖人(1次)　官名,掌供饍羞:庖人繼肉(10·6)

府庫(3次)　儲積布帛財物的倉庫:府庫充(2·12)

弤(1次)　舜弓之名,見"弤朕"(9·2)注。

彼(38次)　①第三稱人稱代詞,他(26次):彼奪其民時(1·5)

②指示代詞,那(10次):彼一時,此一時也(4·13)

③指示形容詞,那(2次):徹彼桑土(3·4)

往(37次)　去:王往而征之(1·5)

征(26次)　①征伐(16次):征者上伐下也(14·2)

②征取(1次):上下交征利(1·1)

③征稅(9次):關市譏而不征(2·5)

徂(1次)　往也:以遏徂莒(2·3)

徂落(1 次)　死,見"放勳乃徂落"(9・4)注。

忠(8 次)　壯者以暇日修其孝悌忠信(1・5)

怍(1 次)　愧怍:俯不怍於人(13・20)

性(37 次)　本性:孟子道性善(5・1)

怵惕(1 次)　恐懼:皆有怵惕惻隱之心(3・6)

戕賊(3 次)　破壞:將戕賊杞柳而後以爲桮棬也(11・1)

或(44 次)　①分稱代詞,有些,有的,某人(39 次):或百步而後止(1・3)

　　②動詞,有也(1 次):夫既或治之(4・6)

　　③副詞,表示不肯定(3 次):是或一道也(4.2)

　　④同"惑"(1 次):無或乎王之不智也(11・9)

或者(1 次)　副詞,用法與"或"的③同,表示不肯定:或者不可乎(4・2)

所(232 次)　①名詞,處所(4 次):使之居於王所(6・9)

　　②小品詞,置於動詞或介詞之前變成詞組(228 次):叟之所知也(1・5)　所食之粟(6・10)　此心之所以合於王者何也(1・7)

承(5 次)　①繼承(3 次):丕承哉武王烈(6・9)

　　②接受(1 次):寡人願安承教(1・4)

　　③抵禦,抗拒(1 次):則莫我敢承(6・9)

抱(2 次)　守:抱關擊柝(10・5)

抽(1 次)　抽出來:抽矢扣輪(8・24)

拂(2 次)　①違反,破壞(1 次):行拂亂其所爲(12・15)

　　②同"弼",輔弼:入則無法家拂士(12・15)

拒(1 次)　拒絕:來者不拒(14・30)

拔(2 次)　①拔下來:拔一毛而利天下(13・26)

　　②超出:拔乎其萃(3・2)

拘(1 次)　拘束:君子不可虛拘(13・37)

拙(2 次)　笨拙:大匠不爲拙工改廢繩墨(13・41)

招(13 次)　①動詞,徵召(7 次):招虞人以旌(6・1)

　　②名詞,用以徵召的信物(6 次):取非其招不往也(6・1)

放(21 次)　　①至也(2 次):放於琅邪(2・4)

　②放縱(1 次):葛伯放而不祀(6・5)

　③放逐(12 次):湯放桀(2・8)

　④棄也,失也(6 次):其所以放其良心者亦猶斧斤之於木也(13・8)

放恣(1 次)　　放僻(2 次)　　放縱,胡作非爲:諸侯放恣(1・7)　　放僻邪侈無不
　　爲已(1・7)

放飯(1 次)　　大口吃飯,見"放飯流歠"(13・46)注。

放踵(1 次)　　走破腳跟,見"摩頂放踵"(13・26)注。

放勳(2 次)　　即帝堯:放勳曰(5・4)

政(52 次)　　政事(2 次)　　察鄰國之政(1・3)　　無政事則財用不足(14・12)

斧(3 次)　　斧頭:斧斤以時入山林(1・3)

於(497 次)　　①介詞(496 次):王立於沼上(1・2)　　則無望民之多於鄰國也
　　(1・3)　　王如施仁政於民(1・5)　　民之憔悴於虐政(3・1)

　②音烏,無義,語首詞(1 次):於牣魚躍(1・2)

於是(2 次)　　於是始興發補不足(2・4)

於陵(3 次)　　於音烏,地名:居於陵(6・10)

旻天(2 次)　　秋天:號泣于旻天(9・1)

昆夷(1 次)　　周朝初年的西戎國名:文王事昆夷(2・3)

明(15 次)　　①名詞,目光,目力(2 次):明足以察秋毫之末(1・7)

　②光亮(1 次):日月有明(13・24)

　③很好的目力(1 次):離婁之明(7・1)

　④形容詞,明白,聖明(2 次):是故明君制民之產(1・7)

　⑤動詞,明白(3 次):人倫明於上(5・3)

　⑥動詞使動用法,使明白,搞明白(2 次):明其政刑(3・4)

　⑦副詞,明白地(4 次):明以教我(1・7)

明日(2 次)　　第二天:明日出弔於東郭氏(4・2)

明堂(2 次)　　見"人皆謂我毀明堂"(2・5)注。

昏昏(1 次)　　糊塗:今以其昏昏使人昭昭(14・20)

昏暮(1次)　黃昏：昏暮叩人之門户(13・23)

易(30次)　①交易，交换(14次)：以羊易之(1・7)　禹稷顔子易地則皆然(8・29)

②改變(6次)：夷子思以易天下(5・5)

③治也(2次)：夫以百畝之不易爲己憂者農夫也(5・4)

④疾，速(1次)：見"深耕易耨"(1・5)注。

⑤去聲，容易(6次)：飢者易爲食(3・1)

⑥去聲，輕易(1次)：人之易其言也(7・22)

——另見"交易"。

易牙(3次)　人名，見"易牙先得我口之所耆者也"(13・7)注。

昔(2次)　**昔者**(24次)　從前：昔齊景公田(6・1)　昔者齊景公問於晏子曰(2・4)

朋友(3次)　非所以要譽於鄉黨朋友也(3・6)

服(25次)　①服裝，衣服(3次)：子服堯之服(12・2)

②穿着(2次)：子服桀之服(12・2)

③孝服(2次)：禮爲舊君有服(8・3)

④動詞，服孝(3次)：何如斯可爲服矣(8・3)

⑤動詞，歸服，使心服(14次)：以一服八(1・7)

⑥動詞，受也(1次)：故善戰者服上刑(7・14)

杯(1次)　今之爲仁者猶以一杯水救一車薪之火也(11・18)

東(16次)　河内凶則移其民於河東(1・3)

東山(1次)　山名，見"孔子登東山而小魯"(13・24)

東海(2次)　太公辟紂居東海之濱(7・13)

東郭氏(1次)　人名：明日出弔於東郭氏(4・2)

杵(1次)　舊日舂米的木棒：而何其血之流杵也(14・3)

枉(6次)　屈曲：枉尺而直尋宜若可爲也(6・1)

林(1次)　樹林：斧斤以時入山林(1・3)

果(7次)　①副詞，凡事和預料的相合使用"果"字，不相合的使用"不果"字(6

次）:君是以不果來也(2・16)

②侍也(1次),見"二女果"(14・6)注。

欣欣(2次)　高高興興的樣子:舉欣欣然有喜色而相告曰(2・1)

武(6次)　①威武(1次):我武惟揚(6・5)

②周武王(5次):不識王之不可以爲湯武(4・12)

武丁(3次)　人名:由湯至於武丁(3・1)

武王(10次)　周武王:武王恥之(2・3)

武成(1次)　尚書篇名,見"吾於武成取二三策而已矣"(14・3)注。

武城(1次)　地名:曾子居武城(8・31)

殀(1次)　短命而死:殀壽不貳(13・1)

氓(4次)　僑居之民,見"願受一廛而爲氓"(5・4)注。

沮(1次)　阻止:嬖人有臧倉者沮君(2・16)

河(9次)　①黄河(8次):河内凶則移其民於河東(1・3)

②普通名詞(1次):河海之於行潦(3・2)

油然(1次)　雲濃厚地起來的樣子:天油然作雲(1・6)

治(44次)　①及物動詞,平聲,此字作爲及物動詞,意義頗爲廣泛,和現代漢語"搞""弄"諸字相似,必須依其賓語(所"治"的對象)而作不同翻譯,如"治國家""治天下"可譯爲"治理"、"管理","治禮義"(1・7)、"治朕棲"(9・2)便不能這樣譯。(31次)

②不及物動詞,去聲,太平,搞得好(13次):四境之内不治(2・6)

——另見"平治"。

沼(3次)　池沼:王立於沼上(1・2)

況(2次)　況乎(1次)　況於(2次)　進層的轉接連詞:況辱己以正天下者乎(9・7)　況乎以不賢人之招招賢人乎(10・7)　況於爲之强戰(7・14)

——另見"而況"、"而況於"

泄(1次)　輕侮:武王不泄邇(8・20)

泄泄(2次)　言語很多的樣子:無然泄泄(7・1)

泄柳(2次)　人名,見"泄柳申詳無人乎繆公之側"(4・11)注。

法(8次)　①名詞，法度，法則(4次)：徒法不能以自行(7·1)

　　②動詞，模範，取法(3次)：則文王不足法與(3·1)

　　③依法收購(1次)，見"法而不廛"(3·5)注。

法守(1次)　長久保持的法則：下無法守也(7·1)

法家(1次)　有法度的大臣：入則無法家拂士(12·15)

泗(1次)　水名，見"決汝漢排淮泗而注之江"(5·4)注。

泚(3次)　流汗的樣子：其顙有泚(5·5)

泣(7次)　哭泣：哭泣之哀(5·2)

注(3次)　注入，灌注：禹疏九河瀹濟漯而注諸海(5·4)

沓沓(2次)　言則非先王之道者猶沓沓也(7·1)

炙(8次)　①燒肉(7次)：耆秦人之炙無以異於耆吾炙(11·4)

　　②薰陶，受教育(1次)：而況於親炙之者乎(14·15)

爭(2次)　爭地以戰(7·14)

牀(1次)　舜在牀琴(9·2)

版(1次)　木版：傅説舉於版築之間(12·15)

牧(5次)　①動詞，畜牧(1次)：今有受人之牛羊而爲之牧之者(4·4)

　　②名詞，管理者，統治者(1次)：今夫天下之人牧未有不嗜殺人者也(1·6)

　　③名詞，牧地(3次)：則必爲之求牧與芻矣(4·4)

牧皮(1次)　人名：如琴張曾皙牧皮者(14·37)

牧仲(1次)　人名：樂正裘牧仲(10·3)

牧宮(1次)　宮名：天誅造攻自牧宮(9·7)

物(22次)　①物件，萬物(20次)：物皆然(1·7)

　　②事情，事物(2次)：此物奚宜至哉(8·28)

狃(1次)　習慣：予不狃于不順(13·31)

狐狸(1次)　狐狸食之(5·5)

狗(4次)　雞豚狗彘之畜無失其時(1·3)

直(13次)　①"曲"之反(3次)：以爲方員平直(7·1)

　　②動詞，使之直(6次)：枉之直之(5·4)

③動詞，直言(1次)：不直則道不見(5・5)

④副詞，僅僅，但(3次)：直不百步耳(1・3)

知(112次)　①知道(109次)：王如知此(1・3)

②同"智"(3次)：知者無不知也(13・46)

社稷(6次)　國家：諸侯不仁不保社稷(7・3)

祀(5次)　祭祀：葛伯放而不祀(6・5)

——另見"祭祀"。

秉(2次)　掌握：民之秉彝(11・6)

空乏(1次)　窮困：空乏其身(12・15)

空虛(1次)　不信仁賢則國空虛(14・12)

罔(7次)　①陷害(5次)：是罔民也(1・7)

②同"網"，網羅(1次)：而罔市利(4・10)

③無也(1次)：凡民罔不譈(10・4)

肢(1次)　肢體：四肢之於安佚也(14・24)

肥(6次)　①多脂肪的(5次)：庖有肥肉(1・4)

②肥沃(1次)：則地有肥磽(11・7)

肩(2次)　脅肩諂笑病于夏畦(6・7)

育(2次)　①教育(1次)：尊賢育才(12・7)

②養育(1次)：五穀，熟而民人育(5・4)

——另見"教育"。

臥(2次)　睡覺：隱几而臥(4・11)

舍(26次)　①居住(1次)：出舍於郊(2・4)

②即今之"啥"字，什麼(1次)，見"舍皆取諸宮中而用之"(5・4)注。

③同"捨"，捨棄，拋出(23次)：舍之(1・7)　舍矢如破(6・1)

④孟施舍之名(1次)：舍豈能爲必勝哉(3・2)

舍館(2次)　住處：舍館未定(7・24)

芥(2次)　芥草：視天下悦而歸己猶草芥也(7・28)

芸(2次)　耕芸：芸者不變(6・5)又見"不耘苗者也"(3・2)注。

虎(4次)　驅虎豹犀象而遠之(6·9)

虎賁(1次)　勇士:虎賁三千人(14·4)

迎(7次)　迎接:簞食壺漿以迎王師(2·10)

近(10次)　齊滕之路不爲近矣(4·6)

采(1次)　同"採":有采薪之憂(4·2)

采色(1次)　同"彩色":抑爲采色不足視於目與(1·7)

金(6次)　①銅屬器物(5次):抽矢叩輪去其金(8·24)　金聲而玉振之
也(10·1)

②銅屬貨幣(1次):王餽兼金一百(4·3)

長(41次)　①"長短"之"長"(3次):今滕絕長補短將五十里也(5·1)

②長處,擅長(1次):敢問夫子惡乎長(3·2)

③多(1次):今交九尺四寸以長(12·2)

④上聲,年紀大(15次):爲長者折枝(1·7)　不挾長(10·3)

⑤上聲,年紀大的人(5次):在王所者長幼卑尊皆薛居州也(6·6)

⑥上聲,上級,長官(1次):斯民親其上死其長矣(2·12)

⑦上聲,生長(7次):勿助長也(3·2)

⑧上聲,使其生長(1次):長君之惡其罪小(12·7)

⑨上聲,恭敬,事以長者之禮(5次):長之者義乎(11·4)

⑩上聲,作爲統治者,爲其長上(1次):輔世長民莫如德(4·2)

⑪上聲,大,第一(1次):長子死焉(1·5)

長上(2次)　上級,統治者:出以事其長上(1·5)

長息(2次)　人名:長息問於公明高曰(9·1)

門(18次)　踰門而告文公曰(5·4)

門人(2次)　學生:門人治任將歸(5·4)

門戶(2次)　飢餓不能出門戶(12·14)

阿(1次)　阿諛:不至阿其所好(3·2)

附(3次)　①附屬(2次):惟臣附於大邑周(6·5)

②增加(1次),見"附之以韓魏之家"(13·11)注。

雨(8次)　①名詞(7次):沛然下雨(1·6)

②動詞,去聲(1次):雨我公田(5·3)

雨露(2次)　雨露之養(11·7)

非(145次)　①連繫性動詞,不是(119次):非我也(1·3)

②不對,不正確(14次):前日之不受是則今日之受非也(4·3)

③否定副詞,不(6次):非徒無益而又害之(3·2)

④及物動詞,詆毀(6次):人不得則非其上矣(2·4)

九　畫

亮(1次)　誠信,見"君子不亮惡乎執"(12·12)注。

侮(6次)　侮辱:或敢侮予(3·4)

侯(5次)　①古代爵位之一(3次):公侯皆方百里(10·2)

②語首詞,無義(2次):侯于周服(7·7)

侵(4次)　侵犯:狄人侵之(2·14)

便嬖(1次)　常在左右的伺候之人:便嬖不足使令於前與(1·7)

係累(1次)　綑綁,囚禁:係累其子弟(2·11)

俊傑(2次)　出色人才:俊傑在位(3·5)

俑(1次)　土木製成的偶像:始作俑者(1·4)

俗(3次)　風俗:其故家遺俗(3·1)

　　——另見"世俗"、"流俗"。

保(14次)　保護,安定,保持:保民而王(1·7)

俟(4次)　等待:君命召,不俟駕(4·2)

信(30次)　①名詞,道德觀念之一(8次):壯者以暇日修其孝悌忠信(1·5)

　　有諸己之謂信(14·25)

②不及物動詞,守信(3次):大人者言不必信(8·11)

③及物動詞,相信(13次):朝不信度(7·1)

④副詞,真,誠(4次):信能行此五者(3·5)

⑤同"伸"(2次):屈而不信(11·12)

冠(11次)　①帽子(6次):如以朝衣朝冠坐於塗炭(3・9)

②去聲,戴帽子(4次):許子冠乎(5・4)

③去聲,古代男子年至二十,行第一次戴帽禮(1次):丈夫之冠也父命之(6・2)

則(400次)　①名詞,法則(2次):有物有則(11・6)

②動詞,模倣,效法(1次):惟堯則之(5・4)

③副詞用如連繫性動詞,乃是,就是(14次):若夫成功則天也(2・14)

④承接連詞(383次)　㊀表文中之對待關係:誅之則不可勝誅;不誅則疾視其長上之死而不救(2・12)　㊁於初發現一事之已處於無可奈何之狀態時用之:其子趨而往視之,苗則槁矣(3・2)　㊂於是,就:河內凶則移其民於河東(1・3)

──另見"然則"。

前(7次)　①指方位(3次)　便嬖不足使令於前與(1・7)

②指時間(4次):而孟子之後喪踰前喪(2・16)　前以士後以大夫(2・16)

前日(6次)　過去:前日於齊,王餽兼金一百而不受(4・3)

削(4次)　①不及物動詞,削弱(3次):不甚則身危國削(7・2)

②及物動詞,削減(1次):再不朝則削其地(12・7)

勃然(2次)　突然:王勃然變乎色(10・9)

勇(15次)　勇敢:寡人好勇(2・3)

勉(1次)　勉勵,努力:子必勉之(5・3)

匍匐(2次)　爬行:赤子匍匐將入井(5・5)

南(9次)　南辱於楚(1・5)

南河(1次)　地名:舜避堯之子於南河之南(9・5)

南陽(1次)　地名,見"遂有南陽"(12・8)注。

卻(5次)　拒絕:卻之卻之爲不恭(10・4)

即(2次)　①動詞,就:即位而哭(5・2)

②副詞作連繫性動詞用,就是:即不忍其觳觫,若無罪而就死地(1・7)

厚(2次)　然而夷子葬其親厚(5・5)

叙(1次)　次序:長幼有叙(5・4)

咸(3次)　副詞,都:咸以正無缺(6・9)

咸丘蒙(2次)　人名:<u>咸丘蒙</u>問曰(9・4)

咻(1次)　喧鬧:衆楚人咻之(6・6)

咽(1次)　吞下:三咽然後耳有聞目有見(6・10)

哀(5次)　①悲哀,哀痛(4次):百官有司莫敢不哀(5・2)

　　②憐憫,同情(1次):哀此煢獨(2・5)

哇(1次)　嘔出:出而哇之(6・10)

哉(98次)　語氣詞,㊀表反詰:豈能獨樂哉(1・2)　㊁表疑問:是誠何心哉

　　(1・7)　㊂表感歎:大哉言矣(2・3)

　　——另見"乎哉"。

囿(6次)　畜養禽獸以供狩獵的圍場:<u>文王</u>之囿方七十里(2・2)

垣(1次)　圍牆:<u>段干木</u>踰垣而辟之(6・7)

垤澤(1次)　<u>宋國</u>城門之名:呼於<u>垤澤</u>之門(13・36)

契(1次)　音燮,人名,見"使<u>契</u>爲司徒"(5・4)注。

姜(1次)　姓:爰及<u>姜女</u>(2・5)

姣(2次)　美貌:天下莫不知其姣也(11・7)

威(2次)　①名詞,威武,威風:畏天之威(2・3)

　　②動詞,以威示人:威天下不以兵革之利(4・1)

威武(1次)　威武不能屈(6・2)

孩(1次)　兒童笑貌,見"孩提之童無不知愛其親者"(13・15)注。

客(1次)　客人:客不悦曰(4・11)

宣王(2次)　即<u>齊宣王</u>:<u>宣王</u>問曰(2・10)

室(15次)　①房屋(11次):爲巨室則必使工師求大木(2・9)

　　②户宅,家户(1次):萬室之國(12・10)

　　③妻室,家庭(2次):丈夫生而願爲之有室(6・3)

　　④王室,王家,天子之朝廷(1次):<u>周</u>室班爵禄也如之何(10・2)

　　——另見"巨室"。

封(7次)　封建社會給某人以土地人民與政權叫封:封之也(9・3)

封疆(1次)　疆域,國土:域民不以封疆之界(4・1)

屋(2次)　亟其乘屋(5・3)

屋廬子(5次)　人名,見"任人有問屋廬子曰"(12・1)注。

巷(1次)　里弄,胡同:居於陋巷(8・29)

帝(8次)　①皇帝,天子(1次):自耕稼陶漁以至爲帝,無非取於人者(3・8)

　　②專指帝堯(7次):帝使其子九男二女百官牛羊倉廩備,以事舜於畎畝之中

　　(9・1)

　　——另見"上帝"。

帥(3次)　①名詞,元帥,統帥(1次):夫志,氣之帥也(3・2)

　　②動詞,率領(2次):堯帥諸侯北面而朝之(9・4)

幽(2次)　古代天子的惡謚,如周幽王:名之曰幽厲(7・2)

幽州(1次)　地名,見"舜流共工于幽州"(9・3)注。

幽谷(2次)　黑暗的山谷:吾聞出於幽谷遷于喬木者(5・4)

庠(5次)　古代由地方興辦的學校:謹庠序之教(1・3)

度(5次)　①名詞,法度(2次):一遊一豫,爲諸侯度(2・4)

　　②尺碼(1次),見"工不信度"(7・1)注。

　　③舊讀入聲,度量,忖度(2次):度然後知長短(1・7)

　　——另見"忖度"。

弈(4次)　下棋:博弈好飲酒(8・30)

弈秋(3次)　人名:弈秋,通國之善弈者也(11・9)

待(18次)　①等待(13次):雖有鎡基,不如待時(3・1)

　　②對待(4次):何以待之(2・11)

　　③培養,見"以待後之學者"(6・4)注。

很(1次)　即今之"狠"字:好勇鬪很以危父母(8・30)

後(29次)　①名詞,後代,後人,子孫(3次):其無後乎(1・4)

　　②方位詞(2次):後車數十乘(6・4)

　　③時間詞(16次):無後災(1・7)　後必有災(1・7)

④動詞,放在後(7 次):苟爲後利而先利(1・18)

⑤動詞,在以後(1 次):世之相後也千有餘歲(8・1)

——另見"而後"、"然後"。

怒(10 次)　王赫斯怒(2・3)

思(27 次)　①思考,想(25 次):思以一毫挫於人,若撻之於市朝(3・2)

②語詞,無義(2 次),見"無思不服"(3・3)注。

怠(1 次)　懈怠:及是時般樂怠敖(3・4)

急(8 次)　①急迫,緊要(5 次):三月無君則弔,不以急乎(6・3)

②動詞,以爲急迫,緊要(3 次):急先務也(13・46)

怨(25 次)　怨恨:搆怨於諸侯(1・7)　内無怨女(2・5)　南面而征北狄怨(2・11)

恒(14 次)　恒常,經常:無恒産而有恒心者(1・7)

恔(1 次)　快也,見"於人心獨無恔乎"(4・7)注。

拜(6 次)　①作揖(4 次):禹聞善言則拜(3・8)

②拜訪,拜謝(2 次):則往拜其門(6・7)

拯(1 次)　拯救:民以爲將拯己於水火之中也(2・11)

拱(1 次)　兩手合圍爲拱,拱把之桐梓(11・13)

持(3 次)　①保持(2 次):持其志無暴其氣(3・2)

②手拿着:子之持戟之士一日而三失伍(4・4)

——另見"扶持"。

指(6 次)　①手指(4 次):今有無名之指(11・12)

②大指,指要(1 次):願聞其指(12・4)

③指意,意義(1 次):言近而指遠者善言也(14・32)

挍(1 次)　比較:貢者挍數歲之中以爲常(5・3)

故(100 次)　①名詞,事故(1 次):兄弟無故(13・20)

②名詞,故舊(1 次):挾故而問(11・43)

③形容詞,老,舊(2 次):所謂故國者(2・7)

④名詞,道理,原因,所以然(9 次):而夷子二本故也(5・5)　苟求其

故(8・26)

⑤連詞,所以(87 次):故能樂也(1・2)

——另見"大故"、"是故"。

施(12 次)　①施行(9 次):王如施仁政於民(1・5)

②恩惠(1 次):守約而施博者善道也(14・32)

③去聲,延及也(1 次):見"施於四體"(11・21)注。

④去聲,邪也(1 次):見"施從良人之所之"(8・33)注。

施施(1 次)　喜悦貌:施施從外來(8・33)

星辰(1 次)　星辰之遠也(8・26)

春(2 次)　春季:春省耕而補不足(2・4)

春秋(8 次)　①魯國史書之名(1 次):魯之春秋(8・21)

②孔子所作史書之名(7 次):作春秋(6・9)

昭昭(3 次)　明白:賢者以其昭昭使人昭昭(14・20)

是(209 次)　①代詞,此,這(86 次):是亦走也(1・3)

②形容詞,此,這(26 次):是心足以王矣(1・7)

③連繫性動詞(84 次):王之不王是折枝之類也(1・7)　蓋徵招角招是
也(2・4)

④對,正確(9 次):自以爲是(14・37)

⑤小品詞,置於倒裝句賓語與動詞之間(4 次):戎狄是膺(5・4)

——另見"於是"。

是以(12 次)　所以:是以後世無傳焉(1・7)

是故(15 次)　所以:是故湯事葛(2・3)

曷(1 次)　何時也:天下曷敢有越厥志(2・3)

柝(2 次)　古代巡夜之人所用以敲打的木頭:抱關擊柝(10・5)

柳下惠(9 次)　人名,見"柳下惠不羞汙君"(3・9)注。

殃(4 次)　①名詞,禍害,災難(2 次):不取必有天殃(2・10)

②動詞,禍害(2 次):不教民而用之謂之殃民(12・8)

約(5 次)　①簡單(4 次):然而孟施舍守約也(3・2)

②動詞,邀約(1次):我能爲君約與國(12・9)

罟(1次)　魚網:數罟不入洿池(1・3)

美(17次)　①美好,美麗(16次):見羽旄之美(2・1)

②孟子所用術語(1次):充實之謂美(14・25)

羿(7次)　人名,見"逢蒙學射於羿"(8・24)注。

者(626次)　①小品詞(543次):弑其君者必百乘之家(1・1)　昔者齊景公問
於晏子曰(2・4)

②語氣詞,表提示(82次):巡守者巡所守也(2・4)

③語氣詞,無義:僅表停頓(1次):見"則人之所以求富貴利達者,其妻妾不
羞也,而不相泣者幾希矣"(8・33)注。

背(2次)　養其一指而失其肩背而不知也(11・14)

胡齕(1次)　人名:臣聞之胡齕曰(1・7)

胥(4次)　①動詞,視,察看(1次):聿來胥宇(2・5)

②副詞,相(1次):睊睊胥讒(2・4)

③盡也(2次):載胥及溺(7・9)　帝將胥天下而遷之焉(9・1)

致(9次)　①送還(2次):致爲臣而去(4・5)

②招來,得到(2次):千歲之日至,可坐而致也(8・26)

③極也(5次):不專心致志則不得也(11・9)

苗(10次)　禾苗:王知夫苗乎(1・6)

苙(1次)　飼養牲畜之欄:既入其苙(14・26)

苟(22次)　①副詞,苟且(2次):故不爲苟得也(11・10)

②連詞,假如(20次):苟爲後義而先利,不奪不饜(1・1)

若(96次)　①像,似,如(67次):若寡人者可以保民乎哉(1・7)

②同,一致(4次):則賈相若(5・4)

③及也,多用于否定句或反詰句(14次):不若與衆(2・1)　吾豈若使是君
爲堯舜之君哉(9・7)

④順也(1次):瞽瞍亦允若(9・4)

⑤代詞,如此(4次):以若所爲,求若所欲(1・7)

⑥連詞,假若,如果(4次):王若隱其無罪而就死地(1・7)

⑦他轉連詞,至于(2次):若民則無恒產因無恒心(1・7)

——另見"乃若"、"辟若"。

若夫(5次)　他轉連詞,與"若"的⑦的用法同,至于:若夫成功則天也(2・14)

苦(2次)　①形容詞:樂歲終身苦(1・7)

②動詞:必先苦其心志(12・15)

英才(1次)　得天下英才而教育之(13・20)

茁壯(1次)　壯實:牛羊茁壯長而已矣(10・5)

范(1次)　地名:孟子自范之齊(11・36)

茅(3次)　①茅草(2次):爲間不用則茅塞之矣(14・21)

②取茅草(1次):晝爾于茅(5・3)

虐(4次)　①及物動詞(2次):方命虐民(2・4)

②形容詞(2次):民之憔悴於虐政,未有甚於此時者也(3・1)

要(8次)　①平聲,干求(5次):非所以要譽於鄉黨朋友也(3・6)

②平聲,攔截(3次):使數人要於路曰(4・2)

負(5次)　背負:頒白者不負戴於道路矣(1・3)

負夏(1次)　地名:遷於負夏(8・1)

負芻(1次)　人名,見"昔沈猶有負芻之禍"(8・31)注。

赴(1次)　奔往:天下之欲疾其君者皆欲赴愬於王(1・7)

軌(1次)　車轍:城門之軌(14・22)

迨(1次)　及也:迨天之未陰雨(3・4)

迫(1次)　逼迫,迫近:迫斯可以見矣(6・7)

迭(1次)　更代,更番,交遞:迭爲賓主(10・3)

述(1次)　叙述,報告:述職者述所職也(2・4)

述職(3次)　諸侯朝於天子曰述職(2・4)

郊(3次)　①郊野(2次):臣聞郊關之內有囿方四十里(2・2)

殄(1次)　絕滅:肆不殄厥愠(14・19)

殆(5次)　①危險(1次):天下殆哉岌岌乎(9・4)

②形容詞，近也(1次)：殆於不可(8・31)

③副詞，表示不肯定(3次)：殆有甚焉(1・7)

段干木(1次)　人名，見"段干木踰垣而辟之"(6・7)注。

泉(2次)　水源：泉之始達(3・6)

——另見"黃泉"、"源泉"。

洋洋(1次)　舒緩搖尾之貌：少則洋洋焉(9・2)

洒(1次)　洗刷，雪恥：願比死者一洒之(1・5)

洚(4次)　洪，大：洚水者洪水也(6・9)

洧(1次)　水名：以其乘輿濟人於溱洧(8・2)

洪(4次)　大：洪水橫流(5・4)

活(2次)　同"逭"，逃也，見"自作孽不可活"(3・4)注。

——另見"生活"。

洽(1次)　遍，周：猶未洽於天下(3・1)

洿(1次)　大：數罟不入洿池(1・3)

流(15次)　①水行曰流(8次)：飲食若流(2・4)

②漂流(1次)：而何其血之流杵也(14・3)

③放逐(1次)：舜流共工于幽州(9・3)

④樂而忘返(3次)：從流下而忘反謂之流(2・4)

⑤流傳的(2次)：流風善政猶有存者(3・1)

流行(1次)　德之流行速於置郵而傳命(3・1)

流歠(1次)　飲食時大口喝湯；放飯流歠(13・46)

炭(2次)　如以朝衣朝冠坐於塗炭(3・9)

爰(4次)　語首詞，無義：爰整其旅(2・3)

牲(2次)　牛羊之類的牲畜：百里奚自鬻於秦養牲者(9・9)

牲殺(1次)　畜牧和田獵得來的犧牲：牲殺器皿衣服不備(6・3)

甚(26次)　很，更厲害：心爲甚(1・7)　吾甚恐(2・14)

界(1次)　界限：域民不以封疆之界(4・1)

——另見"經界"。

畎畝(5次)　田地:以事舜於畎畝之中(9・1)

畏(15次)　懼怕:就之而不見所畏焉(1・6)

疢疾(1次)　猶言"災患":恒存乎疢疾(13・18)

皆(98次)　副詞,都:則天下之民皆引領而望之矣(1・6)

皇皇(1次)　不安貌:孔子三月無君則皇皇如也(6・3)

盆成括(3次)　人名:盆成括仕於齊(14・29)

盈(7次)　滿:則必取盈焉(5・3)

相(57次)　①去聲,名詞,卿相(3次):夫子加齊之卿相(3・2)

　②去聲,動詞,輔相(8次):周公相武王(6・9)

　③副詞,交相,互相(44次):獸相食且人惡之(1・4)

　④副詞,與"相與"同,共同(2次):與其妾訕其良人而相泣於中庭(8・33)

　——另見"輔相"。

相與(1次)　共同:相與輔相之(3・1)

盻盻(1次)　勤苦而不休息的樣子:使民盻盻然(5・3)

省(5次)　①減免(1次):省刑罰(1・5)

　②省察(4次):春省耕而補不足(2・4)

眊(1次)　不明白:則眸子眊焉(7・15)

矜式(1次)　取法:使諸大夫國人皆有所矜式(4・10)

祗(1次)　敬也:祗載見瞽瞍(9・4)

禹(30次)　人名,見"禹聞善言則拜"(3・8)注。

秋(3次)　秋季:秋省斂而助不給(2・4)

秋毫(1次)　極細微之物,見"明足以察秋毫之末"(1・7)注。

科(3次)　①空穴(2次):盈科而後進(8・18)

　②科目,課程(1次):夫子之設科也(14・30)

穿(2次)　打牆洞:人能充無穿踰之心(14・31)

紂(14次)　人名:武王伐紂(2・8)

　②動詞,在郊野:以其郊於大國也(11・8)

重(18次)　權然後知輕重(1・7)

陋(1次)　不好的:居於陋巷(8·29)

降(1次)　降生,下降:天降下民(2·3)

面(16次)　①臉面(4次):悻悻然見於其面(4·12)

　　②當面(2次):則讒諂面諛之人至矣(12·13)

　　③朝向(10次):東面而征西夷怨(2·11)

革(2次)　用皮革製成的甲冑:兵革非不堅利也(4·1)

革車(1次)　兵車:革車三百兩(14.4)

音(4次)　聲音:管籥之音(2·1)

　　——另見"八音"、"五音"、"聲音"。

風(8次)　①名詞(2次):君子之德,風也(5·2)

　　②動詞,吹風,受風(1次):有寒疾不可以風(4·2)

　　③風俗(1次):流風善政(3·1)

　　④風操(4次):故聞伯夷之風者(10·1)

飛(1次)　鳳凰之於飛鳥(3·2)

飛廉(1次)　人名:驅飛廉於海隅而戮之(6·9)

食(106次)　①吃食(76次):穀不可勝食也(1·3)

　　②去聲,食物(15次):簞食壺漿以迎王師(2·10)

　　③去聲,給以食物,餵養(14次):且子食志乎(6·4)

　　④同"蝕":其過也如日月之食(4·9)

首(3次)　腦袋:舉疾首蹙頞而相告曰(2·1)

　　——另見"稽首"。

十　　畫

亳(4次)　地名,見"湯居亳與葛爲鄰"(6·5)注。

俯(3次)　低頭,下:俯足以畜妻子(1·7)

俱(2次)　共,偕:雖與之俱學(11·9)

倉(2次)　①糧倉:故居者有積倉(2·5)

　　②動詞,入于倉庫:乃積乃倉(2·5)

倉廩(5次)　糧庫:而君之倉廩實(2·12)

倍(16次)　①加一倍(14次):今又倍地而不行仁政(2·11)

②同"背",違背,背叛(2次):師死而遂倍之(5·4)

倒(1次)　"順"之反:民之悅之猶解倒懸也(3·1)

倦(3次)　厭倦,疲倦:我學不厭而教不倦也(3·2)

倪(1次)　幼兒:反其旄倪(2·11)

倫(3次)　倫常,古代封建社會人與人間的必然關係:人之大倫也(4·2)

——另見"人倫"。

兼(9次)　①同時并有,並(8次):孔子兼之(3·2)

②吞滅(1次):周公兼夷狄驅猛獸而百姓寧(6·9)

兼金(1次)　美金:王餽兼金一百(4·3)

兼愛(2次)　墨子重要學說之一,于人一視同仁而無不愛:墨氏兼愛是無父也(6·9)

冢宰(1次)　古代官名,大約相當後代的首相:聽於冢宰(5·2)

凍(4次)　寒冷而無衣:父母凍餓(1·5)

剛(1次)　堅強:其爲氣也至大至剛(3·2)

乘(28次)　①乘坐的(2次):今乘輿已駕矣(2·16)

②動詞,趁(1次):雖有智慧不如乘勢(3·1)

③動詞,治理,修整(1次):亟其乘屋(5·3)

④去聲,馬(1次):晉人以垂棘之璧與屈產之乘假道於虞以伐虢(9·9)

⑤去聲,量詞,用以計算車輛(18次):萬乘之國(1·1)

⑥去聲,動詞,駕車(3次):昔者趙簡子使王良與嬖奚乘(6·1)

⑦去聲,數詞,四(1次):發乘矢而後反(8·24)

⑧去聲,晉國史書之名(1次):晉之乘(8·21)

乘田(1次)　主畜牧的小吏:嘗爲乘田矣(10·5)

原(3次)　①"源"本字,泉源(1次):則取之左右逢其原(8·14)

②去聲,同"愿",謹慎小心(2次):一鄉皆稱原人焉(14·37)

——另見"鄉原"。

叟(2次)　梁惠王用以稱孟子:叟之所知也(1·5)

員(3次)　同"圓":不以規矩不能成方圓(7·1)

哭(5次)　即位而哭(5·2)

哿(1次)　可也:哿矣富人(2·5)

唐(1次)　朝代名:唐虞禪(9·6)

城(8次)　築斯城也(2·13)

夏(8次)　①夏季(2次):病于夏畦(6·7)

　　②當時中原諸國自稱爲夏(1次):吾聞用夏變夷者(5·4)

　　③朝代名(5次):夏諺曰(2·4)

夏后(3次)　夏后氏(1次)　夏后殷周之盛,地未有過千里者也(3·1)　夏后
　　氏五十而貢(5·3)

奚(23次)　何也:奚暇治禮義哉(1·7)

孫(1次)　雖孝子慈孫,百世不能改也(7·2)

　　——另見"子孫"。

孫子(1次)　即"子孫":商之孫子(7·7)

孫叔敖(1次)　人名,見"孫叔敖舉於海"(12·15)注。

宮(3次)　宮室(5次)　房屋:舍皆取諸宮中而用之(5·4)　壞宮室以爲汙池
　　(6·9)

宮之奇(1次)　人名:宮之奇諫(9·9)

宰(1次)　總管:求也爲季氏宰(7·14)

　　——另見"冢宰"。

宰我(3次)　人名:宰我子貢善爲説辭(3·2)

害(24次)　①禍害(23次):君子不以其所以養人者害人(2·15)

　　②同"曷",何時(1次):時日曷喪(1·2)

宴(1次)　宴會:則不敢以宴(6·3)

宵(1次)　夜晚:宵爾索綯(5·3)

家(24次)　①家庭(10次):數口之家可以無饑矣(1·3)

　　②大夫曰家(13次):大夫曰,何以利吾家(1·1)

③夫家,丈夫(1次):女子生而願爲之有家(6・3)

容(5次)　①容顔(3次):其容有蹙(9・4)

②容納(2次):罪不容於死(7・14)

容光(1次)　小隙:容光必照焉(13・24)

射(16次)　①射箭(14次):仁者如射(5・7)

②射箭的人(1次):羿不爲拙射變其彀率(13・41)

③陳列(1次):序者射也(5・3)

屑(5次)　助動詞,多與"不"字合用,"不屑"表示以爲羞恥而不願之意:不受也者是亦不屑就已(3・9)

差(1次)　差等(1次)　等級的差別:庶人在官者其禄以是爲差(10・2)　之則以爲愛無差等(5・5)

師(20次)　①先生,老師(11次):作之師(2・3)

②以爲老師,學習(4次):今也小國師大國而恥受命焉(7・7)

③軍旅(5次):師行而糧食(2・4)

——另見"工師"、"六師"、"先師"。

席(1次)　皆衣褐捆屨織席以爲食(5・4)

庭(1次)　庭院:與其妾訕其良人而相泣於中庭(8・33)

弱(4次)　弱者:弱固不可以敵強(1・7)

徐(2次)　徐徐(1次)　慢慢地:徐行後長者謂之弟(12・2)　子謂之姑徐徐云爾(13・39)

徐子(4次)　徐辟(1次)　人名:徐子以告夷子(5・5)　墨者夷之因徐辟而求見孟子(5・5)

徑(1次)　小路:山徑之蹊間介然(14・21)

徒(15次)　①名詞,門徒,黨徒(8次):仲尼之徒無道桓文之事者(1・7)

②形容詞,空,僅僅(2次):徒善不足以爲政(7・1)

③副詞,但,僅僅(5次):非徒無益而又害之(3・2)

徒杠(1次)　渡人之橋:歲十一月徒杠成(8・2)

恐(14次)　恐怕:此惟救死而恐不贍(1・7)

恕(1次)　恕道,"己所不欲勿施于人"之道:强恕而行,求仁莫近焉(13·4)

恝(1次)　忽略,不在乎,見"夫公明高以孝子之心爲不若是恝"(9·1)注。

恥(17次)　①恥辱(7次):立乎人之本朝而道不行,恥也(10·5)

　　　　②及物動詞,以爲恥辱(10次):寡人恥之(1·5)

恩(7次)　恩惠:今恩足以及禽獸(1·7)

恭(11次)　恭敬(4次)　柳下惠不恭(3·9)　恭敬之心,人皆有之(11·6)

息(5次)　①休息(1次):勞者弗息(2·4)

　　　　②熄滅(2次):楊墨之道不息(6·9)

　　　　③生長(2次):是其日夜之所息(11·8)

悄悄(1次)　憂愁貌:憂心悄悄(14·19)

悦(53次)　高興,滿意,喜悦,使其喜悦:取之而燕民悦(2·10)　民之悦之猶
　　　解倒懸也(3·1)　悦親有道(7·12)

悌(7次)　恭敬兄長曰悌:申之以孝悌之義(1·3)

悔(1次)　太甲悔過(9·6)

挫(1次)　挫折:思以一豪挫於人,若撻之於市朝(3·2)

振(3次)　①振興(1次):又從而振德之(5·4)

　　　　②收也(2次):金聲而玉振之也(10·1)

挾(11次)　①夾在胳臂底下(2次):挾太山以超北海(1·7)

　　　　②仗恃,挾持(9次):不挾長(10·3)

捆(1次)　"打草鞋""打毛衣"的"打",織也:皆衣褐捆屨織席以爲食(5·4)

捐(1次)　捐棄,抽去:捐階(9·2)

效(2次)　獻,致:效死而民弗去(2·13)

旃(1次)　有鈴之旗:士以旃(10·7)

旐(1次)　曲柄旗:庶人以旐(10·7)

旄(1次)　去聲,同"耄",老人:反其旄倪(2·11)

　　——另見"羽旄"。

旅(3次)　①軍旅(1次):爰整其旅(2·3)

　　　　②旅客(2次):則天下之旅皆悦,而願出於其路矣(3·5)

——另見"行旅"。

時(42次)　①名詞,時間,時候,時世(24次):當是時也(2·5)

②名詞,一定的時候,適當的時候(12次):不違農時(1·3)　食之以時(13·23)

③形容詞,合時宜的(4次):若時雨降(2·11)　孔子聖之時者也(10·1)

④副詞,當時(1次):時舉於秦(9·9)

⑤代詞,這,此(1次):時日曷喪(1·2)

——另見"于時"、"有時乎"。

時子(4次)　人名:他日王謂時子曰(4·10)

晉(6次)　國名　①春秋時晉國:晉楚之富,不可及也(4·2)

②戰國時魏國亦稱晉國,見"晉國,天下莫强焉"(1·5)注。

晉文(2次)　春秋時晉國之君:齊桓晉文之事可得聞與(1·7)

晉平公(1次)　春秋時晉國之君:晉平公於亥唐也(10·3)

晏子(6次)　春秋時齊相晏嬰:昔者齊景公問於晏子曰(2·4)

書(14次)　①書籍,著作(1次):讀其書(10·8)

②盟約(1次):諸侯束牲載書而不歃血(12·7)

③尚書(12次):盡信書不如無書(14·3)

朕(5次)　我,我的:干戈朕(9·2)

栗(1次)　戰栗恐懼:蘗蘗齊栗(9·4)

校(3次)　古代初級或中級而設立在地方的學校:夏曰校(5·3)

校人(3次)　主池塘畜魚之吏:子產使校人畜之池(9·2)

根(1次)　動詞,立根基:仁義禮智根於心(13·21)

格(1次)　動詞,糾正,匡正:惟大人爲能格君心之非(7·21)

桀(13次)　夏朝亡國之君:湯放桀(2·8)

桃應(1次)　人名:桃應問曰(13·35)

桎梏(1次)　腳鐐手銬,此處引申爲被刑戮之義:桎梏死者非正命也(13·2)

桐(5次)　①桐樹(2次):拱把之桐梓(11·13)

②地名(3次):伊尹放之於桐(9·6)

桑(4次)　桑樹:五畝之宅樹之以桑(1・3)

桓(1次)　桓公(3次)　齊桓公:仲尼之徒無道桓文之事者(1・7)　桓公之於
管仲(4・2)

桓司馬(1次)　人名,即宋國之桓魋:遭宋桓司馬將要而殺之(9・8)

殉(4次)　爲之死:以道殉身(13・42)

殊(2次)　不同:非天之降才爾殊也(11・7)

殷(15次)　即商代:天下歸殷久矣(3・1)

氣(18次)　體氣,精神,神態:孟施舍之守氣又不如曾子之守約也(3・2)
　　——另見"夜氣"。

泰(3次)　侈泰,過甚:不以泰乎(6・4)

泰誓(1次)　尚書篇名:泰誓曰(9・5)

浚(1次)　疏浚:使浚井(9・2)

浡然(2次)　植物生長很快的樣子:則苗浡然興之矣(1・6)

浩生不害(1次)　人名:浩生不害問曰(14・25)

浩然(1次)　無所留戀貌:予然後浩然有歸志(4・12)

浩然之氣(2次)　我善養吾浩然之氣(3・2)

浴(1次)　洗澡,浴身:齋戒沐浴則可以祀上帝(8・25)

海(9次)　海內之地方千里者九(1・7)

浣(3次)　弄髒:若將浣焉(3・9)

消(2次)　消除,消滅:鳥獸之害人者消(6・9)

涉(1次)　渡河:民未病涉也(8・2)

涕(2次)　涕淚:涕出而女於吳(7・7)

烈(3次)　①動詞,放火:益烈山澤而焚之(5・4)
　　②形容詞,甚,厲害:於今爲烈(10・4)
　　③功烈,功績:丕承哉武王烈(6・9)

烏獲(2次)　人名,見"然則舉烏獲之任是亦爲烏獲而已矣"(12・2)注。

狷(2次)　①狷介:狷者有所不爲也(14・37)
　　②狷介的人:必也狂狷乎(14・37)

狼(1次)　是豺狼也(7・17)

狼戾(1次)　猶"狼藉",縱橫貌:樂歲粒米狼戾(5・3)

狼疾(1次)　頭腦糊塗之意:則爲狼疾人也(11・14)

茲(4次)　①代詞,這(1次):士則茲不悦(4・12)

　　②形容詞,這(2次):惟茲臣庶(9・2)

　　③名詞,年,載(1次):今茲未能(6・8)

珠(2次)　珍珠:事之以珠玉(2・15)

班(2次)　①等級相同:若是班乎(3・2)

　　②制定等級:周室班爵禄也如之何(10・2)

畔(6次)　反叛,背叛:寡助之至親戚畔之(4・1)

留(2次)　有欲爲王留行者(4・11)

畜(11次)　①名詞,畜牲,牲口(2次):鷄豚狗彘之畜無失其時(1・3)

　　②動詞,畜養(7次):俯足以畜妻子(1・7)

　　③動詞,喜愛(2次):畜君者好君也(2・4)

畝(14次)　計算田地面積的量詞:五畝之宅(1・3)

疾(14次)　①名詞或者不及物動詞,疾病,病痛(7次):不幸而有疾(4・2)

　　昔者疾(4・2)

　　②名詞,上義的引申,不好的習慣,性情,毛病(3次):寡人有疾,寡人好

　　色(2・5)

　　③及物動詞,痛恨(2次):天下之欲疾其君者皆欲赴愬於王(1・7)

　　④副詞,快速(1次):疾行先長者謂之不弟(12・2)

　　⑤副詞,强狠地(1次):夫撫劍疾視曰(2・3)

　　——另見"疢疾"、"狼疾"。

疾病(3次)　名詞:吾王庶幾無疾病與(2・1)

疾痛(1次)　非疾痛害事也(11・12)

疾首(2次)　腦袋痛:舉疾首蹙頞而相告曰(2・1)

病(10次)　①名詞,病痛(4次):昔者辭以病(4・2)

　　②不及物動詞,患病(1次):今吾尚病(5・5)

③不及物動詞,疲倦(1次):今日病矣(3•2)

④形容詞,苦(1次):脅肩諂笑病于夏畦(6•7)

⑤上義,動詞的意動用法,以爲苦(1次):民未病涉也(8•2)

⑥及物動詞,毛病在于(2次):人病不求耳(12•2)

益(19次)　①名詞,益處(5次):以爲無益而舍之者,不耘苗者也(3•2)

②動詞,增加(2次):又稱貸而益之(5•3)

③副詞,更加(2次):如水益深(2•10)

④人名(10次):舜使益掌火(5•4)

盍(9次)　何不:則盍反其本矣(1•7)

盎(1次)　顯現:盎於背(13•21)

破(1次)　打破:舍矢如破(6•1)

祜(1次)　福:以篤周祜(2•3)

神(3次)　①名詞,天神(1次):使之主祭而百神享之(9•5)

②神妙(2次):聖而不可知之之謂神(14•25)

神農(1次)　傳説中的太古帝王名:有爲神農之言者許行(5•4)

秦(16次)　國名:西喪地於秦七百里(1•5)

秦穆公(3次)　春秋時秦國之君:以要秦穆公(9•9)

笑(7次)　以五十步笑百步則何如(1•7)　王笑曰(1•7)

納(2次)　①收納,允其進入(1次):泄柳閉門而不納(6•7)

②邀納(1次):天子使吏治其國而納其貢税焉(9•3)

紛紛(1次)　一次一次地:何爲紛紛然與百工交易(5•4)

素(3次)　①名詞,白色絲綢(1次):冠素(5•4)

②副詞,白白地(2次):不素餐兮(13•32)

索(1次)　動詞,絞索:宵爾索綯(5•3)

缺(1次)　缺點:咸以正無缺(6•9)

翅(2次)　僅,但,止:奚翅食重(12•1)

耆(7次)　同"嗜",嗜好:耆秦人之炙無以異於耆吾炙(11•4)

耆老(1次)　老年人:乃屬其耆老而告之曰(2•15)

耕(28次)　耕田:深耕易耨(1・5)

耕稼(1次)　種莊稼:自耕稼陶漁以至爲帝(3・8)

耘(1次)　亦作"芸",本義是鋤除田中雜草,引伸則有耕種之義,見"以爲無益
而舍之者,不耘苗者也"(3・2)注。

胷(2次)　心胸:胷中正則眸子瞭焉(7・15)

能(133次)　①助動詞(131次):故能樂也(1・2)

②有能力的(1次),能者在職(3・4)

③名詞,能人(1次),尊賢使能(3・5)

脅(1次)　聳也:脅肩諂笑,病于夏畦(6・7)

臭(1次)　氣味:鼻之於臭也(14・24)

般樂(2次)　快樂:及是時般樂怠敖(3・4)

芻(4次)　①芻草,飼料(2次):則必爲之求牧與芻矣(4・4)

②割草(1次):芻蕘者往焉(2・2)

③吃草之獸,如牛羊(1次):猶芻豢之悦我口(11・7)

茹(1次)　吃食:舜之飯糗茹草也(14・6)

荆(2次)　楚國:荆舒是懲(5・4)

草(3次)　草木(1次)　草芥(1次)　草莽(1次)　草萊(1次):小人之德,草也
(5・2)　草木暢茂(5・4)　視天下悦己,猶草芥也(7・28)　在野曰草莽之臣
(10・7)　辟草萊任土地者次之(7・14)

荑(1次)　稊米:不如荑稗(11・19)

荒(3次)　從獸無厭謂之荒(2・4)

荒蕪(1次)　土地荒蕪(12・7)

蚋(1次)　蚊類昆蟲,見"蠅蚋姑嘬之"(5・5)注。

蚓(3次)　蚯蚓:充仲子之操,則蚓而後可者也(6・10)

蚤(1次)　同"早":蚤起(8・33)

衰(5次)　衰弱,衰微:聖人之道衰(6・9)

訓(1次)　教訓,訓導:以聽伊尹之訓己也(9・6)

討(3次)　古代天子對不義者的征伐:是故天子討而不伐(12・7)

訑訑(2次)　自己滿足自己而不虛心的樣子:則人將曰訑訑(12‧13)

訕(1次)　訕罵,咒罵:與其妾訕其良人(8‧33)

託(4次)　寄託:王之臣有託其妻子於其友而之楚遊者(2‧6)

豈(50次)　表反詰的副詞,難道:豈能獨樂哉(1‧2)

豹(1次)　驅虎豹犀象而遠之(6‧9)

豺(1次)　是豺狼也(7‧17)

財(7次)　①財貨,錢財(6次):我非愛其財而易之以羊也(1‧7)

②同“材”(1次):有達財者(13‧40)

——另見“貨財”。

財用(1次)　用度:無政事則財用不足(14‧12)

貢(3次)　動詞,在下的向上級繳納賦稅,或國家向人民徵收賦稅:夏后氏五十而貢(5‧3)

貢稅(1次)　名詞:天子使吏治其國而納其貢稅焉(9‧3)

起(7次)　①起牀(3次):蚤起(8‧33)

②興起(4次):然而文王猶方百里起(3‧1)

——另見“興起”。

軔(1次)　同“仞”,七尺:掘井九軔而不及泉(13‧29)

辱(4次)　恥辱,受恥辱,侮辱:南辱於楚(1‧5)

——另見“憂辱”。

迹(1次)　遒人採詩,見“王者之迹熄而詩亡”(8‧21)注。

追(6次)　①追趕(5次),夫出晝而王不予追也(4‧12)

②鐘紐(1次),見“以追蠡”(14‧22)注。

退(11次)　①後退,退回(6次):退而有去志(4‧14)

②由上義引伸爲退職,不做官(5次):亂則退(3‧2)

送(2次)　往送之門(6‧2)

逃(4次)　不目逃(3‧2)

逃匿(1次)　禽獸逃匿(5‧4)

逆(4次)　①“順”之反(3次):水逆行(6‧9)

②揣測(1次):以意逆志(9·4)

——另見"橫逆"。

酌(2次)　斟酒:酌則誰先(11·5)

配(3次)　配合:其爲氣也配義與道(3·2)

酒(11次)　樂酒無厭謂之亡(2·4)

釜(1次)　金屬炊爨之器,相當今日的鍋:許子以釜甑爨,以鐵耕乎(5·4)

馬(14次)　廄有肥馬(1·4)

骨(1次)　勞其筋骨(12·15)

高(9次)　城非不高也(4·1)

高子(3次)　人名:高子以告(4·12)

高子(1次)　高叟(2次)　人名:高子曰:固矣哉高叟之爲詩也(12·3)

高唐(1次)　地名:緜駒處於高唐而齊右善歌(12·6)

十一畫

乾(1次)　"濕"之反:然而旱乾水溢(14·14)

偃(1次)　偃伏,倒,草上之風必偃(5·2)

假(5次)　假借:以力假仁者霸(3·2)

偕(4次)　偕同:予及汝偕亡(1·2)

偪(1次)　逼迫:禽獸偪人(5·4)

側(4次)　旁邊:雖袒裼裸裎於我側(3·9)

冕(1次)　禮帽:不稅冕而行(12·6)

動(15次)　如此則動心否乎(3·2)　是動天下之兵也(2·11)

務(5次)　①名詞,應該專心致力的工作(3次):急先務也(13·46)

②副詞,專心致力地,努力地(2次):務引其君以當道(12·8)

商(3次)　①商人,行商(2次):則天下之商皆悦而願藏於其市矣(3·5)

②朝代名,即殷代(1次):商之孫子(7·7)

問(104次)　①發問(102次):卒然問曰(1·6)　善哉問也(2·4)

②存問(1次):見"亟問亟餽鼎肉"(10·6)注。

③名聲(1次):亦不殞厥問(14・19)

——另見"學問"。

啟(6次)　①啟發(1次):佑啟我後人(6・9)

②開始(2次):爰方啟行(2・5)

③人名(3次):朝覲訟獄者不之益而之啟(9・6)

圉圉(1次)　魚在水中羸弱之貌:始舍之圉圉焉(9・2)

國(110次)　①國家(105次):亦將有以利吾國乎(1・1)

②國都,城市(5次):中國而授孟子室(4・10)

國家(6次)　國家閒暇(3・4)

域(1次)　動詞,限止,圈禁:域民不以封疆之界(4・1)

執(10次)　操持,把持:湯執中(8・20)

——另見"搏執"。

執熱(2次)　當時成語,苦熱之意,見"誰能執熱"(7・7)注。

堂(4次)　殿堂:王坐於堂上(1・7)

——另見"明堂"。

堅(2次)　堅固:可使制梃以撻秦楚之堅甲利兵矣(1・5)

娶(6次)　娶妻:舜不告而娶爲無後也(7・26)

婦(2次)　妻子:夫婦有別(5・4)

——另見"匹婦"。

孰(24次)　疑問代詞:①誰:孰能一之(1・6)

②何,哪一種:孰樂(2・1)

宿(7次)　①住宿,歇宿(6次):不得已而之景丑氏宿焉(4・2)

②存留(1次):不宿怨焉(9・3)

寇(8次)　盜寇,外國侵略者:有越寇(8・31)

寇讎(3次)　仇敵:君之視臣如土芥,則臣視君如寇讎(8・3)

將(81次)　①動詞,送也,奉也(3次):以君命將之(10・6)

②動詞,持也,取也(1次):匍匐往將食之(6・10)

③動詞,助也(1次):裸將于京(7・7)

④時間副詞(74 次):亦將有以利吾國乎(1・1)

⑤表數副詞,幾乎,差不多(1 次):將五十里也(5・1)

⑥選擇連詞,還是(1 次):子能順杞柳之性而以爲桮棬乎,將戕賊杞柳而後以爲桮棬也(11・1)

將軍(1 次)　魯欲使慎子爲將軍(12・8)

專(4 次)　①專一(2 次):不專心致志則不得也(11・9)

②專擅,專權(2 次):無專殺大夫(12・7)

屏(1 次)　放逐:出妻屏子(8・30)

崇(1 次)　地名:於崇吾得見王(4・14)

崇山(1 次)　地名:放驩兜於崇山(9・3)

崩(7 次)　①山陵崩塌(1 次):若崩厥角稽首(14・4)

②天子死去(6 次):百年而後崩(3・1)

巢(1 次)　下者爲巢(6・9)

帶(1 次)　腰帶:不下帶而道存焉(14・32)

常(5 次)　經常,一定,①名詞:貢者校數者之中以爲常(5・3)

②形容詞:抱關擊柝者皆有常職以食於上(10・6)

③副詞:不識可常繼乎(10・6)

常常(1 次)　欲常常而見之(9・3)

庫(4 次)　地名:封之有庳(9・3)

庶(2 次)　①庶民,衆庶,老百姓:惟兹臣庶(9・2)

②衆也(1 次):舜明於庶物(8・19)

庶人(14 次)　**庶民**(5 次)　衆百姓:士庶人曰(1・1)　庶民攻之(1・2)

庶幾(6 次)　①差不多,積極之詞,表示好的事情(2 次):則齊國其庶幾乎(2・1)

②希冀之詞,或者表示幸運之詞(4 次):王庶幾改之(4・12)　吾王庶幾無疾病與(2・1)

康誥(1 次)　尚書篇名:康誥曰(10・4)

庸(2 次)　①經常,庸常:庸敬在兄(11・5)

②酬勞,酬庸:利之而不庸(13·13)

張(2次)　張開:弓矢斯張(2·5)

張儀(1次)　人名:公孫衍張儀豈不誠大丈夫哉(6·2)

強(12次)　①強大,強大者(4次):晉國天下莫強焉(1·5)　弱固不可以敵強(1·7)

②上聲,勉強(7次):強爲善而已矣(2·14)　強曾子(5·4)

③堅強(1次):樂正子強乎(12·13)

彫琢(2次)　彫琢玉石:雖萬鎰必使玉人彫琢之(2·9)

得(155次)　①動詞,獲得(104次):雖不得魚(1·7)

②助動詞,能也,但一般只表示客觀情況的能與不能(49次):使不得耕耨以養其父母(1·5)

③同"德"(2次):所識窮乏者得我與(11·10)

——另見"可得"。

徙(2次)　搬移:死徙無出鄉(5·3)

從(45次)　①動詞,跟隨,隨從,聽從(41次):然後從而刑之(1·7)　必從吾言矣(3·2)

②介詞,由也(3次):施施從外來(8·33)

③同"縱"(1次):從耳目之欲(8·30)

御(2次)　①駕御車馬:御者且羞與射者比(6·1)

②由上義引伸,治理國和家也叫御:以御于家邦(1·7)

患(14次)　①名詞,患害(9次):人之患在好爲人師(7·22)

②動詞,憂慮,以爲患害(5次):二三子何患乎無君(2·15)

——另見"憂患"。

悻悻(1次)　器量狹小之貌:悻悻然見於其面(4·12)

情(4次)　①情實,實際情況(2次):夫物之不齊,物之情也(5·4)

②性,本性(2次):乃若其情則可以爲善矣(11·6)

惛(1次)　不明白,糊塗:吾惛(1·7)

惟(44次)　①動詞,思也(1次):惟茲臣庶(9·2)

②連繫性動詞,是,爲(3 次):其命惟新(5・3)

③副詞,僅,只,獨(34 次):惟士爲能(1・7)

④語首詞,無義(5 次):惟曰(2・3)

⑤語中詞,無義(1 次):我武惟揚(6・5)

戚(4 次)　①名詞,大斧(1 次):干戈戚揚(2・5)

②名詞,親戚(1 次):疏踰戚(2・7)

③動詞,上義的意動用法,以爲親(1 次):戚之也(12・3)

④悲戚,悲哀(1 次):顏色之戚(5・2)

——又見"貴戚"、"親戚"。

戚戚(1 次)　心動貌:於我心有戚戚焉(1・7)

授(4 次)　授與,交給:我欲中國而授孟子室(4・10)

掊克(1 次)　搜括錢財之人:掊克在位(12・7)

排(1 次)　排水:決汝漢排淮泗而注之江(5・4)

掘(3 次)　挖掘:禹掘地而注之海(6・9)

接(7 次)　①交接,接觸(4 次):兵刃既接(1・3)

②接待(1 次):其接也以禮(10・4)

③當作"湑",瀝乾(2 次),見"接淅而行"(10・1)注。

推(6 次)　①用手向前推(2 次):若己推而内之溝中(9・7)

②推廣(4 次):故推恩足以保四海(1・7)

掩(6 次)　掩蓋:蓋歸反虆梩而掩之(5・5)

教(31 次)　教育(1 次)　教誨(2 次):謹庠序之教(1・3)　明以教我(1・7)
得天下英才而教育之(13・20)　予不屑之教誨也者(12・16)

敏(2 次)　聰明:我雖不敏(1・7)

救(9 次)　此惟救死而恐不贍(1・7)

敖(1 次)　遨遊:及是時般樂怠敖(3・4)

敗(3 次)　東敗於齊(1・5)

斬(2 次)　斷絕,絕滅:君子之澤五世而斬(8・22)

旌(3 次)　有羽毛裝飾的旗幟:招虞人以旌(6・1)

族(1次)　宗族:百官族人(5‧2)

既(29次)　①時間副詞,已經(27次):兵刃既接(1‧3)

　　②時間副詞,表旋嗣,俄而(1次):既而幡然改曰(9‧7)

　　③表數副詞,盡也,完全(1次):予既已知之矣(12‧13)

晝(6次)　①白日(2次):晝爾于茅(5‧3)

　　②地名:宿於晝(4‧11)

　　——另見"旦晝"。

曹交(1次)　人名:曹交問曰(12‧2)

望(17次)　①向高處遠處看(12次):望之不似人君(1‧6)

　　②希望(4次):則無望民之多於鄰國也(1‧3)

　　③榜樣,先例(1次):寇至則先去以爲民望(8‧31)

望望(1次)　不高興的樣子:望望然去之(3‧9)

桮棬(5次)　杯盤,見"義猶桮棬也"(11‧1)注。

梧(1次)　梧桐:舍其梧檟(11‧14)

梩(1次)　古代剷土之具,相當今日之鍬或鍤:蓋歸反虆梩而掩之(5‧5)

梁(2次)　①橋梁(1次):十二月輿梁成(8‧2)

　　②魚梁,用魚梁以捕魚(1次):澤梁無禁(2‧5)

梁山(1次)　山名:踰梁山(2‧15)

梁惠王(7次)　魏國諸侯:孟子見梁惠王(1‧1)

梁襄王(1次)　魏國諸侯:孟子見梁襄王(1‧6)

梃(2次)　木棒:殺人以梃與刃有以異乎(1‧4)

梓(6次)　①樹木名(2次):拱把之桐梓(11‧13)

　　②即"梓人",木工(4次):則梓匠輪輿皆得食於子(6‧4)

條理(4次)　金聲也者始條理也(10‧1)

械器(2次)　各種用具:以粟易械器者不爲厲陶冶(5‧4)

欲(95次)　①動詞,要(91次):民欲與之偕亡(1‧2)

　　②名詞,慾望(4次):從耳目之欲(8‧30)

殍(1次)　因餓而死的尸體,本書亦作"莩":用其二而民有殍(14‧27)

殺(51次)　①殺之致死(49次):是何以異於刺人而殺之(1·3)

②去聲,減少(1次):凶年不能殺(14·10)

③同"竄",充軍(1次),見"殺<u>三苗于三危</u>"(9·3)注。

——另見"牲殺"。

殺伐(1次)　征伐,討伐:殺伐用張(6·5)

涸(1次)　乾涸:其涸也可立而待也(8·18)

涼涼(1次)　寂寞之貌:行何爲踽踽涼涼(14·37)

淅(2次)　淘米:接淅而行(10·1)

淇(1次)　水名:昔者<u>王豹</u>處於淇(12·6)

淑(3次)　①善也(1次):其何能淑(7·9)

②取也(2次),見"予私淑諸人也"(8·22)注。

淫(3次)　①過度而邪:淫辭知其所陷(3·2)

②亂也(1次):富貴不能淫(6·2)

淮(2次)　水名:<u>江淮河漢</u>是也(6·9)

深(11次)　深耕易耨(1·5)

淳于髡(2次)　人名,見"<u>淳于髡</u>曰"(7·17)注。

淵(1次)　深池:故爲淵敺魚者獺也(7·9)

混混(1次)　水流不絶之貌:源泉混混(8·18)

清(4次)　①水清(2次):滄浪之水清兮(7·8)

②清平,世界太平(1次):以待天下之清也(10·1)

③清潔,清廉(1次):<u>伯夷</u>聖之清者也(10·1)

淹(1次)　淹留:是以未嘗有所終三年淹也(10·4)

烹(4次)　烹調:校人烹之(9·2)

焉(142次)　①代詞,之(12次):雖褐寬博吾不惴焉(3·2)

②兼詞,於是(11次):芻蕘者往焉(2·2)　又見"<u>晉國</u>天下莫强焉"(1·5)注。

③兼詞,於他(2次):學焉而後臣之(4·2)

④介詞,於(1次):人莫大焉亡親戚君臣上下(13·34)

⑤疑問詞(12次)：㈠代詞，哪裏，何處：其子焉往(7・13)

　㈢副詞，何：焉有仁人在位罔民而可爲也(1・7)

⑥語氣詞(102次)：萬取千焉(1・1)　則牛羊何擇焉(1・7)

⑦小品詞，置于區別詞之後(2次)：始舍之圉圉焉(9・2)

牽(1次)　有牽牛而過堂下者(1・7)

牿(2次)　圈禁：則其旦晝之所爲有梏亡之矣(11・8)

犀(1次)　驅虎豹犀象而遠之(6・9)

猛(1次)　周公兼夷狄驅猛獸而百姓寧(6・9)

率(14次)　①率領(10次)：此率獸而食人也(1・4)

　②沿循(3次)：率西水滸(2・5)

　③一定的標準或程限(1次)：羿不爲拙射變其彀率(13・41)

琅邪(1次)　地名：放於琅邪(2・4)

理(3次)　①道理(2次)：謂理也義也(11・7)

　②順也(1次)，見"稽大不理於口"(14・19)注。

　──另見"條理"。

産(7次)　①産業(6次)：無恒産而有恒心者(1・7)

　②出生(1次)：陳良，楚産也(5・4)

畢(3次)　完畢：公事畢然後敢治私事(5・3)

畢郢(1次)　地名：卒於畢郢(8・1)

畢戰(1次)　人名：使畢戰問井地(5・3)

略(1次)　概要，大概：然而軻也嘗聞其略也(10・2)

　──另見"大略"。

畦(1次)　種菜：病于夏畦(6・7)

眸(5次)　瞳孔：存乎人者莫良於眸子(7・15)

祥(3次)　善也，見"離則不祥莫大焉"(7・18)注。

祭(9次)　祭祀(2次)　祭之以禮(5・2)　祭祀以時(14・14)

移(6次)　①遷移(2次)：河内凶則移其民於河東(1・3)

　②改變(3次)：居移氣(13・36)

③加也(1次):三不朝則六師移之(12·7)

章(2次)　①章程,章則:率由舊章(7·1)

　②一定的階段,成章猶言達到一定的階段(1次):不成章不達(13·24)

章子(4次)　即匡章:章子有一於是乎(8·30)

符節(1次)　古代表示印信之物,見"若合符節"(8·1)注。

粒米(1次)　穀米,見"樂歲粒米狼戾"(5·3)注。

紫(1次)　惡紫,恐其亂朱也(14·37)

紹(1次)　介紹:紹我周王見休(6·5)

紾(4次)　扭捩:紾兄之臂而奪之食則得食(12·1)

終(23次)　自始至末的整個階段:樂歲終身飽(1·7)　然終於此而已矣(10·3)

羞(4次)　羞恥,以爲羞恥:柳下惠不羞汙君(3·9)

羞惡(4次)　無羞惡之心非人也(3·6)

習(1次)　習慣:習矣而不察焉(13·5)

脩(8次)　脩養,脩整:壯者以暇日脩其孝悌忠信(1·5)　脩我牆屋(8·31)

艴然(1次)　與"勃然"同:曾西艴然不悦曰(3·1)

莅(1次)　"臨民"之"臨":莅中國(1·7)

莊(1次)　臨淄城内地名:引而置之莊嶽之間數年(6·6)

莊子(1次)　莊暴(1次)　人名:王嘗語莊子以好樂(2·1)　莊暴見孟子曰(2·1)

莒(1次)　國名:以遏徂莒(2·3)

莘(1次)　國名,見"伊尹耕於有莘之野"(9·7)注。

莠(1次)　狗尾草:惡莠恐其亂苗也(14·37)

莩(3次)　同"殍",餓死的尸體:塗有餓莩而不知發(1·3)

莫(57次)　無指代詞,没有:晉國,天下莫强焉(1·5)

處(18次)　①動詞,居住(13次):擇不處仁(3·7)

　②名詞,住所(1次):文公與之處(5·4)

　③動詞,意爲居家不做官(2次):可以處而處(10·1)

④意爲道理,原因(2次):若於齊則未有處也(4•3)

處士(1次)　未嘗做官的讀書人:處士橫議(6•9)

處子(1次)　未嫁的女子:踰東家牆而摟其處子(12•1)

蚔鼃(3次)　人名:孟子謂蚔鼃曰(4•5)

蛇(2次)　蛇龍居之(6•9)

術(5次)　①方法,方式(4次):教亦多術矣(12•16)

　　②職業(1次):故術不可不慎也(3•7)

袒裼(2次)　不穿衣而肉體外見:雖袒裼裸裎於我側(3•9)

衫(1次)　麻葛單衣:被衫衣(14•6)

被(5次)　①受,被加於(3次):而民不被其澤(7•1)

　　②同"披"(2次):雖被髮纓冠而救之(8•29)

規矩(6次)　規,畫圓之具:矩,畫方之具。規矩引伸爲一定的程式,法則:不以規矩不能成方圓(7•1)

訟獄(2次)　訴訟,打官司:訟獄者不之堯之子而之舜(9•5)

訴然(1次)　高興的樣子:終身訴然(13•35)

設(3次)　立也,置也:設爲庠序學校以教之(5•3)

許(2次)　①許可,同意:則王許之乎(1•7)

　　②興也:管仲晏子之功可復許乎(3•1)

許子(10次)　**許行**(3次)　人名:許子必種粟而後食乎(5•4)　有爲神農之言者許行(5•4)

豚(4次)　小豬:雞豚狗彘之畜無失其時(1•3)

貧(7次)　①貧窮(5次):貧富不同也(2•16)

　　②收入很少的職位(2次):辭富居貧(10•5)

貨(6次)　①財貨(3次):寡人好貨(2•5)

　　②掠奪別人財貨(1次):殺越人于貨(10•4)

　　③賄賂(2次),見"是貨之也"(4•3)注。

貨財(2次)　貨財不聚(7•1)

貫(1次)　習慣:我不貫與小人乘(6•1)

責(8次)　①動詞,責備(6次):父子之間不責善(7・18)

②名詞,責任,職責(2次):有言責者不得其言則去(4・5)

責難(1次)　責備:責難於君謂之恭(7・1)

逐(1次)　追逐:有衆逐虎(14・23)

通(5次)　①動詞,交通,溝通(2次):子不通功易事(6・4)

②形容詞,整個的(2次):匡章,通國皆稱不孝焉(8・30)

③形容詞,共同的(1次):天下之通義也(5・4)

逝(2次)　①遠去(1次):攸然而逝(9・2)

②語首詞,無義(1次):逝不以濯(7・7)

速(9次)　迅速:王速出令(2・11)

造(6次)　①詣,赴(4次):不能造朝(4・2)

②始也(1次):天誅造攻自牧宮(9・7)

③修養(1次):君子深造之以道(8・14)

逢(3次)　①遭遇,碰到(1次):資之深則取之左右逢其原(8・14)

②逢迎,逢合(2次),見"逢君之惡其罪大"(12・7)注。

逢蒙(1次)　人名,見"逢蒙學射於羿"(8・24)注。

連(5次)　①連絡(1次):連諸侯者次之(8・15)

②流連(3次):從流上而忘反謂之連(2・4)

③屋廬子自稱其名:連得間矣(12・5)

郭(4次)　外城:七里之郭(4・1)

郵(1次)　古代傳遞政令的驛站:速於置郵而傳命(3・1)

野(9次)　郊野:野有餓莩(1・4)

──另見"田野"。

野人(6次)　小百姓:將爲野人焉(5・3)

閉(4次)　關閉:泄柳閉門而不納(6・7)

陰(2次)　①"陰晴"之"陰":迨天之未陰雨(3・4)

②山北曰陰:益避禹之子於箕山之陰(9・6)

陳(6次)　①陳述(2次):我非堯舜之道不敢以陳於王前(4・2)

②“陣”本字(1次)：我善爲陳(14·4)

③國名(3次)：君子之戹於陳蔡之間(14·18)

陳子(3次)　**陳臻**(2次)　人名，時子因陳子而以告孟子(4·10)　陳臻問曰(4·3)

陳代(1次)　人名：陳代曰(6·1)

陳仲子(1次)　人名，見“陳仲子豈不誠廉士哉”(6·10)注。

陳良(2次)　人名：陳良之徒陳相與其弟辛負耒耜而自宋之滕(5·4)

陳侯周(1次)　人名，見“爲陳侯周臣”(9·8)注。

陳相(3次)　人名：陳相見許行而大悅(5·4)

陳賈(1次)　人名，見“陳賈曰”(4·9)注。

陶(6次)　①製作瓦器(4次)：一人陶則可乎(12·10)

②製作瓦器的人(2次)：陶冶亦以其械器易粟者(5·4)

——另見“鬱陶”。

陷(4次)　墜入：及陷於罪(1·7)

陷溺(2次)　陷入，沉入：彼陷溺其民(1·5)

雪(2次)　白羽之白猶白雪之白與(11·3)

雪宮(1次)　宮名：齊宣王見孟子於雪宮(2·4)

飢(17次)　**飢餓**(2次)　民有飢色(1·4)　飢餓不能出門户(12·14)

魚(12次)　於牣魚躍(1·2)

鳥(5次)　白鳥鶴鶴(1·2)

鹿(6次)　顧鴻雁麋鹿(1·2)

麥(1次)　今夫麰麥(11·7)

麻(1次)　麻縷絲絮輕重同則賈相若(5·4)

十二畫

傅(5次)　①名詞，師傅：其傅爲之請數月之喪(13·39)

②幫助，教授(4次)：則使齊人傅諸(6·6)

傅説(1次)　人名，見“傅説舉於版築之間”(12·15)注。

備(7次)　完備,具備:且一人之身而百工之所爲備(5・4)

凱風(2次)　詩經篇名:凱風何以不怨(12・3)

割(2次)　宰割:伊尹以割烹要湯(9・7)

創(1次)　創造,開創:君子創業垂統(2・14)

勝(30次)　①打勝,戰勝(16次):則王以爲孰勝(1・7)

②平聲,盡也(14次):穀不可勝食也(1・3)

勞(12次)　①勞動,勤勞(9次):勞者弗息(2・4)　或勞心(5・4)

②使之勤勞(2次),見"勞之來之"(5・4)注。

③憂愁(1次),見"勞而不怨"(9・1)注。

——另見"賢勞"、"勤勞"。

博(3次)　①廣博(2次):博學而詳說之(8・15)

②古代遊戲的一種,擲采然後下棋(1次):博弈好飲酒(8・30)

——另見"褐寬博"。

卿(23次)　古代爵位和官位:孟子爲卿於齊(4・6)

卿相(1次)　古代官位:夫子加齊之卿相(3・2)

厥(8次)　意義和用法同"其",他的,唯只用於比孟子更古的書面語言中:天下曷敢有越厥志(2・3)

善(111次)　好,①名詞:教人以善謂之忠(5・4)

②形容詞:善哉問也(2・4)

③動詞,善於,長於:善推其所爲而已矣(1・7)

④動詞,以爲好:王如善之(2・5)

⑤動詞,使動用法,使之善,搞好:是故諸侯雖有善其辭命而至者不受也(3・9)

喜(12次)　則王喜(2・9)

喟然(1次)　長歎貌:喟然歎曰(13・36)

喻(3次)　①比喻,譬喻(1次):請以戰喻(1・3)

②明白,理會(2次):徵於色發於聲而後喻(12・15)

喪(26次)　①平聲,死亡,喪事,喪禮(22次):時日曷喪(1・2)　定爲三年之

喪(5・2)

②去聲,喪失(4次):西喪地於秦七百里(1・5)

喬木(3次)　高大樹木:非謂有喬木之謂也(2・7)

堪(1次)　忍受得了:人不堪其憂(8・29)

堯(58次)　傳說中的上古帝王:賢於堯舜遠矣(3・2)

堯典(1次)　尚書篇名:堯典曰(9・4)

報(2次)　回報,答禮:受之而不報(12・5)

場(1次)　場地,墓地:築室於場(5・4)

場師(2次)　古代園藝工作者:今有場師(11・14)

壹(3次)　①專一(2次),見"志壹則動氣"(3・2)注。

②皆,全(1次),見"願比死者壹洒之"(1・5)注。

壺(3次)　用以盛酒漿之具:簞食壺漿以迎王師(2・10)

媒妁(1次)　男女婚事的介紹者:媒妁之言(6・3)

媚(1次)　獻媚,諂媚:閹然媚於世也者是鄉原也(14・37)

富(25次)　①錢財很多(21次):哿矣富人(2・5)

②收入很多的職位(2次):辭富居貧(10・5)

③使他有錢財(2次):君不行仁政而富之(7・14)

富貴(2次)　有錢有勢之人:則盡富貴也(8・33)

富歲(1次)　豐收年歲:富歲子弟多暴(11・7)

寐(2次)　睡着,入眠:吾聞之喜而不寐(12・13)

寒(4次)　①受凍,寒冷(2次):黎民不饑不寒(1・3)

②使之寒冷,(2次):十日寒之(11・9)

寒疾(1次)　受風寒之病,感冒:有寒疾(4・2)

寓(1次)　寄居:無寓人於我室(8・31)

尊(24次)　①高貴的(3次):夫仁,天之尊爵也(3・7)

②高貴的事物(1次):天下有達尊三(4・2)

③高貴的人(3次):長幼尊卑皆薛居州也(6・6)

④高貴的職位(2次):爲貧者辭尊居卑(10・5)

⑤動詞,尊敬:使之尊貴(15 次):莫如貴德而尊士(3·4)

尋(3 次)　八尺:枉尺而直尋(6·1)

就(19 次)　動詞,往那裏去,湊近去:就之而不見所畏焉(1·6)

嵎(1 次)　山角:虎負嵎(14·23)

幾(4 次)　①多少(1 次):子來幾日矣(7·24)

②平聲,近也(1 次):幾千人矣(2·12)

③同"冀",希望(1 次):何不使彼爲可幾及而日孳孳也(13·41)

　　——另見"庶幾"。

幾希(4 次)　很少,極少:人之所以異於禽獸者幾希(8·19)

庾公之斯(5 次)　人名:衞使庾公之斯追之(8·24)

弒(7 次)　古代年幼或者在下位的人殺掉年長或者在上位的人叫弒:弒其君者必千乘之家(1·1)

彘(4 次)　猪:二母彘(13·22)

彭更(1 次)　人名:彭更問曰(6.4)

徧(3 次)　周徧:徧國中無與立談者(8·33)

復(14 次)　①動詞,回報,報告(1 次):有復於王者曰(1·7)

②動詞,報仇(1 次):爲匹夫匹婦復讎也(6·5)

③動詞,再來一次的意思(2 次):將復之(6·1)

④副詞,再(10 次):管仲晏子之功可復許乎(3·1)

惑(3 次)　①疑惑(1 次):若是則弟子之惑滋甚(3·1)

②糊塗(2 次):則惑也(8·29)

惠(3 次)　①(2 次):分人以財謂之惠(5·4)

②仁慈,給人以好處(1 次):惠而不知爲政(8·2)

惡(76 次)　①不好"善"之反(14 次):惡聲至必反之(3·2)

②面貌醜陋,"美"之反(1 次):雖有惡人(8·25)

③去聲,動詞,厭惡(35 次):獸相食且人惡之(1·4)

④平聲,疑問詞(23 次),㊀何處:居惡在(13.33)　㊁何:彼惡知之(1·7)

⑤平聲,歎詞(3 次):惡,是何言也(3·2)

惰(1次)　懶惰,不勤:惰其四支(8・30)

愞(1次)　使之害怕,恐嚇:雖褐寬博,吾不愞焉(3・2)

惻隱(5次)　哀痛,同情,見"皆有怵惕惻隱之心"(3・6)注。

慍(2次)　怨恨:慍于群小(14・19)

戟(1次)　古代兵器:子之持戟之士一日而三失伍(4・4)

掌(5次)　①手掌(3次):天下可運於掌(1・7)

　　②掌管:主管(2次):舜使益掌火(5・4)

　　——另見"熊掌"。

揆(1次)　法則,法度:先聖後聖其揆一也(8・1)

　　——另見"道揆"。

提(1次)　提攜抱持,見"孩提之童"(13・15)注。

揖(2次)　作揖:入揖於子貢(5・4)

揚(2次)　①大斧:干戈戚揚(2・5)

　　②發揚:我武惟揚(6・5)

揜(1次)　今通作"掩",掩蓋:從而揜之(9・2)

揠(2次)　拔,拔高些:宋人有閔其苗之不長而揠之者(3・2)

揣(1次)　揣度高矮:不揣其本而齊其末(12・1)

援(10次)　①援助,救援(7次):嫂溺則援之以手乎(7・17)

　　②牽住,抓着(3次):援而止之而止(3・9)

敝(1次)　破爛的:猶棄敝屣也(13・35)

敢(47次)　①助動詞(28次):然後敢入(2・2)

　　②表敬副詞(19次):敢請(2・16)

散(2次)　壯者散而之四方者幾千人矣(2・12)

　　——另見"離散"。

散宜生(1次)　人名:若太公望散宜生則見而知之(14・38)

敦(3次)　①動詞,管理(1次):使虞敦匠事(4・7)

　　②厚道,"澆薄"之反(2次):薄夫敦(10・1)

普(1次)　周遍:普天之下(9・4)

斯(44次)　①指示形容詞,這(17次):如之何其使斯民飢而死也(1·4)

　　②連詞,這就,於是(26次):斯天下之民至焉(1·3)

　　③小品詞,爲區別詞詞尾(1次):王赫斯怒(2·3)

斯須(1次)　暫刻,一時間:斯須之敬在鄉人(11·5)

景子(2次)　景丑氏(1次)　人名:不得已而之景丑氏宿焉(4·2)　景
　　曰(4·2)

景公(1次)　即齊景公:景公説(2·4)

景春(1次)　人名:景春曰(6·2)

智(31次)　智慧(1次):惟智者爲能以小事大(2·3)　雖有智慧不如乘
　　勢(3·1)

曾(3次)　副詞,竟也:爾何曾比予於管仲(3·1)

曾益(1次)　增加:曾益其所不能(12·15)

曾子(22次)　孔子學生曾參:曾子曰(2·12)

曾元(1次)　人名:曾元養曾子必有酒肉(7·19)

曾西(4次)　人名,見"或問乎曾西曰"(3·1)注。

曾皙(4次)　人名,見"曾子養曾皙"(7·19)注。

朝(36次)　①陰平聲,音昭,早晨(8次):王騶朝暮見(4·6)

　　②陽平聲,音潮,名詞,朝廷(10次):使天下仕者皆欲立於王之朝(1·7)

　　③同上義,朝廷之人(1次):朝不信道(7·1)

　　④陽平聲,動詞,朝見(10次):諸侯朝於天子曰述職(2·4)

　　⑤上義的使動用法,使其來朝(3次):朝秦楚(1·7)

　　⑥形容詞,朝見用的(4次):如以朝衣朝冠坐於塗炭(3·9)

　　——另見"市朝"。

朝廷(2次)　朝廷莫如爵(4·2)

朝儛(1次)　地名,吾欲觀於轉附朝儛(2·4)

朝覲(2次)　朝見:天下諸侯朝覲者不之堯之子而之舜(9·5)

朞(1次)　一年:爲朞之喪猶愈於已乎(13·39)

期(2次)　期望,以爲標準:至於味天下期於易牙(11·7)

棄(14 次)　①抛棄(13 次):棄甲曳兵而走(1•3)

　　②被捨棄的,作廢的(1 次):猶爲棄井也(13•29)

棘(1 次)　荊棘:養其樲棘(11•14)

棠(1 次)　地名,見"國人皆以夫子將復爲發棠"(14•23)注。

棲(1 次)　牀:二嫂使治朕棲(9•2)

棺(3 次)　棺材:謂棺椁衣衾之美也(2•16)

椁(3 次)　外棺:椁稱之(4•7)

欺(3 次)　周公豈欺我哉(5•1)

歉然(1 次)　不足之貌:如其自視歉然(13•11)

殘(5 次)　①動詞,殘害(1 次):是上慢而殘下也(2•12)

　　②殘害之人(2 次):取其殘而已矣(6•5)

　　③孟子獨用之詞(2 次):賊義者謂之殘(2•8)

渴(5 次)　口乾,口渴:渴者易爲飲(3•1)

湍(1 次)　急流水:性猶湍水也(11•2)

湯(35 次)　①開水,熱水(1 次):冬日則飲湯(11•5)

　　②商代第一個天子:是故湯事葛(2•3)

湯誓(1 次)　尚書篇名:湯誓曰(1•2)

焚(2 次)　焚燒:益烈山澤而焚之(5•4)

無(268 次)　①没有(222 次):無如寡人之用心者(1•3)

　　②否定副詞,不(17 次):持其志無暴其氣(3•2)

　　③否定的命令或願望的副詞,同"毋",不要(29 次):則無望民之多於鄰國也
　　(1•3)

無名之指(1 次)　第四個手指:今有無名之指(11•12)

然(95 次)　①古"燃"字,燃燒(1 次):若火之始然(3•6)

　　②叙述詞,如此(35 次):河東凶亦然(1•3)

　　③代名副詞,如此地(1 次):無然泄泄(7•1)

　　④應對副詞(10 次):然(1•7)

　　⑤轉折連詞,與"然而"同(1 次):然終於此而已矣(10•3)

⑥小品詞,與"若"字連用,表擬度(9 次):今言王若易然(3•1)

⑦小品詞,作爲區別詞詞尾(38 次):填然鼓之(1•3)

然友(6 次)　　人名:世子謂然友曰(5•2)

然而(14 次)　　轉折連詞,如此而,但是:然而不王者未之有也(1•3)

然則(26 次)　　順承連詞,如此就,那麼:然則廢釁鐘與(1•7)

然後(38 次)　　表示時間先後的順承連詞,這樣纔:權然後知輕重(1•7)

爲(469 次)　　①連繫性動詞,是(70 次):不爲不多矣(1•1)

②動詞,古代使用"爲"字作動詞極爲靈活,可以隨文生義,在孟子中大致有下列諸義(288 次):㈠作爲,做:爲民父母(1•4)㈡治理:王之爲都者(4•4)㈢製作:爲此詩者其知道乎(3•4)㈣解説:固矣哉高叟之爲詩也(12•3)㈤信仰而實踐之:有爲神農之言者許行(5•4)

③動詞,同"謂"(3 次):而子爲我願之乎(3•1)

④動詞,有也(2 次):將爲君子焉,將爲野人焉(5•3)

⑤去聲,副詞,將也(1 次):君爲來見也(2•16)

⑥去聲,介詞(101 次),㈠因爲,爲着:爲其象人而用之也(1•4)　㈡代替:爲長者折枝(1•7)　㈢向:臣請爲王言樂(2•1)

⑦連詞,與,同(1 次):得之爲有財(4•7)

⑧語氣詞,一定與疑問詞用在一起(3 次):子何以其志爲哉(6•4)

──另見"之爲","以爲"。

爲臣(2 次)　　臣位:致爲臣而去(4•5)

爲閒(2 次)　　即"有閒",一會兒:夷子憮然爲閒曰(5•5)

猶(57 次)　　①連繫性動詞,若,似,好像,同於(41 次):今之樂猶古之樂也(1•7)

②副詞,還,尚,本書亦作"由"(15 次):民猶以爲小也(2•2)

③副詞,尚且(1 次):獵較猶可而況受其賜乎(10•4)

──另見"且猶"。

琴(3 次)　　①名詞(2 次):琴朕(9•2)

②動詞,鼓琴(1 次):舜在牀琴(14•6)

琴張(1次)　人名:如琴張曾皙牧皮者(14・37)

甥(1次)　女壻:帝館甥於貳室(10・3)

畫(1次)　動詞,圖畫:毀瓦畫墁(6・4)

異(27次)　①不同(21次):是何異於刺人而殺之(1・3)

②不同的(2次):有異姓之卿(10・9)

③奇怪,怪異(4次):王無異於百姓之以王爲愛也(1・7)

疏(7次)　①"密"之反(1次):且王者之不作未有疏於此時者也(3・1)

②"親"之反,動詞,以爲疏遠(3次):疏之也(12・3)

③動詞,疏浚(1次):禹疏九河(5・4)

④名詞,疏遠之人(1次):疏踰戚(2・7)

⑤粗也(1次),見"齊疏之服"(5・2)注。

登(5次)　①登高(4次):必求龍斷而登之(4・10)

②登場,穀物成熟(1次):五穀不登(5・4)

發(11次)　①發射(4次):射者正己而後發(3・7)

②興起(1次):舜發於畎畝之中(12・15)

③實行仁政(4次):今王發政施仁(1・7)

④開倉庫平糶以救濟人民(2次):塗有餓莩而不知發(1・3)

——另見"興發"。

盛(5次)　夏后殷周之盛,地未有過千里者也(3・1)

——另見"粢盛"。

盜(1次)　盜竊:夫謂非其有而取之者盜也(10・4)

盜跖(2次)　春秋時的大盜:抑亦盜跖之所築與(6・10)

睊睊(1次)　側目而視的樣子:睊睊胥讒(2・4)

短(4次)　①"長"之反(3次):度然後知長短(1・7)

②縮短(1次):齊宣王欲短喪(13・39)

稅(2次)　①徵收賦稅(1次):耕者助而不稅(3・5)

②同"脫"(1次):不稅冕而行(12・6)

——另見"貢稅"。

稅斂(2次)　稅收:薄稅斂(1・5)

童(2次)　童子(2次):雖使五尺之童適市莫之或欺(5・4)　有童子以黍肉餉
(6・5)

等(4次)　①名詞,等級(3次):凡五等也(10・2)
②動詞,差等(1次),見"等百世之王"(3・2)注。
——另見"差等"。

筋(1次)　勞其筋骨(12・15)

答(6次)　①答問(5次):公都子不能答(11・5)
②答禮(1次):禮人不答反其敬(7・4)

策(1次)　竹簡,即古代的書頁:吾於武成取二三策而已矣(14・3)

粟(14次)　粟米(1次)　粟爲小米,但古人常用以總稱糧食:移其粟於河
內(1・3)
——另見"米粟"。

粢盛(4次)　指古代用於祭祀而且盛在祭器内的穀物,見"諸侯耕助以供粢
盛"(6・3)注。

粥(2次)　稀飯,見"飦粥之食"(5・2)注。

絕(4次)　斷絕:子絕長者乎(4・11)

絜(3次)　同"潔",乾淨,清潔:粢盛不絜(6・3)
——另見"廉絜"。

給(2次)　完足,足够:秋省斂而助不給(2・4)

絮(1次)　絲綿絮:麻縷絲絮輕重同(5・4)

統(1次)　傳統:君子創業垂統爲可繼也(2・14)

絲(1次)　麻縷絲絮輕重同(5・4)

皋陶(3次)　人名,見"舜以不得禹皋陶爲己憂"(5・4)注。

舒(2次)　國名:荊舒是懲(5・4)

舜(97次)　傳說中的古代帝王:賢於堯舜遠矣(3・2)

菑(1次)　同"災",災害:安其危而利其菑(7・8)

菜(1次)　雖疏食菜羹未嘗不飽(10・3)

華周(1次)　人名,見"華周杞梁之妻善哭其夫"(12・6)注。

菽(2次)　豆類之總稱:使有菽粟如水火(13・23)

菹(1次)　沼澤:驅蛇龍而放之菹(6・9)

萃(1次)　聚也,見"拔乎其萃"(3・2)注。

萊朱(1次)　人名:若伊尹萊朱則見而知之(14・38)

萌(2次)　萌芽:吾於有萌焉何哉(11・9)

虛(1次)　空虛:君子不可以虛拘(13・37)

　　——另見"空虛"。

眾(13次)　①名詞,人很多,眾人(7次):寡固不可以敵眾(1・7)

　　②眾庶,一般人(5次):終身由之而不知其道者眾也(13・5)

　　③形容詞,很多(1次):廣土眾民(13・21)

眾人(1次)　一般人,普通人:君子之所爲,眾人固不識也(12・6)

視(28次)　①看(14次):抑爲采色不足視於目與(1・7)

　　②治也,臨也,爲後來"視事"一詞的來源(1次):朝將視朝(4・2)

　　③看待(9次):君之視臣如手足則臣視君如腹心(8・3)

　　④比擬(3次):天子之卿受地視侯(10・2)

　　⑤效法(1次):小人所視(10・7)

詖(2次)　一偏的,片面的:詖辭知其所蔽(3・2)

象(12次)　①動物名(1次):驅虎豹犀象而遠之(6・9)

　　②同"像"(1次):爲其象人而用之也(1・4)

　　③人名(10次):象曰(9・2)

貳(2次)　不一致,不一樣:則市賈不貳(5・4)

貳室(1次)　別宮,別墅:帝館甥於貳室(10・3)

貴(25次)　①有地位,居高位(14次):人亦孰不欲富貴(4・10)

　　②寶貴,可寶貴(3次):豈以爲非是而不貴也(5・5)

　　③可寶貴的(2次):無以賤害貴(11・14)

　　④動詞,尊貴(3次):莫如貴德而尊士(3・4)

　　⑤動詞,使動用法,使之貴(3次):富貴之也(9・3)

——另見"富貴"。

貴戚(2次)　與天子諸侯親近之人:有貴戚之卿(10・9)

貶(1次)　降低爵位:一不朝則貶其爵(12・7)

貸(1次)　借款:又稱貸而益之(5・3)

費惠公(1次)　人名,見"費惠公曰"(10・3)注。

赧赧(1次)　慚愧的樣子:觀其色赧赧然(6・7)

超(2次)　超越,跳過:挾太山以超北海(1・7)

越(4次)　①踰越(1次):天下曷敢有越厥志(2・3)

②語詞,無義(1次),見"殺越人于貨"(10・4)注。

③國名(2次):有越寇(8・31)

跖(2次)　即盜跖:跖之徒也(13・25)

距(4次)　同"拒",抗拒,拒絕:距楊墨(6・9)

距心(2次)　孔距心自稱其名:此非距心之所得爲也(4・4)

軻(2次)　孟子自稱其名:然而軻也嘗聞其略也(10・2)

辜(1次)　罪:殺一不辜(3・2)

進(21次)　①前進(7次):不能進於是矣(1・7)　盈科而後進(3・2)

②進於朝廷(13次):昔者所進(2・7)　治則進(3・2)

③進奉,奉獻(1次):將以復進也(7・19)

逸(1次)　安逸:飽食煖衣逸居而無教(5・4)

都(2次)　城市:王之爲都者(4・4)

量(1次)　估量:量敵而後進(3・2)

鈞(5次)　①三十斤(2次):吾力足以舉百鈞(1・7)

②同"均"(1次):井地不鈞(5・3)

③副詞,同樣地(2次):鈞是人也(11・15)

間(14次)　①中間(10次):七八月之間旱(1・6)

②去聲,在中間(1次):間於齊楚(2・13)

③去聲,責備,批評(1次):政不足與間也(7・20)

④去聲,空子,縫隙,差錯(1次):連得間矣(12・5)

⑤去聲,區別(1次):見"利與善之間也"(13·25)注。

　　——另見"一間"。

間介(1次)　動作堅持不捨的樣子,見"間介然用之而成路"(14·21)注。

閒暇(2次)　國家閒暇(3·4)

閑(1次)　捍衛,見"閑先聖之道"(6·9)注。

閔(2次)　①同"憫",憂愁:宋人有閔其苗之不長而揠之者(3·2)

　　②强橫(1次):見"閔不畏死"(10·4)注。

閔子(2次)　人名,見"冉牛閔子顏淵善言德行"(3·2)注。

陽(1次)　太陽,見"秋陽以暴之"(5·4)注。

陽虎(1次)　**陽貨**(3次)　人名,見"陽虎曰"(5·3)注。

陽城(1次)　地名:禹避舜之子於陽城(9·6)

隅(1次)　角落:驅飛廉於海隅而戮之(6·9)

階(2次)　①階級(1次):不踰階而相揖也(8·27)

　　②梯子(1次):捐階(9·2)

集(5次)　聚集:齊集有其一(1·7)

雲(2次)　天油然作雲(1·6)

雲漢(1次)　詩經篇名:雲漢之詩曰(9·4)

順(13次)　①順從(12次):多助之至,天下順之(4·1)

　　②順理者(1次):予不狎于不順(13·31)

餰(1次)　同"饘",比粥濃厚而有膏性的糊,見"餰粥之食"(5·2)注。

馮婦(4次)　人名:是爲馮婦也(14·23)

髡(2次)　淳于髡自稱其名:髡未嘗覯之也(12·6)

黃泉(1次)　地下泉水:下飲黃泉(6·10)

黍(3次)　稷之軟而有糯性的,糜,糜子:葛伯率其民,要其有酒食黍稻者奪之(6·5)

　　## 十三畫

亂(18次)　①"治"之反,不太平,不順當(9次):亂則退(3·2)　無禮義則上

下亂(14・12)

②叛亂的,好作亂的(1次):孔子成春秋而亂臣賊子懼(6・9)

③打亂,弄亂,擾亂(8次):是亂天下也(5・4)

傳(11次)　①流傳,傳遞,傳述,傳授(8次):是以後世無傳焉(1・7)

②去聲,傳記,書册(3次):於傳有之(2・2)

傷(10次)　①傷害,殘傷(7次):矢人惟恐不傷人(3・7)

②妨礙(3次):無傷也(1・7)

勢(5次)　①形勢,情勢(3次):雖有智慧,不如乘勢(3・1)

②勢力(2次):古之賢王好善而忘勢(13・8)

勤(1次)　勤勞:將終歲勤動(5・3)

廄(2次)　馬欄:廄有肥馬(1・4)

嗜(4次)　亦作"耆",嗜好,喜愛:不嗜殺人者能一之(1・6)

園(2次)　園林:棄田以爲園囿(6・9)

塗(4次)　①道路,路途(2次):塗有餓莩(1・3)

②泥路,泥土(2次):如以朝衣朝冠坐於塗炭(3・9)

塞(3次)　①阻塞,塞住(2次):爲間不用則茅塞之矣(14・21)

②充滿(1次):則塞于天地之間(3・2)

　　——另見"充塞"。

填然(1次)　打鼓聲:填然鼓之(1・3)

嫁(1次)　女子之嫁也母命之(6・2)

嫂(5次)　嫂溺則援之以手乎(7・17)

孳孳(3次)　努力不休地:孳孳爲善者(13・25)

廉(5次)　廉絜(1次)　清廉:陳仲子豈不誠廉士哉(6・10)　行之似廉絜(14・37)

廋(2次)　藏匿:人焉廋哉(7・15)

彀(3次)　張滿弓:必志於彀(11・20)

微(4次)　①微小(2次):冉牛閔子顏淵則具體而微(3・2)

②微小之人(1次):子思臣也,微也(8・31)

③衰微,衰弱(1次):世衰道微(6‧9)

微子(1次)　**微子啟**(1次)　人名:而有微子啟王子比干(11‧6)

微仲(1次)　人名:又有微子微仲(3‧1)

微服(1次)　避人耳目而改變服裝:微服而過宋(9‧8)

徯(2次)　等待:徯我后(2‧11)

愆(1次)　偏激,過差,偏差:不愆不忘(7‧3)

愈(9次)　①病好了(3次):今日愈(4‧2)

②强一些,好一些(4次):思天下惟羿爲愈己(8‧24)

③更,越(2次):親之過大而不怨是愈疏也(12‧3)

意(2次)　①名詞,意思(1次):以意逆志,是爲得之(9‧4)

②動詞,意料,料想(1次):我不意子學古之道而以餔啜也(7‧25)

愛(40次)　①喜愛(35次):愛厥妃(2‧5)

②吝惜(5次):百姓皆以王爲愛也(1‧7)

愧(1次)　慚愧:仰不愧於天(13‧20)

慎(2次)　謹慎:可不慎與(2‧7)

慎子(2次)　人名:魯欲使慎子爲將軍(12‧8)

慊(2次)　①快也,見"行有不慊於心"(3‧2)注。

②以爲少(1次),見"吾何慊乎哉"(4‧2)注。

戢(1次)　同"輯",和睦,安輯,見"思戢用光"(2‧5)注。

搆(2次)　①交也(1次):吾聞秦楚搆兵(12‧4)

②構造,造成(1次):搆怨於諸侯(1‧7)

損(3次)　減少:請損之(6‧8)

搏(3次)　①打(2次):今夫水搏而躍之,可使過顙(11‧2)

②同"縛"(1次),綑綁(1次):則君搏執之(8‧3)

敬(39次)　①恭敬(38次):君臣主敬(4‧2)

②(1次):陳善閉邪謂之敬(7‧1)

——另見"恭敬"。

新(2次)　其命惟新(5‧3):亦以新子之國(5‧3)

暇(3次)　閒暇:壯者以暇日修其孝弟忠信(1・5)

　　——另見"閒暇"。

會(2次)　①交兵,交鋒(1次),見"慮勝而後會"(3・2)注。

　　②盟會(1次):葵丘之會(12・7)

會計(1次)　會計當而已矣(10・5)

楊(7次)　指楊朱或者楊朱之學説與學派:楊墨之道不息(6・9)

楊子(1次)　楊氏(1次)　楊朱(1次)　人名,見"楊朱墨翟之言盈天下"(6・9)注。

楚(31次)　國名:南辱於楚(1・5)

業(3次)　①事業(1次):君子創業垂統(2・4)

　　②學業(1次):願留而受業於門(12・2)

　　③開始編織而未成的(1次):有業屨於牖上(14・30)

極(3次)　①極點,屬害,甚(2次):夫何使我至於此極也(2・1)

　　②動詞使動用法,使之困窮(1次),見"又極之於其所往"(8・3)注。

歲(20次)　①年歲(11次):由周而來七百有餘歲矣(4・13)

　　②年成(9次):歲也(1・3)

歃(1次)　古代盟會中的一種儀式,盟約宣讀後,參加盟會之人以口微吸所殺之牲的血,見"諸侯束牲載書而不歃血"(12・7)注。

殛(1次)　流放,見"殛鯀於羽山"(9・3)注。

毀(9次)　破壞,毀壞:人皆謂我毀明堂(2・5)

源(1次)　泉源,水源:源泉混混(8・18)

源源(1次)　不絶之貌:故源源而來(9・3)

準(1次)　測水平之器:繼之以規矩準繩(7・1)

溝(8次)　水溝,山溝:君之民老弱轉乎溝壑(2・12)

溢(2次)　①水滿而出叫溢(1次):然而旱乾水溢(14・14)

　　②滿也,充塞也(1次):故沛然德教溢乎四海(7・6)

溱(1次)　水名:以其乘輿濟人於溱洧(8・2)

溺(9次)　水淹,沉於水:載胥及溺(7・9)

——另見"陷溺"。

滄浪(2次)　青色,見"滄浪之水清兮"(7・8)注。

滅(1次)　滅國者五十(6・9)

滋(2次)　更,愈;若是則弟子之惑滋甚(3・1)

滑釐(1次)　慎子自稱其名:此則滑釐所不識也(12・8)

煖(4次)　輕煖不足於體與(1・7)

煢(1次)　孤獨:哀此煢獨(2・5)

照(1次)　容光必照焉(13・24)

煩(1次)　麻煩:何許子之不憚煩(5・4)

當(21次)　①及物動詞,抵當,敵,匹敵(5次):彼惡敢當我哉(2・3)

　②介詞,方當(14次):當是時也(2・5)

　③助動詞,宜也,該當(1次):當如後患何(8・9)

　④去聲,恰當,沒有錯誤(1次):會計當而已矣(10・5)

當務(1次)　緊要任務之意:當務之爲急(13・46)

當路(1次)　在有權力的位置上,當權:夫子當路於齊(3・1)

當道(1次)　入於正道,在正路上:務引其君以當道(12・8)

盟(2次)　盟會:凡我同盟之人(12・7)

睟然(1次)　清和温潤的樣子:睟然見於面(13・21)

睦(1次)　和睦:則百姓親睦(5・3)

睨(1次)　邪視:睨而不視(5・5)

禁(6次)　①禁止(4次):然則舜不禁與(13・35)

　②所禁止之事,禁條(2次):問國之大禁(2・2)

祼(1次)　祭祀時倒酒于地以請神的一種儀節,見"祼將于京"(7・7)注。

禽(17次)　鳥獸:君子之於禽獸也(1・7)

稗(1次)　稗子:不如荑稗(11・19)

稚(1次)　小孩:使老稚轉乎溝壑(5・3)

窟(1次)　山穴,山洞:上者爲營窟(6・9)

粱(1次)　精細的小米:所以不願人之膏粱之味也(11・17)

綏(1次)　安定:綏厥士女(6・5)

經(6次)　①正道,經常之理(2次):君子反經而已矣(14・37)

②行也(1次),見"經德不回"(14・33)注。

③經營,營造,建築(3次):經始靈臺(1・2)

經界(4次)　界綫,見"夫仁政必自經界始"(5・3)注。

罪(40次)　①罪過(37次):若無罪而就死地(1・7)

②歸罪於,諉過於(2次):王無罪歲(1・3)

③誅罰罪人(1次):四罪而天下咸服(9・3)

置(4次)　①置立,建立(3次):謀於燕衆,置君而後去之(2・11)

②放置(1次):引而置之莊嶽之間數年(6・6)

置郵(1次)　古代傳遞政令的驛站:速於置郵而傳命(3・1)

群(1次)　一群,人數不少之意:愠于群小(14・19)

羨(1次)　有剩餘:以羨補不足(6・4)

義(108次)　①合於某種道和理的叫義(98次):亦有仁義而已矣(1・1)

②道理,正理(10次):天下之通義也(5・4)

聖(47次)　①具有最高道德標準的,用孟子的話是"大而化之之謂聖"(14.
25)(40次):賢聖之君六七作(3・1)

②聖人(7次):閑先聖之道(6・9)

聘(3次)　聘請:湯使人以幣聘之(9・7)

肆(1次)　承接連詞,故,所以:肆不殄厥愠(14・19)

腹(3次)　肚子:君之視臣如手足,則臣視君如腹心(8・3)

與(225次)　①動詞,給與(31次):子噲不得與人燕(4・8)

②動詞,交與,偕同(2次):孔子不得中道而與之(14・37)

③去聲,動詞,參預(4次):思天下之民匹夫匹婦有不與被堯舜之澤者(10・
1),又見"巍巍乎有天下而不與焉"(5・4)注。

④動詞,相同(1次),見"此又與於不仁之甚者也"(11・18)注。

⑤動詞,隨從(2次):孰能與之(1・6)

⑥介詞(92次)　㊀同,和:古之人與民偕樂(1・2)　㊁向:齊人無以仁義與

　　王言者(4·2)　㈢爲:昔者趙簡子使王良與嬖奚乘(6·1)

　⑦並列等立連詞,和,同(28次):穀與魚鼈不可勝食(1·3)

　⑧連詞,與其(1次):與我處畎畝之中,由是以樂堯舜之道,吾豈若使是君爲
　　堯舜之君哉(9·7)

　⑨語氣詞,同"歟"(64次):然則廢釁鍾與(1·7)

與國(1次)　同盟國:我能爲君約與國(12·9)

萬(20次)　數詞:萬乘之國(1·1)　或相千萬(5·4)

萬子(1次)　萬章(22次)　孟子學生之名:萬章問曰(6·5)

著(2次)　彰明,顯揚:孔子之道不著(6·9)

葛(8次)　國名:是故湯事葛(2·3)

葬(5次)　埋葬:孟子自齊葬於魯(4·7)

葵丘(1次)　地名:葵丘之會(12·7)

虞(11次)　①想料,希望(1次):見"有不虞之譽"(7·21)注。

　②朝代名(1次):唐虞禪(9·6)

　③國名(5次):百里奚,虞人也(9·9)

　④充虞自稱其名(4次):前日不知虞之不肖(4·7)

　──另見"騶虞"。

虞人(5次)　管理狩獵場的小吏:招虞人以旌(6·1)

號(1次)　見"先生之號則不可"(12·4)注。

號泣(3次)　哭泣:號泣于旻天(9·1)

補(6次)　補助,補益:春省耕而補不足(2·4)

解(8次)　①解開,消散(7次):民之悅之,猶解倒懸也(3·1)　而不足以解憂
　(9·1)

　②解釋,解説(1次):賈請見而解之(4·9)

試(1次)　用也:好馳馬試劍(5·2)

　──另見"嘗試"。

詩(43次)　詩經:詩云(1·2)

詭遇(1次)　不依正常規矩駕車:爲之詭遇(6·1)

詳(3次)　詳細:博學而詳説之(8·15)

誅(14次)　誅殺:聞誅一夫紂矣(2·8)

豢(1次)　吃穀物之獸,如豬:猶芻豢之悦我口(11·7)

貉(4次)　北方的國名:子之道,貉道也(12·10)

貉稽(1次)　人名:貉稽曰(14·19)

資(2次)　積蓄,見"居之安則資之深"(8·14)注。

賈(8次)　①商人(1次):商賈皆欲藏於王之市(1·7)

　　②同"價"(6次):則市賈不貳(5·4)

　　③陳賈自稱其名(1次):賈請見而解之(4·9)

賊(17次)　①名詞(7次):賊仁者謂之賊(2·8)　吾君不能謂之賊(7·1)

　　②形容詞(3次):孔子成春秋而亂臣賊子懼(6·9)

　　③動詞(7次):有是四端而自謂不能者自賊者也(3·6)

　　——另見"戕賊"。

跡(1次)　腳跡:獸蹄鳥跡之道交於中國(5·4)

路(16次)　①道路(15次):則天下之旅皆悦而願出於其路矣(3·5)

　　②借爲"露",疲敝窮困之意(1次),見"是率天下而路也"(5·4)注。

　　——另見"當路"、"道路"。

載(9次)　①年歲(2次):二十有八載,放勳乃徂落(9·4)

　　②放上(3次):出疆必載質(6·3)

　　③開始(2次):湯始征,自葛載(6·5)

　　④事也(1次),見"祇載見瞽瞍"(9·4)注。

　　⑤語詞,無義(1次):載胥及溺(7·9)

辟(16次)　①同"闢",開闢(6次):欲辟土地(1·7)

　　②音闢,闢除,使人避開道路(1次):行辟人可也(8·2)

　　③同"避",逃避(8次):段干木踰垣而辟之(6·7)

　　④績麻(1次):彼身織屨妻辟纑以易之也(6·10)

辟若(1次)　譬如:辟若掘井(13·29)

農(3次)　①農事(1次):不違農時(1·3)

②農民(2次):則天下之農皆悅而願耕於其野矣(3•5)

農夫(5次)　豈爲厲農夫哉(5•4)

逼(1次)　逼迫:逼堯之子(9•5)

遁(1次)　逃遁:遁辭知其所窮(3•2)

遂(5次)　連詞,於是,因而:聞王命而遂不果(4•2)

遇(7次)　①遭逢,碰上(1次):孟子遇於石丘(12•4)

②兩人相處很好叫"遇"(6次):吾之不遇魯侯,天也(2•16)

——另見"詭遇"。

遊(8次)　①遊歷,遊玩(3次):吾王不遊(2•4)

②交往,交遊(3次):夫子與之遊(8•30)

③遊說,遊行各國向諸侯有所勸說(2次):子好遊乎(13•9)

運(4次)　運行,轉運:天下可運於掌(1•7)

過(35次)　①超過(8次):古之人所以大過人者無他焉(1•7)

②錯誤,過錯(13次):子路人告之以有過則喜(3•8)

③錯誤(5次):且子過矣(6•1)

④平聲,經過(9次):有牽牛而過堂下者(1•7)

遏(2次)　遏止,阻止:以遏徂莒(2•3)

遏密(1次)　停止:四海遏密八音(9•4)

道(140次)　①名詞(129次):㊀孟子有特殊含義的哲學術語:其爲氣也配義
與道(3•2)　㊁指一般的學術、主張、技藝而言:從許子之道(5•4)　盡
羿之道(8•24)　㊂指方式、方術而言:得天下有道(7•9)

②道路(6次):行道之人弗受(11•10)

③動詞,談論,講述(5次):仲尼之徒無道桓文之事者(1•7)

——另見"中道"、"天道"、"當道"。

道揆(1次)　法度:上無道揆也(7•1)

道路(2次)　頒白者不負戴於道路矣(1•3)

達(18次)　①通達,有了高位能貫澈自己的主張(6次):達不離道(13•9)

②通行的,共同遵行的(1次):天下有達尊三(4•2)

③至,通,到(8次):鷄鳴狗吠相聞而達乎四境(3・1)

④徹底地明白事理(2次),見"故達"(13・18)注。

⑤使之通達(1次):有達財者(13・40)

違(6次)　①違背,違犯(3次):不違農時(1・3)

②逃避(2次):天作孽猶可違(3・4)

③離開,距離(1次):則其違禽獸不遠矣(11・8)

鄒(10次)　國名:鄒人與楚人戰(1・7)

鄉(11次)　①鄉里(5次):死徙無出鄉(5・3)

②同"嚮",不久的以前(3次):鄉爲身死而不受(11・10)

③同"嚮",嚮往(2次):君不鄉道(12・9)

④同"向",方向,朝向(1次):莫知其鄉(11・8)

鄉人(7次)　①本鄉本土之人(3次):先酌鄉人(11・5)

②野人,一般農民(4次):我由未免爲鄉人也(8・28)

鄉里(1次)　鄉黨(3次)　本鄉本土,同鄉之人:鄉里同井(5・3)　非所以要譽於鄉黨朋友也(3・6)

鄉原(5次)　一鄉的好好先生:其惟鄉原乎(14・37)

鉤(1次)　帶鉤,見"豈謂一鉤金與一輿羽之謂哉"(12・1)注。

隘(2次)　胸襟狹側:伯夷隘(3・9)

隙(2次)　空隙:鑽穴隙相窺(6・3)

雉(1次)　獵野鷄:雉兔者往焉(2・2)

頌(1次)　同"誦",吟哦,見"頌其詩"(10・8)注。

頑(2次)　貪財,見"頑夫廉"(10・1)注。

頒白(2次)　頭髮半白:頒白者不負戴於道路矣(1・3)

飲(15次)　①喝(14次):下飲黃泉(6・10)

②飲料(1次):一瓢飲(8・29)

飯(2次)　吃食:舜之飯糗茹草也(14・6)

馳(2次)　馳驅(1次)　跑馬車:好馳馬試劍(5・2)　吾爲之範我馳驅(6・1)

麀(2次)　母鹿:麀鹿攸伏(1・2)

鼎(4次)　古代烹肉以及用以盛祭品之具:前以三鼎而後以五鼎與(2・16)

鼓(9次)　①名詞(3次):百姓聞王鍾鼓之聲(2・1)

　②動詞:㈠打鼓(5次):填然鼓之(1・3)　㈡彈奏(1次):鼓琴(14・6)

十四畫

僕(3次)　駕車之人:問其僕曰(8・24)

僕僕(1次)　煩瑣之貌:子思以爲鼎肉使己僕僕爾亟拜也(10・6)

僞(4次)　欺假:國中無僞(5・4)

厭(4次)　厭倦,厭棄:從獸無厭謂之荒(2・4)

嘐嘐(2次)　志氣很高大言不慚的樣子:其志嘐嘐然(14・37)

嘑爾(1次)　很無禮貌地呼喊別人的樣子:嘑爾而與之(11・10)

嘗(21次)　曾經:王嘗語莊子以好樂(2・1)

嘗試(1次)　請嘗試之(1・7)

墁(1次)　新粉刷的牆壁:見"毀瓦畫墁"(6・4)注。

境(3次)　國界,疆界:臣始至於境(2・2)

壽(1次)　長壽:殀壽不貳(13・1)

奪(10次)　搶奪:不奪不饜(1・1)

察(8次)　①觀察,考察(5次):察鄰國之政(1・3)

　②見到,明瞭(3次):明足以察秋毫之末而不見輿薪(1・7)　察於人倫(8・19)

寡(12次)　①人少(3次):寡固不可敵衆(1・7)

　②少(8次):則寡取之(5・3)

　③寡婦(1次):老而無夫曰寡(2・5)

寡人(23次)　當日諸侯自稱之詞:寡人之於國也(1・3)

寡妻(1次)　古代男子一夫多妻,寡妻是其正室,即所謂"大太太",見"刑于寡妻"(1・7)注。

實(16次)　①果實(1次):蠐食實者過半矣(6・10)

　②本質,内容,實際(10次):其實皆什一也(5・3)　仁之實事親是

也(7・27)

③充實(2次):而君之倉廩實(2・12)　其君子實玄黃於篚(6・5)

④事功(3次),見"先名實者爲人也"(12・6)注。

——另見"充實"。

寧(2次)　安寧:周公兼夷狄驅猛獸而百姓寧(6・9)

對(34次)　①對答(33次):孟子對曰(1・1)

②回報,報答(1次):以對于天下(2・3)

彰(1次)　表揚:以彰有德(12・7)

愬(1次)　控訴,投訴:天下之欲疾其君者皆欲赴愬於王(1・7)

慈(1次)　①慈孝的(1次):雖有孝子慈孫百世不能改也(7・2)

②動詞,慈愛(1次):敬老慈幼(12・7)

慢(3次)　①怠慢,工作不嚴肅認真(2次):是上慢而殘下也(2・12)

②弄亂,打亂(1次):是故暴君汙吏必慢其經界(5・3)

摟(4次)　①抱持(3次):踰東家牆而摟其處子則得妻(12・1)

②挾持(1次):五霸者摟諸侯以伐諸侯者也(12・7)

摽(1次)　麾也,見"摽使者出諸大門之外"(10・6)注。

斲(1次)　砍:匠人斲而小之(2・9)

暢茂(1次)　茂盛:草木暢茂(5・4)

榮(2次)　光榮:仁則榮(3・4)

榱題(1次)　房椽子,見"榱題數尺"(14・34)注。

槁(3次)　乾枯:則苗槁矣(1・6)

歌(2次)　歌唱:有孺子歌曰(7・8)

——另見"謳歌"。

殞(1次)　消失:亦不殞厥問(14・19)

滸(1次)　水濱:率西水滸(2・5)

漁(1次)　打魚:自耕稼陶漁以至爲帝(3・8)

漢(3次)　水名:決汝漢排淮泗而注之江(5・4)

漯(1次)　水名:禹疏九河,瀹濟漯而注諸海(5・4)

熄(3次)　①熄滅(2次):王者之跡熄而詩亡(8・21)

②火災熄滅,意即太平無事(1次):安居而天下熄(6・2)

熊掌(2次)　熊腳掌,古人以爲食品:熊掌亦我所欲也(11・10)

爾(31次)　①對稱代詞,你(17次):出乎爾者反乎爾者也(2・12)

②兼詞,如此(2次):所惡勿施爾也(7・9)

③語氣詞(9次),㊀同"耳",而已,罷了:不行王政云爾(6・5)

㊁哩,咧:鬱陶思君爾(9・2)

④小品詞,作區別詞詞尾,猶"地"(3次):<u>子思以爲鼎肉使己僕僕爾亟拜也</u>(10・6)

疑(3次)　懷疑:王請勿疑(1・5)

盡(20次)　①以副詞而作動詞用,有竭盡、用盡、完全得到諸義(14次):盡心焉耳矣(1・3)　盡<u>羿</u>之道(8・24)

②區別詞(6次):則盡富貴也(8・33)　盡棄其學而學焉(5・4)

監(2次)　監督,監視:<u>周公使管叔監殷</u>(4・9)

禍(4次)　禍害:是自求禍也(3・4)　率天下之人而禍仁義者,必子之言夫(11・1)

福(3次)　幸福:禍福無不自己求之者(3・4)

祿(25次)　①俸祿,官俸,得官俸(24次):仕而不受祿(4・14)　仕者世祿(2・5)

②給以官俸(1次):祿之以天下,弗顧也(9・7)

——另見"穀祿"。

種(3次)　①去聲,種植(1次):<u>許子必種粟而後食乎</u>(5・4)

②所種植之物(1次):五穀者種之美者也(11・19)

③上聲,種子(1次):播種而耰之(11・7)

稱(7次)　①稱道,稱說(5次):言必稱堯舜(5・1)

②舉也(1次),見"又稱貸而益之"(5・3)注。

③去聲,相稱,成比例:稱稱之(4・7)

竭(5次)　竭盡,用盡:竭力以事大國(2・15)

端(9次)　①萌芽(7次)，見"惻隱之心，仁之端也"(3‧6)注。

　　②端正(2次)：夫尹公之他，端人也(8‧24)

箕子(1次)　人名：又有微子微仲王子比干箕子膠鬲(3‧1)

箕山(1次)　地名：益避禹之子於箕山之陰(9‧6)

管仲(12次)　管夷吾(1次)　人名：管仲晏子之功可復許乎(3‧1)

　　管夷吾舉於士(12‧15)

管叔(5次)　人名：周公使管叔監殷(4‧9)

管籥(2次)　古代吹奏樂器，見"管籥之音"(2‧1)注。

算(1次)　數，算數：或相倍蓰而無算者不能盡其才者也(11‧6)

綢繆(1次)　纏結：綢繆牖戶(3‧4)

維(1次)　同"惟"，是，爲：孝思惟則(9‧4)

綯(1次)　繩索：宵爾索綯(5‧3)

綽綽(1次)　寬綽的樣子：豈不綽綽然有餘裕哉(4‧5)

罰(1次)　刑罰，刑戮：后來其無罰(6‧5)

　　——另見"刑罰"。

聚(3次)　聚集：民不改聚矣(3‧1)

聞(85次)　①動詞，聽到(79次)：可得聞乎(1‧7)

　　②名詞，聽覺，耳力(2次)：耳無聞目無見也(6‧10)

　　③名詞，見聞，知識，學問(2次)：爲其多聞也(10‧7)

　　④去聲，名譽，名聲(2次)：今有仁心仁聞(7‧1)

　　——另見"聲聞"。

聞識(1次)　知識，學問：多聞識乎(12‧13)

膏(1次)　肥肉：所以不願人之膏粱之味也(11‧17)

膏澤(2次)　惠澤，好處：膏澤下於民(8‧3)

臧氏(1次)　臧倉(2次)　人名：臧氏之子焉能使予不遇哉(2‧16)　嬖人臧倉者請曰(2‧16)

臺(4次)　①亭臺(3次)：文王以民力爲臺爲沼(1‧2)

　　②始也(1次)，見"蓋自是臺無餽也"(10‧6)注。

舞(1次)　則不知足之蹈之手之舞之(7・27)

蒙(1次)　受,被:<u>西子</u>蒙不潔(8・25)

蒸(2次)　①蒸熟了的(1次):而饋<u>孔子</u>蒸豚(6・7)

　　②衆(1次):天生蒸民(11・6)

蓋(9次)　①傳疑副詞,大概,大概是(5次):蓋徵招角招是也(2・4)

　　②同“盍”,“何不”的合音(1次):蓋亦反其本矣(1・7)

　　③假借爲“害”(1次),見“謨蓋都君咸我績”(9・2)注。

　　④地名,音葛(gě)(2次):王使蓋大夫<u>王驩</u>爲輔行(4・6)

裸裎(2次)　赤身露體:雖袒裼裸裎於我側(3・9)

裹(2次)　包裹:乃裹餱糧(2・5)

語(12次)　①言語(1次):欲其子之<u>齊</u>語也(6・6)

　　②俗語,傳言(1次):語云(9・4)

　　③名詞,話言,語句(2次):不識此語誠然乎哉(9・4)

　　④去聲,告訴,對人説(8次):出語人曰(1・6)

　　——另見“言語”。

誠(22次)　①誠懇,真誠,誠心(9次):反身不誠,不悦於親矣(7・12)

　　②真正,實在(13次):誠如是也(1・6)

誣(1次)　欺哄:是邪説誣民充塞仁義也(6・9)

誦(3次)　①稱説(2次):誦<u>堯</u>之言(12・2)

　　②復述(1次),見“爲王誦之”(4・4)注。

誨(2次)　教誨:使<u>弈秋</u>誨二人弈(11・9)

　　——另見“教誨”。

説(19次)　①主張,學説(5次):邪説暴行又作(6・9)

　　②講説,講解,解説(4次):博學而詳説之(8・15)

　　③去聲,音税,遊説,勸説(7次):故就<u>湯</u>而説之以伐<u>夏</u>救民(9・7)

　　④同“悦”,高興(3次):王説曰(1・7)

説辭(1次)　言辭:<u>宰我子貢</u>善爲説辭(3・2)

豪(1次)　同“毫”,毫毛:思以一豪挫於人若撻之於市朝(3・2)

豪傑(2次)　出色人材:彼所謂豪傑之士也(5・4)

貌(1次)　面貌,面容:豈可以聲音笑貌爲哉(7・16)

　　——另見"禮貌"。

賓(3次)　客人:迭爲賓主(10・3)

赫斯(1次)　發怒的樣子:王赫斯怒(2・3)

趙孟(2次)　見"趙孟之所貴"(11・17)注。

趙簡子(1次)　人名:昔者趙簡子使王良與嬖奚乘(6・1)

輔(4次)　**輔相**(1次)　幫助,輔助:願夫子輔吾志(1・7)　相與輔相之(3・1)

輔行(1次)　副使,見"王使蓋大夫王驩爲輔行"(4・6)注。

輕(13次)　①"重"之反(7次):權然後知輕重(1・7)

　　②輕視,看得不重(2次):君所爲輕身以先於匹夫者(2・16)

　　③減輕(2次):請輕之(6・8)

　　④容易(2次):故民之從之也輕(1・7)

遠(19次)　①一般用法(15次):則夫子過孟賁遠矣(3・2)

　　②意動用法,以爲遠(1次):不遠千里而來(1・1)

　　③去聲,使動用法,使之遠離(2次):是以君子遠庖廚也(1・7)

　　④名詞,遠臣(1次):見"不忘遠"(8・20)注。

鄙(2次)　狹陋的,見"鄙夫寬"(10・1)注。

際可(2次)　見"際可之仕"(10・4)注。

領(1次)　頸:則天下之民皆引領而望之矣(1・6)

飽(8次)　飽足:樂歲終身飽(1・7)

鳳凰(1次)　鳳凰之於飛鳥(3・2)

鳴(4次)　①鷄鳥叫(3次):雞鳴狗吠相聞(3・1)

　　②使之鳴,使樂器有聲(1次):小子鳴鼓而攻之(7・14)

鳴條(1次)　地名:卒於鳴條(8・1)

鼻(2次)　則人皆掩鼻而過之(8・25)

齊(68次)　①齊一(4次):今天下地醜德齊(4・2)

　　②國名(62次):東敗於齊(1・5)

③同"齋",齋戒(1次):弟子齊宿而後敢言(4・11)

④音資,衣裳縫邊(1次),見"齊疏之服"(5・2)注。

齊宣王(12次)　人名:齊宣王問曰(1・7)

齊戒(1次)　即"齋戒":齊戒沐浴則可以祀上帝(8・25)

齊栗(1次)　敬慎恐怕的樣子:夔夔齊栗(9・4)

齊桓(2次)　春秋時齊國之君:齊桓晉文之事(1・7)

齊景公(5次)　春秋時齊國之君:昔者齊景公問於晏子曰(2・4)

十五畫

儀(2次)　儀節,儀式:享多儀(12・5)

億(1次)　十萬:其麗不億(7・7)

儉(7次)　①節儉,儉僕(5次):儉者不奪人(7・16)

②少,不足(2次),見"而儉於百里"(12・8)注。

劍(2次)　古代武器:夫撫劍疾視曰(2・3)

厲(5次)　①害也(3次),見"則是厲民而以自養也"(5・4)注。

②古代謚號,周朝有厲王(2次):名之曰幽厲(7・2)

噏(1次)　攢集在一起而共食:蠅蚋姑噏之(5・5)

墨(10次)　①黑色(1次):面深墨(5・2)

②墨翟,墨子學派,墨子學説(9次):墨者夷之因徐辟而求見孟子(5・5)

——另見"繩墨"。

墨子(1次)　**墨氏**(1次)　**墨翟**(1次)　人名,見"楊朱墨翟之言盈天下"(6・9)注。

墦(1次)　墳墓:卒之東郭墦間之祭者(8・33)

寬(2次)　寬厚,寬宏大量:鄙夫寬(10・1)

——另見"褐寬博"。

履(1次)　踐履,履行,行走:君子所履(10・7)

幡然(1次)　改悔的樣子:既而幡然改曰(9・7)

幣(6次)　幣帛(1次)　繒帛,古人以爲禮品:湯使人以幣聘之(9・7)　無諸

侯幣帛饔飧(12・10)

廛(4次)　①民居(2次):廛無夫里之布(3・5)

②貨物儲藏於市而不收租税(2次),見"市廛而不征"(3・5)注。

廢(8次)　廢棄:然則廢釁鍾與(1・7)

廣(4次)　廣大,寬廣:居天下之廣居(6・2)

徵(1次)　表現:徵於色發於聲而後喻(12・15)

徵招(1次)　樂章名:蓋徵招角招是也(2・4)

德(37次)　①道德,好的品德(34次):德何如則可以王矣(1・7)

②有德行的人(2次):小德役大德(7・6)

③中性詞,行爲,品質(1次):無能改於其德(7・14)

德行(1次):冉牛閔子顔淵善言德行(3・2)

徹(6次)　①取也(1次):徹彼桑土(3・4)

②撤除(2次):將徹必請所與(7・19)

③古代税收制度(2次):周人百畝而徹(5・3)

④通也(1次):徹者徹也(5・3)

慕(12次)　①羨慕(9次):巨室之所慕一國慕之(7・6)

②依戀,懷戀(3次),見"怨慕也"(9・1)注。

慙(1次)　慚愧:吾甚慙於孟子(4・9)

慝(1次)　惡,不善:民乃作慝(2・4)

——另見"邪慝"。

慧(1次)　智慧,見"人之有德慧術知者"(13・18)注。

——另見"智慧"。

慮(6次)　①動詞,考慮(4次):慮勝而後會(3・2)

②名詞,思想,思慮(2次):困於心衡於慮而後作(12・15)

慶(2次)　賞賜:則有慶(12・7)

憂(27次)　憂愁:憂民之憂者民亦憂其憂(2・4)

憎(1次)　憎惡,厭惡:士憎兹多口(14・19)

憔悴(1次)　民之憔悴於虐政未有甚於此時者也(3・1)

憚(1次)　懼怕:何<u>許子</u>之不憚煩(5・4)

憫(2次)　同"閔",憂愁:阨窮而不憫(3・9)

憮然(1次)　失望悵惘之貌:<u>夷子</u>憮然爲閒曰(5・5)

戮(3次)　①殺戮(2次):驅<u>飛廉</u>於海隅而戮之(6・9)

②羞辱(1次):見"從耳目之欲以爲父母戮"(8・30)注。

摩頂(1次)　摩秃頭頂,見"摩頂放踵"(13・26)注。

撫(2次)　①安撫(1次):而撫四夷也(1・7)

②按住,按着(1次):夫撫劍疾視曰(2・3)

播(3次)　①播種(2次):其始播百穀(5・3)

②傳播,散播(1次):不仁而在高位是播其惡於衆也(7・1)

敵(18次)　敵對,抗拒;敵人:夫誰與王敵(1・5)　量敵而後進(3・2)

敷(1次)　普遍,見"舉<u>舜</u>而敷治焉"(5・4)注。

數(17次)　①數目(1次):以其數則過矣(4・13)

②幾(13次):數口之家可以無饑矣(1・3)

③技術(2次):今夫弈之爲數,小數也(11・9)

④音朔,密也(1次):數罟不入洿池(1・3)

毆(4次)　同"驅",驅逐;故爲淵毆魚者獺也(7・9)

暮(1次):<u>王</u>驩朝暮見(4・6)

　　——另見"昏暮"。

暴(21次)　①殘暴,暴虐(10次):是故暴君汙吏必慢其經界(5・3)

②暴棄(2次):言非禮義謂之自暴也(7・10)

③亂也(2次),見"持其志無暴其氣"(3・2)注。

④"曝"本字(4次):秋陽以暴之(5・4)

⑤<u>莊暴</u>自稱其名(3次):暴見於王(2・1)

樂(77次)　①快樂(55次):賢者亦樂此乎(1・2)

②音岳,音樂(17次):王語暴以好樂(2・1)

③同上義,但特指所謂"雅樂"而言(1次):惡<u>鄭</u>聲,恐其亂樂也(14・37)

④奏音樂(4次):今王鼓樂於此(2・1)

——另見"安樂"、"般樂"、"歡樂"。

樂正子(9次)　人名:樂正子入見曰(2•16)

樂正裘(1次)　人名:樂正裘牧仲(10•3)

樓(1次)　方寸之木可使高於岑樓(12•1)

歎(1次)　喟然歎曰(13•36)

漿(3次)　酒漿,古代用以代酒而味酸的飲料:簞食壺漿以迎王師(2•10)

潔(2次)　本書亦作"絜",清潔:西子蒙不潔(8•25)

潤(1次)　雨露之所潤(11•8)

潤澤(1次)　修飾:若夫潤澤之(5•3)

滕(13次)　國名:滕小國也(2•12)

滕文公(5次)　滕國之君,見"滕文公問曰"(2•13)注。

滕定公(1次)　滕國之君:滕定公薨(5•2)

滕更(2次)　人名:滕更之在門也(13•43)

熟(4次)　成熟:五穀熟而民人育(5•4)

熱(4次)　如火益熱(2•10)

牖(2次)　窗牖:有業屨於牖上(14•30)

瘠環(3次)　人名:於齊主侍人瘠環(9•8)

皜皜(1次)　潔白的樣子:皜皜乎不可尚已(5•4)

瞑眩(1次)　藥吃得頭暈腦轉:若藥不瞑眩(5•1)

稷(4次)　即"后稷":禹稷當平世(8•29)

稻(1次)　葛伯率其民,要其有酒食黍稻者奪之(6•5)

稼穡(1次)　種莊稼:后稷教民稼穡(5•4)

——另見"耕稼"。

稽(1次)　貉稽自稱其名:稽大不理於口(14•19)

稽首(3次)　叩頭:北面稽首再拜而不受(10•0)

穀(9次)　穀物,糧食:穀不可勝食也(1•3)

穀祿(1次)　俸祿,見"穀祿不平"(5•3)注。

窮(8次)　①生活無着落,前途無出路叫"窮"(6次):此四者天下之窮民而無

告者(2‧5)　故士窮不失義(13‧9)

②盡也(2次)：遁辭知其所窮(3‧2)

——另見“阨窮”。

窮乏(2次)　貧乏，缺少辦法缺少錢財：所識窮乏者得我與(11‧10)

節(1次)　節制：禮之實節文斯二者是也(7‧27)

——另見“符節”。

範(1次)　動詞，納入軌範，依規矩行事：吾爲之範我馳驅(6‧1)

緜駒(1次)　人名：緜駒處於高唐而齊右善歌(12‧6)

緣(2次)　攀緣：猶緣木而求魚也(1‧7)

緦(1次)　緦麻，古代孝服之一，見“而緦小功之察”(13‧46)注。

緩(2次)　緩慢，不急：民事不可緩也(5‧3)

罷(6次)　停止：我將見楚王說而罷之(12‧4)

膚(6次)　①皮膚(5次)：不膚橈(3‧2)

②漂亮(1次)：殷士膚敏(7‧7)

——另見“體膚”。

膠鬲(2次)　人名：膠鬲舉於魚鹽之中(12‧15)

蔡(1次)　國名：君子之戹於陳蔡之間(14‧18)

蔬(1次)　同“疏”，見“雖蔬食菜羹”(10‧3)注。

蓰(2次)　五倍：或相倍蓰(5‧4)

虢(1次)　春秋時國名：晉人以垂棘之璧與屈產之乘假道於虞以伐虢(9‧9)

褊(2次)　狹側：齊國雖褊小(1‧7)

褐(2次)　見“許子衣褐”(5‧4)注。

褐夫(1次)　褐寬博(2次)　普通老百姓，見“不受於褐寬博”(3‧2)注。

誰(13次)　何人：夫誰與王敵(1‧5)

諂(1次)　討好，獻媚：脅肩諂笑(6‧7)

——另見“讒諂”。

諄諄(1次)　叮嚀告誡的樣子：天與之者諄諄然命之乎(9‧5)

談(2次)　言談，談話：徧國中無與立談者(8‧33)

（18次）　①請求（3次）：子之辭靈丘而請士師似也（4・5）

②請問，請示（5次）　嬖人臧倉者請曰（2・16）

③表敬副詞（10次）：請以戰喻（1・3）

論（2次）　議論，論説：又尚論古之人（10・8）

賜（5次）　尊長者對卑幼者的給與：大夫有賜於士（6・7）

賢（72次）　有一定的道德和學問見識的　㊀名詞：國君進賢（2・7）　㊁形容詞：賢者亦樂此乎（1・2）　㊂動詞的意動用法，以爲賢：孔子賢之（8・29）

賢勞（1次）　劬勞，見"我獨賢勞也"（9・4）注。

賤（12次）　①品質或者技藝卑下，不高尚，不高明（6次）：有賤丈夫焉（4・10）　天下之賤工也（6・1）

②地位卑下（2次）：貧賤不能移（6・2）

③動詞意動用法，輕視，鄙視（3次）：則父母國人皆賤之（6・3）

④動詞使動用法（1次）：趙孟能賤之（11・17）

賦（2次）　①繳納賦税：國中什一使自賦（5・3）

②征收賦税：而賦粟倍他日（7・14）

質（3次）　去聲，古人初次相見的禮物：出疆必載質（6・3）

踐（2次）　踐履：夫然後之中國踐天子位焉（9・5）

輪（5次）　①車輪（1次）：抽矢叩輪去其金（8・24）

②製作車輪者（4次）：則梓匠輪輿皆得食於子（6・4）

適（5次）　①往，赴，去（3次）：天子適諸侯曰巡狩（2・4）

②同"謫"，責備（1次），見"人不足與適也"（7・20）注。

③同"啻"，但，僅（1次）：則口腹豈適爲尺寸之膚哉（11・14）

遭（1次）　逢，遇，碰上：遭宋桓司馬將要而殺之（9・8）

遲遲（2次）　慢慢：遲遲吾行也（10・1）

鄭（4次）　國名：子産聽鄭國之政（8・2）

鄰（10次）　相鄰的，鄰居：察鄰國之政（1・3）　今有人日攘其鄰之鷄者（6・8）

醉（2次）　是猶惡醉而强酒（7・3）

鋭（1次）　快，速：其進鋭者其退速（7・44）

頯(2次)　鼻莖:舉疾首蹙頯而相告曰(2・1)

餉(2次)　給正在作莊稼活的送飯:有童子以黍肉餉(6・5)

養(62次)　①養育(40次):是使民養生喪死無憾也(1・3)

　②對父母的奉養,舊讀去聲(13次):使不得耕耨以養其父母(1・5)

　③教養(3次):中也養不中(8・7)

　④修養(5次):北宮黝之養勇也(3・2)

　⑤牧養(1次):百里奚自鬻於秦養牲者(9・9)

餂(2次)　爲自己的利益而引誘別人:是以言餂之也(14・31)

駕(3次)　把馬套上車子:今乘輿已駕矣(2・16)

駟(1次)　四匹馬:繫馬千駟,弗視也(9・7)

髮(2次)　頭髮:雖被髮纓冠而救之(8・29)

魯(20次)　國名:鄒與魯鬨(2・12)

魯平公(1次)　魯侯(1次)　魯國之君:魯平公將出(2・16)　吾之不遇魯侯,天也(2・16)

魯頌　詩經頌的一部分:魯頌曰(5・4)

魯繆公(2次)　魯國之君:昔者魯繆公無人乎子思之側(4・1)

鴃(1次)　伯勞鳥:今也南蠻鴃舌之人(5・4)

雁(1次)　顧鴻雁麋鹿(1・2)

黎民(3次)　老百姓:黎民不饑不寒(1・3)

齒(3次)　①牙齒(1次):而問無齒決(13・46)

　②年齒,年紀(2次):齒一(4・2)

十六畫

儒(2次)　相信孔孟之道的:逃楊必歸於儒(14・26)

勳勞(1次)　功勞:挾有勳勞而問(13・43)

器(4次)　器皿(1次):遷其重器(2・11)　牲殺器皿衣服不備(6・3)

奮(1次)　奮發:奮乎百世之上(14・15)

嬴(1次)　地名:止於嬴(4・7)

嬖人(2次)　在左右的侍臣:嬖人臧倉者請曰(2・16)

　　——另見"便嬖"。

嬖奚(3次)　趙簡子的侍臣:昔者趙簡子使王良與嬖奚乘(6・1)

學(30次)　①動詞(28次):夫人幼而學之(2・9)

　　②名詞,國學,大學(2次):設爲庠序學校以教之(5・3)

學問(2次)　動詞:吾他日未嘗學問(5・2)

導(2次)　①引導(1次):則使人導之出疆(8・3)

　　②教導(1次):導其妻子(13・22)

廩(2次)　糧倉:父母使舜完廩(9・2)

　　——另見"倉廩"。

廩人(1次)　管糧倉之吏:其後廩人繼粟(10・6)

憾(3次)　不滿意:是使民養生喪死無憾也(1・3)

戰(16次)　王好戰(1・3)

撻(4次)　棰打,鞭打:可使制梃以撻秦楚之堅甲利兵矣(1・5)

擇(5次)　①選擇(3次):非擇而取之(2・14)

　　②區別(2次),見"則牛羊何擇焉"(1・7)注。

　　——另見"選擇"。

操(2次)　操行,操守:充仲子之操則蚓而後可者也(6・10)

整(1次)　整頓,整飭,整理:爰整其旅(2・3)

樹(7次)　動詞,栽培,種植:五畝之宅樹之以桑(1・3)

樹子(1次)　所立繼承己位的兒子:無易樹子(12・7)

樹藝(1次)　種植,栽培:樹藝五穀(5・4)

橐(1次)　盛物的袋子,見"于橐于囊"(2・5)注。

橈(1次)　屈折:不膚橈(3・2)

機變(1次)　機械變詐,見"爲機變之巧者無所用恥焉"(13・7)注。

橫(4次)　不順,放恣,不善:洪水橫流(5・4)　橫民之所止(10・1)

橫逆(3次)　無理地以惡待人:其待我以橫逆(8・28)

樲(1次)　酸棗,見"養其樲棘"(11・14)注。

歷(3次)　①經歷(2次):舜之相堯,禹之相舜也歷年多(9·6)

　　②跨越,踰越(1次):禮,朝廷不歷位而相與言(8·27)

澤(13次)　①沼澤(4次):益烈山澤而焚之(5·4)

　　②惠澤,恩澤(7次):則是干澤也(4·12)

　　③流風餘韻(2次),見"君子之澤五世而斬"(8·22)注。

澮(1次)　田間水渠:溝澮皆盈(8·10)

激(1次)　用一種力量把水逼使向上流:激而行之可使在山(11·2)

濁(2次)　渾濁:滄浪之水濁兮(7·8)

燔肉(1次)　祭肉,見"燔肉不至"(12·6)注。

燕(16次)　國名:齊人伐燕(2·10)

獨(24次)　①單獨(18次):豈能獨樂哉(1·2)　羊棗所獨也(14·36)

　　②但,僅(1次):非獨賢者有是心也(11·10)

　　③反詰副詞(3次):獨何與(1·7)

　　④孤單的人(2次):老而無子曰獨(2·5)

獧(1次)　同"狷",耿介而有所不爲之士:是獧也(14·37)

璞(1次)　玉石未經彫琢的:今有璞玉於此(2·9)

瓢(1次)　瓜瓢,舀水器:一瓢飲(8·29)

瘳(1次)　病愈:厥疾不瘳(5·1)

皞皞(1次)　廣大自得的樣子:王者之民皞皞如也(13·13)

禦(11次)　①抵禦,抗拒(7次):沛然誰能禦之(1·6)

　　②攔阻,攔路劫搶(3次):今有禦人於國門之外者(10·4)

穆公(2次)　①鄒穆公(1次):穆公問曰(2·12)

　　　②秦穆公(1次):知穆公之可與有行也而相之(9·9)

積(2次)　聚積,堆積:乃積乃倉(2·5)

窺(1次)　窺視,從穴縫中去看:鑽穴隙相窺(6·3)

築(6次)　築牆,建屋:築斯城也(2·13)　築室於場(5·4)

篡(2次)　篡取,篡奪,臣下奪取君位:是篡也(9·5)

篤(1次)　使動用法,使之厚:以篤周祜(2·3)

篚(2次)　①古代盛物之器,筐子:其君子實玄黃於篚以迎其君子(6·5)

②動詞,置物于篚中,見"篚厥玄黃"(6·5)注。

糗(1次)　乾飯:舜之飯糗茹草也(14·6)

耰(2次)　鋤草:深耕易耰(1·5)

興(15次)　①興起(13次):抑王興甲兵(1·7),又見"待文王而後興者"(13·

10)注。

②茂盛(1次):則苗浡然興之矣(1·6)

③昌盛,昌隆(1次):國之所以廢興存亡者亦然(7·3)

興起(1次)　感動奮發之意:百世之下聞者莫不興起也(14·15)

興發(1次)　開倉庫:於是始興發補不足(2·4)

蔽(3次)　遮蔽:詖辭知其所蔽(3·2)

蕩蕩(1次)　廣博貌:蕩蕩乎民無能名焉(5·4)

蕢(1次)　草製盛土的筐子:我知其不爲蕢也(11·7)

蕘(1次)　砍柴:芻蕘者往焉(2·2)

衛(8次)　國名:鄭人使子濯孺子侵衛(8·24)

衛孝公(1次)　春秋時衛國之君:於衛孝公,公養之仕也(10·4)

衛靈公(1次)　春秋時衛國之君:於衛靈公,際可之仕也(10·4)

衡(2次)　①同"橫","衡行"即"橫行":一人衡行於天下(2·3)

②阻塞不通,見"困於心衡於慮而後作"(12·15)注。

覸(1次)　看見:髠未嘗覸之也(12·6)

親(56次)　①指父母而言(34次):未有仁而遺其親者也(1·1)

②動詞,親愛之意(6次):斯民親其上死其長矣(2·12)

③直接接觸叫親(3次):且比化者無使土親膚(4·7)

④親近的,關係密切的(1次):王無親臣矣(2·7)

⑤副詞,親自地(2次):吾豈若於吾身親見之哉(9·7)

親迎(3次)　古代娶妻儀節之一:親迎則不得妻(12·1)

親戚(3次)　父母,見"寡助之至親戚畔之"(4·1)注。

親睦(1次)　親愛和睦:則百姓親睦(5·3)

諛(2次)　討好,獻媚:則讒諂面諛之人至矣(12‧13)

諫(11次)　對尊長的言行有所勸阻:蚔鼃諫於王而不用(4‧5)

諱(2次)　有所忌諱而不説出:諱名不諱姓(14‧36)

諸(43次)　①代詞,用法同"之"(2次):王如改諸則必反予(4‧12)

　　②表數形容詞(5次):王之諸臣皆足以供之(1‧7)

　　③"之於"的合音(21次):言舉斯心加諸彼而已(1‧7)

　　④"之乎"的合音(15次):不識有諸(1‧7)

諸侯(59次)　搆怨於諸侯(1‧7)

諸馮(1次)　地名:舜生於諸馮(8‧1)

諺(1次)　諺語,俗話:夏諺曰(2‧4)

諾(2次)　表肯定的應對之辭:公曰諾(2‧16)

謂(143次)　外動詞:㊀有時用於對別人説話的時候:孟子謂齊宣王曰(2‧6)
　　㊁有時用於評論別人的時候:子謂薛居州善士也(6‧6)　宜乎百姓之謂
　我愛也(1‧7)　㊂叫做:謂其臺曰靈臺(1‧2)

豫(7次)　①快樂(5次):夫子若有不豫色然(4‧13)

　　②遊,見"吾王不豫"(2‧4)注。

賴(1次)　同"懶",見"富歲子弟多賴"(11‧7)注。

踰(13次)　①超越(6次):將使卑踰尊(2‧7)

　　②爬過,越過(7次):踰梁山(2‧15)

踵(1次)　親自走到:踵門而告文公曰(5‧4)

　　──另見"放踵"。

踽踽(1次)　落落寡合的樣子:行何爲踽踽涼涼(14‧37)

蹄(1次)　獸蹄鳥跡之道交於中國(5‧4)

遵(3次)　沿循,循行:遵海而南(2‧4)

遷(6次)　搬移,轉變:遷其重器(2‧11)

選擇(1次)　選擇而使子(5‧3)

遺(6次)　①遺棄不管(2次):未有仁而遺其親者也(1‧1)

　　②遺存,遺留(3次):靡有孑遺(9‧4)

③送，餽贈(1次)：湯使人遺之牛羊(6・5)

遺佚(2次)　被遺棄而不用：遺佚而不怨(3・9)

闒然(1次)　迎合別人意旨來討好的樣子：闒然媚於世者是鄉原也(14・37)

險(1次)　險阻(1次)：固國不以山川之險(4・1)　險阻既遠(6・9)

霓(1次)　出于西方的虹，見"若大旱之望雲霓也"(2・11)注。

頻(1次)　同"顰"，皺眉頭，見"己頻顣曰"(6・10)注。

餐(2次)　吃飯：不素餐兮(13・32)

餒(5次)　①挨餓，使挨餓(3次)：不煖不飽謂之凍餒(13・22)　則凍餒其妻
子(2・6)

②喪氣，萎靡不振(2次)：無是餒也(3・2)

餓(5次)　塗有餓莩而不知發(1・3)　餓其體膚(12・15)

——另見"飢餓"。

餔啜(2次)　吃喝：徒餔啜也(7・25)

餘(14次)　①多餘，剩餘的(7次)：則農有餘粟(6・4)

②表尾數不定的數詞(7次)：由周而來七百有餘歲矣(4・13)

餘夫(1次)　剩餘勞動力，見"餘夫二十五畝"(5・3)注。

餘裕(1次)　寬綽有餘：豈不綽綽然有餘裕哉(4・5)

鬨(1次)　戰鬪：鄒與魯鬨(2・12)

龍(2次)　古代意念中的動物：蛇龍居之(6・9)

龍子(2次)　人名：龍子曰(5・3)

龍斷(2次)　獨立的山崗，見"有私龍斷焉"(4・10)注。

十七畫

優(1次)　優裕，有餘力：好善優於天下(12・13)

壑(8次)　①山溝(6次)：其親死則舉而委之於壑(5・5)

②受水處(2次)，見"是故禹以四海爲壑"(12・11)注。

孺子(3次)　小孩，兒童：今人乍見孺子將入於井(3・6)

履(8次)　草鞋：皆衣褐捆屨織席以爲食(5・4)

嶽(1次)　齊國都城臨淄城内的街道名:引而置之<u>莊嶽</u>之間(6・6)

彌子(2次)　即<u>彌子瑕</u>,見"<u>彌子</u>之妻與<u>子路</u>之妻兄弟也"(9・8)注。

應(6次)　回答:吾應之曰(4・8)

懦(2次)　懦弱:懦夫有立志(10・1)

擊(2次)　敲打:抱關擊柝(10・5)

斂(2次)　收穫:秋省斂而助不給(2・4)

　　——另見"稅斂"。

檢(1次)　檢查,見"狗彘食人食而不知檢"(1・3)注。

檟(1次)　楸樹:舍其梧檟(11・14)

濕(1次)　是猶惡濕而居下也(3・4)

濟(4次)　①使人渡過河流(2次):以其乘輿濟人於溱洧(8・2)

　　②成功(1次):未有能濟者也(3・5)

　　③河名(1次):禹疏九河,瀹濟漯而注諸海(5・4)

濡滯(1次)　稽延,遲緩:是何濡滯也(4・12)

濯(7次)　①洗滌(5次):<u>江漢</u>以濯之(5・4)

　　②洗澡(2次),見"是猶執熱而不以濯也"(7・7)注。

濯濯(3次)　①光滑的樣子(1次):麀鹿濯濯(1・2)

　　②光禿禿無草木的樣子(2次):是以若彼濯濯也(11・8)

濱(7次)　邊沿:居北海之濱(7・13)

營(2次)　①營建(1次):經之營之(1・2)

　　②環繞的(1次),見"上者爲營窟"(6・9)注。

牆(5次)　踰牆相從(6・3)

獲(8次)　①獲得(5次):終日而不獲一禽(6・1)

　　②得人心,得信任之意(3次):居下位而不獲於上(7・12)

獯鬻(1次)　北狄之名:故大王事獯鬻(2・3)

環(2次)　包圍:環而攻之而不勝(4・1)

甌(1次)　許子以釜甌爨,以鐵耕乎(5・4)

瞷(2次)　窺伺,探望:王使人瞷夫子果有以異於人乎(8・32)

瞭(1次)　明白,明亮:胷中正則眸子瞭焉(7・15)

礄(2次)　激怒,見"親之過小而不怨,是不可礄也"(12・3)注。

磽(1次)　地土不肥:則地有肥磽(11・7)

禪(1次)　禪讓,把天子之位傳給賢人:唐虞禪(9・6)

糜爛(1次)　糜爛其民而戰之(14・1)

糞(2次)　施肥:凶年糞其田而不足(5・3)

縮(2次)　直,有理:自反而不縮(3・2)

縷(2次)　綫:麻縷絲絮輕重同則賈相若(5・4)

績(1次)　功績:謨蓋都君咸我績(9・2)

繁殖(1次)　禽獸繁殖(5・4)

繰(1次)　繰絲,抽繭出絲:夫人蠶繰以爲衣服(6・3)

繆公(3次)　魯繆公:泄柳申詳無人乎繆公之側(4・11)

聰(1次)　聽覺審音能力強:師曠之聰(7・1)

聲(18次)　①聲音(7次):聞其聲不忍食其肉(1・7)

　②指"言語"而言(2次):惡聲至,必反之(3・2)

　③指"音樂"而言(9次):集大成也者金聲而玉振之也(10・1)

聲音(3次)　①一般意義或指言語(2次):恭儉豈可以聲音笑貌爲哉(7・16)

　②指樂聲(1次):聲音不足聽於耳與(1・7)

聲聞(1次)　名譽:故聲聞過情,君子恥之(8・18)

膺(4次)　擊也,見"戎狄是膺"(5・4)注。

膾(4次)　肉臊子:膾炙與羊棗孰美(14・36)

臂(3次)　手臂:紾兄之臂而奪之食則得食(12・1)

舉(26次)　①抬起,扛起,提起,指出(10次):吾力足以舉百鈞而不足以舉一
羽(1・7)　非之無舉也(14・37)

　②選拔(9次):舉舜而敷治焉(5・4)

　③副詞,都,皆,全(7次):舉疾手蹙頞而相告曰(2・1)

薄(8次)　①不厚,不重(2次):以薄爲其道也(5・5)　薄乎云爾(8・24)

　②刻薄,不忠厚寬大(2次):薄夫敦(10・1)

③減輕(2次)：薄稅斂(1·5)

④薄待，輕視，輕待(2次)：於所厚者薄無所不薄也(13·44)

薛(3次)　地名：齊人將築薛(2·14)

薛居州(4次)　人名：子謂薛居州(6·6)

薦(8次)　推薦：天子能薦人於天(9·5)

薨(2次)　諸侯之死曰薨：滕定公薨(5·2)

薪(5次)　柴火：而不見輿薪(1·7)

螬(1次)　金龜子蟲：螬食實者過半矣(6·10)

觳觫(2次)　恐懼戰栗的樣子：吾不忍其觳觫(1·7)

谿(1次)　山溪：固國不以山谿之險(4·1)

趨(5次)　①疾行，快走(4次)：今夫蹶者趨者是氣也(3·2)

②方向，宗旨(1次)：其趨一也(2·6)

蹈(1次)　不知足之蹈之手之舞之(7·27)

蹊(1次)　小徑，山間小路：山徑之蹊間介然用之而成路(14·21)

輿(10次)　①本義是車箱，有時用以指車子(6次)：明足以察秋毫之末而不見輿薪(1·7)

②做車箱的人(4次)：子何尊梓匠輪輿而輕爲仁義者哉(6·4)

避(5次)　避開，本書有時亦作"辟"：避水火也(2·10)

醜(1次)　相若，相同，相等：今天下地醜德齊(4·2)

鍾(8次)　①古代容量名，容當日六石四斗(4次)，見"養弟子以萬鍾"(4·10)注。

②古代樂器，亦作"鐘"(4次)：將以釁鍾(1·7)

隱(4次)　①痛也，同情，可憐(1次)：王若隱其無罪而就死地(1·7)

②隱蔽(2次)，見"進不隱賢"(3·9)注。

③憑也，依靠，倚着：隱几而卧(4·11)

──另見"惻隱"。

雖(52次)　推拓連詞，縱是，即使：不賢者雖有此不樂也(1·2)

韓(1次)　春秋時晉國三卿之一：附之以韓魏之家(13·11)

館(4次)　①住處,旅舍(2次):可以假館(12‧2)

　②旅居,暫住(1次):館於上宮(14‧30)

　③使之居住,安置(1次):帝館甥於貳室(10‧3)

鴻(1次)　顧鴻雁麋鹿(1‧2)

鴻鵠(1次)　天鵝,見"一心以爲有鴻鵠將至"(11‧10)注。

麋(3次)　顧鴻雁麋鹿(1‧2)

麰(1次)　大麥:今夫麰麥(11‧7)

十八畫

儲子(5次)　人名,見"儲子曰"(8‧32)注。

叢(1次)　叢林,草木之林:爲叢敺爵者鸇也(7‧9)

壙(1次)　曠野:猶水之就下獸之走壙也(7‧9)

彝(2次)　經常不變之理:民之秉彝(11‧6)

懟(1次)　怨恨:則廢人之大倫以懟父母(9‧2)

戴(3次)　①把物件頂在頭上(2次):頒白者不負戴於道路矣(1‧3)

　②人名(1次):兄戴,蓋祿萬鍾(6‧10)

戴不勝(1次)　人名:孟子謂戴不勝曰(6‧6)

戴盈之(1次)　人名:戴盈之曰(6‧8)

擴(1次)　擴張:知皆擴而充之矣(3‧6)

檮杌(1次)　楚國國史之名:楚之檮杌(8‧21)

歸(40次)　①回家,回來(21次):芒芒然歸(3‧2)

　②歸服,歸往(14次):民歸之由水之就下(1‧6)

　③趨於:趨行(3次),見"從之者如歸市"(2‧11)注。

　④結果,歸結(2次):歸潔其身而已矣(9‧7)

爵(18次)　①爵位(17次):夫仁,天之尊爵也(3‧7)

　②同"雀"(1次):爲叢敺爵者鸇也(7‧9)

獵較(4次)　爭奪獵物,見"魯人獵較"(10‧4)注。

璧(1次)　美玉:晉人以垂棘之璧與屈產之乘假道於虞以伐虢(9‧9)

瞽瞍(11 次)　人名:舜盡事親之道而瞽瞍厎豫(7·28)

禮(64 次)　①禮儀,禮制,禮意(60 次):奚暇治禮義哉(1·7)　非禮之禮大人弗爲(8·6)

　②動詞,待人以禮(2 次):禮人不答反其敬(7·4)

　③禮文,禮書(2 次):禮曰(4·2)

禮際(1 次)　交往之禮,來往禮節:苟善其禮際矣(10·4)

禮貌(3 次)　又從而禮貌之(8·30)　禮貌未衰(12·14)

簞(8 次)　上古用以盛飯的圓筐:簞食壺漿以迎王師(2·10)

簡(2 次)　簡慢,輕視,瞧不起:是簡驩也(8·27)

簡子(1 次)　即趙簡子:簡子曰(6·1)

糧(2 次)　師行而糧食(2·4)

織(5 次)　編織:皆衣褐捆屨織席以爲食(5·4)

翼(1 次)　幫助:輔之翼之(5·4)

職(11 次)　職守,職務:諸侯朝於天子曰述職(2·4)

舊(3 次)　周雖舊邦(5·3)

藉(1 次)　借也,見"助者藉也"(5·3)注。

藏(3 次)　收藏,保藏:商賈皆欲藏於王之市(1·7)

藐(1 次)　藐視,小視,瞧不起:說大人則藐之(14·34)

覆(1 次)　覆蓋:而仁覆天下矣(7·1)

　——另見"反覆""顛覆"。

謨(2 次)　謀略,計謀,主意,出主意:丕顯哉文王謨(6·9)

謳(1 次)　歌唱:昔者王豹處於淇而河西善謳(12·6)

謳歌(6 次)　歌頌:謳歌者不謳歌堯之子而謳歌舜(9·5)

謹(2 次)　慎重辦理:謹庠序之教(1·3)

蹙(3 次)　①蹴(2 次):舉疾首蹙頞而相告曰(2·1)

　②蹙蹋不安的樣子:其容有蹙(9·4)

蹝(1 次)　同"屣",沒有腳跟的鞋子,見"猶棄敝蹝也"(13·35)注。

軀(1 次)　身軀:則足以殺其軀而已矣(14·29)

轉（3次）　把尸體抛棄，見"君之民老弱轉乎溝壑"（2·12）注。

轉附（1次）　地名:吾欲觀於轉附朝儛（2·4）

邇（2次）　①近（1次）:道在邇而求諸遠（7·11）

　②近臣，在朝廷之臣（1次），見"武王不泄邇"（8·20）注。

醫（1次）　醫生:醫來（4·2）

鎡基（1次）　鋤頭:雖有鎡基（3·1）

鎰（3次）　二十兩爲鎰:雖萬鎰必使玉人彫琢之（2·9）

雛（1次）　小雞，小鳥:力不能勝一匹雛（12·2）

雞（9次）　月攘一雞（6·8）

顏子（3次）　顏回（1次）　顏淵（3次）　孔子學生，見"冉牛閔子顏淵善言德行"（3·2）注。

顏色（2次）　面色:顏色之戚（5·2）

顏般（1次）:人名:吾於顏般則友之矣（10·3）

顏讎由（1次）　人名:於衛主顏讎由（9·8）

餱（1次）　乾糧:乃裹餱糧（2·5）

魏（1次）　春秋時晉國三卿之一:附之以韓魏之家（13·11）

鯀（1次）　人名，禹的父親:殛鯀於羽山（9·3）

鵝（2次）　即"鵝"。則有饋其兄生鵝者（6·10）

十九畫

嚮（1次）　朝着，面對着:相嚮而哭（5·4）

壞（1次）　破壞:壞宮室以爲汙池（6·9）

寵（1次）　愛護:其助上帝寵之（2·3）

廬（1次）　即"凶廬"，古代喪服中孝子所居的簡陋住室，見"五月居廬"（5·2）注。

懲（2次）　懲制，懲艾，懲罰:荆舒是懲（5·4）

懷（8次）　懷抱，心中念着:爲人臣者懷利以事其君（12·4）

曠（1次）　空着:曠安宅而弗居（7·10）

曠夫(1次)　没有妻室的男子:外無曠夫(2・5)

歠(1次)　同“啜”,喝:歠粥(5・2)

　　——另見“流歠”。

獸(28次)　雖有臺池鳥獸(1・2)

獺(1次)　故爲淵毆魚者獺也(7・9)

疆(8次)　疆界:出疆必載質(6・3)

簿(2次)　文書,見“<u>孔子先簿正祭器</u>”(10・4)注。

繩(1次)　木工用以測定直綫的工具:繼之以規矩準繩(7・1)

繩墨(1次)　木工用以測量直綫的工具,擴充其意義則爲法則,標準:大匠不
　　爲拙工改廢繩墨(13・41)

繫(1次)　繫馬千駟弗視也(9・7)

繳(1次)　射鳥之箭,箭尾繫有生絲縷:見“<u>思援弓繳而射之</u>”(11・9)注。

羸(1次)　弱,屠弱之人:子之民老羸轉於溝壑(4・4)

羹(4次)　菜湯:雖蔬食菜羹未嘗不飽(10・3)

藥(1次)　若藥不瞑眩(5・1)

蠅(1次)　蠅蚋姑嘬之(5・5)

譏(2次)　苛察,仔細檢查,見“<u>關市譏而不征</u>”(2・5)注。

識(16次)　動詞,知道,認識:不識有諸(1・7)

　　——另見“聞識”。

譙(1次)　怨恨,見“<u>凡民罔不譙</u>”(10・4)注。

蹴爾(1次)　對人横暴的樣子:蹴爾而與之(11・10)

蹵然(1次)　不安的樣子:曾西蹵然曰(3・1)

蹶(2次)　①跌倒(1次):今夫蹶者趨者是氣也(3・2)
　　②動也(1次),見“<u>天之方蹶</u>”(7・1)注。

辭(25次)　①言辭(11次):詖辭知其所蔽(3・2)
　　②語句(3次),見“<u>不以文害辭</u>”(9・4)注。
　　③不受,拒絶(11次):昔者辭以病(4・2)
　　——另見“説辭”。

辭命（2次）　言辭，辭令：我於辭命則不能也（3・2）

辭讓（2次）　不敢逕自接受而有所謙讓：無辭讓之心非人也（3・6）

關（10次）　①城門，關口（8次）：關市譏而不征（2・5）

　　②張弓，開弓（2次）：越人關弓而射之（12・3）

離（7次）　邪辭知其所離（3・2）

離婁（1次）　人名，見"離婁之明"（7・1）注。

離散（3次）　兄弟妻子離散（1・5）

難（13次）　①不易（12次）：久則難變也（3・1）

　　②去聲，動詞，責備（1次）：於禽獸又何難焉（8・28）

　　——另見"責難"。

鵙鵙（2次）　鵝叫之聲：惡用是鵙鵙者爲哉（6・10）

靡（2次）　無，沒有：天命靡常（7・7）

願（22次）　①願意（20次）：寡人願安承教（1・4）

　　②羨慕（2次），見"所以不願人之膏粱之味也"（11・17）注。

額（2次）　額：其額有泚（5・5）

顚覆（1次）　搞垮，破壞：太甲顚覆湯之典刑（9・6）

類（13次）　故王之不王非挾太山以超北海之類也（1・7）

餽（11次）　餽贈，贈送：前日於齊，王餽兼金一百（4・3）

麒麟（1次）　麒麟之於走獸（3・2）

麗（1次）　數目，見"其麗不億"（7・7）注。

二十畫

勸（2次）　勸勉，勉勵別人做某一件事：勸齊伐燕（4・8）

孽（5次）　①罪過（4次）：天作孽猶可違（3・4）

　　②不是正妻生的而是所謂"庶出"之子，見"獨孤臣孽子"（13・18）注。

嚴（2次）　①懼怕（1次），見"無嚴諸侯"（3・2）注。

　　②工作急迫沒有閒暇（1次），見"嚴，虞不敢請"（4・7）注。

夔夔（1次）　敬慎戰懼之貌，見"夔夔齊栗"（9・4）注。

壞(1次)　土:夫蚓上食槁壤(6‧10)

壞地(1次)　土地:夫滕壞地褊小(5‧3)

寶(2次)　①名詞,可寶貴的事物(1次):諸侯之寶三(14‧28)

　　②動詞,以爲寶,珍貴(1次):寶珠玉者殃必及身(14‧28)

懸(1次)　懸掛,弔在空中:民之悅之猶解倒懸也(3‧1)

攖(1次)　迫近:莫之敢攖(14‧23)

攘(2次)　偷竊(2次),見"今有人日攘其鄰之雞者"(6‧8)注。

攘臂(1次)　捋起袖子伸出胳膊:馮婦攘臂下車(14‧23)

瀹(1次)　疏濬:瀹濟漯而注諸海(5‧4)

瀾(1次)　波瀾:必觀其瀾(13‧24)

犧牲(3次)　宰殺用以祭祀的活物,見"犧牲不成"(6‧3)注。

獻子(3次)　即孟獻子:獻子之與此五人者友也(10‧3)

籍(1次)　文獻,文書:諸侯惡其害己也而皆去其籍(10‧2)

　　——另見"典籍"。

繼(16次)　繼承,接續,跟着:君子創業垂統爲可繼也(2‧14)　繼而有師命(4‧14)

蘇(1次)　同"甦",再生,甦醒:后來其蘇(2‧11)

覺(12次)　知覺,覺悟,醒覺:使先知覺後知使先覺覺後覺也(9‧7)

警(1次)　警告:洚水警余(6‧9)

譬(2次)　譬如,本書亦作"辟":智譬則巧也(10‧1)

議(1次)　議論,發表政治見解:處士橫議(6‧9)

贍(2次)　足够:此惟救死而恐不贍(1‧7)

齃(1次)　同"齇",縐縮鼻莖,見"已頻顣曰"(6‧10)注。

黨(1次)　集團:吾黨之小子狂簡(14‧37)

　　——另見"鄉黨"。

二十一畫

囂囂(5次)　①閒暇之貌:囂囂然曰(9‧7)

　　②自得其樂而無所欲的樣子:人知之亦囂囂(13・9)

屬(2次)　①召集(1次),見"乃屬其耆老而告之曰"(2・15)注

　　②屬類(1次):夫章子豈不欲有夫妻子母之屬哉(8・30)

巍巍(2次)　高大的樣子:巍巍乎有天下而不與焉(5・4)

懼(5次)　怕:能無懼而已矣(3・2)

攝(2次)　①代理職務(1次):堯老而舜攝也(9・4)

　　②兼職(1次):官事無攝(12・7)

穮(1次)　抄田,耪地,見"播種而穮之"(11・7)注。

蘗(1次)　樹木被砍伐後又生出來的新枝:非無萌蘗之生焉(11・8)

蠹(1次)　將要斷絕的樣子,見"以追蠡"(14・22)注。

譽(3次)　好的名聲,名譽:非所以要譽於鄉黨朋友也(3・6)

贐(2次)　盤費,路費,見"行者必以贐"(4・3)注。

躍(2次)　跳躍:於牣魚躍(1・2)

躍如(1次)　心中躍躍欲試之貌:躍如也(13・41)

辯(5次)　①爭辯,辯論(4次):外人皆稱夫子好辯(6・9)

　　②議論,辨別(1次):萬鍾則不辯禮義而受之(11・10)

鐵(1次)　鐵器如鋤頭之類:以鐵耕乎(5・4)

霸(15次)　①以力假仁者霸,用武力使諸侯服從(8次):管仲以其君霸(3・1)

顧(9次)　①回頭看,轉過臉來看(4次):顧鴻雁麋鹿(1・2)

　　②照管,顧及(5次):不顧父母之養(8・30)

饋(4次)　饋送,送給:老弱饋食(6・5)

饑(3次)　年成不好,和"飢"的意義有區別:凶年饑歲(2・12)

驅(6次)　①驅逐,趕跑(4次):驅龍蛇而放之菹(6・9)

　　②驅使,迫使(2次):然後驅而之善(1・7)

　　——另見"馳驅"。

驅騁(1次)　跑馬車:驅騁田獵(14・34)

鰥(1次)　老而無妻曰鰥(2・5)

鶴鶴(1次)　羽毛潔白的樣子:白鳥鶴鶴(1・2)

二十二畫

囊(2次)　盛物的皮袋,見"于橐于囊"(2·5)注。

懿(2次)　美也:好是懿德(11·6)

權(3次)　①秤(1次):權然後知輕重(1·7)

②權宜,違反經常規定而合宜的臨時措施(2次):嫂溺援之以手者權也(7·17)

歡樂(1次)　而民歡樂之(1·2)

竊(5次)　①偷竊(1次):以爲是爲竊屨來與(14·30)

②副詞,私自(2次):其義則丘竊取之矣(8·21)

③自謙的表敬副詞:昔者竊聞之(3·2)

糴(1次)　買進糧食:無遏糴(12·7)

纑(1次)　練麻,見"妻辟纑"(6·10)注。

聽(20次)　①一般意義(8次):聲音不足聽於耳與(1·7)

②聽從,聽信(10次):勿聽(2·7)

③聽覺,審音標準(1次):耳之於聲也有同聽焉(11·7)

④治理(1次):子產聽鄭國之政(8·2)

襲(1次)　侵襲,偷襲,突擊行爲:非義襲而取之也(3·2)

讀(1次)　誦讀,研究,見"讀其書"(10·8)注。

鑒(1次)　鏡子:殷鑒不遠(7·2)

饔飧(1次)　①自己炊爨,見"饔飧而治"(5·4)注。

②諸侯間饋送食物及宴會之禮:無諸侯幣帛饔飧(12·10)

饗(1次)　宴會,請吃飯:亦饗舜(10·3)

驕(1次)　驕傲:驕其妻妾(8·33)

鬻(2次)　賣出:百里奚自鬻於秦養牲者(9·9)

二十三—二十九畫

巖(1次)　危險的:是故知命者不立乎巖牆之下(13·2)

癰疽（3次）　人名：或謂孔子於衛主癰疽（9·8）

纓（4次）　①名詞，繫帽子的絲帶（2次）：可以濯我纓（7·8）

　　②動詞，繫住帽子，把冠纓結好（2次）：雖被髮纓冠而往救之（8·29）

變（14次）　改變，改易：王變乎色曰（2·1）

　　──另見"機變"。

讎（1次）　仇：爲匹夫匹婦復讎也（6·5）

　　──另見"寇讎"。

鑠（1次）　授與，交給，見"非由外鑠我也"（11·6）注。

顯（4次）　①顯耀，顯耀的，使顯耀（3次）：晏子以其君顯（3·1）　而未嘗有顯

　　者來（8·33）　相秦而顯其君於天下（9·9）

　　②光明：丕顯者文王謨（6·9）

饜（3次）　饜足（1次）　滿足，飽足：不奪不饜（1·1）　此其爲饜足之道

　　也（8·33）

體（11次）　①身體（10次）：輕煖不足於體與（1·7）

　　②身體的某一部分（1次）：子夏子游子張皆有聖人之一體（3·2）

　　──另見"四體"。

體膚（1次）　猶言"體腹"：餓其體膚（12·15）

蠶（2次）　動詞，養蠶：夫人蠶繅以爲衣服（6·3）

讒（1次）　讒諂（2次）　説小話，進讒言：明明胥讒（2·4）　則讒諂面諛之人

　　至矣（12·13）

讓（2次）　①把東西讓給別人（1次）：好名之人能讓千乘之國（14·11）

　　②責罰（1次）：則有讓（12·7）

　　──另見"辭讓"。

靈丘（1次）　地名：子之辭靈丘而請士師似也（4·5）

靈沼（2次）　周文王之沼名：謂其沼曰靈沼（1·2）

靈囿（1次）　周文王之囿名：王在靈囿（1·2）

靈臺（2次）　周文王之臺名：謂其臺曰靈臺（1·2）

鬭（3次）　打架，鬭力：今有同室之人鬭者（8·29）

鸇（1次）　鷂鷹：爲叢毆爵者鸇也(7‧9)

鹽（1次）　膠鬲舉於魚鹽之中(12‧15)

麕（3次）　樂其有麋鹿魚鱉(1‧2)

矙（2次）　本書亦作"瞰"，窺伺，探聽：陽貨矙孔子之亡也而饋孔子蒸豚(6‧7)

虆（1次）　盛土之籠：蓋歸反虆梩而掩之(5‧5)

蠻（1次）　古代對南方文化較落後地區的侮辱性的稱呼：今也南蠻鴃舌之人非先王之道(5‧4)

觀（17次）　①觀看，觀察(15次)：以予觀於夫子(3‧2)

②遊(2次)，見"吾欲觀於轉附朝儛"(2‧4)

釁（2次）　古代對新落成的重要器物舉行的血祭，見"將以釁鐘"(1‧7)注。

鑽（2次）　鑽眼，打孔：鑽穴隙相窺(6‧3)

鑿（2次）　①挖(1次)：鑿斯池也(2‧13)

②穿鑿傅會(1次)：所惡於智者爲其鑿也(8‧26)

驩（3次）　王驩自稱其名：諸君子皆與驩言(8‧27)

驩兜（1次）　人名：放驩兜於崇山(9‧3)

驩虞（1次）　與"驩娛"同：霸者之民驩虞如也(13‧13)

鬱陶（1次）　思念貌：鬱陶思君爾(9‧2)

爨（1次）　燒火煮飯：許子以釜甑爨以鐵耕乎(5‧4)